教育部人文社会科学研究青年基金项目(20YJCZH035)资助
黑龙江省博士后面上资助经费项目(LBH-Z20029)资助
国家自然科学基金重点国际合作研究项目(71620107003)资助

数字经济下物流供应链供需协调与协同运作问题研究

高太光 著

中国矿业大学出版社
·徐州·

内 容 简 介

本书研究内容涵盖了管理科学与工程、计算数学和运筹学等多个学科的相关理论。本书根据数字经济下物流供应链运作与管理的特点和要求，将自动协商、稳定匹配、供应链定价、大数据分析、博弈论、定性仿真等理论和技术方法应用于物流供应链供需协调与协同运作问题的研究，为适应数字经济环境，提高物流供应链供需协调与协同运作效率和质量、减少利益冲突、实现供应链上各方互惠共赢提供必要理论、方法和技术支持，并为数字经济下相关领域问题研究提供参考。

本书可供经济和管理相关专业、管理科学与工程、商务智能优化等专业研究生和高年级学生阅读参考，也可作为高等院校信息管理专业教材使用。

图书在版编目(CIP)数据

数字经济下物流供应链供需协调与协同运作问题研究/高太光著. —徐州：中国矿业大学出版社，2023.6

ISBN 978-7-5646-5809-0

Ⅰ.①数… Ⅱ.①高… Ⅲ.①物流管理—供应链管理—研究 Ⅳ.①F252

中国国家版本馆 CIP 数据核字(2023)第 075072 号

书　　名 数字经济下物流供应链供需协调与协同运作问题研究

著　　者 高太光

责任编辑 姜　华　陈　慧

出版发行 中国矿业大学出版社有限责任公司
（江苏省徐州市解放南路　邮编 221008）

营销热线 (0516)83885370　83884103

出版服务 (0516)83995789　83884920

网　　址 http://www.cumtp.com　**E-mail**:cumtpvip@cumtp.com

印　　刷 江苏凤凰数码印务有限公司

开　　本 787 mm×1092 mm　1/16　**印张** 15.5　**字数** 270 千字

版次印次 2023 年 6 月第 1 版　2023 年 6 月第 1 次印刷

定　　价 50.00 元

（图书出现印装质量问题，本社负责调换）

前　言

随着我国经济的快速、稳定发展，数字经济在我国国民经济中所占比重越来越高。自党的十八大以来，以习近平同志为核心的党中央十分重视数字经济发展，高瞻远瞩、审时度势，对数字经济发展进行了全局谋划和系统部署。近年来，随着我国不断深入实施数字经济发展战略，数字经济跨越式发展成就显著，发展速度之快、辐射范围之广、影响程度之深前所未有。数字经济通过优化生产要素、更新业务体系、重构商业模式等途径完成经济转型和升级，通过营造自由开放的市场经济环境拓展物流供应链发展思路和空间，但也为处理物流供应链管理运作与管理问题带来全新挑战。当前市场环境更加纷繁多变，使得影响供需关系的因素及其关联性更难刻画与度量，供应链上企业决策难度大幅增加，供需矛盾激化且扩散快，若不能得到及时处理，会严重制约物流供应链运作与管理效率和优化管理水平。因此，根据数字经济下物流供应链运作与管理特点，在有效化解供需矛盾、提高供需协调效率和质量的同时，探索提升物流供应链协同运作水平的科学模型及实现方式、方法和技术路径等具有重要理论和现实意义。

本书在总结已有相关文献的基础上，根据数字经济下物流供应链供需协商决策的特点，为提高协商决策效率和质量，并达到有效化解物流供应链供需协商中矛盾的目的，将自动协商理论与多种科学方法进行融合，分别对不同问题背景和供需交易情景中的数字经济下物流供应链供需协商决策问题进行了研究。首先，通过将自动协商理论与隐马尔科夫模型（Hidden Markov Models，HMM）和模糊定性仿真（Fuzzy Qualitative SIMulation，FQSIM）进行融合，对最简单的一对一供需交易中的数字经济下物流供应链供需协商决策问题进行研究，分别通过概率推演和定性刻画的方式对供需自动协商中的决策问题进行研究，给出相应的问题处理模型，并通过数值仿真对其有效性进行验证；然后，将数字经济下物流供应链供需协商决策问题进一步扩展到多对多供需问题，通过引入稳定匹配理论构建了基于稳定匹配的多边自动协商系统模型(Stable Multilateral Automated Negotiation,SMAN),充分考虑了数字经济平台运作视角下物流供应链资源匹配与协商的稳定性问题,并通过数学证明和数值仿真的方式验证了所提模型在保障数字经济下物流供应链社会收益最大化和整体运营效率方面的优越性;接下来,考虑到数字经济下物流供应链多个协商决策间会存在相互制约或影响的特点,在对供需协商中的议题进行分类、定义和报价策略分析的基础上,构建了多相关自动协商模型(MRN),并通过数值仿真和结果分析验证了所提模型的有效性;最后,在对数字经济下物流供应链联盟化运作特点进行分析后,分别对数字经济下物流供应链纵向联盟构建与成员协作报价供需协商决策问题进行了研究,在纵向联盟构建中将联盟资源和参与者服务能力形式化为协商的内容,而在纵向联盟成员协作报价供需协商中则分别对团队内部基于报价收益排序、团队竞合博弈和团队完全合作博弈的协作报价情况进行了分别研究,提出了相应的自动协商模型,并通过理论推导和数值仿真的方式验证了所提模型的合理性和有效性。

本书内容共分7章,第1章为绪论,在对研究的背景、目的和意义进行论述的基础上,深入分析和总结了国内外相关研究成果;第2章为相关理论,主要对研究中涉及的相关理论进行概述和分析;第3、4、5、6和7章通过融合物流供应链运作与管理、自动协商理论、HMM、FQSIM、稳定匹配理论、多相关协同决策和纵向联盟构建与成员协同决策等多个研究领域的理论和方法,分别对物流供应链中的供需匹配与协商、多相关协同决策供需协商、纵向联盟构建与成员协作报价供需协商等问题进行了研究,可以为不同问题背景和交易情境下物流供应链协商决策提供必要的理论、方法和算例支持。研究中,通过将自动协商理论与多种方法的融合,就数字经济下物流供应链供需协商决策理论与方法进行了一定的探讨,得到了相应的问题处理模型和研究结论,期望能为数字经济下物流供应链的高效运营与管理提供有益帮助。然而,关于数字经济下物流供应链供需协商决策的研究涉及的内容、方法和形式非常广泛,本书仅就基于自动协商的数字经济下物流供应链供需协商决策进行了一定的研究。虽然国内外学者关于物流供应链运作与管理各个方面的研究已取得了一些成果,但这些成果并不完全符合数字经济自由开放环境,仍需不断地探索和实践。本书的研究内容也只是对数字经济下物流供应链特定交易和协商情景的一种尝试,后续研究会在此基础上不断进行丰富和完善。

本书的出版得到了黑龙江省博士后面上资助经费项目（LBH-Z20029）“基于大数据分析的企业阳光采购行为研究”、教育部人文社会科学研究青年基金项目（20YJCZH035）“‘互联网＋’物流供应链定价与供需协调匹配机制研究”、黑龙江省哲学社会科学研究规划年度项目（19GLE331）“‘互联网＋’物流供应链资源配置与供需协调机制研究”、黑龙江省省属本科高校基本科研业务费项目（2018-KYYWF-1164）和国家自然科学基金重点国际合作研究项目（71620107003）的支持，相关研究内容是这些项目的必要组成部分。同时，本书是对前期相关研究内容的进一步凝练，东北大学黄敏教授和王庆副教授在相关内容完成中给予的悉心指导和帮助。本书也是黑龙江省产权交易集团和哈尔滨工业大学联合培养企业博士后在站期间的阶段性成果之一。在此一并深表感谢！

本书内容为阶段性的研究成果，部分内容仍处在探索阶段，由于著者水平有限，书中难免存在疏漏之处，恳请广大读者和专家批评指正。

著　者

2022 年 11 月

目　录

1　绪论 …… 1

1.1　研究背景及意义 …… 1

1.2　国内外相关研究现状 …… 5

1.3　研究目标与主要研究工作 …… 15

2　相关理论 …… 21

2.1　自动协商理论 …… 21

2.2　匹配理论 …… 28

2.3　企业联盟运作与管理理论 …… 34

2.4　本章小结 …… 36

3　数字经济下物流供应链一对一供需协商 …… 37

3.1　基于隐马尔科夫模型(HMM)的供需协商 …… 37

3.2　基于模糊定性仿真(FQSIM)的供需协商 …… 51

3.3　本章小结 …… 62

4　数字经济下物流供应链多供需匹配与协商 …… 64

4.1　基于稳定匹配的多边自动协商系统模型构建 …… 65

4.2　基于偏好引导机制的多供需稳定匹配系统模型构建 …… 84

4.3　本章小结 …… 108

5　数字经济下物流供应链多相关协同决策供需协商 …… 110

5.1　问题描述 …… 110

5.2　多相关供需自动协商模型构建 …… 111

5.3　数值仿真及分析 …… 124

5.4　本章小结 …… 134

6　数字经济下物流供应链企业联盟构建 ………………………… 135
6.1　基于联盟视角的数字经济下物流供应链企业联盟构建 …… 136
6.2　基于参与者视角的数字经济下物流供应链企业联盟构建 … 156
6.3　本章小结 ……………………………………………………… 175

7　数字经济下物流供应链纵向联盟成员协作报价供需协商 ………… 176
7.1　联盟内部基于报价收益排序的成员协作报价供需协商 …… 176
7.2　联盟内部基于竞合博弈的成员协作报价供需协商 ………… 196
7.3　联盟内部基于完全合作博弈的成员协作报价供需协商 …… 210
7.4　本章小结 ……………………………………………………… 223

参考文献 ………………………………………………………………… 225

1 绪　　论

1.1 研究背景及意义

随着以云计算、大数据、移动互联、人工智能等为代表的新兴数字技术迅猛发展和向商业转化，数字经济(Digital Economy)成为经济发展中创新最活跃、增长速度最快、影响最广泛的产业领域。数字经济起源于工业经济，是农业经济、工业经济之后的一种新的经济社会发展形态，而与农耕时代的农业经济以及工业时代的工业经济大有不同，其兴起和快速发展引发了社会和经济的整体性深刻变革，创造了大量的新业态、新型商业模式，推动了全球价值链的数字化、智能化，并对传统产业及传统商业模式产生了深刻影响。数字化转型已不是企业的“选择题”，而是关乎企业生存和长远发展的“必修课”。党的十八大以来，以习近平同志为核心的党中央十分重视我国数字经济发展，高瞻远瞩、审时度势，对数字经济发展进行了全局谋划和系统部署。在党的二十大报告中，习近平同志又一次重点强调了要“加快发展数字经济，促进数字经济和实体经济深度融合，打造具有国际竞争力的数字产业集群”，要“增强国内大循环内生动力和可靠性，提升国际循环质量和水平，加快建设现代化经济体系，着力提高全要素生产率，着力提升产业链供应链韧性和安全水平”。这为我国数字经济背景下物流供应链协调发展提出了全新要求。

根据中国信息通信研究院发布的《中国数字经济发展报告(2022 年)》显示，2021 年，我国数字经济规模达到 45.5 万亿元，占 GDP 比重达 39.8%，并始终保持高位增长速度，成为稳定经济增长的关键动力。习近平同志指出：要聚焦主导产业，加快培育新兴产业，改造提升传统产业，发展现代服务业，抢抓数字经济发展机遇。未来一个时期内，我国要完整、准确、全面贯彻新发展理念，抢抓数字经济发展机遇，增强数字经济发展的核心能力，提高数字经济发展质量，进一步打造我国数字经济新优势。近年来，我国依托国内超大规模市场，加快基础设施建设、强化科技创新、促进创新创业，推动我国数字经济保持快速发展势头，在消费互联网等领域形成明显优势，成为推动世界数字经济发展的主要力量。截至 2021 年年底，制造业重点领域关键工序数控化率、数字化研发设计工具普及率分别为 70.9％和 74.7％，比 2012 年分别提高 46.3％和 25.9％，协同研发设计、无人智能巡检、数字工厂、智慧矿山等新场景、新模式、新业态蓬勃兴起。面向未来，我国要继续释放数字经济动能，持续推动企业数字化转型。我国信息基础设施全球领先，数字经济规模迅速壮大，这为物流供应链运作与管理带来全新机遇和挑战。通过融合大数据、人工智能等新一代信息技术和现代化管理理念和方法，提升价值创造导向和数据驱动决策能力，对物流供应链活动进行整体规划设计与运作，有利于提升物流供应链的运作速度和效能。

另外，根据中国互联网络信息中心(CNNIC)2022 年 2 月 25 日发布的第 49 次《中国互联网络发展状况统计报告》(以下简称《报告》)显示，截至 2021 年 12 月，我国网民规模为 10.32 亿，互联网普及率达 73.0％。其中，手机网民规模达 10.29 亿。近 5 年中国网民规模和互联网普及率变化情况如图 1-1 所示。

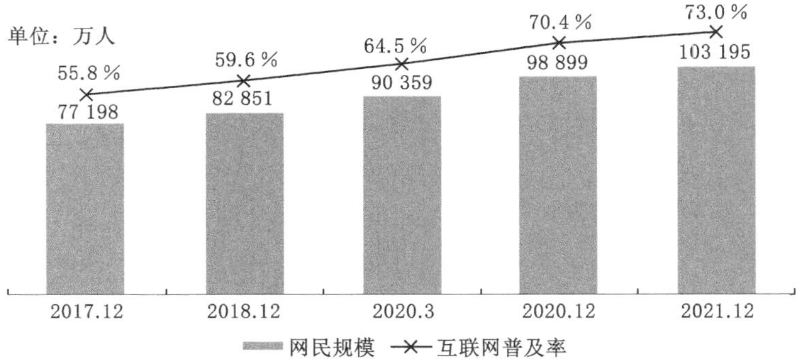

图 1-1　近 5 年中国网民规模和互联网普及率变化情况
(来源：CNNIC 中国互联网络发展状况统计调查)

通过对我国经济发展状况的综合分析，《报告》认为，我国数字经济蓬勃发展，超 10 亿网民见证我国制造强国和网络强国建设历程。《报告》中统计数据显示，2021 年，我国信息基础设施持续优化，供给能力显著增强，已建成全球规模最大的光纤和移动宽带网络，光纤化改造全面完成，5G 网络加快发展，截至 2021 年年底，已累计建成 5G 基站 142.5 万个，5G 移动电话用户达到 3.55 亿户；我国互联网产业持续展现发展活力和韧性，远程办公、在线医疗、社区团购等新业态持续发展，有效缓解了区域发展鸿沟问题，让更多人民群众不断从网络经济、社会和文化中获得利益和满足。同时，我国数字产业化规模达到7.5万亿元，不断催生新产业、新业态、新模式，向全球高端产业链迈进；产业数字化进程持续加快，规模达到31.7万亿元，工业、农业、服务业数字化水平不断提升。2011—2020年，我国数字经济规模总量增长4.12倍，年复合增长率高达17.06%，并有望在“十四五”时期末占GDP比重超过50%，成为支撑中国经济的“半壁江山”。

数字经济广泛、深入地发展虽然有利于实现对各种经济资源进行协同开发与利用，但同时也会导致市场竞争更加激烈，市场中的供需信息更加丰富且变化频繁，市场竞争已不再局限于单个企业间的竞争，供应链之间的竞争已成为当下经济发展的主流趋势[1-3]，合理、有效地协调供需交易与合作企业间的利益冲突是实现供应链健康、有序发展的关键，这极大地增加了企业在供需协商中决策的难度[4]。

随着中国经济结构的不断转化与升级改造，现代物流逐步成为供应链整体竞争力提升的关键环节之一[5-6]。加之近年来电子商务的迅猛发展与蔓延，第三方物流（3rd Party Logistics，3PL）得到前所未有的推进和发展，引发了供应链产品生产与流通模式的极大变革，并让对物流供应链运作管理中的供需交易与协调等问题的研究变得十分重要[4,7]。物流供应链是对传统供应链和物流的集成与优化，是在供应链竞争日益凸显的形势下形成的一种全新的供应链与物流协同发展新思路，重在以物流活动为核心，协调供应领域的生产和进货计划、销售领域的客户服务和订货处理业务，以及财务领域的库存控制等活动[8-10]。在物流供应链的实际运作中，企业往往会特别注重与链上伙伴企业的协调和协作，涉及供应商、中间商、第三方服务供应商和客户等，突出地强调对有机物流链条的构建，融合了企业生产与经营物流、家庭物流、非营利机构物流以及逆向物流和绿色物流等，其中，产品或服务的市场需求是物流供应链的起点，而这些需求得到有效满足则是物流供应链的终点，也是物流供应链管理核心环节[11]。物流供应链中包含为满足市场需求而从事或完成的一系列供需协商活动，为实现对物流供应链资源的有效协调与利用，需要对供需协商中各方利益冲突化解机制进行关注，并以分散物流供应链中企业的运营风险和实现生产、销售和服务各环节一体化发展为主要目标，突出关注物流在整个供应链运作与资源协调中的作用[8]。

在传统物流供应链运作与管理中并没有充分重视物流环节的关键作

用，在具体运作中始终存在环节冗杂、信息不对称、资源重复投资与相对闲置并存等问题，严重制约了物流供应链运作与管理的效率和质量[11-12]。数字经济自由开放环境为包括物流供应链供需交易与协调在内的各领域经济问题解决提供了一个全新的发展思路和市场机遇[3,13]。与传统经济模式下的物流供应链运作与管理不同，数字经济下物流供应链更加追求通过闲置资源共享与协同开发利用等方式实现优化配置的目标以减少对生态环境的影响，和转变最终用户在拥有产品或资源后对链上供需关系的态度等，迎合了经济新常态环境下物流供应链优化发展的目标[10,14]。但数字经济的自由开放环境在为物流供应链运作和供需协商营造了一种新型商业模式的同时，也为其带来了诸如供需信息烦冗且多变、供需交易矛盾形式和内容更加复杂等一系列问题[4,10]。Roh[15]认为，在链上成员均能实现完全共享本方信息的条件下，通过集中指派的方式可以有效化解以上问题，并能实现对链上资源的有效调节和优化利用。但由于数字经济下物流供应链中的成员企业均为独立的经济实体，出于成员间的信任程度、自身的商业机密和未来发展等考虑，企业在供需协商和合作的实际操作过程中很难完全共享全部信息和资源，若此时成员相互间缺少必要且有效的沟通机制和途径，很难实现对链上资源的协同开发与利用。传统的供应链管理理论和方法，虽然可以对数字经济下物流供应链运作和供需协商中的很多典型问题进行有效处理，但却不能完全适应数字经济的自由开放环境，在一定程度上限制了供需各方在协商与合作中对链上资源协调利用的形式和内容。

通过对相关学术和应用研究现状进行分析可以发现，现有对信息化平台运作与管理机制的研究大多建立在第三方平台集中决策的基础上，平台内供需匹配与协商主要以平台社会效用最大化为目标，并没有考虑到匹配的稳定性问题[16-19]。然而，在数字经济下物流供应链中的成员企业均具有充分的信息获取和分析能力，当获知存在更佳且可行的匹配伙伴后（即平台给出的匹配方案不稳定），为了实现本方收益最大化，已匹配企业可能会拒绝平台给出的匹配方案，进而影响物流供应链的实际运作效果。另外，在物流供应链供需协商过程中，为了进一步整合和优化对已有资源的开发与利用，提高供需协商决策效率和质量，企业往往需要对多个存在相关性的协商进行协同决策，有时还会在某些市场条件下选择与上下游企业以联盟的方式进行协作运营，并以团队的方式与需求企业开展供需协商[20]，而这在已有相关研究中并未得到充分的关注。

近些年，随着信息技术和多 Agent 技术的广泛发展与应用，为了有效化解供需协商中各方的利益冲突、提高成员企业间的协作效率和质量，自动协商理论和方法在供应链供需协商中得到了比较广泛的研究[20-22]，这为数字经济下物流供应链供需协商决策问题处理提供了必要的理论基础。这里的自动协商是指基于多 Agent 协调技术，借助网络或计算机来实现协商功能的协商形式，它是进行多计算体间协调决策和分歧管理的最普遍的方法之一，可以引导协商中各方达成最优合作协议[22-24]。在自动协商中，一个 Agent 可以同时参加多个具有不同协商协议的协商，协商协议即为掌控和限定 Agent 的类型和有效行动的一系列交互规则的集合[21,25-27]。

本书主要根据数字经济下物流供应链协商决策的特点和要求，基于自动协商理论对数字经济下物流供应链中的一对一供需协商、多供需匹配与协商、多相关协同决策供需协商、纵向联盟构建和成员协作报价供需协商等问题进行研究。研究成果可以为提高数字经济下物流供应链运营的效率和质量，减少供需合作过程中各方的利益冲突提供必要的理论和技术保障，并为数字经济在不同领域的研究与应用提供必要的理论和方法支持。本书力图结合运筹学、多属性效用评价、多相关协商、稳定匹配和博弈论等相关理论知识，对数字经济下基于自动协商的物流供应链供需协商决策问题展开研究，为数字经济及物流供应链管理理论研究等提供有效工具。

1.2 国内外相关研究现状

1.2.1 数字经济的提出与发展

1995 年，由 Don Tapscott 撰写的《数字经济：智力互联时代的希望与风险》被认为是数字经济的首次提出。1998 年 4 月 15 日美国商务部发布的《浮现中的数字经济》报告让数字经济的提法进一步明确，该报告中对信息在宏观经济和微观经济发展中的决定性作用进行了重点阐释。由此，数字经济的概念及对其发展中的相关问题研究得到越来越多业界和学术界人士关注。2021 年 12 月 12 日，中国国务院印发《“十四五”数字经济发展规划》，明确将数字经济定义为：“数字经济是继农业经济、工业经济之后的主要经济形态，是以数据资源为关键要素，以现代信息网络为主要载体，以信息通信技术融合应用、全要素数字化转型为重要推动力，促进公平与效率更加统一的新经济形态。数字经济发展速度之快、辐射范围之广、影响程度之深前所未有，正推动生产方式、生活方式和治理方式深刻变革，成为重组全球要素资源、重塑全球经济结构、改变全球竞争格局的关键力量。”

数字经济发展与信息技术和互联网技术是密不可分的，融合了传统经济不断向数字化、网络化和智能化转变与发展的历程。在 20 世纪 90 年代后期，信息技术及相关产业迅猛发展，当时世界经济年均增长率在 3% 左右，而信息技术及相关产业增长速度是世界经济增长速度的 2～3 倍，信息产业已成为当时大多数发达国家国民经济的第一大产业。根据相关研究和统计数据显示，1998 年信息技术和信息产业对世界经济增长的贡献率为 14.7%，如果去除产品和服务价值下降等多个因素影响，信息技术和信息产业对世界经济增长的实际贡献率超过 25%；1999 年全球信息产业并购交易总额达到了 1 万亿美元，年增长率为 200%。在这一发展过程中，世界各国对于信息化的持续投入也是数字经济得以快速发展的重要基础和动力。

2015 年 11 月 15 日至 16 日在土耳其安塔利亚举行的二十国集团(G20)领导人第十次峰会上，各国领导人达成共识——我们生活的互联网经济时代给全球经济增长带来的机遇与挑战并存。2016 年 9 月 4 日至 5 日于中国浙江省杭州市举行的 G20 领导人第十一次峰会上，各国决定联手从创新机制入手，紧抓新工业革命的机遇，结合数字经济等领域，提出全方位的二十国集团全球创新增长的具体行动计划，制定《二十国集团创新增长蓝图》，决心从根本上寻找世界经济持续健康增长之道，紧紧抓住创新、新工业革命、数字经济等新要素、新业态带来的新机遇，并制订一系列具体行动计划。习近平同志在 G20 杭州峰会上对数字经济进行了着重强调，之后我国开始在官方文件和重大场合采用数字经济的提法。截至 2016 年底，全球市值最高的 10 家公司中，有 5 家数字经济企业；市值前 20 强的企业中有 9 家数字经济企业。近些年，我国正在努力加快数字经济的延伸与发展，并已成为中国经济最强劲的增长极。2005—2020 年，中国数字经济规模从 2.6 万亿元增长到 39.2 万亿元，具体如图 1-2 所示。

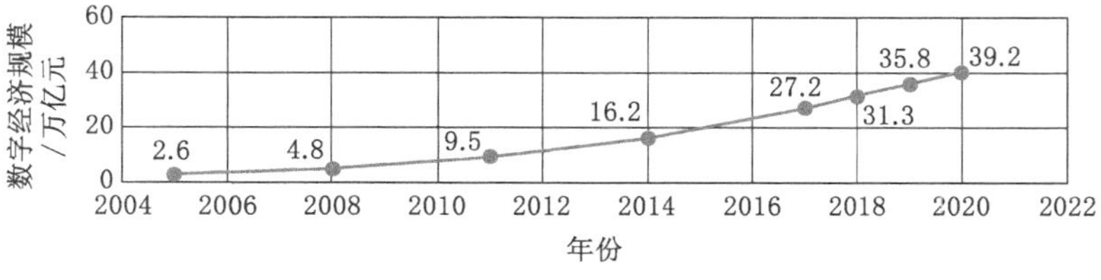

图 1-2　中国数字经济发展历程

（来源：中国信息通讯研究院）

2020 年，我国数字经济核心产业增加值占 GDP 比重为 7.8%，数字经济规模占 GDP 比重从 14.2%提升至 38.6%，稳居全球第二大数字经济体。"十四五"规划纲要提炼出 20 项"十四五"时期经济社会发展核心指标，其中比较引人注目的是数字经济核心产业增加值占 GDP 的比重指标，目标是到 2025 年这一指标达到 10%。2022 年 3 月，新华社联合百度发布《大数据看 2022 年全国两会关注与期待》，数字经济位列第五位。

1.2.2 数字经济下物流供应链运作与管理相关研究

1.2.2.1 数字经济推动物流供应链的资源整合与协同利用

随着各行业竞争的日趋白热化，为了提升物流供应链的整体竞争水平、降低运营风险，加强物流供应链内部对资源的整合与协同利用已成为发展的必然趋势[28-29]。同时，物流作为生产、销售和运营不可或缺的组成部分，直接关乎着物流供应链的运营效率和质量，往往会成为对物流供应链资源整合的首选，也是整合效果最显著的领域之一[19]。Stock 和 Greis[8] 认为，较高水平的物流供应链整合，应是通过加强对供应链内部相关物流环节资源的整合与协同利用，提升物流供应链物流参与各方间交流与互动，实现物流供应链上供需方的完美对接。Jayaram 和 Tan[30] 则认为，为了重点提升物流供应链的核心竞争力和加强供应链对主营业务的完成效率和质量，在实现对物流供应链资源整合的基础上，可以借助与专业 3PL 资源的进一步整合来提升物流供应链中物流活动的效率和服务质量，实现形式可多种多样，既可以是服务外包，也可以是战略或业务联盟等。

近些年，数字经济在物流供应链运作与管理中得到广泛、深入的融合，如何构建数字经济下物流供应链供需协调、资源整合与协同利用平台，提高物流供应链的运营与管理效率和质量也成了国内外众多学者研究的焦点之一[28]。然而，受到物流供应链中各成员均为独立经营的经济实体，且成员间合作关系受到市场环境的影响往往变化十分频繁的影响，现有的实践和理论研究基本都是围绕着物流供应链信息整合与利用而展开[31,32]。但随着经济发展速度的放缓与行业内跨区域精细化竞争环境的来临，对物流供应链资源进行更深入、系统的整合和利用成为未来发展的迫切需要。现实经济环境中，物流供应链内部往往是部分环节产能相对过剩、资源分布不均和生产资源匮乏现象并存的[33]，造成这种现象的关键原因在于没有在物流供应链内部形成完善的资源共享机制和保障体系[34]。Prajogo 和

Olhager[35]认为，对物流供应链资源真正意义上的整合必须包含对信息和实体资源的整合两个部分，二者缺一不可。随着数字经济不断发展和深入，物流供应链运作与管理理念应该与时俱进，提升对物流供应链资源整合与协同利用的广度和深度，突破物流供应链成员间传统"竞争合作关系"观念的壁垒，加强物流供应链内部协调与协商[36]，适应数字经济自由开放环境，搭建物流供应链资源信息化平台，提高对物流供应链各种闲置资源的利用率，同时降低物流供应链成员的实际运营成本和风险[33-34,37]。这些将成为数字经济下物流供应链供需协调与协同运作及管理中对资源进行整合与协同利用的发展趋势之一。

1.2.2.2 数字经济为物流供应链带来新的机遇和挑战

面对企业间的激烈竞争和数字经济对物流服务的多元化和深层次的要求，如何整合物流供应链中的资源、降低物流成本和提高流通效率是关键，由于物流供应链管理在实现对企业运营成本控制、有效降低库存水平、分散风险等方面的作用，已经得到企业界和学术界前所未有的重视[38,39]。如京东为了优化供应链服务体系，实现充分降低运营成本的同时提高服务的效率和质量，在提出"正逆向一体化供应链"解决方案的基础上，借助"云＋科技服务"构建起完善的物流供应链运营与管理体系，将冷链物流、大件物流、跨境物流、生产物流与快递和快运服务等有机融合形成完整的有机链条。Lummus 等[39]综合已有相关研究，对物流和供应链管理的概念进行了定义和区分，明确提出供应链并非是物流的别名，物流也不限定在对产品的仓储和运输上，而应该贯穿于产品或服务的整个流通过程中，这为物流供应链概念的形成奠定了基础。Yang 等[40]认为，由于参与完成供应链管理的物流企业多为制造企业，在材料采购、产品生产和商品销售等环节中起着主导作用，因此具有构建物流供应链的绝佳优势。Huang 等[41]通过引入 4PL(4th Party Logistics，第四方物流)理念为实现对物流供应链中资源的整合与协同利用提出了一个有效的途径，但在实际应用中，受到成员企业传统经营与管理理念的影响，很难得到可观的收效。

纵观现有对物流供应链管理的相关实践和理论研究不难发现，实现对物流供应链内的资源整合与协同利用是保障运营效率、降低运营成本和分散经济风险的必要途径，但受到传统企业和物流管理理论的束缚，物流供应链中的资源整合仍然存在着网络设计僵化、重复投资与闲置并存和运营机制不健全等问题。而在实现物流供应链运营的各方协同中，各方缺少必要的资源与信息共享，信息沟通效率不高，进而导致物流供应链被分解为多个独立的物流节点，只能进行局部规划或方案求解，无法发挥全局协同优化的优势。

综合上述相关文献的分析可以发现，数字经济下的全新经济模式在突破传统经济模式、推动物流供应链全新发展的过程中暴露出了许多新问题，且相关研究成果比较匮乏，未能引起各界的广泛重视，具体可以概括如下：

① 针对数字经济下物流供应链参与各方的信息交互和协商机制设计方面的研究相对较少，既不利于激发平台中参与各方的积极性，又不利于对平台运营中各方冲突的有效化解。

② 现有对数字经济下物流供应链理论和应用研究中，主要关注参与个体仅对某一独立问题进行决策的问题，即不考虑多个问题间可能存在相关性决策的特点。而现实的每个平台中的参与个体往往需要同时对多个相互关联的事务进行联合决策，例如想要在平台中寻找合适的就餐地点和可以搭乘去那里的顺风车两个决策间就存在相关性。

③ 与传统供应链管理进行融合的研究不够深入，对数字经济下物流供应链参与各方为了寻求本方利益最大化或降低成本而进行的结盟情况没有关注，而这在现实的自由开放的经济平台环境中是存在的，例如为了提高共享带来的收益，具有闲置仓储空间的企业可以选择和有闲置运输资源的物流公司合作，形成完备的物流服务体系后进行资源分享，并可通过协同效用吸引更多需求者，提高对需求的满足效果。

④ 数字经济下物流供应链发展和运营模式不够成熟，没有充分发挥数字经济自由开放平台在集中调度、供需匹配和信息交互方面的优势，仍然束缚于传统的追求社会效用最大化的经济发展模式，在一定程度上制约了对市场资源的优化配置能力，严重影响了市场的实际运行效率和质量。诺贝尔经济学奖获得者 Roth 认为平台经济之所以能够提升市场运营和资源利用的效率，主要是基于开放式平台带来的“中心调度＋按需分配”市场规则，而其中的市场设计和稳定匹配是平台经济能够突破传统经济模式的关键[42]。

数字经济在为现代物流业的发展与振兴带来新的契机的同时，也为物流供应链带来了新的机遇和挑战，具体的研究和应用需在进一步凝练物流供应链发展中遇到实际问题的基础上，充分借鉴和应用数字经济与其他产业结合并迅速发展的经验和平台环境，重新定位和设计一套有效的物流供应链供需协商改善思路和运作模式，从不同层面进行更加系统和具体的研究。例如，战略层面上，对数字经济下物流供应链供需协商机制进行设计；战术层面上，对数字经济下物流供应链供需协商中的联盟构建与成员协同决策进行研究；运行层面上，对数字经济下物流供应链供需协商中匹配与协商机制进行研究[41]。

1.2.3 基于自动协商的物流供应链供需协商与协调问题研究

传统管理方法下的物流供应链运作一直面临着环节冗杂、信息不对称、资源重复投资与相对闲置现象并存等问题，数字经济自由开放环境虽为这些问题的有效解决提供了可能，为物流供应链运作提供了一个全新的发展理念和机遇，但也对物流供应链运作中各方信息沟通机制设计和利益冲突化解提出了更高的要求。由于成员企业间的市场差异和利益冲突会被放大，并会在平台中非常迅速地扩散，如不能进行有效化解，将会影响整个物流供应链运作的协调与稳定[2,37,43]。协商虽一直都是化解这些利益冲突的有效手段之一，但数字经济下物流供应链运作信息的动态性与开放性特点使得协商问题更加复杂，传统面对面式协商很难应对数字经济下物流供应链供需协商中对资源匹配和分布式多属性信息综合评价的需求[22,44]，已有理论研究也无法在数字经济下物流供应链供需协商决策问题处理中进行直接应用[45-52]。随着互联网和信息技术的广泛发展，针对开放和分布式信息环境下自动协商的理论和方法研究吸引了众多国内外学者的关注[25,46,47,53,54]，这为数字经济下物流供应链供需协商中冲突化解提供了比较丰富的理论和应用参考。

为了实现物流供应链供需协商中对各方资源的有效协调，平台环境下双边市场中的多边自动协商问题(Multilateral Automated Negotiation of Two Sides，MANTS)得到了广泛研究，如商品买卖的交易协商[25,55-57]、招就业协商问题[58]等，MANTS 通常用于处理物流供应链运作中的任务/资源分配、合作/交易伙伴选择等问题[22]。虽然这些协商可以仅针对供需交易或合作中的某个议题而展开，如交易价格、时间或方式等，但为了提高对资源或服务分享与利用的效果、减少协作中的冲突，协商往往需要同时针对多个议题进行，如闲置共享时的质量、价格和售后等；求职中工资、福利和保险等的待遇等，这就增加了对多议题 MANTS 的需求，而多议题的协商问题扩大了协商寻优空间的范围，加之数字经济下平台信息的动态性和开放性等特征，寻找最佳的协商解决方案或协议变得十分困难，也成为对自动协商理论研究的挑战[26]。很多相关研究为了提高 MANTS 的效率和效果，将可信中介 Agent(Confidential Mediator Agent,CMA)概念进行了广泛的研究和应用[22]。CMA 是中立且客观的,也可被看作是善意且无所不知的外部观察者,它主要负责匹配 Agent 对和控制协商进程[27],可以获得所有协商的完全信息,为每个协商找到最合适的协商协议[22]。在平台中,CMA 可由平台管理方或第三方权威机构承担,有利于保证各方私有信息安全和提高协商效率。接下来,本书将依据自动协商中议题和 Agent 个数对自动协商进行分类和综述。

1.2.3.1 单议题与多议题自动协商

根据议题个数的不同,可以将协商分为单议题协商和多议题协商两种,这里的议题也可以理解为协商中需要考虑的关键属性[26,49,53,59]。很多已有研究仅考虑像价格或数量这样的单议题协商[49,52],由于更容易产生双赢协商结果,多议题协商成为现实世界中越来越重要和有价值的协商机制[59-60]。多议题协商指在一个协商中同时包含多个议题,如价格、数量和交货时间,或者服务水平协议中响应时间、安全级别和可追溯性等[59,61]。

大多数的协商场景是包含多议题的,并且通常可以通过多议题逐个协商的方法进行处理,Bac 和 Raff[62]通过顾客购买一辆新汽车的多议题供需协商的例子,说明在协商能力信息不完全或不对称的情况下,对多个议题进行逐个协商往往是各方更愿意采用的协商方式。Flamini[63]认为,在逐个议题进行协商的多议题协商中,优先对"容易"达成共识的议题进行协商,是提高协商效率的有效途径。虽然多议题逐个协商的方法的确降低了协商的复杂性,但这种方法中的多议题协商顺序问题却很难处理,而且这种方法也忽视了协商中多议题权衡报价问题[53]。事实上,除了多议题逐个协商方法以外,可以让 Agent 对多个议题同时进行协商,并在不同取值上进行权衡。Altun 等[64]针对顾客联合研制新产品的问题提出了一个具有议题权衡机制的多议题协商框架,借助修正 Even-Swaps 方法找到备选协商方案的差异,并在评估不同多议题报价带来的效用后,产生最后的协商方案。Louta 等[24]则基于一个对多议题打分排序的方法提出了一个多议题协商策略。Cheng 等[23]提出了第三方驱动电子市场下的多议题权衡自动协商启发式模型。而为了有效实现对自动协商中多议题报价的权衡,Faratin 等[65]为多维商品分布式资源配置提出了一个启发式协商模型和特定的线性算法。但是这种权衡机制使得对协商空间的搜寻变得复杂和困难,因此,Park 和 Yang[25]提出了一个多议题捆绑式协商模型,并通过数值实验验证了相对权衡报价机制[66]在社会福利(Social Welfare,SW)方面的有效性。

1.2.3.2 双边与多边自动协商

自从 Nash[44]提出了两个人间的讨价还价公理以来,双边市场下的一对一双边协商吸引了众多学者的关注[45,61,65-71],而在一对一双边自动协商中每边仅存在一个 Agent 进行协商。MANTS 远比一对一双边自动协商要复杂和耗时[26,47,72],其已被广泛应用于像 eBay[67]和 eMediator[46]等的在线销售平台中。如何在实现协商对匹配的同时优化协商方案成为数字经济及其平台运作模式下 MANTS 研究的一个挑战性问题[73]。大多数研究者通常会通过两种方法对 MANTS 进行处理,其一是让双边市场中的任一方依次与对方市场中的每一个对象进行协商,另一个方法是让双边市场中的任一方同时与对方市场中的所有对象进行协商[26]。因此根据双边市场中每边市场上的 Agent 个数,MANTS 可以分为一对多协商和多对多协商。

在一对多协商中,会存在一个 Agent 为了达到预期目标需要和多个 Agent 开展协商。Nagarajan 和 Bassok[21]提出了一个供应链中多边自动协商的一般框架,为了达成零部件供需交易和利润分配,该框架主要应用于某一产品集成商与多个零部件供应商间开展的一对多边协商问题中。Wong 和 Fang[26]针对供应链中的单买方多卖方的复杂多边协商问题,提出了多 Agent 系统(Multiple Agents System,MAS)的协商协议 ECNPro(the Extended Contract-Net-like multilateral Protocol),为了获得更好的协商效果,该协议将买方的订单拆分成多个子订单,需要买方同时开展多个一对一双边自协商过程来达到交易目的。Dasgupta 等[74]基于 MAgNET(the Mobile Agent Technology of IBM's Aglet Software Development Kit)提出了物流供应链多边协商模型,模型中买方需求可以由多个供应商满足,且买方需要根据对潜在供应商排序列表依次开展多个一对一协商,最终选定合适的供应商作为合作对象。Nguyen 和 Jennings[75]提出了一个并行多边协商协议,为了能够以一种有效的手段达成满意交易,一个买方需同时与多个供应商进行讨价还价和商定合作方案。Rahwan 等[55]提出了一个电子交易中的一对多协商模型,通过将买方 Agent 转化为多个买方子 Agent 的形式,把单买方多卖方的一对多协商转化为多个一对一买卖交易协商。Wang 等[57]将多边协商部署为多个并行一对一协商序列。

在多对多协商中,供需双方均会存在多个 Agent。在大多数情况下,多对多的协商均可以看作是多个一对多协商或一对一协商的集合[26,56]。针对云服务市场中同时存在多个需求方和多个提供方进行云服务交易的特点，提出了一个云服务交易多边价格协商模型，并将多对多协商模型转化为多个并行开展的一对多协商集合。Kurbel 和 Loutchko[58] 提出了一个多对多协商模型 FuzzyMan，并应用于处理电子就业市场中雇主和雇员间的协商问题。Sheu[76] 提出了政府金融干预下的多生产商、多逆向物流提供商的多边协商框架，并将多对多协商分解成多个并行一对多协商，且在每个一对多协商中包含多个相互关联的一对一协商。Park 和 Yang[25] 提出了一个多对多协商平台，通过 CMA 的匹配，该平台将 MANTS 转化为多个并行一对一协商，并允许所有 Agent 动态加入或退出平台。

在数字经济及其信息化平台运作模式中，往往会同时存在多个对同类资源或服务的提供者和需求者，而这种结构下的自动协商中 Agent 间很难在平台中实现同时且交叉地协商，也没办法把充分的资源放在最合适且最有价值的 Agent 上，这必然降低自动协商的协商效率和质量，也很难实现 SW 最大化的目标[22]。因此，在 MANTS 正式开始前对 Agent 进行有效配对，而后再开展协商就变得十分必要[22,57]。数字经济及其平台运作模式下 MANTS 中的供需 Agent 匹配是一个典型的双边供需匹配问题[22,77-79]，在每个 Agent 对中，均会包含一个供方和一个需方。例如在二手车的平台交易中，将最有可能成交的买方和卖方 Agent 配成一个协商对，以达到提高协商成功率的目的[25]。

借助数字经济自由开放环境，所有 Agent 都会获得比较充分的决策所需信息，并会根据这些信息进行优化决策[80]。为了获得更多的收益，当发现平台中存在更为理想且可行的潜在伙伴时，Agent 会选择退出当前配对，并调整协商的报价（例如所有议题的协商范围）。某个 Agent 的退出将会导致他所在 Agent 对协商的失败，这将会减少 MANTS 的 SW 和成功协商对数，所以保证 MANTS 的 Agent 配对稳定性对于保证数字经济下物流供应链供需协商决策的效率和质量是十分必要的[22,52,76]。如果一个 Agent 对是稳定的，那么所有 Agent 都不会找到任何拒绝给定匹配方案的理由[22]，也就是说，任意两个不在一个配对中的 Agent 都不会青睐彼此超过当前匹配对象时，Agent 对匹配方案是稳定的[78,79]。这里 Agent 对的匹配方案是指对平台中全部 Agent 配对的匹配结果，一个最优稳定匹配方案要保证其获得的 SW 和成功协商对数不差于其他稳定匹配方案[22]。现有 MANTS 研究中并没有对匹配的稳定性进行充分考虑。

通过对相关文献的分析，本书根据协商中涉及的参与方和议题个数对自动协商进行了分类，如表 1-1 所示。

表 1-1 自动协商分类

决策环境	问题类型	解的形式(协商方法)	单议题相关文献	多议题相关文献
静态	一对一	单个一对一(同时进行)	[49],[52]	[24],[53],[62],[66],[67]
	一对多	单个一对多(同时进行)	[21]	[26]
		单个/多个一对一(按顺序进行)	[74]	[61]
		单个/多个一对一(并行进行)	[68]	[55],[75]
	多对多	多个一对多(同时进行)	[56]	[27],[51]
		多个一对一(按顺序进行)	[73]	[58]
		多个一对一(并行进行)	[80]	[76]
动态	多对多	多个一对一(并行进行)		[25]

通过表 1-1 可以发现，对 MANTS 的研究已经成为近些年自动协商研究的主题之一[25,58,76]。由于双边市场中的各边都会存在多个相对独立的供需协商决策主体，因此，随机组合 Agent 对后进行协商显然很难达到各方预期目标，正式协商前对 MANTS 中的 Agent 对进行适当的匹配成为提高协商效率和 SW 的关键[22]。现有大多数研究并没有给出具体的 Agent 对匹配方法[58,76]，Park 和 Yang[25]给出了基于 SW 最大化的双边匹配方法，使 MANTS 的协商效率和效果得到了明显的改进。同时，大多已有研究通常假设 MANTS 所处的市场环境为静态的和既定的，市场环境对协商方的决策不会产生影响，协商中的参与主体均是确定的，不会存在随着协商的进行而又新加入或退出的情况[70]。这并不完全适合数字经济下物流供应链供需协商的实际情况。另外，在已有研究中还会假设协商各方为了获得合作均会直接接受 CMA 给出的匹配和协商建议方案[25]，在这种情况下，基于 SW 最大化的双边匹配方法的确能够提高 MANTS 的协商效率。然而，数字经济自由开放环境让每个 Agent 均可以获得充分的市场信息，并可随时加入或退出平台，因此，这个假设显然是很难被接受的[24,25,73]。

1.3 研究目标与主要研究工作

由 1.1 和 1.2 节中的相关论述可以看出，数字经济相关理论及其平台运作模式在经济领域中得到广泛应用和研究，为数字经济下物流供应链供需协商决策问题的解决提供了全新思路和空间。本书根据数字经济下物流供应链供需协调即协同运作中相关问题的特点，将自动协商等理论和方法与物流供应链供需协商相关研究进行结合，基于不同情境和问题特征提出相应的处理模型和方法。

1.3.1 研究目标

针对数字经济下物流供应链供需协商及相关决策问题的特点和相关研究现状，确定本书研究的总体目标为：在对数字经济相关理论及其平台运作模式的提出与发展、物流供应链运作与供需交易和自动协商理论等国内外相关现状进行系统分析的基础上，综合运用多 Agent 自动协商、匹配和企业联盟运作与管理等相关理论和方法，对物流供应链供需协商决策问题进行研究，具体完成对数字经济下物流供应链供需匹配与协商、多相关协同决策供需协商和纵向企业联盟成员协作报价供需协商等问题的建模，并论证其合理性和有效性。具体目标如下：

① 在理论层面上。依托数字经济及其平台运作模式及环境，将自动协商理论与物流供应链供需协商进行融合，形成基于自动协商的数字经济下物流供应链供需协商决策问题处理的理论体系。同时，结合物流供应链供需协商的实际应用，对稳定匹配、多相关业务协同决策和企业联盟管理等理论进行拓展，并通过理论或数学推导方式验证所提理论的合理性。

② 在方法层面上。针对数字经济下物流供应链供需协调与协同运作中相关决策特点，分别提出基于自动协商的供需匹配与协商、多相关协同决策供需协商、纵向企业联盟构建和成员协作报价供需协商等方法，为理论研究和实践应用提供科学决策的方法参考。

③ 在应用层面上。运用丰富的数值仿真算例在验证本书所提相关理论和模型的同时，为应用层面的决策者提供有效的管理知识，也为数字经济下物流供应链或其他领域的运作管理问题研究提供有益参考。

1.3.2 主要研究内容与研究路线

依据本书的研究目标,确定如下主要研究内容和研究路线:

(1) 数字经济下物流供应链一对一供需协商问题研究

供需协商是化解物流供应链运作中各合作企业间利益冲突和保证合作稳定性的有效手段,不但有利于改善物流供应链运作中成员对各类资源的协调利用水平,也有助于提高企业的总体满意度水平和社会效用值。在对数字经济下物流供应链中供需协调与协同运作决策问题的特点进行分析的基础上,为提升 Agent 在协商中对协商状态的预估和对稳定性议题的处理能力,本部分研究将隐马尔可夫模型(Hidden Markov Model,HMM)和模糊定性仿真(Fuzzy Qualitative Simulation,FQSIM)与自动协商理论相结合,分别构建出相应的数字经济下物流供应链一对一供需双边自动协商模型,并通过数值仿真对其合理性进行验证。

(2) 数字经济下物流供应链多供需匹配与协商问题研究

物流供应链运作中对某类产品或服务通常会同时存在多个供方和需方,且数字经济及其平台运作模式中各方在获知存在更佳且可行合作伙伴后,往往会选择放弃当前协商伙伴去寻找更理想的协商伙伴。因此,对数字经济下供需协商伙伴的有效且稳定匹配变得十分关键。本部分研究将稳定匹配与自动协商等理论相融合,通过引入可信中介 Agent 概念对多供需方情况下的稳定匹配与协商问题进行分析和建模,提出基于稳定匹配的数字经济下物流供应链多边自动协商系统建模方法,为提高各方信息可靠性提出偏好引导机制,并分别通过数学推理和数值仿真对所提模型和方法的有效性进行论证。

(3) 数字经济下物流供应链多相关协同决策供需协商问题研究

为了实现对物流供应链上和自身资源的有效协调和充分利用,物流供应链中企业在与上下游企业进行供需协商时,为了最大化本方利益,通常需要对多个存在相关性的供需协商报价进行协同决策。因此,基于数字经济下的信息化平台运作环境提出多相关自动协商模型,并具体给出相应的处理方法变得十分必要。本部分研究针对数字经济下企业通常需要对多个正在进行的相关协商过程进行协同决策的特点,在对协商中不同议题的特点和相互关系进行分类与定义的基础上,提出数字经济下物流供应链多相关自动协商模型,并对其有效性和优越性进行验证。

(4) 数字经济下物流供应链纵向联盟构建与成员协作报价供需协商问

题研究

随着数字经济下物流供应链中各方供需协商的不断开展，成员企业间逐渐形成了相对稳固的合作关系，以联盟方式进行运营成为物流供应链运作常见形式之一。这不但有利于优化闲置资源的利用率、减少重复投资和分散链上成员企业的运营风险，还更便于充分发挥群体协调与协作决策在供需协商时的优势。本部分研究在对数字经济下物流供应链中企业联盟的内部结构与成员关系进行分析的基础上，将博弈论、团队协商与自动协商理论相融合，为解决数字经济下物流供应链纵向联盟成员协作报价供需协商问题，分别对团队内部基于竞合博弈和合作博弈报价的数字经济下物流供应链自动协商模型进行构建，并对其有效性进行论证。

综上，本书的具体研究路线如图 1-3 所示。

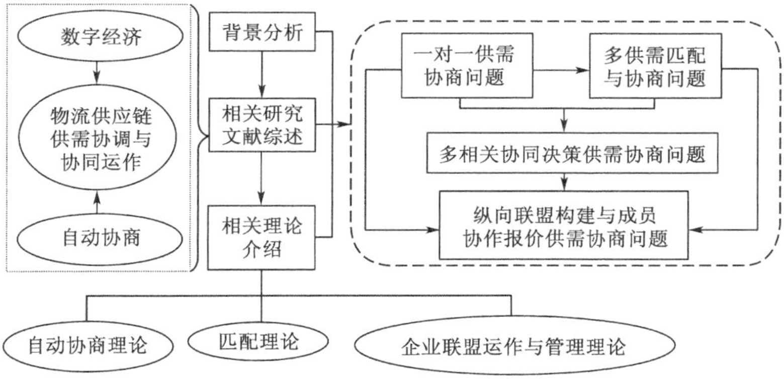

图 1-3 总体研究路线

在对数字经济下物流供应链运作与供需交易相关背景进行分析，并凝练出相应问题及其研究意义的基础上，通过对国内外相关研究文献的梳理，找出最新的研究成果和需要进一步研究或拓展的内容。在具体的研究中，首先对数字经济下物流供应链中一对一供需交易问题进行研究。然后将研究拓展到数字经济下多供需交易匹配问题，并基于稳定匹配理论对双边市场的数字经济下物流供应链多边自动协商模型进行构建。接下来，为了改进数字经济下物流供应链中企业在处理多相关供需交易中的协同决策能力，依据数字经济下物流供应链供需交易协商环境和议题特点对协商中涉及的议题进行分类和定义，并对数字经济下物流供应链多相关自动协商模型进行构建和数值仿真分析。最后，将研究进一步扩展到数字经济下物流供应链纵向联盟构建与成员协作报价供需交易问题上，分别纵向联盟构建和对不同博弈形式下联盟内部成员协作报价自动协商问题进行分析和建模，并对其有效性进行论证。

1.3.3 本书结构与研究方法

1.3.3.1 本书结构

本书在结构安排上主要划分为基础理论研究和具体问题研究两个部分。在基础理论研究部分，主要对研究背景及意义和已有国内外相关研究现状进行分析，为本书研究工作开展奠定理论和方法基础；在具体问题研究部分，根据所研究问题的特点，将本书主体内容具体划分为数字经济协同创新平台和方案集成商平台下的物流供应链供需交易两大块。协同创新平台下的供需各方可以自主加入平台，平台为其提供一个供需对接和交易协商的环境支撑；而方案集成商平台则主要对平台中的某个或某类企业的资源协调或优化决策提供必要支持，如寻找供需交易伙伴、实现多相关业务协同决策和联盟协调下的优化决策等。依托平台的具体环境特点，本书开展了对数字经济下物流供应链一对一供需交易、多供需交易匹配、多相关协同决策供需交易和纵向联盟成员协同报价供需交易等问题的研究。具体如图 1-4 所示。

1.3.3.2 研究方法

为了保障相关研究工作的顺利开展，本书依据研究内容的具体特点，有针对性地选取了相应的研究方法，主要包括文献分析法、归纳研究法、数学优化法、对比分析法和统计分析法等。

（1）文献分析法

针对基于自动协商的数字经济下物流供应链供需交易问题处理具体需求，通过查阅国内外相关的期刊、经典学位和会议论文等文献资料，对数字经济产生和发展、数字经济下物流供应链的供需交易和基于自动协商的物流供应链供需交易等相关理论和决策方法进行综述。

（2）归纳研究法

基于文献分析中对相关研究成果的梳理，探讨现有文献在解决数字经济下物流供应链供需交易问题中的不足，并结合数字经济下物流供应链运作与供需交易的特性，通过归纳研究，基于自动协商理论和方法提炼出四类典型的物流供应链供需交易问题。

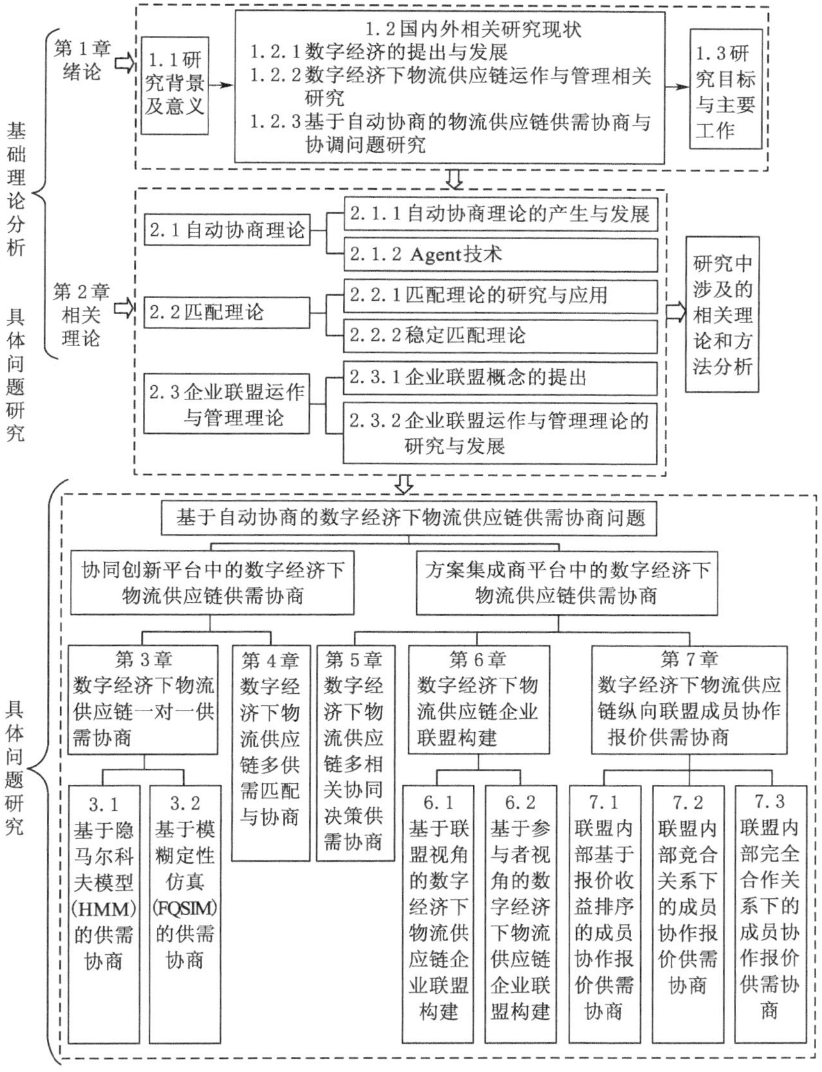

图1-4　本书章节内容及其关系图

(3) 数学优化法

针对基于自动协商的数字经济下物流供应链供需交易问题的特点，在凝练企业在供需交易协商中的决策行为和偏好的基础上，建立了相应的自动协商决策模型和研究框架，并通过数学证明或数值仿真实验对所提模型有效性进行论证，为相关研究提供理论参考。

（4）对比分析法

通过将不同市场状态和供需交易情境下供需交易协商的结构和决策模型进行对比分析，进一步揭示出数字经济下物流供应链供需交易自动协商中各方的行为特征和决策规律，进而为决策者提供管理启示。

（5）统计分析法

针对基于自动协商的数字经济下物流供应链供需交易问题的特点，采用统计分析方法对数值仿真实验结果进行对比分析，进一步验证本书所提模型和方法的合理性和有效性。

2 相关理论

2.1 自动协商理论

2.1.1 自动协商理论的产生与发展

自从1899年Baekeland为销售他的发明专利权与Eastman Kodak开展价格协商以来,协商已经成为近些年越来越重要的研究主题[45,52]。协商的目的在于有效化解合作中的冲突,并在给定的合理区间内找到各方均可接受的协商合作协议[22]。协商中,每个人均有一个对所有协商议题(一个议题即为协商中需要考虑的一个关键属性取值)的协商范围集合[26,49,53,59],某个议题的协商范围是指协商方对这个议题可接受的底线(最差)值与希望得到的期望(理想)值间的取值空间。协商双方对某议题协商范围的交叉部分称为双方对这个议题的公共协商范围,当且仅当所有议题的公共协商范围非空时,双方才能进行协商[25],协商可以看作是对至少两个人的公共协商范围内潜在合作协议空间进行分布式查找[81]。由于生活中面对面式协商是一个十分复杂过程,达成各方共识需要浪费大量时间和精力,并且很难找到各方都满意的协商协议[45,82],因此,针对开放和分布式信息环境下的自动协商理论的研究吸引了众多国内外学者的关注[25,52,61,74,82]。

在自动协商中,Agent是保证自动协商技术得以实现的基础和关键,依靠先进的优化求解模型和充分的计算资源,每个Agent都可以具有高度的自治性、社会性、反映性和能动性,可以同时参加多个不受空间限制且具有不同协商协议的自动协商[61,81],这很好地满足了数字经济下各方交易或协作协商中的分布式和多方多属性综合评价的特点。其中所提到的协商协议是指对Agent的类型和有效交互行为进行限定的规则集合[26,58,81]。在相关研究中,最简单的协商形式为仅包含两个Agent为实现交易而对单个协商议题开展的协商,正如供需双边市场中的一个常见场景:买卖(供需)双方为了某个商品的交易价格而进行协商[48]。现有大多数相关研究工作主要针对静态环境下的双边单议题协商问题，即假设仅存在两个 Agents 为达成商品交易而对单个议题（例如价格）进行协商[68]。但数字经济下物流供应链中闲置资源或服务（如闲置物品供需方、求职者与企业等[25,58]）的共享与协作参与主体，为了实现资源整合与协同利用机会而进入平台并对本方 Agent 进行实例化，为了获得更满意的交易或服务对象，每个 Agent 都会尝试与备选的多个 Agent 进行协商[22,81]。

2.1.2 Agent 技术

Agent 技术作为自动协商理论和方法得以实现的关键和基础，从 20 世纪 90 年代初开始就已经成为众多学者关注和研究的热点，随着近些年对分布式人工智能研究的不断深入，并在数字经济下基于网络的分布式计算问题处理中发挥了越来越重要的作用[83]。一方面，Agent 技术可有效适应数字经济下相关问题处理的分布式特点，为提高问题处理的效率提供有效途径；另一方面，Agent 技术为刻画数字经济下分布式处理特点提供了有效的概念结构模型[22,43]。

2.1.2.1 Agent 概念与体系结构

（1）Agent 概念的产生

自从 1986 年 Minsky 在其《思维的社会》中提出 Agent 的概念以来，Agent 技术便很快被引入人工智能和计算机应用研究领域。Minsky 提出，社会中存在行为差异或利益冲突的个体间，通过协商可以求得对问题的公共解，而这些个体便可看作是 Agent，每个 Agent 均具有社会交互和智能性等特点[22,53,81]。Wooldridge 和 Jennings[84] 对 Agent 的概念进行了进一步的阐述，他们认为 Agent 可以理解为是一个软硬件系统的综合体，除具有基本的自治性、社会性、反映性和能动性以外，还可以借助适当的技术手段而具有人类才有的知识、信念、义务和意图等特性。

（2）Agent 的体系结构

为了在研究中能够具体化 Agent 的组成、各部分的作用及相互间的联系和交互机制、内部状态和外界环境等对行为的影响，以及为了提高 Agent 各种特性在实际运作中的效率而采用的具体算法等，对于 Agent 体系结构的研究逐渐成为一个构造 Agent 的特殊方法学，并几乎成为每个对 Agent 进行理论和应用研究所必须考虑的问题之一。概括起来说，Agent 的体系结构可以包括以下三种[84,85]：

① 审慎型（Deliberative Architecture）Agent 体系结构。这种体系结构

通常被认为是 Agent 技术在人工智能理论与应用等领域研究中占据主导地位的，其产生与演化的历史和人工智能的历史相仿。在这种审慎型结构下的 Agent，会主要基于显式符号模型、模板匹配与逻辑推理来完成每次决策，十分类似于人的“深思熟虑”过程。具体如图 2-1 所示。

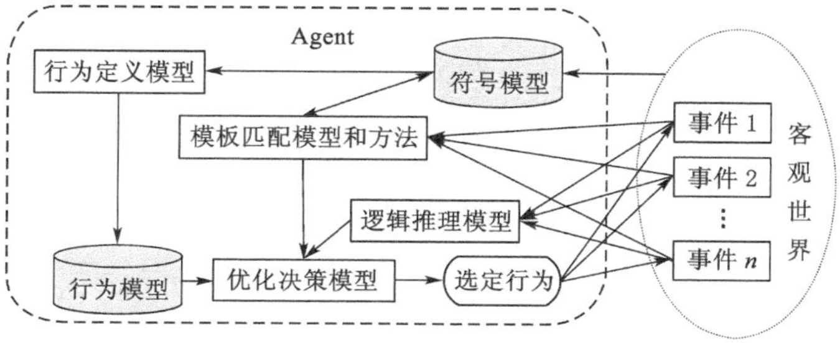

图 2-1　审慎型 Agent 的体系结构

② 响应型(Reactive Architecture)Agent 体系结构。该体系结构下的 Agent 一般由三个主要部分构成，即内外部状态变化感知器、事件处理响应器和行为控制器，Agent 的所有行为和活动都是基于内部或外部某些特定事件触发而产生的，具有明显的事件响应特点。这种响应型结构目前被普遍应用在分布式处理技术的研究中，一般也被认为是计算机基本系统最早原型。具体结构如图 2-2 所示。

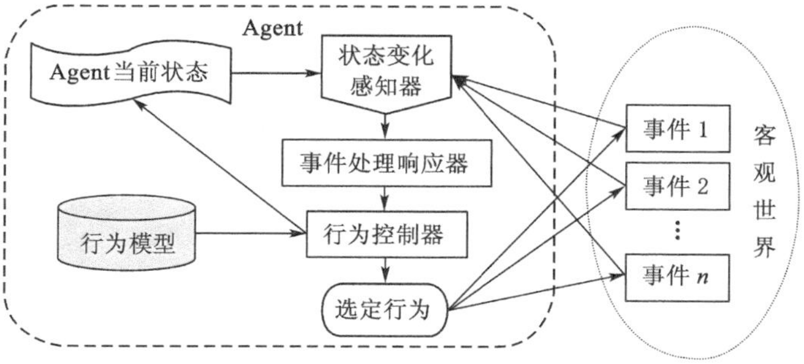

图 2-2　响应型 Agent 的体系结构

③ 混合型(Hybrid Architecture)Agent 体系结构。该体系结构是对前两种体系结构的融合，综合了两种体系结构所具有的优势，并通过系统层次划分的方式构建起全新的 Agent 体系结构。在具体运行中，Agent 基于事

件感知器对内部和外部环境特定事件状态的实时感知，借助事件适配器和事件处理器，有效地将事件感知、适配和处理三个环节的活动进行协调和优化。Agent 的行为活动集也可以理解为是 Agent 的方法集，体现了 Agent 对差异性事件的动态响应和处理能力，依靠特定的方法具体刻画了 Agent 对不同事件的响应和处理活动。Agent 的内部状态集主要是对运行中 Agent 在特定时刻的状态进行刻画，其中也涵盖了事件的状态，这些状态可以随着系统运行不断发生变化。该结构以更加生动和具体的形式对 Agent 的组成和功能进行刻画，并在很多领域的研究中得到广泛应用，如人工智能领域等。具体结构如图 2-3 所示。

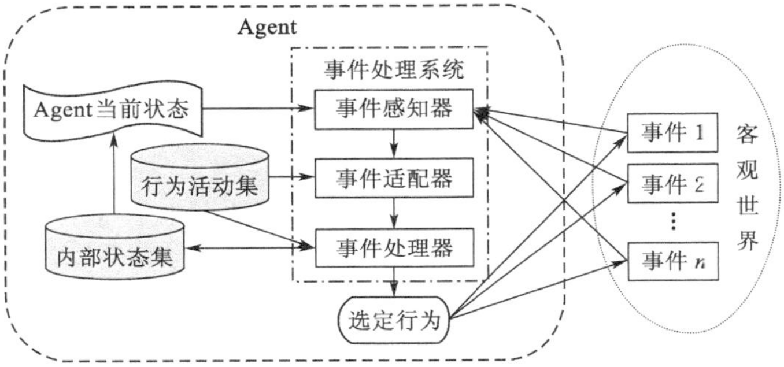

图 2-3　混合型 Agent 的体系结构

2.1.2.2　多 Agent 系统

现实世界中对很多具体问题的处理都会有显著的分布性、复杂性和动态性特点，这使得仅对单一 Agent 的研究已无法真正满足实际需要[86]，因此近些年对多 Agent 系统(MAS)的研究吸引了越来越多学者的关注，应用领域也越来越广泛[87-90]。

(1) MAS 的定义

MAS 通常是指在一个共同的背景下，由多个 Agent 组成，相互间通过彼此互相通信和协调，为达到某一共同目标而形成的多 Agent 集合[86,89,91]。MAS 中各 Agent 成员间的行为与活动保持相对自治独立的状态，即每个 Agent 自身的目标和行为不会受到其他 Agent 成员的目标和行为的限制，但彼此间的决策会受到系统内外状态或环境变化的影响，系统内各 Agent 间以竞争合作的状态而存在，需通过交互和让步来化解矛盾或达成合作[87-90]。

通常情况下，MAS 中 Agent 间的关系包括两种。其一，假定系统中的全部 Agent 具有共同的目标，如利用多机器人系统进行运作的仓储管理中，每个机器人可看作一个 Agent，但它们都是为了完成对仓储物品的运输与管理而存在的；其二，Agent 间并没有共同的目标，均是各自为政，均是为了实现本方利益最大化，如买卖交易中买方 Agent 希望以最低的价格买到商品，而卖方 Agent 则希望价格越高越好[86]。后者因为目标不同，利益存在明显的冲突关系，因此研究难度较大，也会更具挑战性。

通过对相关文献分析发现，学者们对 MAS 进行研究的根本目的在于，通过对多 Agent 所组成的、具有信息交互和相对独立行为特征的交互式团体的分析，重点关注多方参与决策的大规模复杂问题[89,90]。针对数字经济及其平台运作模式中对具体问题处理的特点和要求，MAS 具有如下几个优势：

首先，在 MAS 的实现过程中，要充分借助面型对象技术对多层次、多元化的 Agent 框架进行构建，而非单一追求单个庞大复杂系统，注重将复杂的大问题分解成若干个简单的子问题，降低系统的复杂程度，让每个 Agent 像数字经济中各参与主体一样，具有充分的独立性和决策自主性。同时，可以借助提高 Agent 的推理和规划能力来提高数字经济总体运行效率和协调能力。

其次，MAS 是一个讲究内部多方协调互动的系统，打破了传统人工智能仅使用单个专家系统的限制，让代表不同领域专家的 Agent 通过资源共享、相互通信和彼此协调共同参与决策，提高数字经济及其平台运作模式对现实问题处理能力，优化对已有资源的整体协调能力。

第三，MAS 支持分布式应用，完全符合数字经济下平台运作模式中参与个体的异质和分布式特点。Agent 所具有的自治性和在实现方法与语言方面的多样性，有利于对不同参与个体或组织的刻画，每个 Agent 都能独立完成基于本方偏好的独立决策，并可以按照自己的方式异步地与其他 Agent 开展信息交互，可以有效地根据动态变化的市场供需环境进行相应的适应性调整。另外，MAS 所具有的良好的模块性、设计灵活性和功能易于扩展性等，可以有效解决数字经济及其平台运作模式管理和扩展困难，降低平台运行的总成本。

(2) MAS 中 Agent 间的通信

为了保障系统中单个 Agent 所具有的特定功能得以实现，各 Agent 之间可以开展有效的协商与协作，Agent 间的通信机制和方法变得尤为关键。

单个 Agent 的功能即每个 Agent 在 MAS 中应该具有的自主性,也就是 Agent 独立完成任务所具有的能力;Agent 间的协商是指为化解 Agent 间的冲突和实现对已有资源的最大利用,Agent 在进行必要的信息沟通过程中的让步与决策;Agent 间的协作是指多个 Agent 为了达到本方目标,主动将任务分解或参与他方任务,进而依靠多方合作力量,在各方利益得到保证的基础上,实现本方预期目标的过程[89,92]。

通过以上的分析可以发现,为了保证 MAS 运行,Agent 间的有效通信是基础。目前最具影响力的是国际组织 FIPA(The Foundation for Intelligent Physical Agents)提出的代理通信语言(Agent Communication Language,ACL),其研究的目标在于为异构的 Agent 和移动的 MAS 平台间的交互和操作提供软件标准。

(3) MAS 中 Agent 间的协商

协商可以理解为对某些供需交易具有共同兴趣的各方为达成一致意见而进行信息交换和妥协的过程[93]。协商是实现 MAS 中 Agent 间交互的重要手段之一,也是 MAS 实现多方协调与协作、冲突化解和矛盾处理的关键环节。MAS 中的协商可以定义为多个 Agent 为了达成互惠合作协议而进行的一系列交互和妥协活动[94]。通过协商,MAS 中的异质、分布的 Agent 间可以对共同关切的问题达成一致意见或形成具体的协作方案,这也是自动协商理论研究的基础[95]。对 MAS 中多 Agent 协商的研究主要需要考虑的关键技术包括协商的协议、策略和问题处理等,概括来讲,MAS 中的多 Agent 协商框架主要由以下四个部分组成[91]。

① 协商集合:Agent 协商过程中可进行报价方案选择的可行范围;

② 协商协议:主要对多 Agent 交互中的通信语言和方式的定义、表示、处理和语义解析,是一种交互前确定的先验性历史函数,限定了交互中 Agent 的具体行为,并需要参与协商各方的共同认可;

③ 协商策略:协商中 Agent 进行决策和选择的方式和方法,包括对协商协议的选择和通信消息的决策等,并对 Agent 内的具体决策和控制过程进行定义。

④ 协商规则:对协商中 Agent 行为进行界定,包括可能涉及的算法和技术等,具体给出达成协商一致的条件和形式等。

(4) MAS 中多 Agent 间的联盟

为了提高 MAS 中 Agent 对相关问题的协同处理或求解能力,提高各自收益水平,Shehory 和 Kraus、Zlotkin 和 Rosenschein 以及 Ketchpel 于

1993年在欧洲多Agent世界中自治Agent建模研讨会上首次提出了多Agent联盟理论[96-98]。随后多Agent联盟理论得到了广泛的应用和发展，并成为MAS中Agent间的重要合作方法[90]。相关学者结合协商团队和自动协商理论发展与应用的特点，将MAS中多Agent联盟理论进一步定义为基于多Agent的协商团队，并结合不同的问题背景进行了广泛的研究。

Sanchez-Anguix等[99]将协商团队定义为由协商中的多个具有相似协商收益和目标的，且相对独立的Agent组成一个协商整体。针对现实生活中协商团队具有相似结构特征的问题，部分学者也开展了有代表性的研究，如Peterson和Thompson[100]通过实验分析的方式，对协商团队成员间的信息分布和责任压力对不同团队结构和组成的影响，并得出成员间相互熟知且存在直接利益关系时，协商团队更有凝聚力，他们也更加注重对相互间关系的保持，但当处理分布性信息时，会迫使成员间的关系得到格外关注。Browder[101]则以柬埔寨、老挝、泰国和越南达成对湄公河水资源利用合作协议的谈判情况为例进行了研究，其中，每个国家被视作构建了一个协商团队，而每个协商团队中有很多不同的专家，专家们为了共同的目标被组织到一起，均希望最大化本国利益。Peleckis[102]认为在经济全球化的今天，交易中双方间的空间距离使得他们无法进行充分的协商，进而很难发挥出各自在协商中的优势，为了能够保证协商的效果和质量，需要构建有效的协商团队，团队成员的能力对实现协商收益最大化的目标至关重要；同时，其研究中还归纳出在协商团队中不同成员应该承担的角色，如情感领袖、面向规则的领导层、效用评估、效果分析等。Patton和Balakrishnan[103]通过研究发现，相对于单个卖方与多个买方一对一顺序协商而言，当单个卖方与一个买方团队进行交易协商时，买卖各方的期望、性情和行为都会发生剧烈变化，买方对最重要议题的期望水平明显提高。

虽然团队协商在社会科学研究中并没有得到充分关注，但其在现实生活中的各种协商中的重要性却不容忽视[104]。其实，在我们生活中的很多地方都存在以团队的形式开展供需协商的实例，如在购买汽车议价中的夫妻、企业生产线供需交易中双方参与协商的人员以及公司员工代表们与企业高管针对企业政策、工作条件和待遇等问题进行的协商等，都可以视作是以协商团队的形式开展协商[100]。一般而言，若结成协商团队，团队成员会感觉到更高的安全性和力量，并更愿意进行信息交互，团队成员的联合收益会远高于这些成员单独协商获得收益之和，且协商团队中的成员越多，协商团队在协商中的综合表现就会越好[99]。但当协商团队的规模特别大时，若不能进行有效协调，也会导致提高协商失败的可能性[20,104]。团队成员在专业技能、协商经验和决策能力等方面的多样性与互补性，是决定协商团队整体决策水平和分布信息处理能力的关键所在，因此在组建协商团队时，需要从团队整体能力出发，合理选定恰当的成员组成[100]。另外，由于协商团队通常都是由不同利益相关者组成的，在协商过程中也会存在不同程度的差异性和利益冲突，如果不能有效协调，就会导致协商团队协商能力下降[20]。

与此同时，Sánchez-Anguix 等[20]认为现实生活中对协商团队理论的研究和分析，可以应用于在自动协商中对协商团队问题的研究。协商团队内部 Agent 间的协调仍然是决定协商成功与否的关键，需要考虑到协商团队成员 Agent 受到彼此信誉、环境压力和自身发展等影响，并不会在团队内完全共享自己的全部资源和信息等，而且也可能会存在明显的投机行为，因此需要对团队内部的成员关系、内部结构和决策规则等进行更加深入的研究。另外，Sánchez-Anguix 等[20]还针对协商最大期限、对手 Agent 让步速度、团队内成员 Agent 相似度和协商团队规模等因素，对基于协商团队的自动协商的协商效果的影响情况进行了研究，认为协商环境是协商团队内部协调策略选择的主要依据。

由于基于协商团队的自动协商研究不同于传统对自动协商理论的研究，很多已有研究成果并不能直接应用，但这些成果却可以从不同的角度为基于协商团队自动协商理论的研究提供必要的参考。在自动协商过程中，MAS 中的多 Agent 协商团队如果打算针对具体业务开展高效的协商活动，需要处理好包括问题识别、协商团队构建、团队内部策略选择在内的多个问题[20]。

2.2 匹配理论

2.2.1 匹配理论的研究与应用

匹配是一种非常重要的市场功能和运行形式。匹配理论是对价格机制的一种补充，有别于一般的价格机制，主要用来解决在序数效用条件下的市场供需交易均衡问题。匹配理论包括单边匹配问题和双边匹配问题，作为机制设计理论的一个重要问题，其理论成果与现实生活联系得非常紧[105]。

2.2.1.1 匹配问题的分类

(1) 单边匹配问题

单边匹配的目的在于匹配或再分配资源或任务给具有完全且私有化偏好排序需求个体的集合，单边匹配问题通常也被称为房屋分配或指派问题[106-107]。这类问题最常见的现实情况还包括学生寝室分配[108]和器官分配市场[105]等。Alcalde[109]对单边匹配市场中 Shapley 稳定性和 ξ 稳定性进行分析。Wang 和 Haruvy[107]提出了单边匹配市场下的多层匹配框架和模型，并通过研究发现，在单边匹配市场环境下，对匹配市场的设计会影响匹配阶段各方的行为。

(2) 双边匹配问题

双边匹配研究最早起源于古典婚姻匹配问题，双边匹配的目的是在最大化主体满意度的基础上，确定不同主体连接节点间的匹配关系，或找到稳定匹配方案，且利用线性规划方法可以对稳定匹配问题进行描述和刻画[110]。Gale 和 Shapley[77]最早研究了匹配的概念和应用问题，并借助婚姻匹配和学生入学匹配，对稳定匹配的存在性与线性规划表达、寻找稳定匹配的递延接受算法和最优稳定匹配等问题进行了开创性的研究。哈佛大学经济学教授 Roth 最早明确公开提出双边匹配的概念，在对现实中双边匹配例子进行分析的基础上，进一步界定了“双边匹配”与“双边”的概念。随后，众多学者基于不同视角对双边匹配问题进行了关注和研究，并在国际顶尖学术期刊上发表了多篇关于双边匹配的文章[111]。Roth 首先针对医院实习生实习的背景扩展提出了 Hospital-Resident Matching 算法[112]，并在进一步研究后将文章发表在国际顶尖期刊 *Science* 上，为已有的匹配机制研究提出了引导性的改进策略[113]。作为较早提出的双边匹配问题之一的学生入学匹配(Student-School Matching)问题，其匹配的目标在于力争达到学生和学校的双向满意[107]，在借助匹配算法找到稳定匹配结果的基础上，实现社会福利最大化[114]。Teo 等[79]针对特定国家的具体入学匹配问题，进行了优化教育资源和提高社会总福利的双边匹配机制的设计。大学生的同屋伙伴匹配(Stable Roommate Matching)问题的处理方法仍然是建立在“Gale-Shapley”算法基础上，根据每个学生对可接受伙伴的排序获得稳定匹配结果。Gusfield[115]对同屋伙伴匹配问题进行进一步描述和明确，在给出了对问题的数学表达的基础上，对匹配方案求解方法进行研究。

2.2.1.2 供应链管理中的匹配问题

供应链是新产品或服务设计、原料采购与加工、产成品生产与销售等一系列活动的有机链条，以产品移交给最终顾客为最终目标[116]。自从 Clark 和 Scarf[117]通过递归分解方法实现了对多级库存和配送系统最优政策的确定以来，供应链协调问题便逐渐成为众多学者关注和研究的焦点，也已经成为供应链管理中的核心问题之一，对数字经济下供应链供需各方进行合理、有效匹配是实现供应链协调的关键[16]。根据数字经济下供应链双边市场中各边参与方的数量，可以将数字经济下供应链协调与匹配问题的研究分为一对一、一对多和多对多供应链供需匹配问题。

（1）一对一供应链供需匹配

主要表现为单一供需方情况下的合作方式或内容的确定问题。Weng[118]认为对供应链有效协调是实现对现代制造与分布式系统成功运作的核心，而对供需间的有效协调将成为实现供应链协调的关键，并通过对单一供需双方交易合作问题的分析，揭示了供应链中供需双方匹配与协调的相关影响因素。Corbett 和 De Groote[119]认为最完善的供应链协调研究框架在于对按需订货下紧耦合系统中批量选择问题的研究，而在单一供应方和单一需求方时，供应方的生产批量应等于需求方的需求量，此时的订货量折扣将不能影响需求，但合适的订货量折扣方案却可以形成供需双方联合效用最优化[16]。因此，他们在对订货量折扣对需求方订货行为影响进行分析后，对单一供需方批量生产和定量折扣问题进行了研究，对比分析了信息不对称和供方掌握完全信息下的最优订货量打折策略的差异。但该研究中设定的供应方掌握需求方完全信息且负责设计相应的订货量打折组合方案的假设有悖于现实中的普遍现象，因此也导致了双方匹配时的不公平性，进而导致供应链协调的效果很难维持稳定。Karabati 和 Kouvelis[120]针对单一供需方的两阶段供应链协调问题的特点，对供需双方仅掌握年需求量信息下的供应方最优订货批量折扣设计问题进行了研究，并基于供应方视角提出了多断点批量折扣方案，在最小化供应方供应链成本的同时，提高了有限信息下供应链供需匹配中的协调水平。Saha 和 Goyal[121]对单一制造商和零售商下的供应链协调与供需匹配问题进行了研究，通过分析发现库存水平和零售价格对产品需求会产生明显影响，为了实现供应链有效协调，需要将合约与特定环境进行匹配。

（2）一对多供应链供需匹配

主要是针对单供应方多需求方，或者多供应方单需求方情况下的交易或合作伙伴间的供需匹配问题。Wang 和 Gerchak[122]对单一制造商或批发商、多零售商供应链协调与供需交易匹配问题进行了分析，在假设制造商或批发商具有市场主导地位、市场需求依赖于整体库存水平，并根据特定的需求情况对订单进行分割的基础上，研究了需求在依赖零售商货架空间情况下的供应链协调问题，构建了实现对单一制造商或批发商和多零售商进行有效供需匹配模型，通过该模型可以找到供应链协调与供需匹配的 Nash 均衡解。Nagarajan 和 Bassok[21] 在对多供应商和单产品组装方的供应链协调问题进行分析的基础上，构建了针对产品装配问题的供应链协商框架，他们认为，产品组装方需要从多个供应商处获取零部件并进行组装后形成产品，这使得产品组装方成为供应链协调的主导者，因此产品组装方与不同的供应商进行协商进而达成交易是保证供应链有效运营的关键。

（3）多对多供应链供需匹配

当供应链中同时存在多供应方和多需求方时，供应链的协调与匹配问题就转化成了多对多供应链供需匹配问题，其处理难度明显增加了。Xia 等[123] 认为在一对一供应链协调问题的研究中过分简化了市场环境，而在一对多的供应链协调与匹配问题的研究中，通常假设数量多的一方重新组合后被指派给数量少的一方，需要靠数量多的一方调整订单中报价或合约来实现供应链协调，而这少数一方已经实现地区垄断，但现实中普遍存在的却是广泛的竞争关系。同时，这些研究中的供应商和买家是没有进行匹配的，供应链协调的效率并不高，进而导致供应链协调可以获取的收益也十分有限。另外，如果在规模市场条件下，这些研究方法会使得供应链协调成本高昂甚至是不可行的。Guide 等[124] 针对再制造中产品的生产和需求要受到诸多不确定性因素干扰的实际情况，设计了一个确定最优定价和相应概率的简单框架，提出了一个收益最大化的再制造供需匹配模型，并验证了对供应商和买家的合理匹配可提高社会福利和参与方的满意度。Xia 等[123] 对多供应方、多需求方的竞争供应链中的供应方成本结构和需求方订单匹配问题进行了研究，提出了一个多供应方与多需求方的匹配方法，并将其作为供应链协调的第一步。Mason-Jones 等[125] 根据产品类型将供应链划分为 Lean、Agile 和 Leagile 三种类型，并研究了供应链策略与不同类型供应链的匹配问题。Yang 等[126] 基于分布式优化理论提出了一个智能电网功率控制与实时定价方法，有效保证了供需的有效匹配，并给出了考虑稳定分析的实时定价方法（Real Time Pricing，RTP）算法。Chen 等[127] 对知识服务市场中的多需求方与多供应方间的匹配问题进行了研究，提出了知识服务双边匹配逻辑框架，并基于逻辑公理设计方法（Fuzzy Axiomatic Design，FAD）和多目标 0-1 优化模型，在对匹配水平进行评估的基础上，求解匹配水平最大化的知识需求方与供应方的一对一匹配方案，但研究中未考虑到匹配方案的稳定性问题。

2.2.2 稳定匹配理论

2.2.2.1 稳定匹配理论的提出

稳定匹配理论最早由 2012 诺贝尔奖获得者 Gale 和 Shapley，在 1962 年发表的一篇文章 *College admissions and the stability of marriage* 中提出，该理论的难点在于如何保证匹配方案的稳定性，他们借助合作博弈的相关方法对比分析了当时已有的匹配方法，提出了经典的稳定匹配求解算法“Gale-Shapley”，并对稳定的含义进行了解释：稳定是指不存在这样两个已获得匹配的市场主体，他们对彼此的青睐程度胜过他们当前已匹配的伙伴[77]。Gale 和 Shapley 在研究中还介绍了匹配理论下高校招生匹配和稳定婚姻匹配机制问题，借助“Gale-Shapley”算法对这两个社会中的典型问题进行了处理。

2.2.2.2 稳定匹配理论的研究与应用

供需双边市场的稳定匹配问题通常由两个不存在交集的 Agent 集合组成，假定是 m 个卖方 Agent 的集合和 n 个买方 Agent 的集合。如果在匹配方案 Y 中，卖方 s 和 b 被匹配成一个配对，那么可以记为 $Y(s)=b$ 和 $Y(b)=s$。如果匹配方案 Y 满足如下两个条件：① $Y(s)\neq b$ 和 $Y(b)\neq s$；② 与已匹配对象 $Y(s)$ 相比，b 更加喜欢 s，且与此同时，在 s 看来，相对于已匹配对象 $Y(b)$，s 更喜欢 b。[77] 如果匹配方案 Y 中没有配对，则 Y 是稳定的，否则 Y 就是不稳定的。Gale 和 Shapley 通过研究证明了，只要每类集合中每个个体对另一类集合中个体的偏好均具有完备性及可传递性，且市场是足够自由和开放的，每个个体均可以尝试任意一个潜在可能的匹配，那么双边市场中一定会存在至少一个稳定匹配方案[77-78]。供需双边市场环境下匹配模型会存在稳定匹配这一特性，使稳定匹配理论及其求解算法的研究和实践得到了学者们广泛关注[78]。供需双边市场稳定匹配的目的在于在最大化主体满意度基础上，找到不同主体连接节点间稳定匹配方案，并利用线性规划方法对稳定匹配问题进行刻画[22]。

针对双边匹配模型在实践中的具体应用问题，Roth 最早进行了较为系统的研究，他发现 Shapley 借助稳定匹配相关理论和计算方法实现的市场供需匹配，可以有效提升市场运作效率和质量[128]。20 世纪 50 年代，针对美国内科医生初级劳动力市场匹配问题的研究备受关注，虽然已有研究极大地提高了匹配效率，但却忽视了匹配稳定性问题，使得美国内科医疗领域的初级劳动力市场波动。Roth 通过后续研究，有效地对稳定匹配理论进行设计后应用于内科医生初级劳动力市场匹配问题当中，并验证了该匹配方法可以减少原有匹配和组织方式下的匹配不稳定现象，有效提高了内科医生初级劳动力市场的稳定性[128]。

近些年，供需双边市场稳定匹配问题得到了众多领域的广泛关注，如肾交换问题、医科学生与医院、实习生与 IT 项目、学生与项目的分配问题以及学员与机构等的匹配问题。为了找到稳定匹配方案，很多学者已经做了大量的工作，除了 Gale 和 Shapley 最早提出的"Gale-Shapley"算法外，Kamiyama[18]针对偏好排序列表中存在不可区分排序的情况，提出了可以在预设时间域内找出稳定且符合 Pareto 解特点的匹配方案的方法。考虑到在大规模的供需双边市场的情况下，获知所有 Agent 的需求偏好且找到稳定匹配方案十分困难且耗时，Vate[110]在研究工作中提出了一个寻找稳定匹配方案的数学表达式，并尝试在大规模问题中进行求解，但由于在该类问题最优稳定匹配方案求解中不可区分偏好排序，且排序列表不完全的稳定匹配方案是 NP-难题的，一系列近似算法和对其的改进被提出[50]。

2.2.2.3 数字经济平台运作模式中稳定匹配理论的发展

数字经济及其平台运作模式的广泛应用和发展，进一步刺激和推动了包括共享经济在内的众多经济模式的发展[22,42]。其中，Uber 模式在全球范围内的盛行，极大地带动了国内众多企业的效仿热潮，但能够取得成功的企业却屈指可数，究其根本原因，主要是没能对数字经济及其平台云模式的深层理论进行有效理解和应用。Roth[42]认为共享经济的融合之所以能够提升市场运营和资源利用的效率，主要是基于其所带来的"中心调度＋按需分配"市场规则，而其中的市场设计和稳定匹配是二者融合能够突破传统经济模式的关键所在。在数字经济及其平台运作模式运营过程中，不同环境下多种类型资源整合与协同利用活动都需要特定且具体的规则设计，供需匹配则是这些规则设计中关乎市场运营效率的关键要素。数字经济平台化应用的核心价值在于让市场中的信息对称，借助高效的信息匹配对使用权的潜在价值进行挖掘，而这期间保证匹配的稳定性是重中之重，但大多数平台通常只是追求匹配时社会效用的最大化，却忽视了稳定性问题。

Roth[42]认为，我们应当对平台运作模式下的市场特点进行充分的分析和刻画，并借助广泛认可的延迟接受算法，为平台中的中心调度与供需匹配等活动制定具体的市场规则，即进行相应的市场机制设计，进而确保供需双方匹配的稳定性，同时实现对市场资源的优化配置，进而提高市场的运行效率和质量。

中南大学吴金明和吴双[129]认为，我国众多产业领域普遍出现了产品和产能相对过剩与资源相对匮乏并存的现象，低端供给的相对过剩和高端供给无法满足基本需求的现象，导致了我国经济的结构性失衡问题凸显。从政府的角度来说，可以借鉴合作博弈的基本理论，应用“稳定匹配”的相关算法，基于自由开放的信息化平台环境实现对社会及市场中的基础设施和公共服务资源进行有效配置和利用。而从企业角度来说，则应深入地挖掘该平台运行的特点和规律，找出实现从产品供应商到平台服务商和服务集成商的转变模式和路径。

2.3 企业联盟运作与管理理论

随着市场竞争的日趋白热化，企业间竞争的形式和内容日趋丰富，想在市场中占有一席之地，仅仅依靠自身力量已远远不够[130]。因此，企业为了保持自身的竞争优势、降低运营风险、促进对资源的共享和规模经济的形成，企业联盟化或虚拟集团化运营已成为众多企业适应激烈市场竞争和瞬息万变市场环境的首选[131]。企业联盟的组建，可以实现对联盟内部资源的有效整合与利用，不但可以减少不必要的重复投资和提高业务处理效率，还有利于进一步巩固和提高联盟的整体竞争实力[132]。从数字经济角度来讲，基于信息化平台的企业联盟组建与运营，既可以看作是数字经济平台运作模式下相关企业为了适应市场环境和保持竞争力的手段，也可以看作是数字经济平台运作模式下联盟成员企业对闲置资源的进一步优化利用，进而达到在不改变原有所属关系的同时，提高闲置或相对过剩资源的利用效率和质量、降低企业实际运营成本和提高收益的目的。

2.3.1 企业联盟概念的提出

企业联盟（Enterprises Alliance）最早由美国数字设备公司（Digital Equipment Corporation，DEC）的总裁 J. Hopland 和管理学家 R. Nigel 于 20 世纪 90 年代提出。有的学者也将企业联盟称为企业联合、战略联盟、虚拟企业、协作型竞争或合作竞争等。很多学者认为企业联盟是通过达成协议的形式，为了进行一系列生产或销售的价值活动而协作的两个或两个以上企业的组织，目的在于降低运营成本和分散运营风险，维持市场竞争力[133]。综合各方观点，本书认为企业联盟通常是指两个或两个以上企业间，为降低运营风险、维持市场竞争地位，基于合作共赢的目标而结成盟友，在自主地共享或交换互补性资源、实现对已有资源的整合与协同利用的同时，通过独立或协作的方式完成各自的阶段性目标，进而巩固各方的市场竞争优势，并形成一种持续而正式的联合关系。

按照物流供应链中企业联盟构建的行业或产业链差异，企业联盟主要可以分为两大类：第一类是同行业企业间通过联合建立起来的横向联盟，建立联盟的目的通常是为了降低运营风险或者形成市场垄断地位，如目前比较成功的第三方物流企业联盟“菜鸟网络”；第二类是处在物流供应链上下游企业间的纵向联盟，是为了提高运营效率、减低运营成本和维持市场竞争优势而结成的联盟，比较典型的是英特尔与电脑配件生产厂商间结成的纵向联盟关系。通常情况下，第二类企业联盟的效果或获得的直接收益相对更为明显，主要体现在既可以减少上下游企业间产品或原料的交易成本，又可以保证市场供求关系的稳定性。

2.3.2 企业联盟运作与管理理论的研究与发展

在企业联盟构建与伙伴选择研究中，Mitsuhashi[134]概括出了企业联盟伙伴选择风险的分类，指出企业间的稳定关系是降低选择风险的关键机制之一，因此为了降低风险，企业一般更愿意选择合作过的企业作为联盟伙伴。而 van der Lans 等[135]则认为信息的有效沟通与协商是进行联盟伙伴选择的必要途径，也是不可或缺的环节，可以有效减少协作过程中各方因为缺乏了解而发生利益冲突。Wassmer[136]认为联盟的初始偶然结合，会导致次优联盟组合的产生。Koka 和 Prescott[137]认为企业战略选择是决定企业联盟形成与演化的重要因素。在联盟战略配置方面，Wassmer[136]提出企业联盟配置是一个很复杂的过程，配置的好与坏决定了联盟的稳定性与健康发展能力；Roels 和 Tang[138]发现通过联盟协同生产和调度，可有效提高资源利用率，降低运营成本和风险。在企业绩效作用方面，Anderson 和 Tushman[139]通过研究发现，企业联盟的组建可以降低企业所面临的风险。当然，也有其他学者认为新企业的首个企业联盟伙伴的网络规模和中心性，与之后新企业的网络规模存在正相关关系。在联盟的运行管理与控制能力方面，Lavie[140]的研究得出，大约有 40%～70%的企业联盟会由于能力问题而最终以失败告终；Lavie 和 Miller[141]及 Lee[142]认为企业联盟管理能力是保证联盟最大化组合效用、提升联盟效率的关键;Chun 等[143]则发现,联盟内部的竞争合作关系虽然提高了协调与管理的难度,但若能形成合理有效的信息交互与协作机制,可以更好地提升联盟的整体竞争力和效率。

数字经济下企业联盟应不再死板地局限于传统联盟合作形式,可以根据需求实时转变联盟的形式或内容,重点在于对闲置或互补性资源的高效利用。数字经济为企业联盟的运作与管理提供了新的发展空间,使联盟运营更加便捷、形式更为多样化、对闲置资源的利用效率更高,同时协同水平也能得到质的提升。借助数字经济自由开放环境,企业联盟中的盟主企业可对联盟资源进行优势整合,在进一步巩固自身的市场主导地位的同时,可有效地增强动态市场环境下供应链的协同运营能力;而盟员企业则可通过对资源整合与协同利用,有效提高对本方过剩资源或产能的利用率,同时极大地减少了不必要的重复性投资,这有效降低了盟员企业的运营风险。但由于企业联盟并不是真正的实体企业,是一种由多个相互独立运营企业组成的松散性组织形式,联盟内部对资源和信息的共享必须建立在盟员企业自身利益最大化的基础上。因此,对数字经济下联盟内部资源和信息共享和协商机制的研究,有益于对联盟内部盟员企业间利益冲突问题进行有效处理,减少合作期间各方的矛盾冲突,进而达到维系联盟关系稳定的目的。

2.4 本章小结

本章首先根据数字经济下自动协商模型构建的需要,对自动协商、Agent 的概念和体系结构、多 Agent 系统等理论进行介绍,并结合研究中的具体问题进行了相应的说明。然后,根据数字经济下物流供应链中供需资源匹配研究的需要,分别对匹配理论和稳定匹配理论的含义、研究现状和具体应用情况等进行分析,并具体结合数字经济下物流供应链供需协商的特点,对稳定匹配研究的进一步应用和发展等问题进行分析。最后,根据对数字经济下物流供应链中企业联盟化运营与管理问题研究的需要,对企业联盟概念的提出和具体研究情况进行了概述,为后续章节研究奠定理论基础。

3 数字经济下物流供应链一对一供需协商

数字经济及其平台运作模式的最大优势在于促进供需信息得到更加广泛发布与获取，提升对社会闲置资源的利用水平，在实现供需双方利益最大化的同时，为供需双方的决策提供更加高效、便捷的平台环境。但自由开放的市场环境让数字经济及其平台运作模式中的供需信息快速更新，增加了供需协商中各方在报价决策中对协商状态的掌控难度，加之很多供需协商中存在部分议题是无法以定量形式表达的（如产品质量好坏等），为数字经济下各方决策提出了全新的挑战。本章结合数字经济下物流供应链运作与供需协商的特点，为提升供需协商中各方对协商状态的预估能力和对定性议题的处理能力，将隐马尔科夫模型（HMM）和模糊定性仿真（FQSIM）与自动协商理论相结合，并分别针对数字经济下物流供应链一对一供需协商的自动协商模型进行构建和数值仿真。

3.1 基于隐马尔科夫模型(HMM)的供需协商

3.1.1 问题描述

由于协商问题中存在着许多不确定性，且需要考虑的因素十分庞杂，因此对其进行建模和评价十分困难，很多学者为之付出了很多的努力[144]。近些年，应用 Agent 技术和优化算法辅助协商决策受到了很多学者的追捧[80]，致力于研究出一套能够充分发挥自动协商系统优越性的模型或方案，并有效地为协商参与方预测协商状态的变化趋势。本节将 HMM 和软计算方法综合运用于基于多 Agent 系统的多议题自动协商当中，充分发挥多 Agent 系统的特性和 HMM 的双随机过程在协商推理和预测中的作用，对基于多 Agent 系统的隐马尔科夫多议题自动协商模型（MAS-HMM）进行构建[145]。

3.1.2 基于 HMM 的自动协商系统模型(MAS-HMM)构建

3.1.2.1 HMM 定义

隐马尔科夫模型(HMM)是马尔科夫链的一种,是具有一定状态数的隐马尔科夫链和显示随机函数集。它的状态不能直接观察到,但可以通过观测由一个相应概率密度分布的状态序列产生的向量序列分析获得。开始 HMM 被应用于语音识别,20 世纪 90 年代后,HMM 被应用到文字识别和移动通信等多个领域[146]。

HMM 可以用五个元素来描述[147]:

① N,模型中隐状态数目。所有状态表示为:$S=\{s_1,s_2,\cdots,s_N\}$。

② M,每个状态不同观测值的数目。将状态产生的观测值用符号表示为:$V=\{v_1,v_2,\cdots,v_M\}$。

③ T,观测期时长。$O=\{o_1,o_2,\cdots,o_T\}$和 $Q=\{q_1,q_2,\cdots,q_T\}$分别代表观测序列值和隐含状态值的集合,其中 q_t 是 t 时刻的隐含状态 $1\leqslant t\leqslant T$。

④ D,状态转移概率矩阵。$D=\{d_{ij}\mid 1\leqslant i,j\leqslant N\}$,其中

$$d_{ij}=P[q_{t+1}=s_j\mid q_t=s_i],\ 1\leqslant i,\ j\leqslant N \tag{3-1}$$

⑤ B,观测概率分布矩阵。$B=\{b_j(k)\mid 1\leqslant j\leqslant N,1\leqslant k\leqslant M\}$,其中

$$b_j(k)=P[v_k(t)\mid q_t=s_j],1\leqslant j\leqslant N,1\leqslant k\leqslant M \tag{3-2}$$

式(3-2)表示在 t 时刻状态是 s_j 条件下,$v_k(t)$的发生概率。

⑥ Π,初始状态概率矩阵。$\Pi=\{\pi_j\mid 1\leqslant j\leqslant N\}$,其中

$$\pi_j=P[q_1=s_j],1\leqslant j\leqslant N \tag{3-3}$$

式(3-3)表示在初始 $t=1$ 时刻状态为 s_j 的概率。

一般情况下,可以用 $\lambda=(D,B,\Pi)$来简洁地表示一个隐马尔科夫模型。观测序列 $O=(o_1,o_2,\cdots,o_T)$中,T 是序列中观测值的个数。

HMM 研究中的三个基本问题分别为:

① 观测序列评估,即在给定观测序列 O 和模型 λ 的条件下,如何有效地计算出观测序列的概率 $P(O|\lambda)$。通常采用的解决方法为:前向后向算法(Forward-Backward Procedure)[148]。

② 解码,即在给定观测序列 O 和模型 λ 的条件下,如何选择一个对应的,且能够合理解释观测结果的状态序列 Q。定义最优序列的方法为:Viterbi 算法[149]。

③ 模型训练,即如何调整模型 λ 使 $P(O|\lambda)$最大化。通常采用的解决

方法为:Baum-Welch 算法[150]。

3.1.2.2　MAS-HMM 的框架与关键要素定义

(1) 自动协商系统框架结构

在本节所提的自动协商系统中,将 Agent 技术、HMM 和遗传算法进行了综合应用,系统借助 Agent 技术构建出自动协商环境,利用 HMM 辅助各协商方进行协商过程的预测和推理,从而优化协商方的报价决策,最后借助遗传算法辅助可信中介 Agent CMA 进行协商报价匹配和寻优。MAS-HMM 的框架结构如图 3-1 所示。

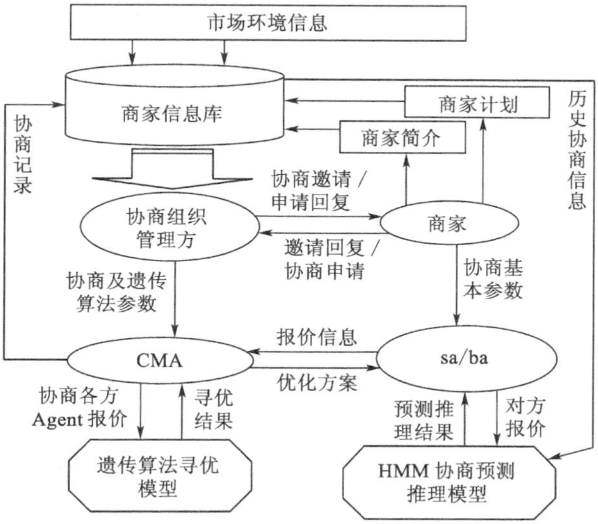

图 3-1　MAS-HMM 的框架结构图

(2) MAS-HMM 中 Agent 及议题集的定义

协商系统中,协商参与方集合表示为 $A=\{sa, ba, CMA\}$,其中,sa 和 ba 分别代表需方和供方 Agent,CMA 为可信中介 Agent,主要负责协调、控制协商过程和对协商中各协商方报价进行优化匹配。协商中涉及的 μ 个议题向量表示为 $X=<x_1, x_2, \cdots, x_\mu>$,每个议题可包含若干个具体条款;$V=<v_1, v_2, \cdots, v_\mu>$表示协商中议题取值向量;$W_{sa}=<\omega_{sa}^1, \omega_{sa}^2, \cdots, \omega_{sa}^\mu>$和$W_{ba}=<\omega_{ba}^1, \omega_{ba}^2, \cdots, \omega_{ba}^\mu>$分别代表协商中 sa 和 ba 对各议题偏好或权重集合。

(3) MAS-HMM 中 Agent 的协商策略选择

假设 sa 和 ba 在协商中的让步策略相同,但参数设定根据具体目标而定,让步协商策略可具体表示为[151]:

$$x_{a,t}^{i}=\min\left[\max\left[\frac{x_{a',t-2}^{i}}{x_{a',t-1}^{i}}x_{a,t-1}^{i},\min_{i}^{a}\right],\max_{i}^{a}\right] \tag{3-4}$$

其中,$a,a'\in\{sa,ba\}$,$a\neq a'$,$1\leqslant i\leqslant\mu$;$x_{a,t}^{i}$表示 Agent a 在第 t 轮协商中对议题 x^{i} 的报价值,$x_{a',t-2}^{i}$和 $x_{a',t-1}^{i}$分别代表 Agent a'在第 $t-2$ 轮和第 $t-1$ 轮协商中对议题 x^{i} 的报价值;$\min_{i}^{a}$ 和 $\max_{i}^{a}$ 分别代表 a 在协商中可接受的议题 x^{i} 的最大值和最小值。

(4) MAS-HMM 中效用评价模型

CMA 对协商各方效用进行综合评价,并最终确定优化匹配方案,评价模型表示为:

$$\max G(x) = \prod_{a\in\{sa,ba\}} F(a) \tag{3-5}$$

$$\text{s.t.}\quad X=<x_1,x_2,\cdots,x_{\mu}>$$

$$V=<v_1,v_2,\cdots,v_{\mu}>$$

其中,$F(a)$代表 Agent $a\in\{sa,ba\}$的效用评价函数,具体可以表示为:

$$F(a) = \sum_{i=1}^{\mu}\omega_{a}^{i}\cdot\frac{x_{i}-\min_{i}^{a}}{\max_{i}^{a}-\min_{i}^{a}},\ \sum_{i=1}^{\mu}\omega_{a}^{i}=1,\ a\in\{sa,ba\} \tag{3-6}$$

3.1.2.3 MAS-HMM 的自动协商过程预测推理模型构建

(1) 基本假设

模型中假设协商产生的状态序列均由一阶马尔科夫过程产生,且可能的状态都包含在 $S=\{s_1,s_2,\cdots,s_N\}$之中,状态序列 $Q=(q_1,q_2,\cdots,q_T)$(其中 q_1 为初始状态)对应协商中的协商议题选取,观测序列 $O=(o_1,o_2,\cdots,o_T)$对应选定议题中的具体条款。

(2) 基于隐马尔科夫模型自动协商预测推理过程设计

本节所提模型充分利用隐马尔科夫模型在预测推理、历史信息分析和学习等方面的优越性,辅助完成自动协商过程中协商报价决策方案的确定,如图 3-2 所示。

协商过程中,基于隐马尔科夫模型自动协商预测推理过程可以概括为:协商开始前,首先利用 K-Means 方法对历史协商信息进行聚类分析,确定初始 HMM 协商模型,并根据本方的经验进行部分修正;然后利用前向和 Viterbi 算法对历史协商信息进行分析处理,形成历史协商信息模型;接下来让初始 HMM 协商模型对历史模型进行学习,形成新 HMM 协商模型。

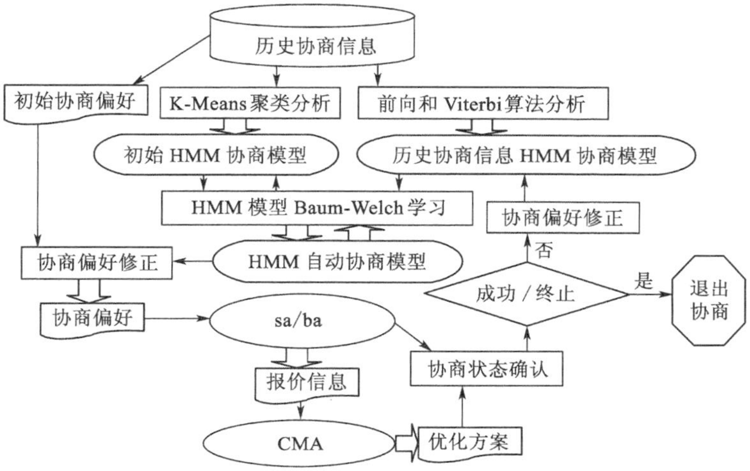

图 3-2　MAS-HMM 的协商预测推理过程

协商开始后：

① 协商方将本方偏好信息发给 CMA,CMA 完成优化匹配后将协商最佳匹配信息分别发给协商各方；

② 协商各方根据 CMA 发来的信息进行协商状态判断,如果达成协商协议则宣告协商成功并退出协商;如果未达成协商协议,则协商方案不满足一方会向协商对方发出降低协商报价申请,如果获得同意则可以开始新一轮协商;收到降低报价申请后,如确定本方收益可以让步,则可以回复同意;同时,利用 HMM 协商模型进行预测后,修正本方报价方案并提交 CMA。如此往复直到协商成功或各方均没有让步余地而终止协商。

(3) 历史协商信息分析

为了构造初始和历史协商信息 HMM 协商模型,对自动协商系统进行初始化。

① K-Means 聚类分析

K-Means 聚类方法主要是通过对历史协商信息进行聚类分析,构造不完全依赖于“历史观测的暂时依赖”的初始 HMM,这也是进行 Baum-Welch 学习的起点。

② 前向和 Viterbi 算法分析

a. 针对已掌握历史协商信息的前向算法评估。

首先将前向变量定义为：

$$\alpha_t(i)=P(O,q_t=s_i|\lambda_0),\ 1\leqslant i\leqslant N \tag{3-7}$$

其中，q_t 为在既定模型 λ_0 的基础上，协商中被关注的协商议题的状态序列；$O=(o_1,o_2,\cdots,o_T)$ 为在选定状态序列基础上对应具体条款的观测序列。应用归纳法对 O 进行评估得：

初始化：

$$\alpha_1(i)=\pi_i^0 b_i^0(o_1),\ 1\leqslant i\leqslant N \tag{3-8}$$

归纳：

$$\alpha_{t+1}(i)=b_i^0(o_{t+1})\cdot\sum_{j=1}^{N}\alpha_t(j)d_{ij}^0,\ 1\leqslant t\leqslant T-1,1\leqslant i\leqslant N \tag{3-9}$$

终止：

$$P(O\mid\lambda_0)=\sum_{i=1}^{N}\alpha_T(i) \tag{3-10}$$

其中，$\alpha_T(i)=(O,q_T=s_i|\lambda_0)$。

b. Viterbi 算法对协商状态序列选取

Viterbi 算法对协商状态序列选取，即对关注的议题序列进行选取。

首先在给定 O 的前提下，定义 t 时刻某一路径最佳状态序列为：

$$\delta_t(i)=\max_{q_1,q_2,\cdots,q_{t-1}}P[Q,O,q_t=s_i|\lambda_0],\ 1\leqslant t\leqslant T,1\leqslant i\leqslant N \tag{3-11}$$

经归纳得：

$$\delta_{t+1}(i)=b_i^0(o_{t+1})\cdot\max_{1\leqslant j\leqslant N}\delta_t(j)d_{ij}^0,\ 1\leqslant t\leqslant T-1,1\leqslant i\leqslant N \tag{3-12}$$

综上，利用数组 $\psi_t(j)$，通过应用递归法求取最佳状态序列的具体过程为：

初始化：

$$\begin{cases}\delta_1(i)=\pi_i^0 b_i^0(o_1),\ 1\leqslant i\leqslant N\\ \psi_1(i)=0\end{cases} \tag{3-13}$$

递归：

$$\begin{cases}\delta_{t+1}(i)=\max\limits_{1\leqslant j\leqslant N}[\delta_t(j)d_{ij}^0]\cdot b_i^0(o_t),\ 1\leqslant t\leqslant T-1,1\leqslant i\leqslant N\\ \psi_{t+1}(i)=\operatorname*{argmax}\limits_{1\leqslant j\leqslant N}[\delta_t(j)d_{ij}^0],\qquad 1\leqslant t\leqslant T-1,1\leqslant i\leqslant N\end{cases} \tag{3-14}$$

终止：

$$\begin{cases}P^*=\max\limits_{1\leqslant i\leqslant N}[\delta_T(i)]\\ q_T^*=\operatorname*{argmax}\limits_{1\leqslant i\leqslant N}[\delta_T(i)]\end{cases} \tag{3-15}$$

路径回溯：

$$q_t^* = \psi_{t+1}(q_{t+1}^*), \ 1 \leqslant t \leqslant T-1 \tag{3-16}$$

（4）模型训练

主要利用 Baum-Welch 算法让初始 HMM 协商模型向历史协商信息 HMM 协商模型学习，对模型中的参数进行优化和调整，从而达到优化本方协商初始 HMM 协商模型的目的，进而提高本方报价方案修正决策的有效性。为了描述 HMM 协商模型参数的更新和改进过程，假设 $\lambda_h = (D_h, B_h, \Pi_h)$ 为基于历史信息构建的 HMM 模型，训练主要是为了让 $\lambda_0 = (D_0, B_0, \Pi_0)$ 向 $\lambda_h = (D_h, B_h, \Pi_h)$ 学习，进而改进相应的参数。首先，利用 λ_h 产生观测序列，并定义 t 时刻状态为 s_i 的概率，而在 $t+1$ 时刻转变为状态 s_j 的转移概率为：

$$\xi_t(i,j) = P(q_t = s_i, q_{t+1} = s_j \mid o_t, \lambda_0) \tag{3-17}$$

为了辅助预算定义后向变量为：

$$\beta_t(i) = P(o_{t+1} o_{t+2} \cdots o_T \mid q_t = s_i, \lambda_0) \tag{3-18}$$

利用归纳法推导 $\beta_t(i)$ 得：

初始化：

$$\beta_T(i) = 1, \ 1 \leqslant i \leqslant N \tag{3-19}$$

归纳：

$$\beta_t(i) = \sum_{j=1}^{N} d_{ij}^0 b_j^0(o_{t+1}) \beta_{t+1}(j), \ 1 \leqslant t \leqslant T-1, 1 \leqslant i \leqslant N \tag{3-20}$$

终止：

$$P(O) = \sum_{i=1}^{N} \beta_1(i) \pi_i^0 b_i^0(o_1) \tag{3-21}$$

因此，$\xi_t(i,j)$ 的具体运算可表示为：

$$\xi_t(i,j) = \frac{\alpha_t(i) d_{ij}^0 b_j^0(o_{t+1}) \beta_{t+1}(j)}{\sum_{i=1}^{N} \sum_{j=1}^{N} \alpha_t(i) d_{ij}^0 b_j^0(o_{t+1}) \beta_{t+1}(j)} \tag{3-22}$$

由式(3-22)可得，在给定 O 和 λ_0 的基础上，状态 s_i 在 t 时刻发生的概率为：

$$\gamma_t(i) = \sum_{j=1}^{N} \xi_t(i,j) \tag{3-23}$$

从而可得，由状态 s_i 发生转移的概率为 $\sum_{t=1}^{T-1} \gamma_t(i)$，由状态 s_i 转移为状态

s_j 的概率为 $\sum_{t=1}^{T-1}\xi_t(i,j)$ 。

综合上述概念和公式可得参数 Π、D 和 B 的再评估公式为：

$$\pi_i = \gamma_1(i),\ \sum_{i=1}^{N}\pi_i = 1 \tag{3-24}$$

$$d_{ij} = \sum_{t=1}^{T-1}\xi_t(i,j)\Big/\sum_{t=1}^{T-1}\gamma_t(i),\ \sum_{j=1}^{N}d_{ij} = 1,\ 1 \leqslant i \leqslant N \tag{3-25}$$

$$b_j(k) = \sum_{\substack{t=1 \\ \text{s.t. } O_t=v_k}}^{T-1}\gamma_t(j)\Big/\sum_{t=1}^{T-1}\gamma_t(j),\ \sum_{k=1}^{M}b_j(k) = 1,\ 1 \leqslant j \leqslant N \tag{3-26}$$

（5）协商偏好修正

本轮协商没有成功时，若效用低于本方底线，则协商方可以选择退出协商，或向协商对方发出降低报价请求，从而开始新一轮协商；若效用高出本方底线，且接到了协商对方降低报价请求，则协商方会对 HMM 中概率最高的协商议题对应的条款进行让步调整，调整原则为：非转移目的条款偏好需要分别扣除调整值 δ（需要注意的是，当待扣条款偏好小于需扣除值时，该条款置 0），转移目的条款的增加值为其他全部条款的扣除值之和。通过多次仿真实验得到，调整值 δ 可根据转移概率大小进行相应设置，提高发生概率最大议题中最大发生概率条款的偏好：当 $0.33 < b_j(k) \leqslant 0.45$ 时，$\delta = 1$；当 $0.45 < b_j(k) \leqslant 0.60$ 时，$\delta = 3$；当 $0.60 < b_j(k) \leqslant 0.75$ 时，$\delta = 5$；当 $0.75 < b_j(k) \leqslant 1$ 时，$\delta = 7$。

另外，除第一轮重新报价外，在新一轮报价后要根据上一轮向本轮的变化情况对历史协商信息 HMM 协商模型参数作出调整，如果达到提高降低报价申请方效用的目的，则适当增加选定议题条款的发生和转移概率，否则对应下调。调整办法为：

① 对 Π 的调整。如果降低报价申请方效用得到提高，则非转移到协商议题的发生概率分别扣除 η（当待扣议题发生概率小于 η 时，该议题发生概率直接等于 0 即可），转移到协商议题增加的发生概率为其他议题发生概率扣除值之和；如果降低报价申请方效用保持不变（或下降），则非转移到协商议题的发生概率分别增加 $1/2\eta$（或 η），转移到协商议题扣除的发生概率为其他议题发生概率增加值之和（当待扣议题发生概率小于应扣除值时，该议题发生概率直接等于 0 即可，其他议题增加值为实际扣除值的均值）。本节定义调整值 $\eta = 0.10$。

② 对 B 的调整。如果降低报价申请方效用得到提高，则相应协商议题

中非转移到条款的发生概率扣除 θ（当待扣条款发生概率小于 θ 时，该条款发生概率直接等于 0 即可），转移到条款增加的发生概率为该议题中其他条款发生概率扣除值之和；如果降低报价申请方效用保持不变（或下降），则相应协商议题中非转移到条款的发生概率增加 $1/3\theta$（或 θ），转移到条款扣除的发生概率为该议题中其他条款发生概率增加值之和（当待扣条款发生概率小于应扣除值时，该条款发生概率直接等于 0 即可，其他议题增加值为实际扣除值的均值）。本节定义调整值 $\theta=0.06$。

③ 对 D 的调整。如果降低报价申请方效用得到提高，则非转移到协商议题的转移概率分别扣除 ε（当待扣议题转移概率小于 ε 时，该议题发生概率直接等于 0 即可），转移到协商议题增加的转移概率为其他条款转移概率扣除值之和；如果降低报价申请方效用保持不变（或下降），则非转移到协商议题的转移概率分别增加 $1/2\varepsilon$（或 ε），转移到协商议题扣除的转移概率为其他议题转移概率增加值之和（当待扣议题转移概率小于应扣除值时，该议题转移概率直接等于 0 即可，其他议题增加值均摊实际扣除值）。本节定义调整值 $\varepsilon=0.06$。

3.1.3 数值仿真及分析

为了降低协商复杂程度、简化协商过程、突出 HMM 在协商过程推理和预测中的效用，本节把协商简化为对某一产品进行交易的双边协商，将 Agent 形式化为协商中的供方（sa）和需方（ba），协商活动包括该产品交易中的交易量（qu）、交易价格（pr）和售后服务（as）三个协商议题，形式化表示为 $<qu,pr,as>$，其中的各议题顺序对协商无影响，每个议题中包含的具体条款如表 3-1 所示。供需双方根据对各议题的关注程度和协商对方的历史协商数据设定相应权重值和隐马尔科夫模型相关参数。仿真从供方角度对 MAS-HMM 进行分析。

表 3-1 自动协商中各议题包含的具体条款及含义

条款	含义	条款	含义	条款	含义
qu_1	100～1 000	pr_1	折让 20%	as_1	两个月包换 & 两年保修
qu_2	1 000～3 000	pr_2	折让 15%	as_2	一个月包换 & 两年保修
qu_3	3 000～5 000	pr_3	折让 10%	as_3	一个月包换 & 一年保修
qu_4	5 000～10 000	pr_4	折让 5%	as_4	七天包换 & 一年内保修

3.1.3.1 偏好和议题权重设置

sa 和 ba 对各协商议题具体条款的初始偏好设置如表 3-2 和表 3-3 所示。

表 3-2 sa 对各相应条款偏好设置

条款	偏好/%	条款	偏好/%	条款	偏好/%
qu_1	9	pr_1	11	as_1	24
qu_2	24	pr_2	21	as_2	26
qu_3	48	pr_3	41	as_3	32
qu_4	19	pr_4	27	as_4	18

表 3.3 ba 对各相应条款偏好设置

条款	偏好/%	条款	偏好/%	条款	偏好/%
qu_1	20	pr_1	29	as_1	47
qu_2	44	pr_2	41	as_2	32
qu_3	27	pr_3	21	as_3	17
qu_4	9	pr_4	9	as_4	4

sa 和 ba 对各议题的初始权重：$\omega_{sa}=\{0.29,0.46,0.25\}$，$\omega_{ba}=\{0.16,0.51,0.33\}$。假设 sa 和 ba 对本方总效用的底线均为 0.33。

3.1.3.2 HMM 预测推理模型初始化

仿真中，自动协商共存在 3 个状态的集合 $S=\{s_1,s_2,s_3\}$（对应协商中的议题集合 $\{qu,pr,as\}$），每个协商议题又分别存在 4 个具体观测值，其集合形式为 $V=\{v_1,v_2,v_3,v_4\}$（分别对应每个议题的 4 个条款）。根据 $\lambda_0=(D_0,B_0,\Pi_0)$ 和 $\lambda_h^0=(D_h^0,B_h^0,\Pi_h^0)$，分别代表初始模型和历史信息模型。

(1) 初始 HMM 协商模型 λ_0 的参数设定如下：

$$D_0=\begin{bmatrix}0.450 & 0.400 & 0.150\\0.200 & 0.550 & 0.250\\0.200 & 0.350 & 0.450\end{bmatrix};$$

$$B_0=\begin{bmatrix}0.350 & 0.300 & 0.200 & 0.150\\0.250 & 0.450 & 0.200 & 0.100\\0.500 & 0.250 & 0.150 & 0.100\end{bmatrix};$$

$$\Pi_0=\{0.250,0.370,0.380\}$$

(2) 历史模型 λ_h^0 如下：

$$D_h^0=\begin{bmatrix}0.600 & 0.350 & 0.050\\0.200 & 0.550 & 0.250\\0.300 & 0.350 & 0.350\end{bmatrix};$$

$$B_h^0=\begin{bmatrix}0.550 & 0.250 & 0.150 & 0.050\\0.150 & 0.650 & 0.100 & 0.100\\0.400 & 0.350 & 0.150 & 0.100\end{bmatrix};$$

$$\Pi_h^0=\{0.450,0.350,0.200\}$$

利用 Baum-Welch 算法让 λ_0 对 λ_h^0 进行学习后得协商模型 $\lambda=(D,B,\Pi)$为：

$$D=\begin{bmatrix}0.434 & 0.411 & 0.155\\0.188 & 0.582 & 0.230\\0.186 & 0.332 & 0.482\end{bmatrix};$$

$$B=\begin{bmatrix}0.352 & 0.393 & 0.142 & 0.113\\0.219 & 0.576 & 0.128 & 0.076\\0.549 & 0.273 & 0.114 & 0.064\end{bmatrix};$$

$$\Pi=\{0.257,0.354,0.389\}$$

3.1.3.3　遗传算法(GA)的编码和相关参数设定

(1) 编码方法

如表 3-1 所示，议题 qu、pr 和 as 分别有 4 个可能取值，可分别用 2 位二进制编码。因此，编码方案可由如图 3-3 所示的 6 位二进制组成。

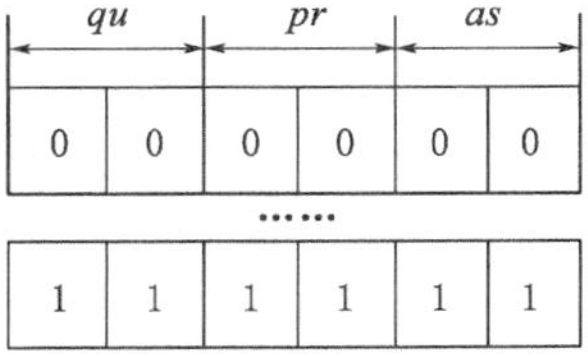

图 3-3　GA 编码方法

(2) 相关操作参数

编码长度 $L=10$，种群规模 $M=10$，遗传代数 $G=100$，交叉率 $P_c=0.25$，变异率 $P_m=0.01$，突变概率为 0.5。

3.1.3.4　协商过程分析

协商模型的功能和算法利用 Java 语言实现，模型运行需要搭建 Java 运行的基本环境（安装 JDK6.0 及以上版本并配有 Eclipse 等常用 Java 开发平台，Windows XP 或以上版本，CPU 主频为 2.8 GHz 以上，内存 1 GB 以上等）。

sa 和 ba 将偏好和权重参数设置好后，发送给 CMA，CMA 运用遗传算法寻优模型进行优化匹配，最终获得：

① 双方效用最优值乘积及双方效用最优值之和分别为：0.128 601 6 和 0.720 4，sa 效用为：0.394，ba 效用为：0.326 4。

② 最终方案遗传算法字符串为：101101；可解析为：qu_3：3 000～5 000，pr_4：折让 5%，as_2：一个月包换 & 两年保修。

由于 0.326 4 不能满足 ba 需要，所以 ba 会向 sa 发出降低要求的申请，而 0.394 高于 sa 收益底线，所以可以做适当调整。sa 根据 HMM 中 $\Pi=\{0.257,0.354,0.389\}$ 可以得到 ba 最可能关注的协商议题为 as，而 as 中 as_1 的概率 $b_3(1)=54.9\%$ 最高，所以要增加该条款偏好，由于 $45\%<b_3(1)=54.9\%\leqslant 60\%$，故选择增加调整量 $\delta=3$。调整后的偏好如表 3-4 所示。

表 3-4　第一轮协商后 sa 对各相应条款偏好重新设置

条款	偏好/%	条款	偏好/%	条款	偏好/%
qu_1	9	pr_1	11	as_1	33
qu_2	24	pr_2	21	as_2	23
qu_3	48	pr_3	41	as_3	29
qu_4	19	pr_4	27	as_4	15

sa 将偏好和权重参数设置好后，重新发送给 CMA，CMA 运用遗传算法寻优模型进行优化匹配，最终获得：

① 双方效用最优值乘积及双方效用最优值之和分别为：0.135 358 08 和 0.741 1，sa 效用为：0.414 7，ba 效用为：0.326 4。

② 最优匹配方案遗传算法字符串仍为 101101。

从新一轮的协商结果可以看出，虽然协商的总体效用和 sa 效用均有所提高，但最优匹配方案和 ba 的效用并没有变动，这表明上一轮 sa 协商偏好修正没有达到预期效果，因此需要对 HMM 进行修正，得出新的模型 λ_h^1。

$$D_h^1=\begin{bmatrix}0.625 & 0.375 & 0.000\\0.230 & 0.580 & 0.190\\0.330 & 0.380 & 0.290\end{bmatrix};$$

$$B_h^1=\begin{bmatrix}0.550 & 0.250 & 0.150 & 0.050\\0.150 & 0.650 & 0.100 & 0.100\\0.340 & 0.370 & 0.170 & 0.120\end{bmatrix};$$

$$\Pi_h^1=\{0.500,0.400,0.100\}$$

让 λ 对 λ_h^1 进行学习后得：

$$D=\begin{bmatrix}0.427 & 0.414 & 0.158\\0.184 & 0.604 & 0.212\\0.173 & 0.301 & 0.526\end{bmatrix};$$

$$B=\begin{bmatrix}0.324 & 0.415 & 0.144 & 0.117\\0.185 & 0.607 & 0.122 & 0.086\\0.582 & 0.240 & 0.128 & 0.051\end{bmatrix};$$

$$\Pi=\{0.170,0.584,0.246\}$$

由于 0.414 7 仍高于 sa 收益底线，所以可以做适当调整。sa 根据 λ_h^1 中 $\Pi=\{0.170,0.584,0.246\}$ 可以得到 ba 最可能关注的协商议题为 pr，而 pr 中 pr_2 的概率 $b_2(2)=60.7\%$ 最高，所以要增加该条款偏好，由于 $60\%<b_2(2)=60.7\%\leqslant 75\%$，故选择增加调整量 $\delta=5$。调整后的偏好如表 3-5 所示。

表 3-5　第二轮协商后 sa 对各相应条款偏好重新设置

条款	偏好/%	条款	偏好/%	条款	偏好/%
qu_1	9	pr_1	6	as_1	33
qu_2	24	pr_2	36	as_2	23
qu_3	48	pr_3	36	as_3	29
qu_4	19	pr_4	22	as_4	15

sa 将偏好和权重参数设置好后，重新发送给 CMA，CMA 运用遗传算法寻优模型进行优化匹配后得：

① 双方效用最优值乘积及双方效用最优值之和分别为：0.156 451 68 和 0.791 1，sa 效用为：0.392 7，ba 效用为：0.398 4。

② 最优匹配方案遗传算法字符串仍为 101001；可解析为：qu_3：3 000～5 000，pr_2：折让 10%，as_2：一个月包换 & 两年保修。

由于协商结果中 sa 和 ba 获得的收益都已经超过了其底线要求，所以协商宣告成功。同时，由于第二轮报价中议题 pr 的条款 pr_4 调整成了 pr_2 使降低报价申请方的收益得到了提高，从而使协商获得成功，因此根据规则需对 λ_h^1 进行修正后得到 λ_h^2 为：

$$D_h^2=\begin{bmatrix}0.565 & 0.435 & 0.000\\0.170 & 0.700 & 0.130\\0.270 & 0.500 & 0.230\end{bmatrix};$$

$$B_h^2=\begin{bmatrix}0.550 & 0.250 & 0.150 & 0.050\\0.090 & 0.590 & 0.280 & 0.040\\0.340 & 0.370 & 0.170 & 0.120\end{bmatrix};$$

$$\Pi_h^2=\{0.500,0.400,0.100\}$$

通过仿真可以看出，系统能够在协商报价方案不能达成协商协议的情况下，借助 HMM 预测模型有效完成协商过程预测和学习，从而为协商方的重新报价提供有效依据。从仿真结果可以看出，协商系统在协商中不但考虑了协商总体效用，还考虑了各方效用间的差别问题，这完全符合数字经济下物流供应链供需协商的实际。最终 λ_h^2 将以历史数据进行存储，为以后 HMM 模型构建提供参考。通过数值仿真实验，模型实现了对协商过程的推理和演绎，为协商各方报价决策提供必要支持，模型的有效性和合理性也得到了验证。

3.1.4 本节小结

本节通过综合运用 HMM、Agent 技术和遗传算法构建了基于 HMM 多议题自动协商系统模型(MAS-HMM)，在充分保障供需协商公平合理性的基础上，谋求协商活动的社会效用最大化。假设所有协商参与方都希望通过协商活动谋求合作机会，引入了 sa、ba 和 CMA 等 Agent 协商实体概念，充分利用 HMM 在过程推理和模型学习等方面的优越性，完成对协商过程中对方报价与偏好推理，有效提高了协商效率和协商过程中决策的科学性。将遗传算法运用到 CMA 优化方案匹配求解，不但为协商各方决策提供了科学高效的支持，也极大地提高了协商的效率和成功率。当然，系统中仍然存在一些需要完善和进一步研究的内容：① HMM 在协商过程预测和推导中虽然总体效果平稳，但某些环节仍然受到算法自身随机过程影响，使得部分预测结果可能不是很理想；② 系统中部分参数 δ、η、θ、ε 等给出的客观依据不强，限制了系统的显示应用能力。同时，下一步研究还打算引入模糊定性仿真技术、数据挖掘和神经网络等推理和数据分析方法，以期望提高系统相关参数设定的科学性和合理性。

3.2 基于模糊定性仿真(FQSIM)的供需协商

3.2.1 问题描述

本节研究内容将主要依托我国煤炭物流供应链运作过程中的煤炭供需协商背景展开研究，相关问题刻画也均直接通过煤电协商问题给出。在我国，一次能源以煤炭为主，煤电发电量占总发电量的 80% 以上，自从 2006 年彻底放开电煤价格，煤炭企业和电力企业双方利益间的尖锐矛盾暴露无遗[152]。数字经济下各领域技术发展的融合与广泛应用，使得自动协商技术逐渐成为化解煤电矛盾可选途径之一。但由于煤电双方协商考虑因素众多，需要一个特别复杂的系统才能对众多关键因素进行准确的量化描述和表示，如协商各方的偏好、对不同报价方案的满意度等，使得传统的定量描述与建模手段很难对一些定性问题进行处理。而定性建模技术相对于定量建模技术更适合于描述复杂系统中众多具有模糊性、不确定性、严重非线性或机理信息不完备的特征行为[153]。本节主要根据数字经济下煤炭物流供应链中煤电双方供需协商的特点和要求，利用模糊定性仿真(FQSIM)技术对煤电企业间基于 FQSIM 的自动协商模型进行构建，将定性推理、约束影响理论、相对数量级、模糊集等方法和理论进行综合应用，省去对协商中复杂问题的解析和结果映射模型构建过程，重点关注供需协商情况的关键状态转移点，消除定量表示中遇到的模糊性和不确定性等问题[154,155]。

3.2.2 基于 FQSIM 的自动协商模型构建

3.2.2.1 FQSIM 核心概念及要素定义

(1) 煤电双方协商理论概述

随着电煤价格的放开，煤电企业间的关系已经逐渐演变成相互合作的交易关系。由于我国已开放的"市场煤"机制并不完善，推动了煤炭价格虚高，为了最大可能降低企业运营和生产成本，提高本方收益，煤电企业均选择用供需协商的方式解决双方的利益矛盾问题。曲创和秦阳洋[156]为了解决电煤价格的确定问题，从而决定煤炭企业和电力企业的利润分配，将“纳什协商模型”应用到煤电协商中，构建的协商模型如图 3-4 所示。

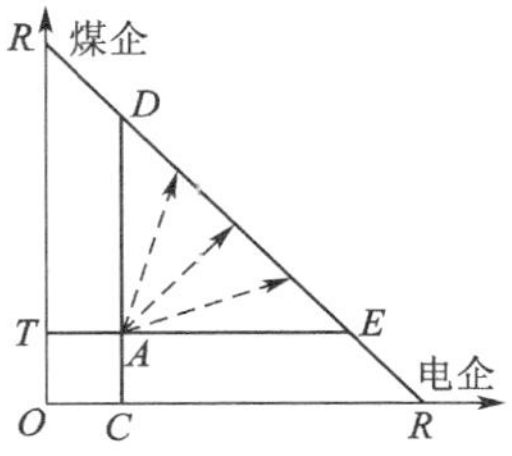

图 3-4　煤电纳什协商模型

图 3-4 中，C 和 T 分别代表电力企业和煤炭企业的威胁点，即双方各自的价格底限，如果任何一方由于价格原因导致收益低于威胁点，都会导致其转变交易和合作意向，而转投其他途径。A 点是双方进行价格协商的起始点，由 A 指向 RR 的箭头表示合作收益在煤电企业之间的分配状况，DE 为分配的可能区间范围。箭头的指向究竟是偏向 D 还是 E，即是煤炭企业还是电力企业所获收益更多一些，在很大程度上取决于煤炭企业和电力企业协商势力的相对大小[156]。模型虽然在一定程度上揭示了煤电双方供需协商的本质，但由于其仅关注双方协商中的价格因素，认为双方收益情况仅跟价格高低有关，这使得协商模型与实际应用存在一定差距，因为在煤电企业供需交易当中，还有很多因素直接关系到双方的利益，如煤炭的购买量、煤炭的质量、煤炭运送方式和付款方式等。

(2) FQSIM

FQSIM 是基于定性仿真 QSIM(Qualitative SIMulation)理论发展起来的，QSIM 是一种面向约束的仿真算法，由 Kuipers 于 1986 年提出，目前被广泛应用于自动医疗诊断、自动控制和自动工业训练系统中，并取得了较好的效果。实践表明定性仿真方法是解决不确定性问题的好方法，但其在仿真的过程中也暴露出了诸如：变量间的函数依赖表达关系弱，定性符号无法全面反映依赖强度；定性符号侧重表达变量变化的程度大小，却无法表示变化的先后顺序；过滤伪状态的方法通常过于单调，经常导致后继状态中大量伪行为不能被有效滤掉；缺少翔实的时间时序信息描述等问题[157]。Shen 和 Leitch[158]应用模糊集理论对系统变量进行表述，把定性仿真技术与模糊数学进行集成，提出了 FQSIM 理论。与 QSIM 相比，在 FQSIM 中，可以通过随机有限的离散定量空间对变量进行更加详细的描述；要素间的相关性得到充分体现，其强度和符号信息可以通过模糊相关性表示为两个或多个变量；定量空间允许将转态的变化率排序用于评估状态在某状态的持续时间和转移发生的可能性。FQSIM 扩展了传统的定量空间，增强了对函数关系的强度信息和变量的变化速率顺序信息等的描述，过滤能力也得到了极大的提高。

通过应用模糊定量空间进行表达,FQSIM 的过滤器技术能够有效减少仿真过程中的伪行为。同时,对自由度的刻画可以产生能与系统行为进行对应的时间区间序列,可以实现对某一个特定状态持续和向下一状态转移的时间进行估计。

① 仿真状态描述。对于给定时间或区间的系统变量的定性状态,通过模糊定量空间进行表达。对于一个给定的系统变量 x 来说,它在区间 ΔT_p 的模糊定性状态 $QS(x,\Delta T_p)$ 是两个值的组合 $<A,B>$,其中 A 和 B 是对定性状态模糊表达的要素,$A,B \in Q_F$,A 表示模糊值,B 表示 x 的模糊变化率,它们都用四元组的形式表示。这里 ΔT_p 被称作 x 在这一状态上的持续时间,记录了一个变量在一个给定的定性状态上停留的时间长度。ΔT_p 的取值是由状态自身的值和变化率决定的,即 $<A,B>$,而非传统定性仿真中的三个符号值 $\{+,0,-\}$,当 $0 \in B_\alpha$ 时,ΔT_p 无法确定,所以当 $0 \overline{\in} B_\alpha$ 时,ΔT_p 的计算方法为:

$$\Delta T_p \in \frac{W(A)}{|B|_\alpha} \tag{3-27}$$

其中,α 为阈值;$W(A)$ 为模糊定性值 A 的宽度,若 $A=[p_1,p_2,p_3,p_4]$,则

$$W(A)=\text{length}(A_\alpha)=p_2-p_1+(1-\alpha)(p_3+p_4) \tag{3-28}$$

B_α 为 B 的一个 α-截集,若 $B=[q_1,q_2,q_3,q_4]$,则

$$|B|_\alpha=\begin{cases}[q_1+q_3(\alpha-1),q_2+q_4(1-\alpha)], & B>_\alpha 0\\ [-q_2+q_4(\alpha-1),-q_1+q_3(1-\alpha)], & B<_\alpha 0\end{cases} \tag{3-29}$$

② 仿真状态的转移。仿真状态的转移是指系统变量 x 从一个状态 $QS(x,\Delta T_{p1})=<A_1,B_1>$ 变化为另一个状态 $QS(x,\Delta T_{p2})=<A_2,B_2>$,其中 $A_1,A_2,B_1,B_2 \in Q_F$。可能的转移种类包括:Null-转移,$A_1=A_2$,$B_1=B_2$;M-转移,$A_1 \neq A_2$,$B_1=B_2$;R-转移,$A_1=A_2$,$B_1 \neq B_2$;MR-转移,$A_1 \neq A_2$,$B_1 \neq B_2$。如图 3-5 所示。

变量 x 由一个状态转变到另一个状态所花费的时间被称作到达时间,记为 ΔT_a,在模糊定性仿真中,到达时间和持续时间一样也应该是一个模糊数。当状态 $<A_1,B_1>$ 向状态 $<A_2,B_2>$ 转移时,假设 $A_1=[p_1,p_2,p_3,p_4]$,$A_2=[q_1,q_2,q_3,q_4]$,在计算状态转移到达时间之前,首先要找到变量当前定性状态 A_1 和下一个定性状态 A_2 共用的交叉点,对于 Null-转移和 R-转移来说,由于 $A_1=A_2$,所以不存在交叉点,而 M-转移和 MR-转移中的交叉点 (u,v) 如图 3-6 所示。

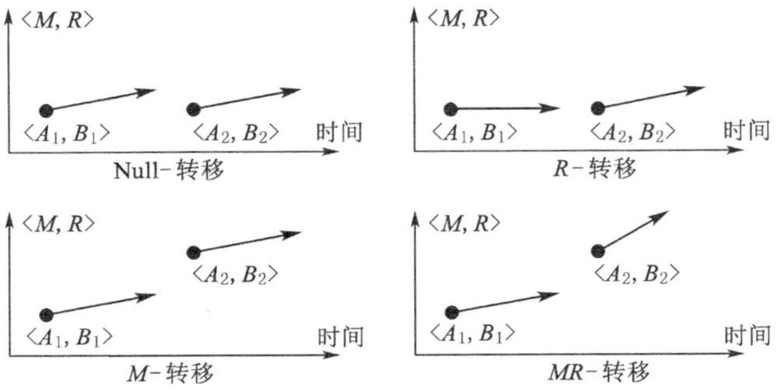

图 3-5　四种转移类型

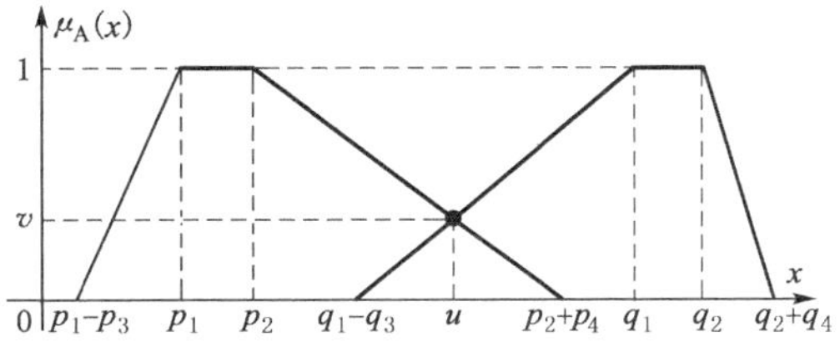

图 3-6　M-转移和 MR-转移中的交叉点(u,v)

$$(u,v):\begin{cases} u=\dfrac{1}{q_3+p_4}(q_1\cdot p_4+p_2\cdot q_3) \\ v=-\dfrac{1}{q_3+q_4}(q_1-p_2-q_3-p_4) \end{cases} \tag{3-30}$$

交叉点的计算方法如式(3-30)所示，其中，u 为 A_1 和 A_2 交叉点对应的数轴上的点，v 是该交叉点的交叉水平。ΔT_a 的计算方法为：

$$\Delta T_a \in \frac{[\Delta(A_1, A_2)]_\alpha}{|B|_\alpha} \tag{3-31}$$

$$[\Delta(A_1, A_2)]_\alpha = q_1 - p_2 + (\alpha - 1)(q_3 + p_4) \tag{3-32}$$

③ 过滤技术。在 FQSIM 中，有效的状态转移规则均可以达到基于给定初始状态找出一系列的后继可能状态，而这些后继状态存在的伪状态会严重降低定性仿真过程的效率和效果。因此，在 FQSIM 中，将约束过滤、时序过滤和全局过滤等一系列方法进行了综合应用。

3.2.2.2　基于 FQSIM 的煤电企业自动协商模型构建

为了能够更加系统、全面地反映煤电企业供需协商中所关注的议题，以及影响企业收益的关键要素，本节突破传统对煤电企业协商仅关注价格这项议题的局限，形成了由<cp,cq,ce,cd>组成的多议题模糊定性仿真协商模型，其中，cp 为相对于煤炭社会平均交易价格而言，最终形成的折让比；cq 为电力企业与煤炭企业间的煤炭交易总量，单位为 t；ce 为煤炭质量各项评价指标的综合评价值，评价指标包括煤的挥发分（V_{daf}，%）、发热量（$Q_{net,ar}$，MJ/kg）、灰分（A_d，%）、全水分（M，%）、硫分（$S_{t,d}$，%）、煤灰熔融软化温度（ST，℃）、煤的哈氏可磨性（HGI）、粒度（mm）等；cd 为煤炭企业对煤炭运输费用的承担比率。

（1）主要变量的含义

l_1 和 l_2 分别代表协商中的电力企业和煤炭企业的满意水平；l_{12}代表协商中煤电企业双方的满意水平差值的绝对值；cq、cp、ce、cd 分别代表协商中议题：煤炭数量、煤炭交易价格、煤炭质量和煤炭企业对煤炭运输费用承担的比率；L 代表协商的煤电企业双方总体收益之和。

（2）模糊定量空间的定性表示

利用标准化范围[－1,1]可以对离散状态下的模糊定量空间进行表示：Q_F＝{n_top，n_large，n_medium，n_small，zero，p_small，p_medium，p_large，p_top}。如图 3-7 所示。

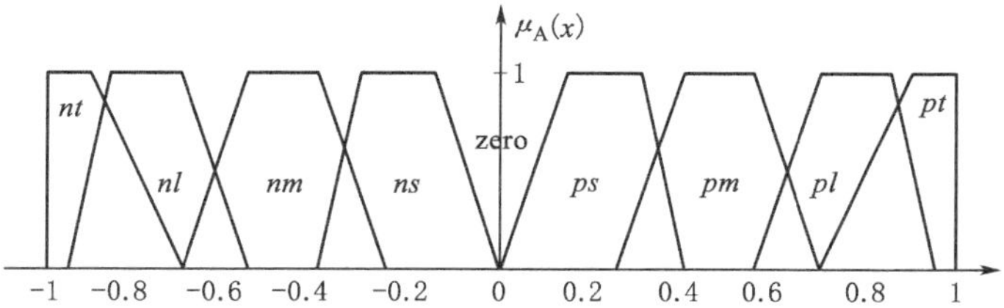

图 3-7 协商中模糊定量空间图示

利用四元组形式可以将空间中的定性值表示为：Q_F＝{[－1，－0.9，0，0.2]，[－0.85，－0.7，0.1，0.15]，[－0.05，－0.4，0.15，0.15]，[－0.3，－0.15，0.1，0.15]，[0，0，0，0]，[0.15，0.3，0.15，0.1]，[0.4，0.55，0.15，0.15]，[0.7，0.85，0.15，0.1]，[0.9，1，0.2，0]}。

（3）基本约束

根据煤电企业双方历史协商有关记录信息，参考相关专业人员的意见，最终确定了 9 个基本约束等式和 6 个约束矩阵为：

$$l_{12}=|l_1-l_2|$$

$$cp = \text{deriv } cd + \text{deriv } ce - \text{deriv } cq$$

$$cd = \text{deriv } cq$$

$$\text{deriv } L = \text{deriv } l_1 + \text{deriv } l_2$$

$$L = l_1 + l_2$$

$$\text{deriv } l_2 = \text{deriv } cq$$

$$l_1 = -\text{deriv } cp$$

$$\text{deriv } l_{12} = |\text{deriv } l_1 - \text{deriv } l_2|$$

$$cp = -\text{deriv } ce$$

$cq \sim cp$	zero	ps	pm	pl	pt
zero	0	0	0	0	1
ps	0	0	0	1	0
pm	0	0	1	0	0
pl	0	1	0	0	0
pt	0	1	0	0	0

$ce \sim cp$	zero	ps	pm	pl	pt
zero	1	0	0	0	0
ps	1	1	0	0	0
pm	0	1	1	1	0
pl	0	0	1	1	0
pt	0	0	0	1	1

$cp \sim cd$	zero	ps	pm	pl	pt
zero	1	0	0	0	0
ps	1	1	0	0	0
pm	1	1	1	1	0
pl	0	1	1	1	0
pt	0	0	0	1	1

$cp \sim l_1$	zero	ps	pm	pl	pt
zero	0	0	0	0	1
ps	0	0	0	1	1
pm	0	1	1	1	0
pl	1	1	1	0	0
pt	1	1	0	0	0

$cd+ce \sim cp$	zero	ps	pm	pl	pt
zero	1	0	0	0	0
ps	1	0	0	0	0
pm	0	1	1	0	0
pl	0	1	1	1	0
pt	0	0	1	1	1

$cq \sim cd$	zero	ps	pm	pl	pt
zero	1	0	0	0	0
ps	1	1	1	0	0
pm	1	1	1	1	0
pl	0	1	1	1	1
pt	0	0	1	1	1

根据煤电企业双方供需协商中存在的诸如：双方受益不能小于零；为让协商方案更符合公平性和合理性要求，限定双方收益差要在某一阈值限定内；煤炭交易量、煤炭交易价格不能小于或等于零；煤炭质量不能太差，否则达不到发电用煤要求等变量。针对各变量的要求和变量自身特点，可以确定各变量的取值范围如表 3-6 所示。

表 3-6 协商中各变量取值范围

变量	最小值	最大值	变量	最小值	最大值
l_1	zero	pt	cq	ps	pt
l_2	zero	pt	cp	ps	pt
l_{12}	zero	pm	ce	pm	pt
L	zero	pt	cd	ps	pt

由上述可知，煤炭交易量 cq 的四种可能取值为：$0<cq\leqslant 100$、$100<cq\leqslant 500$、$500<cq\leqslant 1\,000$、$1\,000<cq$，分别用状态值 ps、pm、pl 和 pt 表示；煤炭交易价格 cp 折让比率的四种可能情况为：$0<cp\leqslant 2\%$、$2\%<cp\leqslant 5\%$、$5\%<cp\leqslant 8\%$、$8\%<cp$，分别用状态值 ps、pm、pl 和 pt 表示；煤炭质量的三种可能取值为：中等、较好和优质，分别用状态值 pm、pl 和 pt 表示；煤炭企业对煤炭运输费用承担的比率的四种可能取值为：$10\%<cd\leqslant 30\%$、$30\%<cd\leqslant 50\%$、$50\%<cd\leqslant 80\%$、$80\%<cd$，分别用状态值 ps、pm，pl 和

pt 表示。

（4）协商的基本过程及终止条件

本煤电企业协商模型注重对协商中各议题、煤电双方收益和总体收益情况的变化趋势进行仿真推理，省去了由于量化指标及其值的计算与匹配带来的烦琐过程，为协商双方在协商过程中对各议题报价调整决策提供支持。

模型的具体协商过程如下：

① 确定协商中各变量的初始定性值；

② 获取各变量的所有可能后继状态；

③ 利用模型基本约束和取值范围约束对后继状态进行过滤，去掉伪状态；

④ 利用时序和全局过虑对剩余的状态再进行进一步筛选，形成新一轮协商各变量的初始定性值；

⑤ 检查是否达到协商终止条件，如达到，则协商结束，否则返回到第②步。

协商的终止主要依据各变量的现有状态或后继状态是否能够使协商向优化的目标发展，是否符合客观实际等，具体条件可包括：

① 协商过程中 l_{12} 的定性状态 $\langle A, B\rangle$ 出现 $A < nm, B \leqslant 0$ 或者 $A > pm, B \geqslant 0$；

② 协商过程中除了 l_{12} 以外的变量出现 $A<0, B\leqslant 0$ 或者 $A=pt, B>0$；

③ 协商过程中变量 l_1、l_2 和 L 的定性状态 $\langle A, B\rangle$ 同时出现 $B=0$；

④ 协商过程中某一个或几个变量的最终后继状态违反了变量取值范围约束。

3.2.3 数值仿真及分析

根据某煤电企业间的历史协商记录，通过与有关专家进行探讨，获得协商中各变量初始定性状态值如表 3-7 所列，由其产生的全部可能后继状态如表 3-8 所列。

表 3-7 协商中各变量的初始状态

变量	幅值	变化率	变量	幅值	变化率
l_1	ps	pm	cq	ps	ps
l_2	ps	ps	cp	pl	ns

表 3-7（续）

变量	幅值	变化率	变量	幅值	变化率
l_{12}	zero	*ps*	*ce*	*pm*	*ps*
L	*pm*	*pl*	*cd*	*ps*	*pm*

表 3-8　协商中各变量初始状态的可能后继状态

变量	可能的后继状态
l_1	<ps,ps>、<ps,pm>、<ps,pl>、<pm,ps>、<pm,pm>、<pm,pl>
l_2	<ps,zero>、<ps,ps>、<ps,pm>、<pm,zero>、<pm,ps>、<pm,pm>
l_{12}	<zero,zero>、<zero,ps>、<zero,pm>、<ps,zero>、<ps,ps>、<ps,pm>
L	<pm,pm>、<pm,pl>、<pm,pt>、<pl,pm>、<pl,pl>、<pl,pt>
cq	<ps,zero>、<ps,ps>、<ps,pm>、<pm,zero>、<pm,ps>、<pm,pm>
cp	<pm,nm>、<pm,ns>、<pm,zero>、<pl,nm>、<pl,ns>、<pl,zero>
ce	<pm,pm>、<pm,ps>、<pm,zero>、<pl,pm>、<pl,ps>、<pl,zero>
cd	<ps,ps>、<ps,pm>、<ps,pl>、<pm,ps>、<pm,pm>、<pm,pl>

表 3-8 中的各变量的可能后继状态经过过滤后，结果如表 3-9 所列。仿真中伪状态的具体移除过程和原因可以从图 3-8 和图 3-9 中获知。

表 3-9　第二轮协商中各变量的初始状态

变量	幅值	变化率	变量	幅值	变化率
l_1	*pm*	*ps*	*cq*	*ps*	*pm*
l_2	*ps*	*pm*	*cp*	*pl*	*nm*
l_{12}	*ps*	*ps*	*ce*	*pm*	*pm*

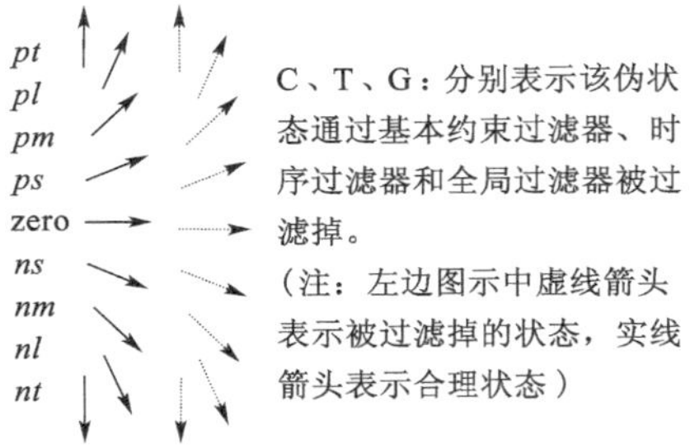

图 3-8　状态转移及过滤相关符号说明

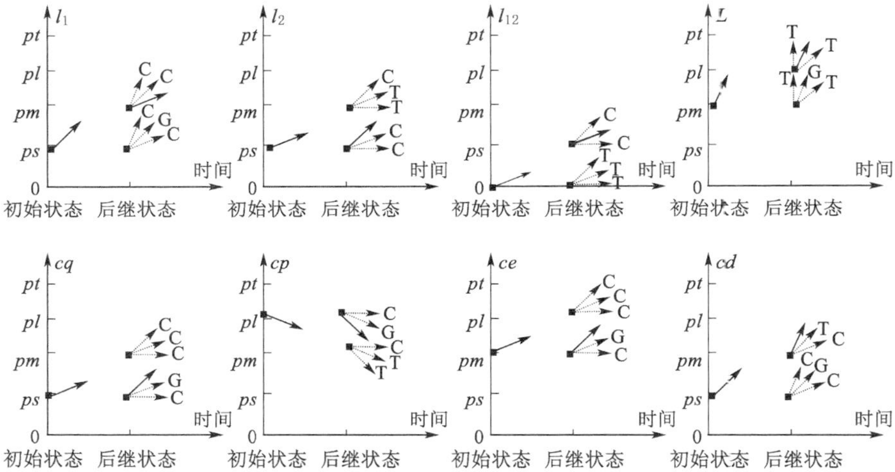

图 3-9　第一轮协商中状态转移及过滤图示

从表 3-9 中可以看出，第一轮的协商结果并没有达到模糊定性自动协商的终止条件，协商中各要素都存在合理的后继状态，因此协商继续。根据模糊定性仿真的转移规则，第二轮协商各变量初始状态可能的后继状态如表 3-10 所列。

同理，利用基本约束、时间和全局过滤器对表 3-10 中后继状态进行过滤，移除伪状态（如图 3-10 所示），得到第二轮协商后各变量后继状态如表 3-11 所列。

表 3-10　第二轮协商中各变量的可能后继状态

变量	可能的后继状态
l_1	＜*pm*,zero＞、＜*pm*,*ps*＞、＜*pm*,*pm*＞、＜*pl*,zero＞、＜*pl*,*ps*＞、＜*pl*,*pm*＞
l_2	＜*ps*,*ps*＞、＜*ps*,*pm*＞、＜*ps*,*pl*＞、＜*pm*,*ps*＞、＜*pm*,*pm*＞、＜*pm*,*pl*＞
l_{12}	＜*ps*,zero＞、＜*ps*,*ps*＞、＜*ps*,*pm*＞、＜*pm*,zero＞、＜*pm*,*ps*＞、＜*pm*,*pm*＞
L	＜*pl*,*pm*＞、＜*pl*,*pl*＞、＜*pl*,*pt*＞、＜*pt*,*pm*＞、＜*pt*,*pl*＞、＜*pt*,*pt*＞
cq	＜*ps*,*ps*＞、＜*ps*,*pm*＞、＜*ps*,*pl*＞、＜*pm*,*ps*＞、＜*pm*,*pm*＞、＜*pm*,*pl*＞
cp	＜*pl*,*nl*＞、＜*pl*,*nm*＞、＜*pl*,*ns*＞、＜*pm*,*nl*＞、＜*pm*,*nm*＞、＜*pm*,*ns*＞
ce	＜*pm*,*ps*＞、＜*pm*,*pm*＞、＜*pm*,*pl*＞、＜*pl*,*ps*＞、＜*pl*,*pm*＞、＜*pl*,*pl*＞
cd	＜*pm*,*pm*＞、＜*pm*,*pl*＞、＜*pm*,*pt*＞、＜*pl*,*pm*＞、＜*pl*,*pl*＞、＜*pl*,*pt*＞

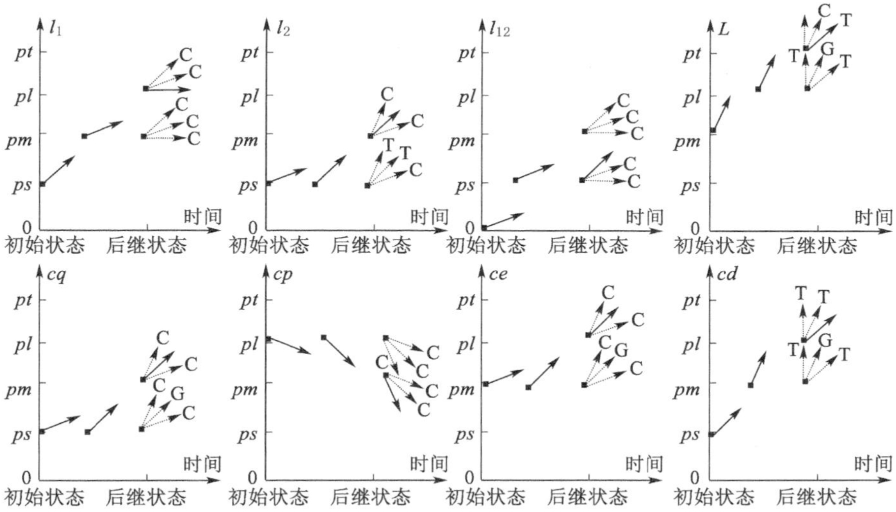

图 3-10　第二轮协商中状态转移及过滤图示

表 3-11　第二轮协商后各变量的后继状态

变量	幅值	变化率	变量	幅值	变化率
l_1	*pl*	zero	cq	*pm*	*pm*
l_2	*pm*	*pm*	cp	*pm*	*nl*
l_{12}	*ps*	*pm*	ce	*pl*	*pm*
L	*pt*	*pm*	cd	*pl*	*pm*

根据图 3-10 和表 3-11 的表示，变量 L 在仿真中的定性状态 $\langle A,B\rangle$ 产生 $A=pt,B>0$，达到了协商终止条件，所以本轮协商的结果即为本次煤电企业间协商仿真的最终结果，即建议双方报价决策为：交易量应该趋于(100,500]之间；交易价格相对社会平均交易价格折让幅度控制在(2%，5%]之间；煤炭质量应该为优质；煤炭企业对煤炭运输费用的承担比率应该在(50%，80%]之间。以上决策建议可以辅助煤电企业快速作出科学、合理的协商决策，有效提高了协商成功的概率。

3.2.4 本节小结

本节所设计的煤电企业模糊定性仿真多议题自动协商模型具有较高的实用性，通过模型的仿真过程可以看出，在协商过程中，受到协商对方和协商总体收益状态变化的影响，协商双方报价和收益的状态不断作出调整，这完全符合现实协商中的实际情况。最终的协商方案能够为煤电企业的协商报价决策提供有效支持，充分反映出模型在煤电企业多议题协商活动中的有效性和实用性。研究过程中利用 Java 技术对协商模型进行了实现，基本实现了协商过程自动化处理，但由于部分技术还有待完善，因此实现的模型中仍存在着对部分伪状态的过滤需借助人工手段完成和不能自动产生决策的合理化建议等缺陷，需要进行进一步研究。通过对协商模型的构建、实现和仿真实验可以看出：① 协商初始状态的选择会直接影响协商最终的效果，因此选择时必须参考历史协商记录，并结合相关专家意见；② 协商模型中约束条件的确定尤为关键，会直接影响到协商过程中对伪状态的过滤效果，因此，约束条件要与经济活动的实际情况相结合，同时参考相关专家的经验；③ 随着协商中考虑的议题和要素的增多，对协商过程中伪状态的过滤将会变得十分困难，因此在充分利用三种过滤器的基础上，还应该借助计算机技术和相关约简方法来辅助完成。下一步研究将重点完善对协商过程中伪状态的自动过滤技术，同时考虑将面向 Agent 技术和多属性组合优化理论与本节研究内容相结合，以提高协商的效率和实际问题处理能力。

3.3 本章小结

本章根据数字经济下供需自动协商的特点，为了提高物流供应链中供需协商中各方对协商状态的预测推理能力和对定性议题的处理能力，分别利用 HMM 和 FQSIM 对数字经济下物流供应链一对一供需自动协商问题进行了分析和建模。通过仿真实验可以明显看出，基于 HMM 的供需自动协商模型可以有效改善协商参与方在自动协商过程中对协商状态的分析和预测能力，并适合于对大数据背景下自动协商决策问题的处理；而基于 FQSIM 的供需自动协商模型在简化协商决策过程的同时，也为消除定量表示造成的度量准确度和精度问题带来的影响提供了可能。

4　数字经济下物流供应链多供需匹配与协商

依靠自由开放的数字经济环境，市场中的资源和服务供需信息可以迅速地得到扩散，这为供需各方提供了充分的信息获取与自由匹配的可能性。但单纯依靠供需交易各方的自发匹配，并不能充分发挥数字经济下物流供应链协调运作的优势，也不利于对物流供应链中资源的优化配置。因此，为了提高数字经济下平台运作效率和质量，基于数字经济及其平台运作视角的供需匹配变得十分重要。但已有对平台匹配的研究和应用中，均仅以平台社会福利最大化为目标，且假设供需各方均会直接选择接受给定的匹配方案，未对平台环境下匹配的稳定性问题加以考虑。而当数字经济下供需各方均具有足够的信息获取或合作选择能力时，为了实现本方利益最大化，在获知存在更佳的供需协商对象后，会主动终止给定的匹配方案，在数字经济的平台运作环境中寻求更为理想的供需协商对象，这会对数字经济下物流供应链供需协商产生负面影响。因此，将平台社会福利最大化和供需匹配的公平性与稳定性进行综合考虑，探索出数字经济下物流供应链多供需协商的稳定匹配模型和方法，逐渐成为物流供应链运作理论和应用的关键环节。本章将通过融合自动协商和稳定匹配等理论，为有效处理数字经济下物流供应链多供需匹配与协商问题，提出基于稳定匹配的多边自动协商系统模型(SMAN)，并通过引入可信中介 Agent CMA 的概念保证系统运行的效率和质量。协商中，CMA 主要负责多供需协商过程中对各方资源的协调与供需匹配方案的求解。为了提高匹配的效率和保证匹配方案的稳定性，本章将优化匹配方案求解模型分解为两个优化模型：其一为匹配点模型，主要负责求解多议题条件下任意可能配对的最佳合作点，即可行的最佳合作方案，进而以实现任意可能配对联合收益最大化为目标，并以双方在协商中获取收益的公平性作为合作方案产生的主要约束之一；其二为匹配方案模型，该模型将从每个待匹配对象的立场出发，确保其在平台中找不到更佳的匹配方案。匹配方案的求解以数字经济下平台社会福利最大化为目标，以实现一对一匹配和匹配方案的稳定性为主要约束。同时，为了引导平台中协商各方如实提供供需和偏好信息，本章对供需稳定匹配中偏好引导机制进行了研究。最后，为了验证所提方法的合理性和有效性，本章先通过数学推导进行了证明，而后又利用数值仿真实验进行了进一步的验证[159]。

4.1 基于稳定匹配的多边自动协商系统模型构建

4.1.1 问题描述

数字经济下自由开放环境已经彻底改变了人们的生活与消费习惯，也推动了物流供应链中企业对商业运行模式的创新。物流供应链中的企业每天可以借助数字经济的平台运作模式经营自己生意，如日常运营管理或商品销售等，并依靠取消或减少实体店面或店员的方式，极大地缩减商业运营预算或成本[37,43]。而当有商品或服务需求时，企业还可以借助数字经济自由开放环境，获得更多有关决策所需的市场信息，并同时与多个供应商针对心仪产品或服务进行协商，不但可以节省时间和交通成本，还能提高产品或服务需求的满足效率[11,16]。随着数字经济的平台运作环境中买和卖、供和需界线的日趋模糊，物流供应链中的资源流通与利用的效率得到极大提高，但这也会导致利益冲突形式与内容变得更加多样、复杂，并具有更为明显的分布式特点[3,6,31,160]。

本节将对数字经济下物流供应链多供需背景下的多边自动协商问题进行分析和建模。由于在物流供应链的实际运作过程中，企业为了最大化本方收益，往往需要对供需交易中的各种因素进行综合考虑，如合作伙伴信誉、交易价格、交易数量等，这使企业很难在协商中快速地找到有效且理想的合作方案。因此，本节将从数字经济下平台社会福利最大化视角，在充分考虑各方收益的基础上，对多供需下的最佳买卖或供需双方匹配与协商问题进行研究。而传统研究对多供需下的多边自动协商问题大多仅以平台社会福利最大化为目标，并没有系统考虑协商伙伴的匹配及匹配结果的稳定性问题[22]。虽然这在传统经济运作层面上也是可以接受的，特别是在计划经济时代所有经济活动完全依靠政府指令进行的情况下，但在数字经济自由开放环境下，由于自动协商中的 Agent 均具有足够的信息获取和处理能力，协商中的 Agent 在确定当前匹配不稳定后（即在平台上找到更理想且可能的匹配对象），会为寻求更理想的交易或合作对象而放弃给定的匹配方案，因此会导致多供需双边市场下的多边自动协商（MANTS）根本无法达到预期的协商效果。当匹配方案稳定时，就不会存在两个不在一个配对中的 Agent 更青睐于彼此，超过其当前匹配对象[77-79]。也就是说，任何一个 Agent 都不会找到拒绝当前配对的理由。

本节研究将针对数字经济下物流供应链中多议题多对多 MANTS 的特点，在引入可信中介 Agent CMA 的基础上，提出基于稳定匹配多边自动协商系统模型 SMAN。其主要工作包括如下几项：

① 将稳定匹配理论应用于多议题 MANTS 中，构建稳定多边自动协商系统模型 SMAN；

② 在数值仿真中，首先以数字经济的信息化平台运作环境下二手车交易自动协商为例，通过与 Park 和 Yang[25] 的研究做对比分析，对所提模型有效性进行论证。而后，将模型应用于数字经济下物流供应链的多供需协商匹配中，进一步验证所提模型的有效性和合理性。

4.1.2 稳定多边自动协商系统模型(SMAN)

本节中，SMAN 将结合数字经济平台运作环境中一个二手汽车的典型交易场景进行定义和刻画，同时给出 CMA 用于为 MANTS 求解稳定匹配方案的优化模型。

4.1.2.1 典型交易场景

作为数字经济平台运作模式中供需双边市场的典型结构，通常会存在着分别代表供(卖)方和需(买)方且不存在任何交集的两个 Agent 集合[17]，为了满足数字经济平台运作环境中的供需交易要求，Agent 间需要通过协商的手段达成具体交易[22,25]。在平台中，Agent 通常可以直接获取协商中决策所需的很多相关信息，如平台上相对于给定配对更佳的合作伙伴信息，以及与它们合作后可得到的总收益等[22]，但并不能确定与哪些 Agent 进行合作的具体信息。数字经济平台运作环境中的 Agent 均可以像现实生活中商品的供需方或买卖方那样，随时可以按照本方的意愿加入或退出某个交易或合作协商，且协商要针对包括价格、数量和质保等多议题进行，全部 Agent 均能接受一个共同的协商流程，并能根据协商进程和市场信息变化进行协商的决策[22]。当 Agent 在平台上找不到好于当前给定匹配方案时，会选择接受由 CMA 给定的匹配方案。如一个给定供需协商匹配中的两个 Agent 均确认该匹配结果是稳定的，则该匹配宣告成功，并在确定最终合作方案后，协商终止。而如果某一个 Agent 发现给定匹配不稳定，即能在平台上找到更佳且可行匹配方案，则其会选择放弃 CMA 给定的匹配方案。

4.1.2.2 SMAN 的模型定义

模型中主要符号及其说明如下：

符号	说明
s_i, b_j	卖方和买方 Agent，$\forall i=1,2,\cdots,m$，$\forall j=1,2,\cdots,n$；
W_i, W_j	s_i 和 b_j 对 Q 个议题的权重集合；
ω_i^q, ω_j^q	s_i 和 b_j 对第 q 个议题的权重，$\omega_i^q \in W_i$，$\omega_j^q \in W_j$，$\forall q=1,2,\cdots,Q$；
R_i, R_j	s_i 和 b_j 对 Q 个议题的协商范围集合；
r_i^q, r_j^q	s_i 和 b_j 对第 q 个议题的协商范围，$r_i^q \in R_i$，$r_j^q \in R_j$；
$\underline{r}_i^q, \overline{r}_i^q$	s_i 对第 q 个议题的底线值和期望值，$r_i^q=[\underline{r}_i^q, \overline{r}_i^q]$；
$\underline{r}_j^q, \overline{r}_j^q$	b_j 对第 q 个议题的底线值和期望值，$r_j^q=[\underline{r}_j^q, \overline{r}_j^q]$；
Ψ_i, Ψ_j	s_i 和 b_j 在协商中的行为集合；
Θ	CMA 的决策模型。

根据 MANTS 的特点，SMAN 可以定义为一个五元组：

$$\mathrm{SMAN}=(A, S, B, \mathrm{CMA}, F) \tag{4-1}$$

其中：

$A=\{a_q \mid q\in\{1,2,\cdots,Q\}\}$ 为 Q 个协商议题的集合。

$S=\{s_i \mid s_i=(W_i, R_i, \Psi_i), i\in\{1,2,\cdots,m\}\}$ 代表 SMAN 中的 m 个卖方 Agent 集合。其中，$W_i=\{\omega_i^q \mid q\in\{1,2,\cdots,Q\}, \sum_{q=1}^{Q}\omega_i^q=1\}$ 代表卖方 Agent s_i 对 Q 个协商议题的权重集合；$R_i=\{r_i^q \mid r_i^q=[\underline{r}_i^q, \overline{r}_i^q], q\in\{1,2,\cdots,Q\}\}$ 为 s_i 对 Q 个协商议题的协商范围集合，$\underline{r}_i^q$ 和 $\overline{r}_i^q$ 分别代表 s_i 对第 q 个议题的底线值和期望值；$\Psi_i=\{\mathrm{accept}, \mathrm{reject}, \mathrm{join}, \mathrm{quit}\}$ 代表协商中的 s_i 可能采取的行为集合，“accept”意为 s_i 将接受 CMA 给定的匹配方案，“reject”意为 s_i 将拒绝 CMA 给定的匹配方案，“join”意为 s_i 未获得匹配或放弃 CMA 给定的匹配方案后，将加入下一轮的匹配和协商，直到协商终止，“quit”意为 s_i 将退出协商平台 MANTS。

$B=\{b_j \mid b_j=(W_j, R_j, \Psi_j), j\in\{1,2,\cdots,n\}\}$ 代表 SMAN 中的 n 个买方 Agent 集合。其中，$W_j=\{\omega_j^q \mid q\in\{1,2,\cdots,Q\}, \sum_{q=1}^{Q}\omega_j^q=1\}$ 代表买方 Agent b_j 对 Q 个协商议题的权重集合；$R_j=\{r_j^q \mid r_j^q=[\underline{r}_j^q, \overline{r}_j^q], q\in\{1,2,\cdots,Q\}\}$ 为 b_j 对 Q 个协商议题的协商范围集合，$\underline{r}_j^q$ 和 $\overline{r}_j^q$ 分别代表 b_j 对第 q 个议题的底线值和期望值；$\Psi_j=\{\mathrm{accept}, \mathrm{reject}, \mathrm{join}, \mathrm{quit}\}$ 代表协商中的 b_j 可能采取的行为集合，其中各元素的含义同 Ψ_i。

CMA＝{dt,rt,mti,ms,Θ}代表 SMAN 中的可信中介 Agent。其中，dt 表示 CMA 可接受的协商最长期限；rt 表示每轮协商中 Agent 对 CMA 给定匹配方案的最长相应时间；mti 表示两轮协商中的最大间隔时间；ms 表示每轮协商中能够接受的最大 Agent 个数；Θ 代表 SMAN 中 CMA 的决策模型，其包含两个子模型：匹配点模型 Θ_P 和匹配方案模型 Θ_S。

定义 4-1 一个匹配点是指在综合考虑了联合收益最大化和公平性约束的基础上，为 MANTS 中一个 Agent 配对提供的最佳协商建议，其中，对每个议题取值的设定，均基于双方协作的视角，并在双方对议题协商范围的公共区间内。

F 代表 SMAN 中所有 Agent 需要共同遵守的一个协商协议，主要涵盖了用于保证 MANTS 信息交互和相关操作的流程与规则[26,58,81]，具体如图 4-1 所示。

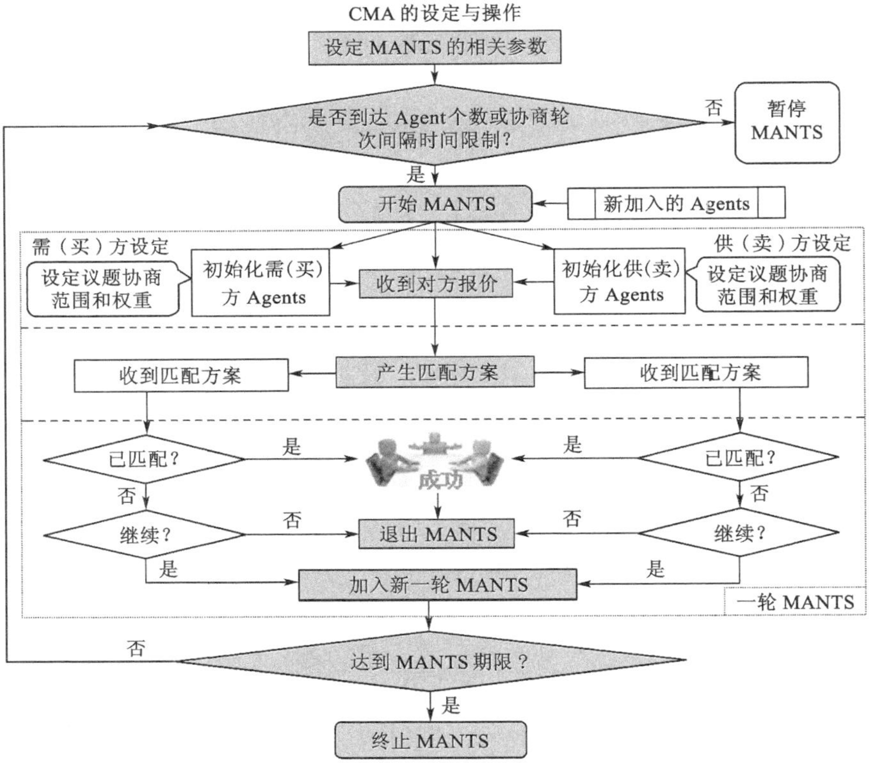

图 4-1 SMAN 的协商协议

图 4-1 中，每轮 MANTS 共分为三个阶段：① 协商准备阶段，即 CMA 对协商环境和相关参数的初始化阶段；② 协商阶段，即全部 Agent 向 CMA 发送本方报价，而 CMA 为该轮 MANTS 产生一个匹配方案，并将其发送给对应的 Agent；③ 协商确认阶段，即已匹配或未匹配的 Agent 对是否接受 CMA 给定的匹配方案，或没有得到匹配或拒绝了 CMA 的匹配方案是否参加下一轮的 MANTS 或退出 MANTS 等。由于 CMA 给定的为稳定匹配方案，因此本节假定所有获得匹配的 Agent 均会接受 CMA 给出的匹配方案。各阶段具体内容描述如下。

（1）协商准备阶段

协商开始前，CMA 需对协商环境进行初始化，设定 MANTS 中的相关参数，其中包括最大协商期限、Agent 对匹配方案的响应时间以及每轮 MANTS 开始的基本条件（例如各轮 MANTS 间的时间间隔和参与的最大 Agent 个数）等。

（2）协商阶段

一轮 MANTS 开始后，全部 Agent（包括新加入平台的 Agent 和上一轮中没有获得匹配或放弃匹配方案的 Agent）在完成初始化后，首先需要将报价方案发送给 CMA，这里的一个报价方案被定义为一个 Agent 对全部议题的协商范围和权重的集合。根据从平台中 Agent 那里得到的全部报价方案，CMA 通过匹配点模型 Θ_P 求解出全部匹配点，即以联合收益最大化为目标，以配对内收益公平性为约束（让配对内的两个 Agent 获取的收益差值小于某个给定阈值），为每个可能配对求解最佳的建议合作方案集合，进而可以得到全部买方和卖方 Agent 的收益矩阵，以及涵盖每个匹配点的联合收益矩阵。基于这些矩阵，CMA 可以利用匹配方案求解模型 Θ_S，以社会收益最大化为目标和以匹配稳定性为约束，求解产生本轮 MANTS 最终稳定匹配方案，并将其发送给相对应的 Agent。

（3）协商确认阶段

本阶段将直接决定 Agent 供需协商成功与否，当一个 Agent 配对中的两个 Agent 在得到来自 CMA 的匹配方案和协商建议后，都确定该匹配方案是稳定的，则该配对内的协商以成功结束，这两个 Agent 也会退出 MANTS；而若上一轮未获得匹配方案的 Agent 打算继续通过 MANTS 获得协商机会，则加入新一轮 MANTS 当中，否则可以直接退出 MANTS。如果某轮 MANTS 中的全部已匹配 Agent 均已完成协商确认（协商失败或成功），CMA 终止当前轮次 MANTS，并开始新一轮 Agent 对匹配，直到协商终止。

4.1.2.3　CMA 的决策模型

CMA 的决策模型 Θ 是 CMA 的核心部分，其由匹配点模型 Θ_P 和匹配方案模型 Θ_S 两个子模型组成，主要符号及其说明如下：

符号	说明
$X_{i,j}$	CMA 为 Agent 配对(s_i, b_j)求解得到的协商合作建议方案；
$x^q_{i,j}$	连续决策变量，代表 CMA 为 Agent 配对(s_i, b_j)求解得到的协商合作建议方案中，对第 q 个议题的建议取值，$x^q_{i,j} \in X_{i,j}$，$\forall q=1,2,\cdots,Q$；
$[\alpha^q_{i,j}, \beta^q_{i,j}]$	在求解协商合作建议方案中，第 q 个议题的取值范围，即配对(s_i, b_j)针对第 q 个议题的公共协商范围，且存在 $x^q_{i,j} \in [\alpha^q_{i,j}, \beta^q_{i,j}] = r^q_i \cap r^q_j$；
δ	求解协商合作建议方案中任意配对中两个 Agent 获得的收益差值的阈值；
ω^q_i, ω^q_j	Agent s_i 和 b_j 对第 q 个议题的权重，且符合 $\sum_{q=1}^{Q} \omega^q_i = 1$ 和 $\sum_{q=1}^{Q} \omega^q_j = 1$；
$p^s_{i,j}$	s_i 从配对(s_i, b_j)获得的收益值，$p^s_{i,j} = \sum_{q=1}^{Q} \left(\omega^q_i \cdot \frac{x^q_{i,j} - \underline{r}^q_i}{\overline{r}^q_i - \underline{r}^q_i} \right)$；
$p^b_{i,j}$	b_j 从配对(s_i, b_j)获得的收益值，$p^b_{i,j} = \sum_{q=1}^{Q} \left(\omega^q_j \cdot \frac{x^q_{i,j} - \underline{r}^q_j}{\overline{r}^q_j - \underline{r}^q_j} \right)$；
$p_{i,j}$	s_i 和 b_j 在配对(s_i, b_j)中的联合收益值，$p_{i,j} = p^s_{i,j} + p^b_{i,j}$；
$y_{i,j}$	0-1 决策变量：若 s_i 和 b_j 被匹配在一个配对中，则 $y_{i,j}$ 取值为 1，否则为 0。

(1) 匹配点模型

根据全部 Agent 给出的报价方案，CMA 可以通过匹配点模型 Θ_P[22,25-26]，找到每一个可能配对的匹配点（即该配对中两个 Agent 给出的最佳协商合作建议），同时获取该匹配点[Agent 配对(s_j, b_j)]上的联合收益，其中，$\forall i=1,\cdots,m$，$\forall j=1,\cdots,n$：

$$\max_{x^q_{i,j}} \quad p^s_{i,j} + p^b_{i,j} \tag{4-2}$$

$$\text{s.t.} \quad |p^s_{i,j} - p^b_{i,j}| \leqslant \delta \tag{4-3}$$

$$\alpha^q_{i,j} \leqslant x^q_{i,j} \leqslant \beta^q_{i,j}, \forall q=1,2,\cdots,Q \tag{4-4}$$

其中，式(4-2)为目标函数，表示最大化配对(s_i,b_j)的联合收益，$p_{i,j}^s+p_{i,j}^b=p_{i,j}$即为 Agent 对$(s_i,b_j)$在 CMA 给出的协商建议合作方案 $X_{i,j}$下获得的联合收益；式(4-3)是对协商合作建议方案 $X_{i,j}$的公平性约束，即确保在配对(s_i,b_j)中，s_i 和 b_j 获得收益的差值小于等于给定阈值δ(一个给定的相对较小值)；式(4-4)是为了确保 $X_{i,j}$中每个议题的取值均在配对(s_i,b_j)的公共协商范围内，当且仅当$[\alpha_{i,j}^q,\beta_{i,j}^q]\neq\varnothing(\forall q=1,2,\cdots,Q)$时，$s_i$ 和 b_j 才有可能被匹配在一起。

通过对所有匹配点的优化求解，CMA 即可得到卖方 Agent 的收益矩阵 P^s、买方 Agent 的收益矩阵 P^b 和买卖双方 Agent 的联合收益矩阵 P：

$$P^s=\{p_{i,j}^s\mid i\in\{1,2,\cdots,m\},j\in\{1,2,\cdots,n\}\} \tag{4-5}$$

$$P^b=\{p_{i,j}^b\mid i\in\{1,2,\cdots,m\},j\in\{1,2,\cdots,n\}\} \tag{4-6}$$

$$P=\{p_{i,j}\mid p_{i,j}=p_{i,j}^s+p_{i,j}^b,i\in\{1,2,\cdots,m\},j\in\{1,2,\cdots,n\}\} \tag{4-7}$$

为了说明匹配点模型求解过程，借助文献[25]中对二手车交易 Agent 生成的数据模板(见表 4-1 和表 4-2)随机产生卖方和买方 Agent 集合。

表 4-1　产生卖方 Agent 信息的数据模板

属性	期望值	底线值
年份(单位：年)	[1997,2000]	[2001,2004]
价格(单位：元)	$22\,000\leqslant\overline{Pr}_s\leqslant32\,000$	$[\overline{Pr}_s-6000,\overline{Pr}_s-3000]$
行驶里程(单位：km)	$100\leqslant\overline{Mil}_s\leqslant150$	$[\overline{Mil}_s-70,\overline{Mil}_s-10]$
质保时长(单位：月)	[2,6]	[12,36]

表 4-2　产生买方 Agent 信息的数据模板

属性	期望值	底线值
年份(单位：年)	[2001,2004]	[1997,2000]
价格(单位：元)	$[\underline{Pr}_b-6000,\underline{Pr}_b-3000]$	$22\,000\leqslant\underline{Pr}_b\leqslant32\,000$
行驶里程(单位：km)	$[\underline{Mil}_b-70,\underline{Mil}_b-10]$	$100\leqslant\underline{Mil}_b\leqslant150$
质保时长(单位：月)	[12,36]	[2,6]

表 4-1 中，$\overline{Pr}_s$ 和$\overline{Mil}_s$ 分别代表一个新产生的卖方 Agent 在销售二手车时，对价格和行驶里程的期望值；表 4-2 中，$\underline{Pr}_b$ 和$\underline{Mil}_b$ 分别代表一个新产生的买方 Agent 在购买二手车时，对价格和行驶里程的底线值。

基于表 4-1 和表 4-2 随机产生的 3 个卖方 Agent 和 3 个买方 Agent，卖方和买方如图 4-2 所示。

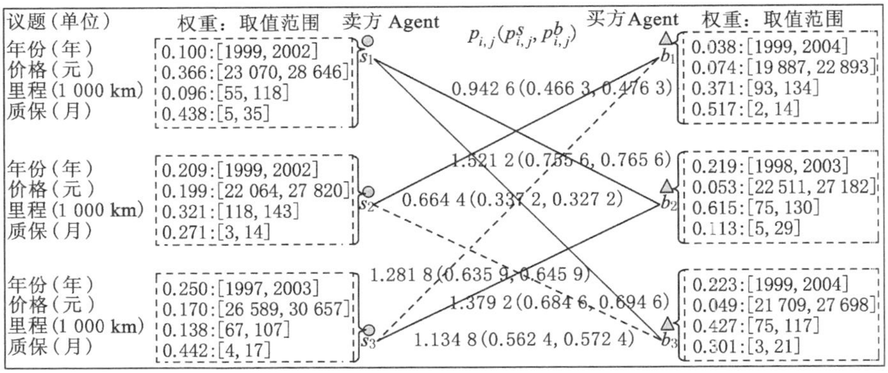

图 4-2　3 个卖方 Agent 和 3 个买方 Agent 的应用示例

由图 4-2 可知，每个 Agent 具有自己的议题取值范围和议题权重，且设定 $\delta=0.01$，通过模型计算可以获得 P^s、P^b 和 P 如下：

$$
P^s=\left\{\begin{matrix} — & 0.755\,6 & 0.684\,6 \\ 0.466\,3 & 0.337\,2 & — \\ — & 0.635\,9 & 0.562\,4 \end{matrix}\right\}
$$

$$
P^b=\left\{\begin{matrix} — & 0.765\,6 & 0.694\,6 \\ 0.476\,3 & 0.327\,2 & — \\ — & 0.645\,9 & 0.572\,4 \end{matrix}\right\} \qquad (4\text{-}8)
$$

$$
P=\left\{\begin{matrix} — & 1.521\,2 & 1.379\,2 \\ 0.942\,6 & 0.664\,4 & — \\ — & 1.281\,8 & 1.134\,8 \end{matrix}\right\}
$$

其中，配对(s_1,b_1)、(s_2,b_3)和(s_3,b_1)协商中至少有一个议题的公共协商空间为空，即存在$[\alpha_{1,1}^{\text{Price}},\beta_{1,1}^{\text{Price}}]=\varnothing$、$[\alpha_{2,3}^{\text{Mileage}},\beta_{2,3}^{\text{Mileage}}]=\varnothing$和$[\alpha_{3,1}^{\text{Price}},\beta_{3,1}^{\text{Price}}]=\varnothing$的情况，说明这几个配对不可能达成协商合作协议，式(4-8)中这几个配对的联合收益用“—”表示。

(2) 匹配方案模型

基于匹配点模型求解得到的 3 个收益矩阵 P^s、P^b 和 P，CMA 便可基于下面的匹配方案模型 Θ_S 进行稳定匹配方案的求解：

$$\max SW = \sum_{i=1}^{m}\sum_{j=1}^{n} y_{i,j} \cdot p_{i,j} \tag{4-9}$$

$$\text{s. t.} \quad \sum_{i=1}^{m} y_{i,j} \leqslant 1,\ \forall j = 1,2,\cdots,n \tag{4-10}$$

$$\sum_{j=1}^{n} y_{i,j} \leqslant 1,\ \forall i = 1,2,\cdots,m \tag{4-11}$$

$$y_{i,j} + \sum_{k:p_{i,k}^{s} \prec_i p_{i,j}^{s}} y_{i,k} + \sum_{k:p_{k,j}^{b} \prec_j p_{i,j}^{b}} y_{k,j} \leqslant 1, \quad \forall i=1,2,\cdots,m,\ \forall j=1,2,\cdots,n \tag{4-12}$$

$$y_{i,j} \in \{0,1\}, \forall i=1,2,\cdots,m,\ \forall j=1,2,\cdots,n \tag{4-13}$$

其中，匹配方案中的具体匹配情况通过 0-1 变量 $y_{i,j}$ 表达，目标函数(4-9)将联合收益 $p_{i,j}$ 作为匹配决策变量 $y_{i,j}$ 的系数，并以求解社会收益最大化为目标[25]；约束(4-10)和(4-11)保证每个 Agent 在匹配方案中最多只被匹配一次；约束(4-12)是基于买卖双方的收益矩阵 P^b 和 P^s 构建的稳定匹配约束[77-79]，如果匹配方案满足约束(4-12)，则任意未匹配在一对的两个 Agent (s_λ, b_γ) 均不会构成对匹配方案的破对，即若 s_λ 和 b_γ 没有被匹配在一对 $(y_{\lambda,\gamma}=0)$，那么一定是意味着它们中至少有一个被匹配给了其他更理想的 Agent（也可以理解为可能破坏已有配对的潜在配对），且存在 $\forall \lambda=1,2,\cdots,m, \forall \gamma=1,2,\cdots,n$；约束(4-13)是对决策变量 $y_{i,j}$ 的取值约束。

定理 4-1 在 MANTS 中，如果处在不稳定配对中的 Agent 会选择放弃给定配对，以社会收益最大化为目标、以匹配稳定为约束的 Agent 对匹配方法，会得到比仅以社会收益最大化为目标而不考虑匹配稳定性的 Agent 对匹配方法获得更为理想的协商效果。

证明：为了简化表述，令 model Ⅰ 代表以社会收益最大化为目标、以匹配稳定为约束的 Agent 对匹配方案求解模型［即在匹配模型中包含了约束(4-9)、(4-10)、(4-11)、(4-12)和(4-13)］；同时，令 model Ⅱ 代表仅以社会收益最大化为目标，而不考虑匹配稳定性约束的 Agent 对匹配方案求解模型［即在匹配模型中包含了约束(4-9)、(4-10)、(4-11)和(4-13)］，$Y=[y_{i,j} \mid i=1,\cdots,m; j=1,\cdots,n]_{m\times n}$ 为利用 model Ⅱ 求解得到的最优匹配方案，通过变换表达式也可进一步表示为：$Y=[y_1, y_2, \cdots, y_m]^{\mathrm{T}}$，$y_i=(y_{i,1}, y_{i,2}, \cdots, y_{i,n})$，$\forall i=1,2,\cdots,m$ 和 $Y=[y'_1, y'_2, \cdots, y'_n]^{\mathrm{T}}$，$y'_j=(y'_{1,j}, y'_{2,j}, \cdots, y'_{m,j})$，$\forall j=1,2,\cdots,n$；令 $f(Y)$ 为 Y 可获得的社会收益。为了确认匹配方案的稳定性，需要检验该匹配方案中是否存在破对，即如果一个匹配方案是稳定

的，则任意一个匹配点都不会成为破对。

令 $m_{ij}^{s}=[1_{ij}^{s}(p_{i,\gamma}^{s})\mid\gamma=1,\cdots,n]^{\mathrm{T}}(\forall i=1,2,\cdots,m)$ 和 $n_{ij}^{b}=[1_{ij}^{b}(p_{\lambda,j}^{b})\mid\lambda=1,\cdots,m]^{\mathrm{T}}(\forall j=1,2,\cdots,n)$ 分别代表 s_i 和 b_j 对匹配方案 Y 的稳定性评估向量，其中，假定 s_i 和 b_j 被匹配在一个配对中。$1_{ij}^{s}(\cdot)$ 和 $1_{ij}^{b}(\cdot)$ 分别为 s_i 和 b_j 的指示函数。如果 $p_{i,\gamma}^{s}<p_{i,j}^{s}$，则 $1_{ij}^{s}(p_{i,\gamma}^{s})=1,\forall\gamma=1,2,\cdots,n$，否则 $1_{ij}^{s}(p_{i,\gamma}^{s})=0$；如果 $p_{\lambda,j}^{b}<p_{i,j}^{b}$，则 $1_{ij}^{b}(p_{\lambda,j}^{b})=1,\forall\lambda=1,2,\cdots,m$，否则 $1_{ij}^{b}(p_{\lambda,j}^{b})=0$。令 C 为 Y 的稳定性评价值矩阵：

$$C=[c_{ij}\mid i=1,2,\cdots,m;\ j=1,2,\cdots,n]_{m\times n}\tag{4-14}$$

其中，c_{ij} 为对 Y 中配对 (s_i,b_j) 稳定性的综合评价值，具体可表示为：

$$c_{ij}=y_{i,j}+m_{ij}^{s}\cdot y_i+n_{ij}^{b}\cdot y_j',\ \forall i=1,2,\cdots,m,\forall j=1,2,\cdots,n\tag{4-15}$$

基于稳定性约束，令 $d_i=\max\limits_{1\leqslant j\leqslant n}\{c_{ij}\}(i=1,2,\cdots,m)$，很显然，若 $\max\limits_{1\leqslant i\leqslant m}\{d_i\}=1$，匹配方案 Y 满足式(4-11)的稳定性约束，也就是说 Y 也是 model Ⅰ 的一个可行匹配方案。model Ⅰ 的可行解集是 model Ⅱ 可行解集的一个子集，因此，Y 是 model Ⅱ 的最优匹配方案，即 $f(Y)=f(Y^*)$，其中 Y^* 代表 model Ⅰ 的最优匹配方案。

根据稳定匹配理论可知，当 $\max\limits_{1\leqslant i\leqslant m}\{d_i\}=2$ 时，匹配方案 Y 中会存在至少一个破对，这违背了稳定性约束(4-12)，在 Y 中会存在至少一个不稳定配对。为了移除 Y 中的全部不稳定配对，对 Y 进行处理：令 $e_j=\max\limits_{1\leqslant i\leqslant m}\{c_{ij}\}(j=1,2,\cdots,n)$，则可得到 $Y'=[y'_{i,j}]_{m\times n}$，其中 $y'_{i,j}$ 可具体表示为：

$$y'_{i,j}=\lfloor\lfloor y_{i,j}/\max\{d_i,1\}\rfloor/\max\{e_j,1\}\rfloor,\ \forall i=1,\cdots,m,\forall j=1,\cdots,n\tag{4-16}$$

其中，Y' 为移除 Y 中不稳定配对后的方案，$y'_{i,j}$ 为 Y' 中对 s_i 和 b_j 匹配决策值。根据稳定匹配理论可知，Y' 满足稳定性约束(4-12)，也是 model Ⅱ 的一个可行解(匹配方案)，且存在，如果 $\max\limits_{1\leqslant i\leqslant m}\{d_i\}=2$，则 $f(Y')\leqslant f(Y^*)$。

通过对比 $\{Y',f(Y')\}$ 和 $\{Y^*,f(Y^*)\}$ 不难发现，若不稳定配对中的 Agent 选择放弃给定配对，model Ⅰ 可以获取比 model Ⅱ 更高的社会收益。

假设全部 Agent 均可从平台获得足够的信息，并在加入下一轮 MANTS 前，根据平台信息自适应地修正初始报价方案，那么在新一轮的 MANTS 中就包含了从上一轮中转入的 Agent(自适应地调整了本方初始报价)和新加入 MANTS 的各方 Agent。通过前面的分析不难发现，尽管不稳定配对中 Agent 退出给定配对后修正了自己的报价，并再次加入新一轮 MANTS，model Ⅰ 仍然可以获得更佳的协商结果，因为本轮仍然是全新的一轮 MANTS,但结果仍不能得到改善。证毕。

匹配方案稳定性验证示例:根据前文匹配点模型应用示例中获得的收益矩阵 P^s、P^b 和 P,利用 model Ⅰ和 model Ⅱ可以分别得到 Y^* 和 Y,再通过过滤 Y 中的不稳定配对,可得到 Y'。

$$Y^*=\begin{Bmatrix}0&1&0\\1&0&0\\0&0&1\end{Bmatrix},\ Y=\begin{Bmatrix}0&0&1\\1&0&0\\0&1&0\end{Bmatrix},\ Y'=\begin{Bmatrix}0&0&0\\1&0&0\\0&0&0\end{Bmatrix} \tag{4-17}$$

根据图 4-2 得到:$f(Y^*)=3.5986$ 和 $f(Y)=3.6036$,可以看出 $f(Y)>f(Y^*)$。然而,(s_1,b_3) 中的 s_1 被匹配给 b_3 的收益 0.694 6 低于匹配给 b_2 的收益 0.755 6,即 $p^s_{1,3}<_{s_1}p^s_{1,2}$。同时,$(s_3,b_2)$ 中的 b_2 匹配给 s_3 的收益0.645 9低于匹配给 s_1 的收益 0.765 6,即 $p^b_{3,2}<_{b_2}p^b_{1,2}$。因此,$(s_1,b_3)$ 和(s_3,b_2)是不稳定对,s_1 和 b_2 会为了获得更大的收益而放弃 CMA 给出的匹配方案。若去除 Y 中的不稳定配对,Y 转化为 Y',一定存在 $f(Y')=0.9426<f(Y^*)=3.5986$。

4.1.3 数值仿真及分析

本节将通过两个数值仿真实验对所提模型的合理性和有效性进行验证:实验 1 以平台中的二手商品交易为背景,主要是通过 Park 和 Yang[25] 提出的 MPS(Maximum Profits System)及其两个改进模型的对比分析来验证所提模型的合理性和有效性;实验 2 根据物流供应链多供需匹配与协商的特点和需求,将模型进行拓展和完善后,以煤炭物流供应链多供需协商为背景进行数值仿真和分析,进而对所提模型在物流供应链多供需匹配与协商中的合理性和有效性进行验证。

4.1.3.1 数值仿真实验 1:二手商品协商匹配与自动协商

(1) 场景描述与符号定义

首先对数值仿真中的相关参数和实验方案进行设定,而后给出具体的实验过程和结果,并进行相应的对比分析,主要是为了进一步验证 SMAN 在处理平台中多轮 MANTS 时的有效性和效率性。数值仿真中,SMAN 主要与 MPS 及其两个改进模型进行对比分析,平台上的 Agent 打算通过协商的形式交易二手车,协商将针对二手车的多个属性进行多议题协商,其中包括二手车的价格、生产年份、已行驶里程和质量保障时长等[25]。其主要符号及说明如下:

符号	说明
$\overline{r}_i^q,\underline{r}_i^q$	s_i 通过自适应调整后，对第 q 个议题在报价中的期望值和保留值，$\forall q=1,2,\cdots,Q,\forall i=1,2,\cdots,m$；
θ	Agent 对一个匹配方案的期望收益率；
$\hat{p}$	Agent 从 MANTS 的更好配对中可以获取的总收益；
$\hat{m},\hat{n}$	对于一个买方或一个卖方 Agent 来说，在当前给定匹配方案下，可从 MANTS 中找到的更佳配对的个数；
h	一轮 MANTS 中 Agent 的最大可能配对个数；
$\hbar$	一轮 MANTS 中的成功协商配对个数；
$SW_{\hbar}$	一轮 MANTS 中，从成功的配对中可获得的最终社会收益；
$\overline{SW}$	一轮 MANTS 中的相对平均社会收益。

协商开始前，所有 Agents 要把它们的报价（包括所有议题的协商范围和权重集合）发送给 CMA。在达到一轮协商开始条件后，CMA 会根据报价为他们产生匹配方案和相应的协商建议。假定 MANTS 中的 Agent 均具有充分的信息获取能力，可以通过平台中的信息查询获得二手车供需协商决策的相关信息，如平台中比当前给定配对更为理想且可行配对的个数以及可能获得的收益情况等，但无法得到其他 Agent 报价的具体情况。协商中的 Agent 在决策中都是以尽可能达到交易为目标，即当 MANTS 中没有更为理想且可行的匹配对象时，它会接受 CMA 给出的匹配方案和协商合作建议。如果在一个配对中的两个 Agent 都接受了 CMA 给出的匹配方案和协商合作建议，则这个配对的协商宣告成功，两个 Agent 也会退出 MANTS。如果某个 Agent 发现其配对是不稳定的，即在 MANTS 中找到至少一个更为理想且可行的配对对象，那么他会退出当前已匹配配对，并可以依据本方协商策略选择是否修改本方报价。假设不稳定配对中 Agent 在修改报价时，仅对每个议题的协商范围进行调整（即修改每个议题的期望值和底线值），而且所有在本轮没有获得匹配或因匹配不稳定而退出的 Agent 都会参加下一轮的协商，直到协商被 CMA 终止。

(2) 参数设定与数值仿真实验过程设计

① 参数设定。为了对现实中的实际交易场景加以反映，数值仿真实验中每轮 MANTS 都会有 5～10 个卖方 Agent 和 5～10 个买方 Agent 随机出现，并加入匹配当中，并设定多轮 MANTS 的最大轮次为 25 轮。随机产生卖方和买方 Agent 的数据模板如表 4-1 和表 4-2 所列[25]。

② 数值仿真实验过程设计。为了能够进一步验证 SMAN 在处理多对

多 MANTS 时的效果和效率，数值仿真实验中 SMAN 将与不考虑 Agent 匹配稳定性的 MPS 进行比较，且相关参数设定与 Park 和 Yang[25] 的研究相同。

假设 MPS 中的所有 Agent 均会接受 CMA 给定的匹配方案（尽管没考虑稳定性约束），具体协商协议如图 4-3(a)所示。然而，数字经济开放和自由的市场环境下，Agent 在确定 CMA 给定的匹配方案不稳定（即平台中存在更好且可行的匹配对象）时，会放弃 CMA 给定的匹配方案，为了反映这个特点，MPS 被改进为 FMPS(Filtering MPS)。在 FMPS 中，不稳定配对中的 Agent 会放弃给定匹配方案，而直接以初始信息进入下一轮 MANTS。同时，Agent 在退出当前给定匹配方案后，为了最大化本方收益，也有可能根据获得的平台信息，对自己的信息进行调整后参与协商匹配。为了反映这种情况，FMPS 被进一步改进为 AMPS(Adaptive MPS)，具体如图 4-3(b)所示。在 AMPS 中，不稳定配对中的 Agent 在退出当前轮次 MANTS 后，要根据市场信息自主修正本方信息，然后再加入新一轮的 MANTS，具体如图 4-3(c)所示。数值仿真实验中，SMAN 也将分别对 FMPS 和 AMPS 的完成效果进行分析。

在 AMPS 中，s_i（$\forall i=1,2,\cdots,m$）根据获得信息对第 q 个议题自适应调整如下：

如果议题取值对 s_i 的报价综合收益评价为负效应的，即取值越小越好，如二手车销售中的质保时长，则：

$$\overline{\overline{r}}_i^q=\overline{r}_i^q-\theta_i\cdot(|\overline{r}_i^q-\underline{r}_i^q|),\ \forall i=1,2,\cdots,m,\ \forall q=1,2,\cdots,Q \tag{4-18}$$

$$\underline{\underline{r}}_i^q=\underline{r}_i^q-\theta_i\cdot(|\overline{r}_i^q-\underline{r}_i^q|),\ \forall i=1,2,\cdots,m,\ \forall q=1,2,\cdots,Q \tag{4-19}$$

如果议题取值对 s_i 的报价综合收益评价为正效应的，即取值越大越好，如二手车销售中的销售价格，则：

$$\overline{\overline{r}}_i^q=\overline{r}_i^q+\theta_i\cdot(|\overline{r}_i^q-\underline{r}_i^q|),\ \forall i=1,2,\cdots,m,\ \forall q=1,2,\cdots,Q \tag{4-20}$$

$$\underline{\underline{r}}_i^q=\underline{r}_i^q+\theta_i\cdot(|\overline{r}_i^q-\underline{r}_i^q|),\ \forall i=1,2,\cdots,m,\ \forall q=1,2,\cdots,Q \tag{4-21}$$

其中，$\overline{\overline{r}}_i^q$ 和 $\underline{\underline{r}}_i^q$ 分别代表 s_i 对 $\overline{r}_i^q$ 和 $\underline{r}_i^q$ 进行修正后的值；θ_i 代表 s_i 对匹配给 b_j 的期望收益率（$\forall i=1,2,\cdots,m,\ \forall j=1,2,\cdots,n$），其具体计算方法如下：

$$\theta_i=\begin{cases}\dfrac{\dfrac{\hat{p}_{i,j}^i}{\hat{n}}-p_{i,j}^i}{p_{i,j}^i}, & \text{if } \dfrac{\hat{p}_{i,j}^i}{\hat{n}}-p_{i,j}^i>0,\ \forall j=1,2,\cdots,n\\ 0, & \text{否则}\end{cases} \tag{4-22}$$

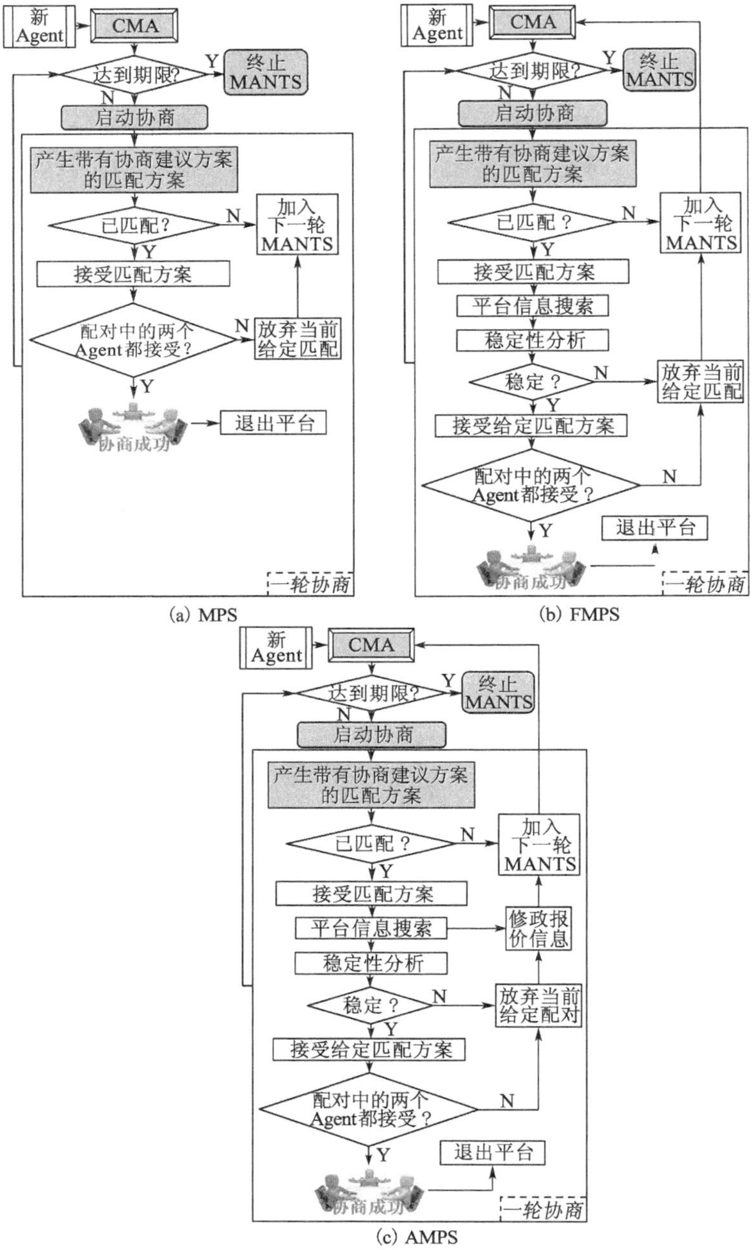

图 4-3　MPS、FMPS 和 AMPS 的协商协议

其中，$p^i_{i,j}$代表s_i从当前给定配对(s_i, b_j)获得的总收益；$\hat{p}^i_{i,j}$代表s_i从平台上更佳且可行的配对中获得的总收益；$\hat{n}$代表对于s_i来说更佳且可行配对的总数，$\hat{n}<n$。

数值仿真主要通过考虑两个因素来验证所提模型的有效性：$\hbar$和$\overline{SW}$。其中，$\hbar$代表成功协商对数；$\overline{SW}$代表相对平均社会收益值，具体表示为：

$$\overline{SW}=\frac{SW_\hbar}{h} \tag{4-23}$$

其中，$h=\min(m,n)$代表一轮 MANTS 中根据 Agent 个数确定的最大可能配对数；$SW_\hbar$为一轮协商中的最终SW(即从$\hbar$个稳定配对中获得的总SW值)。当所有配对都稳定，且以成功合作结束时，$SW_\hbar$将等于$\overline{SW}$。

(3) 数值仿真实验过程及结果分析

通过图 4-4 可以发现，MPS 的累计$\overline{SW}$高于 SMAN，累计$\hbar$值与

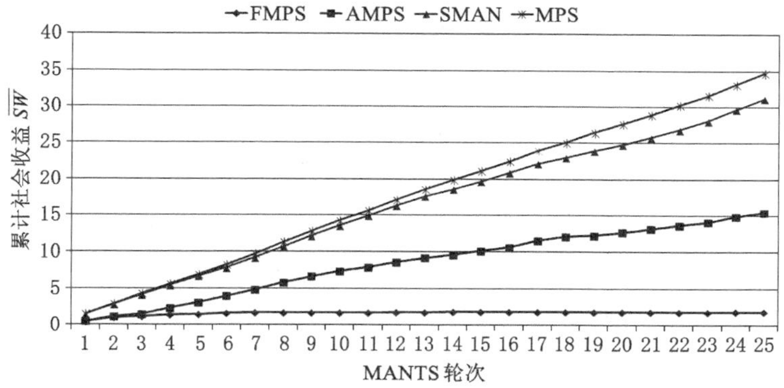

(a) 累计社会收益$\overline{SW}$的变化情况

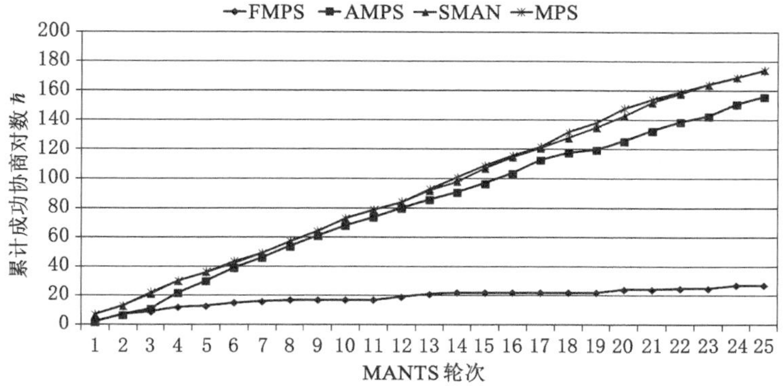

(b) 累计成功协商对数$\hbar$的变化情况

图 4-4　数字经济平台运作模式中的多轮 MANTS

SMAN 基本一致。然而,MPS 是建立在所有 Agent 都会接受 CMA 给定匹配方案和协商建议的基础上,不考虑配对稳定性。但由于平台中的每个 Agent 都有获取足够市场信息的能力,不稳定配对中的 Agent 都有可能根据获知的信息选择退出给定配对或修改自身报价,所以 MPS 的假设并不能符合数字经济下物流供应链供需协商情况,其产生累计$\overline{SW}$和 $\hbar$ 值也并不能代表其实际执行效果。

在 FMPS 中,不稳定配对中的 Agent 会放弃 CMA 给定的匹配方案,而以初始报价进入下一轮 MANTS,这将显著增加新一轮 MANTS 中待匹配 Agent 的个数。从图 4-4 可以看出,经过几轮 MANTS 后,FMPS 中的累计$\overline{SW}$和 $\hbar$ 值基本保持不变或增加非常缓慢。基于 FMPS 结构,同时考虑到平台或市场环境对 Agent 决策的影响,在 AMPS 中,不稳定配对中的 Agent 会在放弃不稳定匹配方案后,根据获得的平台或市场信息对自己报价信息进行自主修正,而后加入新一轮 MANTS 中。但从图 4-4 可以看出,在多轮 MANTS 中,AMPS 产生了比 FMPS 更高的累计$\overline{SW}$和 $\hbar$ 值。然而,SMAN 始终可以获得比 AMPS 和 FMPS 更高的累计$\overline{SW}$和 $\hbar$ 值,这进一步验证了在多轮供需 MANTS 的 Agent 匹配中考虑稳定性约束的重要性。

4.1.3.2 数值仿真实验 2:数字经济下物流供应链供需匹配与自动协商

为了保证本节所提模型在数字经济下物流供应链供需匹配与自动协商中的有效性,本节将在具体分析数字经济下物流供应链多供需匹配与协商特点的基础上,对数字经济下物流供应链中物流服务的多供需匹配与自动协商问题进行分析与刻画,并在参数设定后进行数值仿真。

(1) 数值仿真场景描述与符号定义

在数字经济下物流供应链的实际运作过程中,原料供应、产品制造和销售都离不开物流配送环节,而企业为了集中精力提升自身核心业务水平和提高物流运营效率与质量,往往会将原料和产品的运输与配送任务外包给物流服务提供企业[即物流供应链中有物流服务能力且存在闲置情况的企业或 3PL(第三方物流)企业]完成。由于数字经济下物流供应链中往往会存在多个物流服务提供企业(在运输能力与专长、企业信誉和服务可接受条款等方面会存在一定差异),物流服务需求企业对不同合作伙伴的偏好也会存在不同。而在数字经济自由开放环境下,物流供应链中供需各方均可获得充分的供需信息,为了实现本方利益最大化,供需各方均会尽力寻找最佳的合作伙伴,并在确定平台给定匹配方案不稳定时(即平台上找到了更理想且可行的合作伙伴),会选择放弃平台给定的匹配方案,进而影响数字经济下的资源协调与匹配的效率和质量。因此，在数字经济下物流供应链的物流服务多供需匹配与自动协商中，虽然基于数字经济平台运作视角的集中调度与匹配的确有利于物流供应链的整体协调与优化，但充分考虑资源协调与匹配方案的稳定性也是尤为关键的。基于此，本节首先对数字经济下物流供应链的物流服务多供需匹配与协商进行描述，而后对仿真中涉及的主要符号进行定义和描述。

① 数字经济下物流供应链物流服务多供需匹配与自动协商。在数字经济下物流供应链运作过程中，市场需求和企业发展或生产计划在不断变动，对物流服务的供需情况也是动态变化的。为了有利于与前面各节进行统一，在问题刻画和符号定义中会尽量采用已有符号表达形式，并结合数字经济下物流供应链中多供需匹配的具体问题给出相应的含义和内容描述。

数值仿真中，主要研究数字经济下物流供应链中物流服务多供需下的供需稳定匹配问题，且假设每个物流服务需求只能匹配一个物流服务提供企业，而每个物流服务提供企业的能力也只能提供给一个物流服务需求企业*。数字经济下物流供应链中的物流服务提供企业统一定义为物流服务的供(卖)方，而物流服务需求企业(含原料供应商、产品制造商和销售商等)，统一定义为物流服务的需(买)方。假设任意时刻平台上最多会存在 m 个物流服务的供(卖)方和 n 个物流服务的需(买)方，且为了达到在平台中进行供需匹配和自动协商的目的，每个供(卖)方和需(买)方都需要在平台中根据自身的供需信息对本方的 Agent 进行定义，这里分别利用 s_i 和 b_j 表示平台中的任意一个供(卖)方和需(买)方对应的 Agent($\forall i=1,2,\cdots,m$，$\forall j=1,2,\cdots,n$)，假设协商议题包括：物流任务数量(q)、完成时间(d)和单位物流价格(p)。研究中仍然引入可信中介 Agent CMA 的概念，主要负责数字经济下物流供应链中的物流服务多供需自动协商过程控制与匹配方案求解等。

② 自动协商过程描述与符号定义说明。数值仿真中，具体的自动协商过程可以概括为：物流供应链上企业进入平台后，首先需要对本方 Agent 进行初始化，即设定物流服务需求的具体要求(每个议题的协商范围)和效

* 如果物流供应链中存在一个物流服务需求企业有多个物流服务需求或一个需求不可能由一个物流服务提供企业独立完成，又或者一个物流服务提供企业的物流服务能力很大，在满足某一物流服务需求企业的需求后，仍然有足够的剩余，还可以满足平台中其他物流服务需求企业的需求等情况，则每个新的物流服务需求或服务能力可以通过初始化新的 Agent 的方式在数字经济平台运作环境中进行一对一匹配，直到全部需求得到满足或全部服务能力得到有效利用为止。

用评价中的议题权重等，而后作为报价信息发送给 CMA。在达到一轮协商开始条件(达到两轮协商与匹配间隔的时间阈值或达到平台匹配规模阈值)后，CMA 会根据平台上物流服务供需报价产生匹配方案和相应的协商建议，s_i 和 b_j 均具有充分的平台供需信息获取能力，可以感知到给定匹配方案的稳定性，并在配对不稳定时(即在平台中存在更佳的配对对象)退出给定配对。为了获得满意匹配，任一 Agent 均可依据平台信息和本方协商策略选择是否修改对协商议题的协商范围，并直接参加下一轮的自动协商，直到 CMA 终止全部协商为止。

由于在本节问题描述中，数字经济下物流供应链中的物流服务供需匹配与自动协商问题完全符合 MANTS 的特点，因此本节关于 SMAN 中关键符号定义均与与前面的 4.1.2.2 节相同，但在协商议题的含义和取值范围定义方面存在明显差异，更符合数字经济下物流供应链多供需匹配与协商的特点。

(2) 参数设定与实验过程设计

① 参数设定。假设数值仿真实验中每轮 MANTS 都会有 3～5 个 s_i 和 b_j 随机产生，多轮 MANTS 的最大轮次设定为 35 轮，s_i 和 b_j 数据模板分别如表 4-3 和表 4-4 所示。

表 4-3　产生 s_i 信息的数据模板

属性	期望值	底线值
物流任务数量(q)(单位：t)	$3\ 000 \leqslant \overline{q}_s \leqslant 3\ 500$	$[\overline{q}_s-1\ 500, \overline{q}_s-1\ 000]$
完成时间(d)(单位：d)	$20 \leqslant \overline{d}_s \leqslant 35$	$[\overline{d}_s-10, \overline{d}_s-5]$
单位物流价格(p)(单位：元/t)	$400 \leqslant \overline{p}_s \leqslant 550$	$[\overline{p}_s-200, \overline{p}_s-150]$

表 4-4　产生 b_j 信息的数据模板

属性	期望值	底线值
物流任务数量(q)(单位：t)	$[\underline{q}_b-1\ 500, \underline{q}_b-1\ 000]$	$3\ 000 \leqslant \underline{q}_b \leqslant 3\ 500$
完成时间(d)(单位：d)	$[\underline{d}_b-10, \underline{d}_b-5]$	$20 \leqslant \underline{d}_b \leqslant 35$
单位物流价格(p)(单位：元/t)	$[\underline{p}_b-200, \underline{p}_b-150]$	$400 \leqslant \underline{p}_b \leqslant 550$

表 4-3 中，$\overline{q}_s$、$\overline{d}_s$ 和 $\overline{p}_s$ 分别代表 s_i 在协商中对议题 q、d 和 p 的期望值；而表 4-4 中，$\underline{q}_b$、$\underline{d}_b$ 和 $\underline{p}_b$ 分别代表 b_j 在协商中对议题 q、d 和 p 的底线值。

② 数值仿真实验过程设计。本节的数值仿真实验过程设计与图 4-3

及其相应的解释相同，也将会对比不考虑匹配稳定性的不同匹配模式与SMAN的差异，进而论证SMAN在数字经济下物流供应链多供需物流服务匹配与自动协商中的有效性和优越性。

(3) 数值仿真实验过程及结果分析

在数值仿真实验过程中，基于表4-3和表4-4的数据模板为每轮自动协商随机产生了新的s_i和b_j，经过35轮的匹配与自动协商后得到如图4-5所示的实验结果。通过对比图4-4和图4-5可以发现，虽然参数明显不同，但两个数值仿真实验所得结果却十分相近。SMAN无论是在累计社会收益还是在累计成功协商对数方面都能获得与MPS十分接近的结果（而

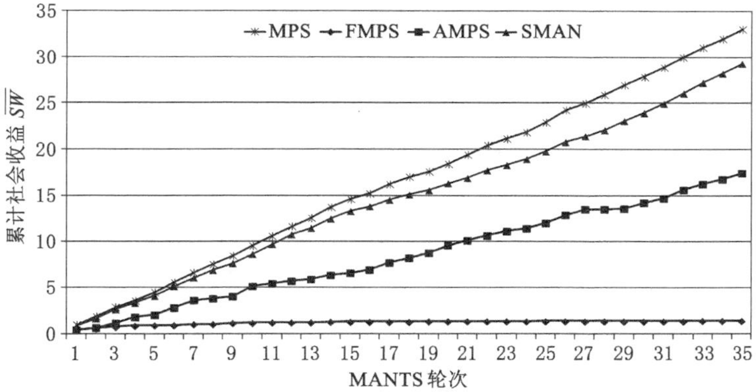

(a) 累计社会收益 $\overline{SW}$ 的变化情况

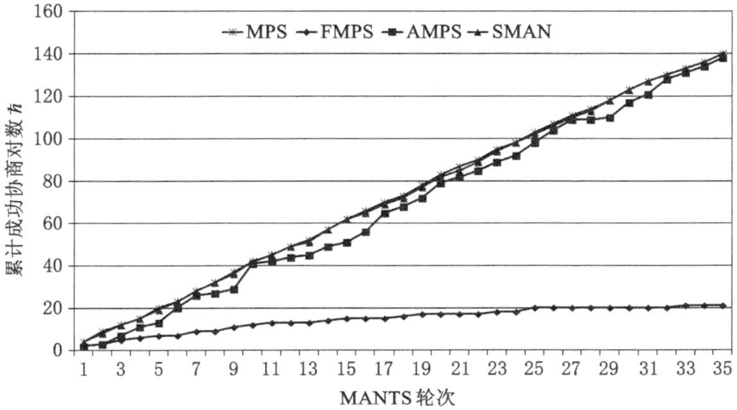

(b) 累计成功协商对数 h 的变化情况

图4-5　数字经济下平台运作环境中的多轮MANTS

MPS 不符合平台运作环境下的物流供应链多供需匹配的实际情况)，更进一步验证了 SMAN 在平台环境下处理 MANTS 的有效性。同时，SMAN 在累计社会收益和累计成功协商对数方面也明显优于 FMPS，虽然 AMPS 通过议题协商范围调整，在累计成功协商对数上得到了明显改善，并与 SMAN 很接近，但在累计社会收益方面同样明显差于 SMAN，进而验证了 SMAN 对数字经济下物流供应链多供需物流服务匹配与协商中的有效性和在匹配中考虑稳定性约束的必要性。

4.1.4 本节小结

本节根据数字经济下物流供应链中多供需匹配与协商的特点，在对多议题 MANTS 进行刻画的基础上，提出了一个基于稳定匹配的多边自动协商系统模型 SMAN，通过综合考虑公平性和稳定性约束，对物流供应链多供需匹配与协商机制和方法进行研究。在每轮 MANTS 中，SMAN 可以在保证 MANTS 社会收益最大化的同时，为其提供带有协商合作建议的稳定匹配方案。通过数学证明和两个数值仿真实验，所提模型的合理性和有效性得到了验证。下一步将针对数字经济下物流供应链多供需匹配与自动协商中 Agent 的策略性行为对匹配和协商效果的影响进行研究，这也是理论研究的另一个很有趣的挑战和突破，并具有较高的理论和现实应用研究的价值。

4.2 基于偏好引导机制的多供需稳定匹配系统模型构建

4.2.1 问题描述

通过上一节研究不难发现，在数字经济自由开放平台运作环境下，通过对双边市场中供需各方的有效匹配实现供需对接确实能够有效改进平台运作效率[2]。而相对于在匹配中忽视稳定性约束的理论和应用研究而言，平台供需匹配中考虑匹配稳定性最终能够带来更高的社会收益[159]。然而，已有研究中均假设参与匹配的各方是如实提供完全且准确的偏好信息的，而这并不符合现实市场场景中企业或个人的真实商业行为特征，因此在一定程度上限制了相关研究的理论和实践应用价值。在没有必要的市场机制引导或约束的情况下，市场交易主体通常会选择包括虚报偏好或定价的方式等策略性行为来争取获得更多收益，如交易中销售方往往不会在一开始就报出自己真实的期望交易价格，而是远高于这个价格[161]。在平台供需匹配中，并没有哪个稳定匹配机制能够完全保证如实提供偏好信息是每个Agent的占优策略，这里的占优策略是指所有其他可能策略中始终是最佳响应策略的那个策略，并且在存在多于一个稳定匹配方案且其他Agent都会如实报出自己偏好的情况下，至少有一个Agent会因为在匹配中谎报偏好信息而获益[159,161]。如果选用的稳定匹配机制在求解稳定匹配方案时是确保双边市场中某边市场最优的，那么对于该边市场中的各方而言，如实报出本方偏好即为其占优策略。与此同时，对方市场中至少存在一个交易方会始终谎报偏好信息，这种单边最优匹配虽能保证一边市场中各方如实报出偏好信息，但却因为忽视了匹配方案的公平性和平台总体社会福利等问题，不能满足数字经济自由开放市场环境的实际需要。因此，探寻能够有效引导或保证各方在平台供需匹配中如实提供偏好信息的有效机制或方法成为必须。

本节将基于上一节的研究内容，主要关注如何引导平台中供需各方如实向平台提供真实偏好信息，旨在使稳定匹配方案产生比传统方法更高的平台社会福利和个体满意度。本节首先根据数字经济自由开放平台环境下的供需匹配特点，设计了多Agent匹配平台（Multi-agent Matching Platform，MMP）框架，并为减少MMP中虚假偏好信息设计了一个能够引导待匹配各方如实上报真实偏好信息的次级竞价排序方法（Lower-Bid Ranking，LBR）。而后，为提升平台交易及运作管理效率，本节对基于次级竞价排序的稳定匹配系统模型（Lower-Bid Ranking based Stable Matching，SM-LBR）进行了构建，并借助数理推导方式对其有效性等相关定理进行了证明。最后，借助一系列数值仿真实验对所提次级竞价排序方法（LBR）在引导各方如实提供偏好信息和改进平台社会福利方面的有效性等进行了进一步验证。本节所研究内容的主要亮点和贡献点包括：

① 根据数字经济背景下双边市场平台供需交易匹配的特点，设计了多Agent供需匹配平台（MMP）框架。

② 为引导待匹配对象向平台如实提交偏好信息，借助平台提供的虚拟且有限的偏好表达资源（偏好币）形式，提出可以辅助偏好产生的次级竞价排序方法（LBR），同时对其有效性进行了相关证明。相对于已有供需匹配研究中均直接假设待匹配各方一定会提供真实、可靠的偏好信息而言，所提模型更加有利于解决因为太多虚假偏好导致平台供需匹配效果和效率低的

问题。

③ 基于数字经济平台运作环境，提出供需稳定匹配系统模型(SM-LBR)，该模型适合处理自由开放平台环境下的供需交易匹配问题。

④ 通过数值仿真实验，论证了所提平台社会福利最大化稳定匹配模型能够比其他匹配方法获得更高平台社会福利，且 LBR 在优化 MMP 社会福利中的有效性得到进一步验证。

4.2.2 基于真实偏好引导的多 Agent 匹配平台(MMP)框架设计

4.2.2.1 交易匹配场景

本节主要关注多对多双边市场环境下的平台一对一供需匹配问题，即卖方和买方市场中都会同时存在多个卖方和多个买方期望交易某类特定商品，而每个卖方仅出售一件自己手上的商品，同时每个买方也期望仅从某个卖方手中购买到一件该类商品，这种场景多见于人人网(http://www.renren.com)的二手车交易等[159]。而对于更为一般的情况，即一个卖家期望出售多个商品或一个买家期望购买多个不同品牌和质量的商品等情况，平台仅需将这些卖方 Agent 和买方 Agent 转化为多个对不同商品销售或购买的特定 Agent 即可，每个 Agent 拥有唯一的编号标识，即一个编号的 Agent 对应销售或购买某一品牌和质量的商品。与上节设定相同，本节所研究的双边市场供需稳定匹配问题，依然是包括两个不存在交叉的多 Agent 集合，即 m 个卖方 Agent 集合和 n 个买方 Agent 集合。其中，如果某些编号的卖方 Agent 或买方 Agent 是因为同时需要销售或购买多个商品而通过编号标识分解转化而来的，那么同一卖方或买方对应的不同 Agent 在进行不同商品交易决策时，这些决策是不相关的。

4.2.2.2 MMP 框架

本节所提多 Agent 匹配平台(MMP)框架分为三层，即注册层、偏好信息生成层和交易对匹配层。MMP 中各方 Agent 均具有敏锐的洞察力，并能通过信息检索等活动获得交易匹配和决策所需的相关信息。任意一个 Agent 在获知平台中存在至少一个比当前匹配对象更好且可行的潜在交易对象后，均会选择放弃平台给定的匹配对象。为了方便匹配中各方如实表达偏好信息，MMP 中给定一种用于偏好表达的虚拟资源(偏好币)，该偏好币的存在形式类似于赌场中所使用的筹码，数量有限并属于紧缺资源，待匹配的任意一个 Agent 都可以利用自己所持的偏好币表达对另一边市场中潜在交易匹配伙伴的青睐程度，进而为匹配方案求解提供支持[161]。为方便平台供需匹配，MMP 及其框架描述如图 4-6 所示。

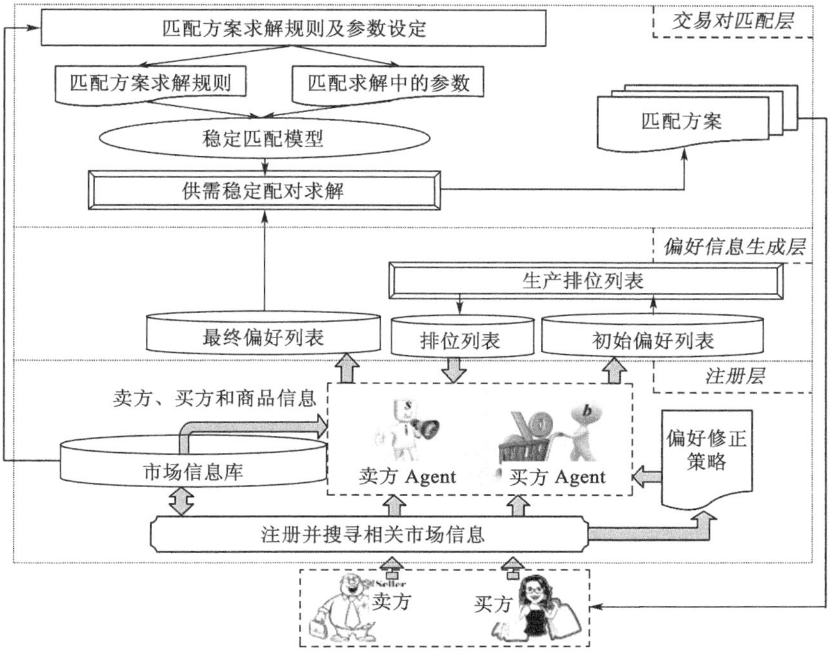

图 4-6　MMP 及其框架结构图

（1）注册层

如果某个卖方或买方有了新的商品交易需求或在上一轮匹配中其交易需求未被满足，则该卖方或买方就必须要为销售或购买某一品牌或质量商品注册唯一的编号。该卖方或买方在同意 MMP 商品交易协议和规则后，便可以对平台上的市场供需信息进行查询，并分别初始化本方 Agent 为 s 和 b，然后通过 Agent 在平台中发布产品销售或购买的供需信息。

（2）偏好信息生成层

在偏好信息生成层，每个 Agent 首先需要在 MMP 中提交其初始偏好信息列表，这里的初始偏好信息列表是指一个 Agent 利用偏好币表达的对全部潜在可匹配对象的偏好程度，偏好程度越高，设定的偏好币值越高。而后，MMP 根据所有 Agent 提交的初始偏好列表为每个 Agent 生成匹配排位列表，该列表主要反映每个 Agent 在对方市场中被偏好的排序情况。在排位列表中，对方市场 Agent 对本方市场中某个 Agent 的偏好程度越高，其对应的排序编号越小，该编号值能清晰反映出 Agent 在对方市场中被偏好的情况，有利于化解由于信息不对称而导致的在偏好设定中出现的“一厢情愿”问题（即某个 Agent 对潜在匹配对象的偏好程度只是单方面的，并未考虑到对方是否也同样偏好自己，或者对方是否认为自己是可交易的对象等）。但需要注意的是，考虑到商业机密和隐私问题，Agent 只能在排位表中看到自己在对方市场中各方偏好的排位情况，并不能看到对方市场中 Agent 具体使用了多少偏好币来表达偏好程度。平台上 Agent 在收到来自 MMP 的排位列表后，将根据该排位表和目前手上拥有的剩余偏好币数量，通过对初始偏好列表的修正产生自己最终偏好列表。最后，所有 Agent 将其最终偏好列表在 MMP 中提交，这将是 MMP 求解供需匹配方案的依据。

（3）交易对匹配层

基于所有 Agent 提交上来的最终偏好列表，MMP 通过相应的模型和算法完成对供需稳定匹配方案的求解，并将匹配结果分别发送给对应的 Agent。同时，在所有交易都进行了确认或没有 Agent 提出新的交易需求时，平台匹配工作宣告结束。

4.2.3 基于次级竞价排序方法 LBR 的最终偏好列表生成

获得匹配各方是否如实表达各自的偏好信息，直接关系到匹配方案求解的有效性、稳定性和各方对匹配方案的满意度等情况。Roth[128] 已经证明，不存在哪个稳定匹配方案能够保证如实表达真实偏好一定是待匹配 Agent 的占优策略。Roth[42] 证明了，当同时存在多于一个稳定匹配方案时，至少会有一个 Agent 从不如实表达偏好信息中获益。通过 Roth[128] 研究中的描述和证明得出，双边市场下利用 Gale-Shapley 算法对单边最优匹配方案求解时，如实表达偏好信息是匹配方案中最优一边各 Agent 的占优策略。然而这种单边最优的稳定匹配方案求解机制，由于仅考虑了双边市场中的某一方满意度或收益最大化问题，并不符合数字经济下自由开放市场环境的特征和需求，而且缺少对实现平台社会福利最大的有效引导[159,161]。为改善双边市场中任意一队潜在匹配对象间的相互了解程度，引导每个 Agent 如实表达并向平台提交真实偏好信息，根据各方偏好表达中的策略行为分析匹配机制或方法设计变得尤为关键。为了实现这个目标，本节基于 LBR 辅助各方产生最终偏好列表，其运作过程如图 4-7 所示。

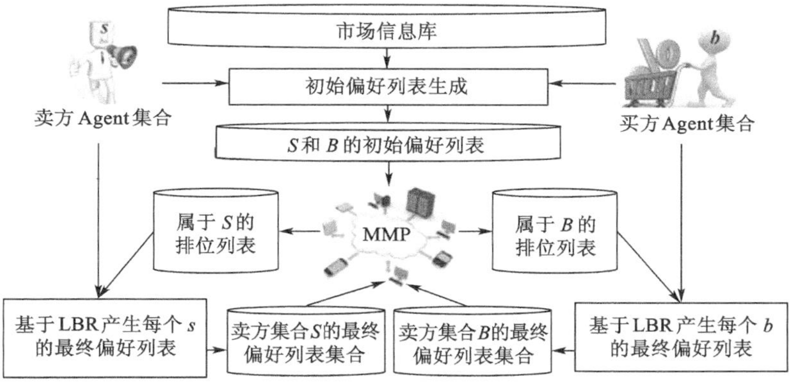

图 4-7 基于 LBR 的最终偏好列表产生流程

为不失研究一般性，并方便最终偏好列表生成，研究中设定各方在初始偏好列表中利用偏好币对偏好程度的表达均是以整数形式出现的。需要特别说明的是，研究中为了消除最终偏好列表中可能存在的多个并列偏好值(即 ties)的情况，将偏好程度微调成非整数也是允许的。在本研究的双边市场供需交易匹配中，全部 Agent 最终偏好列表集合是稳定匹配方案求解的基础，研究中对排位列表和最终偏好列表求解中涉及的主要符号及说明如下：

符号	说明
S,B	两个有限且不交叉的 Agent 集合，$S=\{s_i \mid i=1,\cdots,m\}$ 为 m 个卖方 Agent 集合，$B=\{b_j \mid j=1,\cdots,n\}$ 为 n 个买方 Agent 集合，其中 s_i 和 b_j 分别为第 i 卖方 Agent 和第 j 个买方 Agent；
C	每个 Agent 持有偏好币个数的集合，$C=\{c_i,c_j \mid i=1,\cdots,m;j=1,\cdots,n\}$；
c_i,c_j	s_i 和 b_j 持有的偏好币个数；
$\overline{P}$	S 和 B 的初始偏好列表集合，该集合中偏好列表分别由相应卖方和买方在初始化各自 Agent 中进行设定，$\overline{P}=\{\overline{P}_i,\overline{P}_j \mid i=1,\cdots,m;j=1,\cdots,n\}$；
$\overline{P}_i,\overline{P}_j$	s_i 和 b_j 的初始偏好列表，$\overline{P}_i=\{\overline{p}_i^h \mid h=1,\cdots,n\}$，$\overline{P}_j=\{\overline{p}_j^k \mid k=1,\cdots,m\}$；
$\overline{p}_i^h,\overline{p}_j^k$	$\overline{p}_i^h$ 为卖方 Agent s_i 对买方 Agent b_h 的偏好程度，而 $\overline{p}_j^k$ 为买

方 Agent b_j 对卖方 Agent s_k 的偏好程度，且 $\sum_{h=1}^{n}\overline{p}_i^h = c_i$，$\sum_{k=1}^{m}\overline{p}_j^k = c_j, s_i, s_k \in S, b_j, b_h \in B$；

P　　S 和 B 的最终偏好列表集合，该集合是通过对 $\overline{P}$ 的修正而产生的，是平台匹配方案求解的基础和依据，$P=\{P_i, P_j \mid i=1, \cdots, m; j=1, \cdots, n\}$，$P_i$ 和 P_j 的解释同 $\overline{P}_i$ 和 $\overline{P}_j$；

R　　S 和 B 排位列表集合，$R=\{R^i, R^j \mid i=1, \cdots, m; j=1, \cdots, n\}$；

R^i, R^j　　属于 s_i 和 b_j 的排位列表，$R^i=\{r_h^i \mid h=1, \cdots, n\}$，$R^j=\{r_k^j \mid k=1, \cdots, m\}$，且 $R^i \in R^S$，$R^j \in R^B$，R^S 和 R^B 分别是所有卖方和买方的排序列表集合；

r_h^i, r_k^j　　相对于 MMP 中其他 Agent 而言，$b_h \in B$ 对 s_i 的偏好排位和 $s_k \in S$ 对 b_j 的偏好排位；

Δc_i　　s_i 持有的可用于修正其初始偏好列表 $\overline{P}_i$ 的剩余偏好币数量，该值会随着其偏好的修正而持续减少；

δ_i^σ　　s_i 偏好对应 $\sigma \in \{1, \cdots, 5\}$ 的修正值，该值代表赋予不同偏好修正的优先级水平；

φ_i^σ　　对于 s_i 而言，具有相同 σ 值的买方 Agent 个数；

$\overline{\overline{P}}_i$　　s_i 的临时偏好列表；

T　　$\overline{\overline{P}}_i$ 中的相同偏好值数量；

$\overline{\overline{p}}_i^t$　　$\overline{\overline{P}}_i$ 中 s_i 对 $b_t \in B$，$\forall t \in \{1, \cdots, T\}$ 偏好值；

$\overline{r}_i^t$　　$\overline{p}_i^t$ 在 T 个相同偏好中的排位序号，偏好值越大，则 $\overline{r}_i^t$ 越小（即若 $\overline{p}_i^t > \overline{p}_i^{t'}$，则 $\overline{r}_i^t < \overline{r}_i^{t'}$，其中 $\overline{p}_i^t, \overline{p}_i^{t'} \in \overline{P}_i$，$\overline{p}_i^t \neq \overline{p}_i^{t'}$）；

Ψ　　对并列偏好修正的最大值。

4.2.3.1　基于 LBR 的排位列表生成

在完成对全部初始偏好列表的收集和分析后，MMP 需要为每个 Agent 生成一个专属的排位列表。为引导每个 Agent 都能如实表达偏好信息，本节提出了一个基于 Vickrey 拍卖机制的排位列表产生方法——LBR。在 LBR 中，每个 Agent 在完全不知道其他 Agent 偏好的情况下，将自己的初始偏好列表提交给 MMP，而后每个 Agent 可以得到 MMP 根据对方市场中每个潜在匹配伙伴 Agent 偏好列表信息而生成的排位列表。在排位列表中，排位编号及偏好币消耗采用第二高竞价原则，即排位第一的 Agent

实际上仅需消耗排位第二 Agent 的偏好币数量。例如，s 和 s' 在 $\overline{P}_s$ 和 $\overline{P}_{s'}$ 中分别用了 $\overline{p}_s^b$ 和 $\overline{p}_{s'}^b$ 个偏好币来表达他们对 b 的偏好程度，因此在发给 b 的排位列表 R^b 中，s 和 s' 的排位编号为 r_s^b 和 $r_{s'}^b$，且当 $\overline{p}_s^b > \overline{p}_{s'}^b$ 时 $r_{s'}^b = r_s^b + 1$。此时，s 仅需消费 $\overline{p}_{s'}^b$ 个偏好币。而对于 s 在 R^b 中的偏好币值排序已经是最后一位的特殊情况而言，s 就只能实际消耗掉 $\overline{p}_s^b$ 个偏好币了。通过以上的过程描述，s 在对 b 的偏好表达和基于 LBR 的排位列表生成中可获得 $\Delta c_s^b = \overline{p}_s^b - \overline{p}_{s'}^b$ 个闲置的偏好币，它们主要用于对自己偏好的修正，修正依据主要是从 MMP 获得的排位表和自己的偏好情况。该修正过程能够有效化解偏好表达一厢情愿带来的负面影响，还有利于提高获得一个满意匹配对象的可能性。最终，s 可获得总数为 $\Delta C_s = \sum_{b \in B} \Delta c_s^b$ 的闲置偏好币，用于对自己偏好列表的修正。很显然，ΔC_s 越大，s 在生成最终偏好列表中可用于优化偏好值设定的空间就越大，也更利于找到理想的匹配对象。

例 4-1 对于双边市场中存在 3 个卖方 Agent(s,s',s'')和 3 个买方 Agent (b,b',b'')的情况(如图 4-8 所示)，全部 Agent 的初始偏好列表集合表示为 $\overline{P}=\{\overline{P}_S,\overline{P}_B\}$，则可通过初始偏好列表得到卖方和买方 Agent 的排位列表集合 R^S 和 R^B。

$$\overline{P}_S=\begin{bmatrix}\overline{P}_s\\ \overline{P}_{s'}\\ \overline{P}_{s''}\end{bmatrix}=\begin{matrix} & b & b' & b'' \\ s & \overline{p}_s^b & \overline{p}_s^{b'} & \overline{p}_s^{b''} \\ s' & \overline{p}_{s'}^b & \overline{p}_{s'}^{b'} & \overline{p}_{s'}^{b''} \\ s'' & \overline{p}_{s''}^b & \overline{p}_{s''}^{b'} & \overline{p}_{s''}^{b''}\end{matrix}=\begin{matrix} & b & b' & b'' \\ s & 15 & 10 & 5 \\ s' & 5 & 10 & 15 \\ s'' & 10 & 5 & 15\end{matrix}$$

$$\overline{P}_B=\begin{bmatrix}\overline{P}_b\\ \overline{P}_{b'}\\ \overline{P}_{b''}\end{bmatrix}=\begin{matrix} & s & s' & s'' \\ b & \overline{p}_b^s & \overline{p}_b^{s'} & \overline{p}_b^{s''} \\ b' & \overline{p}_{b'}^s & \overline{p}_{b'}^{s'} & \overline{p}_{b'}^{s''} \\ b'' & \overline{p}_{b''}^s & \overline{p}_{b''}^{s'} & \overline{p}_{b''}^{s''}\end{matrix}=\begin{matrix} & s & s' & s'' \\ b & 5 & 15 & 10 \\ b' & 10 & 15 & 10 \\ b'' & 15 & 10 & 5\end{matrix}$$

$$R^S=\begin{bmatrix}R^s\\ R^{s'}\\ R^{s''}\end{bmatrix}=\begin{matrix} & b & b' & b'' \\ s & r_b^s & r_{b'}^s & r_{b''}^s \\ s' & r_b^{s'} & r_{b'}^{s'} & r_{b''}^{s'} \\ s'' & r_b^{s''} & r_{b'}^{s''} & r_{b''}^{s''}\end{matrix}=\begin{matrix} & b & b' & b'' \\ s & 3 & 2 & 1 \\ s' & 2 & 1 & 3 \\ s'' & 1 & 2 & 3\end{matrix}$$

$$R^B=\begin{bmatrix}R^b\\ R^{b'}\\ R^{b''}\end{bmatrix}=\begin{matrix} & s & s' & s'' \\ b & r_s^b & r_{s'}^b & r_{s''}^b \\ b' & r_s^{b'} & r_{s'}^{b'} & r_{s''}^{b'} \\ b'' & r_s^{b''} & r_{s'}^{b''} & r_{s''}^{b''}\end{matrix}=\begin{matrix} & s & s' & s'' \\ b & 1 & 3 & 2 \\ b' & 2 & 1 & 3 \\ b'' & 3 & 1 & 2\end{matrix}$$

图 4-8 3 个卖方 Agent 和 3 个买方 Agent 情况下的排位列表产生

图 4-8 中，MMP 为 3 个卖方 Agent 产生的排位列表集合 R^S，主要是基于 3 个买方 Agent 的初始偏好列表集合 $\overline{P}_B$。当排位列表中出现多个偏好币值相同的情况时，$\overline{P}_S$ 也需要被同时参考。例如，买方 Agent b、b' 和 b'' 对 s 的偏好币值分别设定为 5、10 和 15，那么给 s 的排位列表 R^s 为[3 2 1]。而 b、b' 和 b'' 对 s' 的偏好币值设定为 15、15 和 10，其中出现了两个相同偏好币值的情况，通过观察卖方 Agent s' 对买方 Agent 的偏好情况来看，相对于

b 而言，s' 更偏好 b'，即 $\overline{p}_{s'}^{b'}=10>\overline{p}_{s'}^{b}=5$，因此 s' 的排位列表 $R^{s'}$ 应为[2 1 3]。

MMP 基于各方初始偏好列表生成的排位列表，让每个 Agent 都更好地了解了自己在对方市场中被偏好的情况。而 LBR 方法的使用，又为 Agent 带来了进一步修正和完善偏好列表的机会，这有利于他们化解由于信息不对称而导致的一厢情愿偏好表达问题，有利于找到更为理想且可行的交易伙伴。通过使用 LBR 方法，如实表达并向 MMP 提交偏好信息的 Agent 能够获得更多的机会找到理想交易伙伴，并可以从最终匹配方案中获得更高的满意度。

定理 4-2 在 LBR 中，无论其他 Agent 如何决策，利用偏好币在初始偏好列表中如实表达自己的偏好信息是每个 Agent 的最优策略。换言之，说实话成为该匹配过程的战略策略均衡(也就是纳什均衡)。因此，拥有更多偏好币用于表达对某一匹配伙伴偏好程度的 Agent 将在该匹配伙伴排位列表中赢得更佳的排位序号。

证明：为确认定理中相关命题的正确性和合理性，下面将从卖方 Agent 视角对其进行理论推导(买方 Agent 视角的理论推导过程相近)。

首先，假定 s 对 $b(s\in S,b\in B)$ 的实际偏好为 v，s 在偏好列表中用 $v+\delta$ $(\delta>0)$ 个偏好币表示其对 b 的偏好程度(即比实际偏好多了 δ 个偏好币)。此时，如果 w 为在 b 的排位列表中仅次于 v 的偏好币值，即 $w<v$，则 s 在 b 的排位列表中赢得排位编号的同时，消耗掉 w 个偏好币；而如果 $w>v+\delta$，s 则会失去其在 b 的排位列表中的排位；如果 $v+\delta>w>v$，s 会因为多支出了 δ 个偏好币而在 b 的排位列表中赢得更高一级的排位编号，但同时 s 也需要相对于其真实偏好水平多支出 $w-v$ 个偏好币，这将对 s 产生一个负盈余。这些额外支出的偏好币将直接削减 s 在其他潜在匹配伙伴排位列表中的竞争力，尤其是当 s 在信息不对称情况下对 b 仅是一厢情愿的偏好设定时，s 在 b 身上过度消耗偏好币就显得没有价值了。因此，对于 s 而言，用超出自己实际偏好 v 的 $v+\delta$ 个偏好币表达其对 b 的偏好是有弊无利的，也是一个差的决策策略。

接下来，考虑 s 在偏好列表中用 $v-\delta(\delta>0)$ 个偏好币表示其对 b 的偏好程度(即比实际偏好少了 δ 个偏好币)。此时，如果 w 为在 b 的排位列表仅次于 $v-\delta$ 的偏好币值，即 $w<v-\delta$，则 s 在 b 的排位列表中赢得排位编号，并消耗掉 w 个偏好币；而如果 $w>v$，s 则会失去其在 b 的排位列表中的排位；如果 $v>w>v-\delta$，s 会因为少支出了 δ 个偏好币而失去在 b 的排位列表中应有的排位。而此时，s 如果在表达对 b 的偏好中如实使用了 v 个偏好币，则 s 会如期赢得其在 b 的排位列表中的排位，并且仅需消耗 w 个偏好币，这将实际产生 $v-w$ 个偏好币的净盈余，并可用于其在最终偏好列表中对偏好的修正。因此，s 用 $v-\delta$ 表达其对 b 的偏好是没有任何好处的。

推论 4-1 在利用 LBR 方法生成排位列表的过程中，可以为每个 Agent 产生盈余偏好币，并可根据实际情况修正自己的偏好，进而形成更为合理的最终偏好列表。这种最终偏好列表的产生过程，有利于化解平台匹配中因为信息不对称而导致的一厢情愿偏好表达问题。

推论 4-2 因为每个 Agent 在确保不影响其在可行匹配伙伴排位列表中排位的同时，可以获得更多可支配偏好币用于改进最终偏好列表，因此，MMP 中所有成员都会非常谨慎地使用所持偏好币生成自己的初始偏好列表。

4.2.3.2 最终偏好列表生成

每个 Agent 的最终偏好列表均需通过修正其初始偏好列表来产生，在此过程中需要综合考虑自己的实际偏好（即初始偏好列表）、排位表和可支配偏好币等情况。

（1）初始偏好列表的修正策略

本节中所有 Agent 均选用相同的偏好列表修正策略，具体策略内容如表 4-5 所示。

表 4-5 s_i 的偏好列表修正策略（与 b_j 表示方式相同）

r_i^h	$\overline{p}_i^h$	p_i^h
$[1,\lceil 0.2n \rceil)$	$[\lceil 0.4c_i \rceil, c_i)$	$\overline{p}_i^h+\delta_i^1, \Delta c_i>0$
	$[\lceil 0.2c_i \rceil, \lceil 0.4c_i \rceil)$	$\overline{p}_i^h+\delta_i^2, \Delta c_i>0, \delta_i^1=0$
	$(0, \lceil 0.2c_i \rceil)$	$\overline{p}_i^h+\delta_i^5, \Delta c_i>0, \delta_i^1, \delta_i^2, \delta_i^3, \delta_i^4=0$
$[\lceil 0.2n \rceil, \lceil 0.4n \rceil)$	$[\lceil 0.4c_i \rceil, c_i)$	$\overline{p}_i^h+\delta_i^3, \Delta c_i>0, \delta_i^1, \delta_i^2=0$
	$[\lceil 0.2c_i \rceil, \lceil 0.4c_i \rceil)$	$\overline{p}_i^h+\delta_i^4, \Delta c_i>0, \delta_i^1, \delta_i^2, \delta_i^3=0$
	$(0, \lceil 0.2c_i \rceil)$	$\overline{p}_i^h$
$[\lceil 0.4n \rceil, n]$	$(0, c_i)$	$\overline{p}_i^h$

在匹配过程中，当 $\Delta c_i=0$ 时，Agent 对 $\overline{P}_i$ 的修正活动终止。为简化偏好修正过程，Δc_i 对相同 σ 值所分配的偏好币值相同，且每个分配要求为整数值。根据 $\overline{P}_i$，当 s_i 对某一买方 Agent 在 σ 水平下的偏好币值设定在 φ_i^σ

个买方 Agent 中排位第一时，如果 $\varphi_i^\sigma>0$ 且 $\varphi_i^\sigma>\Delta c_i>0$，则 $\delta_i^\sigma=1$，否则 $\delta_i^\sigma=0$；如果 $\Delta c_i\geqslant\varphi_i^\sigma>0$ 且 Δc_i 是 φ_i^σ 的整数倍，则 $\delta_i^\sigma=\dfrac{\Delta c_i}{\varphi_i^\sigma}$；如果 $\Delta c_i>\varphi_i^\sigma>0$ 且 Δc_i 不是 φ_i^σ 的整数倍，则 $\delta_i^\sigma=\left|\dfrac{\Delta c_i}{\varphi_i^\sigma}\right|+\bar{\delta}_i^\sigma$。根据 $\overline{P}_i$，当 s_i 对某一买方 Agent 在 σ 水平下的偏好币值对偏好 $\left(\Delta c_i-\left|\dfrac{\Delta c_i}{\varphi_i^\sigma}\right|\right)$ 在 φ_i^σ 个买方中位居首位时，$\bar{\delta}_i^\sigma=1$，否则 $\bar{\delta}_i^\sigma=0$。对 $\overline{P}_i$ 的修正也是在 $\Delta c_i=0$ 时终止，此时如果修正后偏好列表不存在并列的情况，该偏好列表即为最终偏好列表；而如果修正后的偏好列表存在多个偏好并列的情况，需要借助临时偏好列表 $\overline{\overline{P}}_i$ 进行进一步处理，旨在消除偏好列表中偏好并列的情况。

(2) 对 $\overline{\overline{P}}_i$ 中并列偏好的消除

为消除偏好列表中存在并列偏好的情况，基于临时偏好列表 $\overline{\overline{P}}_i$ 对最终偏好列表 P_i 中的 p_i^t 进行处理，具体计算公式如下：

$$p_i^t=\overline{\overline{p}}_i^t+\frac{\Psi}{1-T}(2\bar{r}_i^t-T-1),\ \overline{\overline{p}}_i^t\in\overline{\overline{P}}_i,\ \forall\, t\in\{1,\cdots,T\},\ \forall\, i\in\{1,\cdots,m\} \tag{4-24}$$

为确保在消除偏好列表中并列偏好时不改变其他非并列偏好在排位表中的排位，设定对并列偏好修正的最大值为 $\Psi\in(0,1)$。对 $\overline{\overline{p}}_i^t$ 进行修正的具体取值如图 4-9 所示。

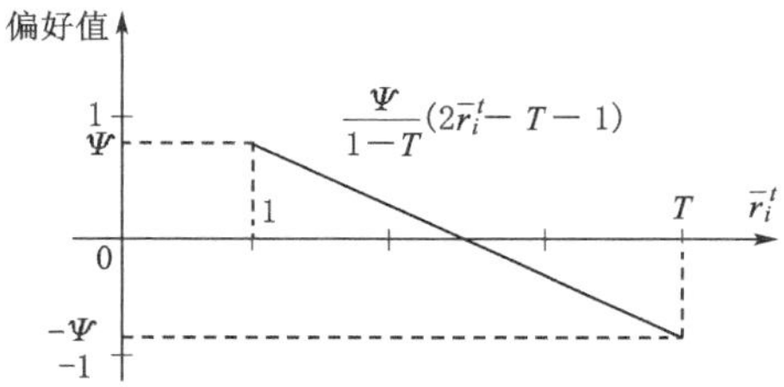

图 4-9　对偏好列表中并列偏好修正值的计算

最后，在计算匹配方案之前，需要对 P_i 中所有偏好进行标准化，目的在于统一每个 Agent 的偏好币总数。通过最终偏好列表的产生过程不难发现，由 MMP 提供的偏好币是一种虚拟且紧缺的资源，也是每个 Agent 能否真实表达偏好信息和最终是否能够获得一个理想交易伙伴的关键因素，因此，各方使用均会非常谨慎，进而可得到定理 4-3。

定理 4-3 通过对更多匹配环境信息，以及所有可能成为匹配伙伴的平台成员偏好信息的综合考虑，所提最终偏好列表产生方法将引导每个成员向平台提供一个更为合理和可行的偏好列表，而这个偏好列表将更有利于提升最终稳定匹配方案的满意度水平。

证明：需要特别说明的是，匹配方案的稳定性与其满意度并没有直接关系，即匹配方案的稳定性不等于该匹配方案的满意度[42]。对于匹配方案稳定性而言，是要确保被匹配的成员在平台中找不到比给定匹配伙伴更好且可行的其他匹配伙伴[159,161]，而满意度水平则涉及被匹配成员对给定匹配方案的满意程度。也就是说，虽然稳定匹配方案让各方找不到其他理想且可行的匹配伙伴，但这并不意味着每个成员一定都会对给定匹配伙伴满意。在传统方法中，对稳定匹配方案的求解基于每个成员均会如实提供偏好信息的假设，市场供需信息也是静止不变且可掌握的甚少，每个待匹配成员也并不知道其所偏好的匹配伙伴对自己的偏好程度。因此，各方在表达偏好时经常会出现一厢情愿的情况。而与此同时，那些被该成员所偏好的潜在匹配伙伴，虽然很有可能与之匹配成一个交易对，但也经常会因为该成员在偏好列表中没有给予足够多的偏好币设定，而丧失匹配在一起的机会。

另外，由于缺少对匹配环境的了解，尤其是缺少对那些潜在可匹配伙伴的了解，一个获得匹配对象的平台成员也往往会对平台给定匹配伙伴不够满意，尽管该给定匹配伙伴可能是所有潜在可行匹配伙伴中最佳的一个[42]。本节所提最终偏好列表产生方法，让每个成员综合考虑排位列表和自身的初始偏好列表，完成对最终偏好列表的生成，有利于引导每个平台成员如实地给出一个更为合理且可行的偏好列表。这也有利于缓解由于信息不对称导致的一厢情愿偏好设定带来的负面影响，进而提升各成员对匹配方案的满意度。

4.2.4 基于 LBR 的稳定匹配系统模型(SM-LBR)构建

本节中，首先基于前文对 LBR 的表述对稳定匹配系统模型(SM-LBR)进行定义，而后分别设计两个稳定匹配求解模型，将用于 MMP 对稳定匹配方案的求解。

4.2.4.1 SM-LBR 定义

为找到一个理想的交易伙伴，所有 Agent 应在查阅市场资料后，根据自己的具体策略和偏好，通过适当修改后生成其各自初始偏好列表。在平台匹配之前，所有 Agent 根据自己的初始偏好列表，将其偏好币分配给对边市场上每个可能的交易伙伴，偏好列表中偏好越高，分配的偏好币就越多。用于描述和处理偏好列表的关键符号及说明如下：

符号　说明

D　　S 和 B 的偏好修正策略集合，$D=\{D_i, D_j \mid i=1,\cdots,m; j=1,\cdots,n\}$，其中 D_i 和 D_j 分别表示 s_i 和 b_j 的偏好修正策略，即根据 R 和其他市场信息进行偏好修正的决策规则；

Z　　包括用于计算稳定匹配方案的方法或数学模型在内的交易匹配模型；

M　　交易匹配方案集合，其中用 μ 表示某一匹配方案。

为引导所有成员均能如实提供偏好信息给 MMP 平台，并提高 MMP 的社会福利，本节所提稳定匹配系统模型 SM-LBR 的具体结构如下：

$$\text{SM-LBR}=(S,B,C,\overline{P},R,P,D,Z,M) \tag{4-25}$$

其中，对 S、B、C、$\overline{P}$、R 和 P 的定义及描述同 4.2.3 节。需要强调的是，为简化计算和研究过程，这里设定 $c_i=10n$ 和 $c_j=10m$ 为 s_i 和 b_j 初始偏好币数量。

4.2.4.2　稳定匹配模型设计

在本节中，采用了一个常见的市场场景，所有被交易的商品都是不可分割的，虽然可能同时存在多个卖方和买方，但每个卖方或买方只能销售或购买单一的商品（如二手汽车交易市场）。每个成员要为所有可达成交易的潜在合作伙伴提供一个初始偏好列表，并在交易中特别重视商品价格和合作伙伴声誉。这里将设计两个不同的稳定匹配方案求解模型，即单边最优稳定匹配模型（Z_{oso}）和社会福利最大化稳定匹配模型（Z_{sm}）。在 Z_{oso} 中，匹配方案的产生需要依靠 Agent 根据其各自偏好情况进行逐个尝试来形成具体的匹配方案；而在 Z_{sm} 中，匹配方案是 MMP 基于双边市场中全部 Agent 偏好的完全信息集中计算获得的。

（1）单边最优稳定匹配模型（Z_{oso}）

单边最优稳定匹配模型 Z_{oso} 是基于 Gale-Shapley 设计而来的，在包括卖方和买方的双边市场下，所得稳定匹配方案要么是卖方最优，要么是买方最优，且 Z_{oso} 主要适合以下两种市场情况：

第一种情况，卖方最优模型适合于处理买方市场条件下的供需匹配问题。在买方市场中，由于想卖商品的人比想买的人多，买方的选择余地大，可以尽量压低价格等，进而导致市场竞争激烈。为争取尽可能多的交易机会，卖方通常会主动寻求机会将商品卖给不同的买家，而买家则只是根据自己的喜好选择购买或拒绝。这种买方市场的运作场景恰好与卖方最优下的 Z_{oso} 求解过程相一致，这也使得向 MMP 如实提交对不同买家的偏好信息成为每个卖家的占优策略[128]。因此，在买方市场的情况下，卖方的初始偏好列表可能被视为他们的最终偏好列表，但为了减少买方的不真实偏好，应该由 LBR 方法生成买方的最终偏好列表，因为任何一个买方都有为获得更大收益而歪曲自己偏好的动机。

第二种情况，买方最优模型适合于处理卖方市场条件下的供需匹配问题。在卖方市场中，想买商品的人比想卖的人多(即这些商品供不应求)，买方必须主动联系卖方，争取购买这些商品的机会。在卖方市场中，所有的卖方只需要根据买方的资质、支付能力、与之长期合作的意向等来决定是否将商品出售给买方。这种卖方市场的运作场景恰好与买方最优下的 Z_{oso} 求解过程相一致，这也使得向 MMP 如实提交对不同卖家的偏好信息成为每个买家的占优策略[128]。

由于两种市场场景下寻找最优稳定匹配方案的计算没有本质区别，下面只对买方市场下卖方最优匹配方案求解过程进行描述，且稳定匹配方案需要在 MMP 上计算。

① 利用 Z_{oso} 的稳定匹配方案求解。在匹配开始时，根据从 MMP 获得的市场信息，每个卖方 Agent 将其交易请求(包括与商品相关的信息)发送给其偏好列表中最偏好的买方 Agent。然后，所有买方 Agent 进行合作伙伴选择决策，他们可以拒绝所有不理想的卖方 Agent，或者在收到多个交易请求时只接受最偏好的一个卖方 Agent，然后与被接受的 Agent 就购买意向达成协议。而如果卖方 Agent 交易请求没有被拒绝，就可以被认为其与某个买方 Agent 达成了预售协议。

在任何步骤中，只要偏好列表中还存在发送过交易请求的买方 Agent，每个在上一步中被拒绝的卖方 Agent 都可以将其交易请求发送给下一个备选的买方 Agent。需要注意的是，在任何步骤中，卖方 Agent 已经将其交易请求发送给所有可接受的买方 Agent，并且已经被他们拒绝，那么该卖方 Agent 就不能再将其交易请求发送给任何买方 Agent 了，即该 Agent 无法找到一个交易合作伙伴。同时，每个买方 Agent 都会查看所有来自卖方 Agent 的交易请求，并会临时性接受最好的那个(即比之前临时接受的交易请求更好)。同时，那些在前几个步骤中被判定为不可接受的或比前几个步骤中临时接受的交易请求更差的交易请求，或者之前临时接受但已不再是最好的交易请求，都会被该买方 Agent 拒绝。当然，买方 Agent 可以直接接受来自其偏好列表中最偏好卖方 Agent(在其偏好列表中排名最高)的交易请求,并直接与之签订交易或购买协议。

当没有任何交易请求可以被买方 Agent 所拒绝,即没有卖方 Agent 再向任何买方 Agent 发送交易请求时,匹配过程终止。在这种情况下,卖方 Agent 要么(最终)通过一项特定交易方案与一个中意且可达成交易的买方 Agent 达成交易协议,要么被所有的买方 Agent 拒绝。也就是说,直到最后所有交易请求都被拒绝,且没有新的交易请求出现。没有收到任何可接受交易请求的买方 Agent 和被所有买方 Agent 拒绝的卖方 Agent 将继续保持未能如期实现交易的状态。

② Z_{oso}求解规则和步骤。最终匹配方案求解需要三个步骤来完成,每个步骤又包含两个阶段,即卖方 Agent 决策和买方 Agent 决策。下面以卖方最优匹配方案求解为例来说明 Z_{oso}算法规则和步骤。

步骤 1:交易请求发送。每个卖方 Agent 在第一阶段首先要决策向哪个买方 Agent 发送交易请求,然后买方 Agent 会根据其偏好列表形成拒绝或接受收到的交易请求的决策。在决策过程中,每个卖方 Agent 或买方 Agent 无法获知其他 Agent 的决策内容。每个卖方 Agent 只有在发送完交易请求后才能获知该交易请求是被接受还是被拒绝。每个买方 Agent 可以收到不同卖方 Agent 的交易请求,并知道哪个或哪些卖方 Agent 向自己发送了交易请求。需要注意的是,在任何步骤中,买方 Agent 均可以选择拒绝或临时接受来自任何卖方 Agent 的请求,而当出现更理想交易请求时,买方 Agent 也可以拒绝任何卖方 Agent 的交易请求,即使在上一步已经临时接受其交易请求或已达成交易协议。

步骤 2:将交易请求发送给偏好列表中另一个相对更好且可获得的潜在交易伙伴 Agent。如果一个卖方 Agent 在向某个买方 Agent 发送交易请求后被拒绝,它会将该买方 Agent 从其偏好列表中删除,即该买方 Agent 是不可获得的。如果没有获得合作伙伴的卖方 Agent 的偏好列表中还存在至少一个买方 Agent,则其可以将自己的交易请求继续发送给其偏好列表中排名最高的其他买方 Agent。需要注意的是,在每一步中,卖方 Agent 至多只能将其交易请求发送给一个买方 Agent。在计算卖方最优稳定匹配方案时,只有卖方 Agent 有权向不同买方 Agent 发送交易请求来争取交易和合作机会,而买方 Agent 只能被动收到不同卖方 Agent 的交易请求,并选择接受或拒绝这些交易请求,而不能主动向任何卖方 Agent 申请或要求商品。

步骤3：匹配过程终止，即没有卖方Agent再向任何买方Agent发送交易请求。每个获得匹配的Agent都可以获得一个交易合作伙伴，并与之达成最终的交易协议。而那些没有被匹配的Agent(即卖方或买方Agent未能获得交易伙伴)可以选择离开MMP或申请下一轮匹配。

(2) 社会福利最大化稳定匹配模型(Z_{sm})

需要强调的是，匹配方案的稳定性并不等于MMP的社会福利，与MMP的社会福利也没有直接关系。当存在多个稳定匹配方案时，每个稳定匹配方案给MMP带来的社会福利可能都不同。上述Z_{oso}在现实中可以很快地为MMP找出一个稳定的匹配方案，但却只实现了双边市场中某一边市场的优化需求(即卖方或买方)，且无法保证MMP的社会福利最大化，限制了MMP优势的充分发挥。

① Z_{sm}定义。为了给存在m个卖方Agent和n个买方Agent的MMP求解出最佳的一对一稳定匹配方案，Z_{sm}将以MMP社会福利最大化为目标，以一对一稳定匹配为约束：

$$\max SW = \sum_{i=1}^{m}\sum_{j=1}^{n}(p_{i,j} + p_{j,i}) \cdot x_{i,j} \tag{4-26}$$

$$\text{s.t.} \sum_{i=1}^{m} x_{i,j} \leqslant 1, \quad \forall j = 1,2,\cdots,n \tag{4-27}$$

$$\sum_{j=1}^{n} x_{i,j} \leqslant 1, \quad \forall i = 1,2,\cdots,m \tag{4-28}$$

$$x_{i,j} + \sum_{k:p_{i,k}^{s} <_i p_{i,j}^{s}} x_{i,k} + \sum_{k:p_{k,j}^{b} <_j p_{i,j}^{b}} x_{k,j} \leqslant 1, \quad \forall i = 1,2,\cdots,m;\ \forall j = 1,2,\cdots,n \tag{4-29}$$

$$x_{i,j} \in \{0,1\}, \forall i=1,2,\cdots,m,\ \forall j=1,2,\cdots,n \tag{4-30}$$

其中，SW为m个卖方Agent和n个买方Agent的一对一稳定匹配方案的社会福利值。匹配方案中的具体匹配情况通过0-1变量$x_{i,j}$表达，如果s_i和b_j被匹配为一个交易对，则$x_{i,j}=1$，否则$x_{i,j}=0$。目标函数(4-26)将s_i和b_j匹配收益之和($p_{i,j}+p_{j,i}$)作为匹配决策变量$x_{i,j}$的系数，并以求解社会福利最大化为目标[25]；约束(4-27)和(4-28)保证每个Agent在匹配方案中最多只被匹配一次；约束(4-29)是基于买卖双方最终偏好列表而确定的稳定匹配约束[77-79]；约束(4-30)是对决策变量$x_{i,j}$的取值约束。

② Z_{sm}求解的规则与步骤。基于Z_{sm}的供需匹配方案求解包括以下三个步骤：

步骤 1：匹配求解准备，即对 MMP 匹配环境的初始化。在开始计算匹配方案之前，MMP 需要设置匹配参数，包括 Agent 数量、匹配方案计算时间间隔、每一轮匹配的开始条件（如时间间隔和最大 Agent 数量等）、Agent 对匹配方案的响应时间、匹配终止条件（如匹配最后期限等）。平台参数设定完成后，每个 Agent 需将自己的偏好列表提交给 MMP。

步骤 2：匹配方案求解。MMP 在收到所有偏好列表后，即可以开始基于 Z_{sm} 为所有 Agent 计算出稳定匹配方案。在这个过程中，任何 Agent 都不参与匹配方案的决策。

步骤 3：匹配方案确认。每个 Agent（获得匹配或未获得匹配的）需要对 MMP 给出的匹配方案进行确认，并做出相应决策，如接受匹配方案、未获得匹配选择加入下一轮匹配或退出 MMP。

4.2.5 数值仿真及分析

为进一步验证所提模型 SM-LBR 的有效性，本节对模型的处理过程设计、参数设定以及数值仿真实验结果分析等进行了具体阐释。在数值仿真中，模型 Z_{oso} 和 Z_{sm} 在求解匹配方案时将基于相同的数据。在此期间，通过比较分析二者匹配结果上的差异，所提 LBR 方法的有效性也得到进一步验证。根据平台运营环境下商业交易的特点，MMP 中所有的卖方或买方 Agent 都是有足够洞察力的，可通过信息检索等手段获得足够的决策所需信息，其中包括 MMP 中可实现交易的合作伙伴数量，以及销售或购买商品所需的基本信息等。每一个被匹配的 Agent 可以选择接受或放弃给定匹配方案，当给定匹配方案产生的利润低于其最小期望，或者在 MMP 中至少可以找到一个更好的且可行的交易伙伴时，Agent 会选择放弃给定匹配方案。

4.2.5.1 数值仿真场景描述

在数值仿真实验中，所有参与者都打算交易一辆性能和价格不同的二手车，每个卖家只有一辆特定的二手车要出售，而每个买家也只希望购买一辆自己喜欢的二手车[25,159]。另外，为了从平台视角对一个匹配方案的效果进行评估，对其社会福利的计算可以被定义为 $x_{i,j}$ 与 s_i 和 b_j 满意度之和的线性组合，具体形式如下：

$$SW = \sum_{i=1}^{m}\sum_{j=1}^{n}(p_{i,j} + p_{j,i}) \cdot x_{i,j} \tag{4-31}$$

其中，SW 的含义同式（4-26）；$x_{i,j}$ 为匹配方案中配对（s_i，b_j）的匹配结果

$(s_i \in S, b_j \in B)$，如果 s_i 和 b_j 被匹配为一个交易对，则 $x_{i,j}=1$，否则 $x_{i,j}=0$；$p_{i,j}$ 和 $p_{j,i}$ 分别代表匹配方案 s_i 和 b_j 带来的满意度或收益。

4.2.5.2 稳定匹配方案计算

（1）初始偏好列表设定

假设 MMP 上由 8 个卖方 Agent 和 8 个买方 Agent 分别组成 Agent 集合 S 和 B，且每个 Agent 都期望在平台上完成对一辆二手车的交易。每个 Agent 有 80 个偏好币（该值是市场另一边 Agent 数量的 10 倍），用于在其偏好列表中表示偏好程度。实践中，很多二手商品卖家往往出于情感原因，不想把自己喜欢的旧商品卖给信誉或品行差的买家。假设 S 和 B 中 Agent 的初始偏好列表集合如下：

$$
\overline{P}_S = \begin{array}{c} \\ s_1 \\ s_2 \\ s_3 \\ s_4 \\ s_5 \\ s_6 \\ s_7 \\ s_8 \end{array}
\begin{array}{c}
\begin{array}{cccccccc} b_1 & b_2 & b_3 & b_4 & b_5 & b_6 & b_7 & b_8 \end{array} \\
\begin{bmatrix}
15 & 7 & 17 & 9 & 13 & 3 & 11 & 5 \\
15 & 3 & 13 & 11 & 5 & 17 & 7 & 9 \\
7 & 5 & 13 & 15 & 9 & 11 & 17 & 3 \\
7 & 11 & 15 & 5 & 17 & 9 & 3 & 13 \\
15 & 13 & 7 & 17 & 3 & 5 & 9 & 11 \\
3 & 15 & 5 & 7 & 13 & 17 & 11 & 9 \\
13 & 9 & 7 & 5 & 3 & 11 & 17 & 15 \\
11 & 17 & 7 & 5 & 3 & 15 & 13 & 9
\end{bmatrix}
\end{array}
$$

$$
\overline{P}_B = \begin{array}{c} \\ b_1 \\ b_2 \\ b_3 \\ b_4 \\ b_5 \\ b_6 \\ b_7 \\ b_8 \end{array}
\begin{array}{c}
\begin{array}{cccccccc} s_1 & s_2 & s_3 & s_4 & s_5 & s_6 & s_7 & s_8 \end{array} \\
\begin{bmatrix}
11 & 9 & 15 & 17 & 7 & 3 & 5 & 13 \\
5 & 3 & 17 & 7 & 13 & 9 & 15 & 11 \\
5 & 7 & 11 & 3 & 15 & 9 & 17 & 13 \\
7 & 13 & 9 & 15 & 5 & 17 & 11 & 3 \\
13 & 3 & 5 & 7 & 11 & 9 & 15 & 17 \\
3 & 9 & 5 & 15 & 17 & 11 & 13 & 7 \\
17 & 9 & 5 & 15 & 13 & 11 & 3 & 7 \\
5 & 17 & 11 & 13 & 15 & 3 & 9 & 7
\end{bmatrix}
\end{array}
$$

其中，$\overline{P}_S$ 和 $\overline{P}_B$ 分别代表 S 和 B 中 Agent 的初始偏好列表集合。

（2）基于初始偏好列表 $\overline{P}_S$ 和 $\overline{P}_B$ 的稳定匹配方案计算

分别运用 Z_{oso} 和 Z_{sm} 对稳定匹配方案加以计算，具体过程如下。

① 利用 Z_{oso} 求解稳定匹配方案。

$$
\mu'_{S\text{-opt}}=\begin{array}{c}
 \\ s_1\\ s_2\\ s_3\\ s_4\\ s_5\\ s_6\\ s_7\\ s_8
\end{array}
\begin{array}{c}
\begin{array}{cccccccc} b_1 & b_2 & b_3 & b_4 & b_5 & b_6 & b_7 & b_8 \end{array}\\
\begin{bmatrix}
0 & 0 & 1 & 0 & 0 & 0 & 0 & 0\\
1 & 0 & 0 & 0 & 0 & 0 & 0 & 0\\
0 & 0 & 0 & 0 & 0 & 0 & 1 & 0\\
0 & 0 & 0 & 0 & 1 & 0 & 0 & 0\\
0 & 0 & 0 & 1 & 0 & 0 & 0 & 0\\
0 & 0 & 0 & 0 & 0 & 1 & 0 & 0\\
0 & 0 & 0 & 0 & 0 & 0 & 0 & 1\\
0 & 2 & 0 & 0 & 0 & 0 & 0 & 0
\end{bmatrix}
\end{array}
$$

$$
\mu'_{B\text{-opt}}=\begin{array}{c}
 \\ s_1\\ s_2\\ s_3\\ s_4\\ s_5\\ s_6\\ s_7\\ s_8
\end{array}
\begin{array}{c}
\begin{array}{cccccccc} b_1 & b_2 & b_3 & b_4 & b_5 & b_6 & b_7 & b_8 \end{array}\\
\begin{bmatrix}
0 & 0 & 0 & 0 & 0 & 0 & 1 & 0\\
0 & 0 & 0 & 0 & 0 & 0 & 0 & 1\\
0 & 1 & 0 & 0 & 0 & 0 & 0 & 0\\
1 & 0 & 0 & 0 & 0 & 0 & 0 & 0\\
0 & 0 & 0 & 0 & 0 & 1 & 0 & 0\\
0 & 0 & 0 & 1 & 0 & 0 & 0 & 0\\
0 & 0 & 1 & 0 & 0 & 0 & 0 & 0\\
0 & 0 & 0 & 0 & 1 & 0 & 0 & 0
\end{bmatrix}
\end{array}
$$

其中，$\mu'_{S\text{-opt}}$和 $\mu'_{B\text{-opt}}$分别代表利用 Z_{oso} 求解得到的卖方最优和买方最优稳定匹配方案。通过计算，$\mu'_{S\text{-opt}}$产生的 MMP 平台社会福利、S 和 B 满意度分别为：194.0、132.0 和 62.0；而 $\mu'_{B\text{-opt}}$产生的 MMP 平台社会福利、S 和 B 满意度分别为：190.0、54.0 和 136.0。

② 利用 Z_{sm} 求解稳定匹配方案。

$$
\mu'_{SW\text{-max}}=\begin{array}{c}
 \\ s_1\\ s_2\\ s_3\\ s_4\\ s_5\\ s_6\\ s_7\\ s_8
\end{array}
\begin{array}{c}
\begin{array}{cccccccc} b_1 & b_2 & b_3 & b_4 & b_5 & b_6 & b_7 & b_8 \end{array}\\
\begin{bmatrix}
0 & 0 & 1 & 0 & 0 & 0 & 0 & 0\\
0 & 0 & 0 & 0 & 1 & 0 & 0 & 0\\
0 & 0 & 0 & 0 & 0 & 0 & 1 & 0\\
1 & 0 & 0 & 0 & 0 & 0 & 0 & 0\\
0 & 0 & 0 & 1 & 0 & 0 & 0 & 0\\
0 & 0 & 0 & 0 & 0 & 1 & 0 & 0\\
0 & 0 & 0 & 0 & 0 & 0 & 0 & 1\\
0 & 1 & 0 & 0 & 0 & 0 & 0 & 0
\end{bmatrix}
\end{array}
$$

其中，$\mu'_{SW\text{-max}}$代表利用 Z_{sm}求解得到的最优稳定匹配方案。通过计算，$\mu'_{SW\text{-max}}$产生的 MMP 平台社会福利、S 和 B 满意度分别为：196.0、114.0 和 82.0。

（3）基于 LBR 方法求解稳定匹配方案

① 排位列表的产生。根据 $\overline{P}_S$ 和 $\overline{P}_B$，MMP 可以为所有 Agent 生成专属的排位列表。

$$R^S=\begin{array}{c}\\ s_1\\ s_2\\ s_3\\ s_4\\ s_5\\ s_6\\ s_7\\ s_8\end{array}\begin{array}{c}\begin{array}{cccccccc} b_1 & b_2 & b_3 & b_4 & b_5 & b_6 & b_7 & b_8\end{array}\\ \begin{bmatrix} 3 & 6 & 5 & 4 & 2 & 8 & 1 & 7\\ 4 & 8 & 6 & 2 & 7 & 3 & 5 & 1\\ 2 & 1 & 3 & 5 & 8 & 7 & 6 & 4\\ 1 & 7 & 8 & 3 & 6 & 2 & 4 & 5\\ 7 & 4 & 3 & 8 & 6 & 1 & 5 & 2\\ 8 & 4 & 6 & 1 & 5 & 2 & 3 & 7\\ 7 & 2 & 1 & 5 & 3 & 4 & 8 & 6\\ 2 & 4 & 3 & 8 & 1 & 5 & 6 & 7\end{bmatrix}\end{array}$$

$$R^B=\begin{array}{c}\\ b_1\\ b_2\\ b_3\\ b_4\\ b_5\\ b_6\\ b_7\\ b_8\end{array}\begin{array}{c}\begin{array}{cccccccc} s_1 & s_2 & s_3 & s_4 & s_5 & s_6 & s_7 & s_8\end{array}\\ \begin{bmatrix} 1 & 2 & 7 & 6 & 3 & 8 & 4 & 5\\ 6 & 8 & 7 & 4 & 3 & 2 & 5 & 1\\ 1 & 4 & 3 & 2 & 6 & 8 & 5 & 7\\ 4 & 3 & 2 & 6 & 1 & 5 & 7 & 8\\ 2 & 5 & 4 & 1 & 8 & 3 & 7 & 6\\ 8 & 2 & 5 & 6 & 7 & 1 & 4 & 3\\ 4 & 7 & 1 & 8 & 6 & 5 & 2 & 3\\ 7 & 4 & 8 & 2 & 3 & 6 & 1 & 5\end{bmatrix}\end{array}$$

其中，R^S 和 R^B 分别代表 S 和 B 的排位列表，且 $R^S=\{R^{s_i}\mid s_i\in S\}$，$R^B=\{R^{b_j}\mid b_j\in B\}$。

② 对初始偏好列表的修正。利用 LBR 方法对排位列表和初始偏好列表进行设定后，每个 Agent 能够获得可支配的偏好币值如下：

$$Q_S=\begin{Bmatrix} 8 & 16 & 16 & 14 & 12 & 14 & 10 & 14\\ s_1 & s_2 & s_3 & s_4 & s_5 & s_6 & s_7 & s_8\end{Bmatrix}$$

$$Q_B=\begin{Bmatrix} 14 & 10 & 16 & 18 & 12 & 4 & 12 & 22\\ b_1 & b_2 & b_3 & b_4 & b_5 & b_6 & b_7 & b_8\end{Bmatrix}$$

其中，Q_S 和 Q_B 分别代表 S 和 B 中 Agent 可支配偏好币余额集合。这些可再次自由支配的偏好币，主要用于根据排位列表和自身偏好对初始偏好列表进行修正。根据从 MMP 获得的 R，各 Agent 的初始偏好列表被修改为：

$$\overline{\overline{P}}_S=\begin{array}{c}\\ s_1\\ s_2\\ s_3\\ s_4\\ s_5\\ s_6\\ s_7\\ s_8\end{array}\begin{array}{c}\begin{matrix} b_1 & b_2 & b_3 & b_4 & b_5 & b_6 & b_7 & b_8\end{matrix}\\ \begin{bmatrix} 15 & 7 & 17 & 9 & 13 & 3 & \boxed{19} & 5\\ 15 & 3 & 13 & 11 & 5 & \boxed{33} & 7 & 9\\ 7 & \boxed{21} & 13 & 15 & 9 & 11 & 17 & 3\\ \boxed{21} & 11 & 15 & 5 & 17 & 9 & 3 & 13\\ 15 & 13 & 7 & 17 & 3 & \boxed{17} & 9 & 11\\ 3 & 15 & 5 & 7 & 13 & \boxed{31} & 11 & 9\\ 13 & 9 & \boxed{17} & 5 & 3 & 11 & 17 & 15\\ 11 & 17 & 7 & 5 & \boxed{17} & 15 & 13 & 9\end{bmatrix}\end{array}$$

$$\overline{\overline{P}}_B=\begin{array}{c}\\ b_1\\ b_2\\ b_3\\ b_4\\ b_5\\ b_6\\ b_7\\ b_8\end{array}\begin{array}{c}\begin{matrix} s_1 & s_2 & s_3 & s_4 & s_5 & s_6 & s_7 & s_8\end{matrix}\\ \begin{bmatrix} \boxed{25} & 9 & 15 & 17 & 7 & 3 & 5 & 13\\ 5 & 3 & 17 & 7 & 13 & 9 & 15 & \boxed{21}\\ \boxed{21} & 7 & 11 & 3 & 15 & 9 & 17 & 13\\ 7 & 13 & 9 & 15 & \boxed{23} & 17 & 11 & 3\\ 13 & 3 & 5 & \boxed{19} & 11 & 9 & 15 & 17\\ 3 & 9 & 5 & 15 & 17 & \boxed{15} & 13 & 7\\ 17 & 9 & \boxed{17} & 15 & 13 & 11 & 3 & 7\\ 5 & 17 & 11 & 13 & 15 & 3 & \boxed{31} & 7\end{bmatrix}\end{array}$$

其中，$\overline{\overline{P}}_S$ 和 $\overline{\overline{P}}_B$ 分别表示全部 Agent 修改后新的初始偏好列表。

③ 最终偏好列表的产生。为消除 $\overline{\overline{P}}_S$ 和 $\overline{\overline{P}}_B$ 中存在的多个并列偏好(即 ties)问题，每个 Agent 都需通过 4.2.3.2 节中提及的方法对自己的偏好信息进行进一步修正，得到的最终偏好列表如下：

$P_S=$

	b_1	b_2	b_3	b_4	b_5	b_6	b_7	b_8
s_1	13.636 4	6.363 6	15.454 5	8.181 8	11.818 2	2.727 3	17.272 7	4.545 5
s_2	12.5	2.5	10.833 3	9.166 7	4.166 7	27.5	5.833 3	7.5
s_3	5.833 3	17.5	10.833 3	12.5	7.5	9.166 7	14.166 7	2.5
s_4	17.872 3	9.361 7	12.766	4.255 3	14.468 1	7.659 6	2.553 2	11.063 8
s_5	13.043 5	11.304 3	6.087	14.782 6	2.608 7	14.782 6	7.826 1	9.565 2
s_6	2.553 2	12.766	4.255 3	5.957 4	11.063 8	26.383	9.361 7	7.659 6
s_7	11.555 6	8.0	15.111 1	4.444 4	2.666 7	9.777 8	15.111 1	13.333 3
s_8	9.361 7	14.468 1	5.957 4	4.255 3	14.468 1	12.766	11.063 8	7.659 6

$P_B=$

	s_1	s_2	s_3	s_4	s_5	s_6	s_7	s_8
b_1	21.276 6	7.659 6	12.766	14.468 1	5.957 4	2.553 2	4.255 3	11.063 8
b_2	4.444 4	2.666 7	15.111 1	6.222 2	11.555 6	8.0	13.333 3	18.666 7
b_3	17.5	5.833 3	9.166 7	2.5	12.5	7.5	14.166 7	10.833 3
b_4	5.714 3	10.612 2	7.346 9	12.244 9	18.775 5	13.877 6	8.979 6	2.449
b_5	11.304 3	2.608 7	4.347 8	16.521 7	9.565 2	7.826 1	13.043 5	14.782 6
b_6	2.857 1	8.571 4	4.761 9	14.285 7	16.190 5	14.285 7	12.381	6.666 7
b_7	14.782 6	7.826 1	14.782 6	13.043 5	11.304 3	9.565 2	2.608 7	6.087
b_8	3.921 6	13.333 3	8.627 5	10.196 1	11.764 7	2.352 9	24.313 7	5.490 2

其中，P_S 和 P_B 分别代表 S 和 B 最终偏好列表。

④ 基于 P_S 和 P_B 的稳定匹配方案求解。利用 Z_{oso} 求解的稳定匹配方案为：

$$\mu_{S\text{-opt}}=\begin{array}{c} \\ s_1\\ s_2\\ s_3\\ s_4\\ s_5\\ s_6\\ s_7\\ s_8\end{array}\begin{array}{c}\begin{array}{cccccccc} b_1 & b_2 & b_3 & b_4 & b_5 & b_6 & b_7 & b_8\end{array}\\ \begin{bmatrix} 0 & 0 & 0 & 0 & 0 & 0 & 1 & 0\\ 0 & 0 & 0 & 0 & 0 & 0 & 0 & 1\\ 0 & 0 & 0 & 0 & 1 & 0 & 0 & 0\\ 1 & 0 & 0 & 0 & 0 & 0 & 0 & 0\\ 0 & 0 & 0 & 1 & 0 & 0 & 0 & 0\\ 0 & 0 & 0 & 0 & 0 & 1 & 0 & 0\\ 0 & 0 & 1 & 0 & 0 & 0 & 0 & 0\\ 0 & 1 & 0 & 0 & 0 & 0 & 0 & 0\end{bmatrix}\end{array}$$

$$
\mu_{B\text{-opt}} = \begin{array}{c|cccccccc} & b_1 & b_2 & b_3 & b_4 & b_5 & b_6 & b_7 & b_8 \\ \hline s_1 & 0 & 0 & 0 & 1 & 0 & 0 & 0 & 0 \\ s_2 & 0 & 0 & 0 & 0 & 0 & 0 & 0 & 1 \\ s_3 & 0 & 0 & 0 & 0 & 0 & 0 & 1 & 0 \\ s_4 & 0 & 0 & 0 & 0 & 1 & 0 & 0 & 0 \\ s_5 & 0 & 0 & 1 & 0 & 0 & 0 & 0 & 0 \\ s_6 & 0 & 0 & 0 & 0 & 0 & 1 & 0 & 0 \\ s_7 & 1 & 0 & 0 & 0 & 0 & 0 & 0 & 0 \\ s_8 & 0 & 1 & 0 & 0 & 0 & 0 & 0 & 0 \end{array}
$$

其中，$\mu_{S\text{-opt}}$和 $\mu_{B\text{-opt}}$分别代表利用 Z_{oso}求解得到的卖方最优和买方最优稳定匹配方案。通过计算，$\mu_{S\text{-opt}}$产生的 MMP 平台社会福利、S 和 B 满意度分别为：233.716 1、120.889 8 和 112.826 4；而 $\mu_{B\text{-opt}}$产生的 MMP 平台社会福利、S 和 B 满意度分别为：233.716 2，120.889 8 和 112.826 4。

利用 Z_{sm}求解的稳定匹配方案为：

$$
\mu_{SW\text{-max}} = \begin{array}{c|cccccccc} & b_1 & b_2 & b_3 & b_4 & b_5 & b_6 & b_7 & b_8 \\ \hline s_1 & 0 & 0 & 1 & 0 & 0 & 0 & 0 & 0 \\ s_2 & 0 & 0 & 0 & 0 & 1 & 0 & 0 & 0 \\ s_3 & 0 & 0 & 0 & 0 & 0 & 0 & 1 & 0 \\ s_4 & 1 & 0 & 0 & 0 & 0 & 0 & 0 & 0 \\ s_5 & 0 & 0 & 0 & 1 & 0 & 0 & 0 & 0 \\ s_6 & 0 & 0 & 0 & 0 & 0 & 1 & 0 & 0 \\ s_7 & 0 & 0 & 0 & 0 & 0 & 0 & 0 & 1 \\ s_8 & 0 & 1 & 0 & 0 & 0 & 0 & 0 & 0 \end{array}
$$

其中，$\mu_{SW\text{-max}}$代表利用 Z_{sm}求解得到的最优稳定匹配方案。通过计算，$\mu_{SW\text{-max}}$产生的 MMP 平台社会福利、S 和 B 满意度分别为：250.595 3、130.889 8 和 119.705 6。

4.2.5.3 数值仿真结果分析

(1) 基于初始偏好列表的稳定匹配方案

与上一节的研究结果相似，相对于 Z_{oso}而言，Z_{sm}可以为平台带来更多的社会福利，同时，S 和 B 中 Agent 的满意度差异也会大幅度减小。但 Z_{sm}利用各方初始偏好列表计算出的稳定匹配方案，在各方满意度上不能保证比单边最优匹配策略下的稳定匹配方案更优，在很多情况下会差于匹配方案最优一边的满意度。

(2) 基于 LBR 方法处理后偏好列表的稳定匹配方案

首先，$\mu_{S\text{-opt}}$ 和 $\mu_{B\text{-opt}}$ 给 S 和 B 带来的满意度相同，这种情况只是巧合而已，并非是普遍现象，类似的数值仿真可以证明这一点。同时，由于 LBR 方法处理后的偏好表达不均匀，尽管利用 Z_{oso} 求解得到买方最优匹配方案 $\mu_{B\text{-opt}}$，但其给最优一边的 B 带来的满意度仍然低于 S 一边。这是由于 Z_{oso} 固有的缺点所致，即只考虑偏好排序，而忽视不同偏好间差异。

其次，Z_{sm} 基于 LBR 方法所产生的最终偏好列表，相比于 Z_{oso} 而言(尽管其用了卖方或买方最优匹配策略)，可以为平台产生更高的社会福利，也让双边市场中各边均获得更高的满意度，S 和 B 间的满意度差异得到进一步缩小，这更有利于保证平台交易的公平性，适合营造一个自由开放的市场环境。

(3) 不同偏好列表产生方法下求解的稳定匹配方案结果对比分析

通过对前文 S 和 B 在不同匹配方案下获得的社会福利和满意度情况进行排序，可得到图 4-10。

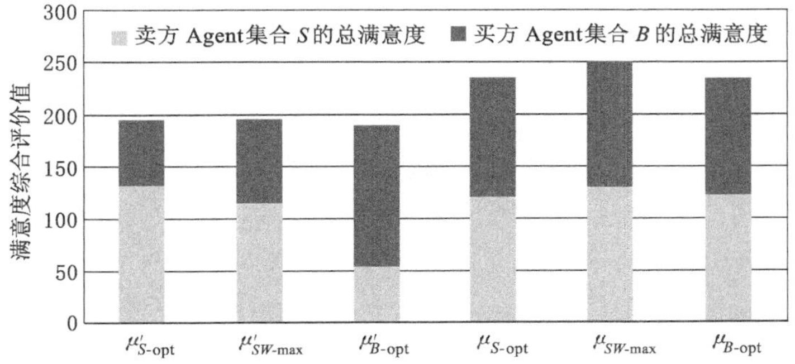

图 4-10 MMP 社会福利和满意度对比

其中，$\mu'_{S\text{-opt}}$、$\mu'_{B\text{-opt}}$ 和 $\mu'_{SW\text{-max}}$ 代表基于初始偏好列表求解得到的稳定匹配方案，$\mu'_{S\text{-opt}}$ 和 $\mu'_{B\text{-opt}}$ 是由 Z_{oso} 计算产生的卖方最优和买方最优稳定匹配方案，$\mu'_{SW\text{-max}}$ 是由 Z_{sm} 计算产生的社会福利最大化稳定匹配方案。而 $\mu_{S\text{-opt}}$、$\mu_{B\text{-opt}}$ 和 $\mu_{SW\text{-max}}$ 则是基于最终偏好列表 P_S 和 P_B 计算产生的稳定匹配方案。

如图 4-10 所示，由于 LBR 方法有利于提高市场上任意两个主体间的了解程度，因此基于处理后的偏好列表的匹配方案求解，会带来更高的社会福利和整体满意度。在这个过程中，LBR 帮助 Agent 通过修正其偏好列表找到更为理想的交易伙伴。通过图 4-10 的结果对比可以发现，Z_{sm}借助 LBR 方法求得的稳定匹配方案为 MMP 带来的社会福利得到明显提升。而由于基于 Z_{oso}求解的稳定匹配方案忽视了最终匹配方案对各边市场的公平性问题，单独追求某边市场的最优，且没能对不同偏好值间差异性大小进行有效考虑，最终导致 Z_{oso}求解的稳定匹配方案在平台社会福利和各方满意度方面明显差于 Z_{sm}。基于 Z_{sm}的求解属于带有特定目标的最优稳定匹配方案求解问题，在处理大规模双边稳定匹配问题时是 NP-难题，其计算复杂度为 $O(2^{m\times n}mn)$。在处理大规模双边市场供需稳定匹配问题中，Z_{sm}的处理能力和效率远不及 Z_{oso}，Z_{oso}的计算复杂度为 $O(n^2)$。因此，基于 Z_{sm}求解大规模双边稳定匹配方案问题将是未来研究的重点之一。

4.2.6 本节小结

本节中，首先根据数字经济背景下商品交易的特点，设计了多 Agent 匹配平台 MMP。为减少 MMP 匹配过程中的虚假偏好信息，提出了一个用于辅助偏好产生的方法——LBR，该方法有利于引导各方如实提交真实偏好信息。针对 MMP 偏好信息处理与交易匹配等工作需要，对系统模型 SM-LBR 进行了设计。而后，为了让 MMP 上 Agent 能够自适应求解稳定匹配方案，设计了包括 Z_{oso}和 Z_{sm}在内的两个稳定匹配方案求解模型。模型 Z_{oso}主要参照 Gale-Shapley 算法进行设计，可以快速找到一个单边最优（即卖方最优或买方最优）的稳定匹配方案，但缺少对非最优一边市场的考虑，有失平台公平性。模型 Z_{sm}为线性规划模型，以 MMP 平台社会福利最大化为目标，并以稳定性为约束。最终，理论推导和数值仿真实验验证了 LBR 方法的有效性，并有利于提升 MMP 平台社会福利和各方满意度。同时，数值仿真实验结果分析也进一步论证了利用 Z_{sm}求解的稳定匹配方案在平台社会福利等方面优于 Z_{oso}。

4.3 本章小结

随着互联网和信息技术的快速发展，数字经济近年来迅速普及，深刻改变了企业经营和个人消费模式。数字经济有利于促进买卖双方、供应商和消费者间的信息交流与互动，为创造更多价值提供广泛空间。为进一步改善数字经济运营效率和质量，对数字经济平台中供需各方的有效匹配与对接成为必要。但由于平台各方均具有足够的信息获取和决策洞察力，当发现平台中至少存在一个更好且可行的交易伙伴时，会选择拒绝平台给定的匹配方案。因此，在4.1节中，主要探讨了在平台供需匹配中考虑匹配稳定性的必要性和如何对稳定匹配方案求解等问题，并通过理论推导和数值仿真实验对所提模型的有效性和合理性进行了验证。但4.1节研究的内容与传统研究一样，均是假设各方会如实提交自己的真实供需或偏好信息给平台，用于对稳定匹配方案的求解。而实际中并非这样，因为没有任何理论证明，如实提交供需或偏好信息是每个平台成员的占优策略，所以如何在平台供需交易匹配中引导各方如实提交偏好信息成为必要。为此，在4.2节中，主要探讨引导各方如实向平台提交真实偏好信息的模型和方法，并通过理论证明和数值仿真等方式对其有效性进行论证。

5 数字经济下物流供应链多相关协同决策供需协商

随着链与链间竞争的不断加剧,对数字经济下物流供应链内部已有资源的有效协调和充分利用变得尤为关键。由于企业在供需协商决策中需要考虑的因素日趋多样和复杂化,而且与链上伙伴间的很多协商间存在相互影响和制约关系(如原料采购价格、物流配送费用和产品销售定价决策等),为达到供需协商中总体效用(也可以理解为对多相关协商合作方案的总满意水平)最大化,数字经济下物流供应链中企业在与上下游企业进行供需协商和报价决策时,需要对这些存在相关性的供需协商进行协同决策,这提高了企业在协商中报价决策的难度。传统供需协商研究主要针对企业某一供需协商中的优化决策问题,相关研究成果已不能满足数字经济下物流供应链中企业对多相关供需协商的协同决策需求,也不利于企业对链上资源的有效协调与充分利用。本章根据以上问题,结合数字经济下物流供应链中企业对多相关供需协商进行协同决策的特点,提出企业视角下的数字经济下物流供应链多相关自动协商模型,并通过数值仿真实验对模型的有效性和合理性进行验证。

5.1 问题描述

数字经济下物流供应链运作中,每个成员企业都可能直接成为衔接上下游企业合作的关键节点,并同时肩负供需双重角色[162]。因此,企业为了在充分利用链上资源的同时实现本方效用最大化,在供需协商时往往需要对不同角色下的多相关供需协商进行综合考虑,虽然这些业务中有些是独立的(与其他供需协商决策无相互影响和制约关系),但更多的却是存在相关性的。如果分开处理的话,很可能给企业运营带来不必要成本或风险(如对于制造企业而言的原料采购与产品销售供需协商,如果完全分开考虑,经常会导致原料短缺或过剩、产品滞销或脱销等问题,都会带来不必要的风险或损失;又如对销售企业而言的产品采购、销售与配送等环节,如果不能有效协调，经常会出现产、销、运不协调的问题，导致产品积压、资源闲置或违约等问题，增加了生产成本和经营风险）。当企业运营中需要面对的多个供需协商存在不同程度的相关性时，仅实现某个协商的最优化决策并不能达到最大化企业总效用的目的[163-164]。虽然学者们已经基于自动协商理论提出了很多关于供应链或物流供应链协调与优化的模型和方法，但均是仅关注企业对某个供需交易的最优化协商问题，而对多相关供需自动协商问题的研究较少[165]。Zhang 等[163]就协商中议题间的关系，提出了多任务和资源共享环境下的多相关自动协商模型。该研究在对多相关自动协商进行定义的基础上，对多相关协商的特征和性质进行了分析，并利用部分订单计划(Partial-Order Schedule，POS)方法对多个相关协商的关系和协商顺序进行了刻画，但仅将完成时间作为物流供应链中协调的议题，忽视了多议题均衡（如价格、服务等）在数字经济下物流供应链协调中的重要作用。Ren[80]利用多协商网络和多协商影响图对多相关自动协商问题进行了建模，增加对协商中多个议题的考虑，并通过实验对其有效性进行了验证，但该研究是建立在多个协商间的相关性是已知且可以刻画的基础上，没能有效刻画协商中不同议题的属性和特征差异。而在数字经济下物流供应链企业的实际运营中，很多存在相互影响和制约关系的业务之间，相关度大小、类型和具体表达方式都会受到不同属性和特征的协商议题的直接影响，很难直接给出这些协商的相关网络和影响图，因此该研究所提方法在一定程度上很难对现实中的实际问题进行有效处理。本章将从数字经济下物流供应链成员企业视角，在对协商中的议题特征和属性进行分类与定义的基础上，系统分析供需多重角色给企业带来的多相关供需协商问题，并在构建数字经济下物流供应链多相关自动协商模型的过程中，依托议题间取值的相关性和相互影响与制约关系实现对多相关协商报价决策的优化。

5.2 多相关供需自动协商模型构建

5.2.1 多相关供需协商场景描述

数字经济下物流供应链中的多相关供需协商是指物流供应链中成员企业，依托数字经济平台与其他一个或多个上下游企业进行的多个供需协商（如原材料采购、产品销售、物流配送等），需要在计算报价方案时充分考虑这些协商之间的相互影响或制约关系，对它们进行有效协调，以达到实现本方效用最大化的目的。通过对存在相关性的协商进行分析后可以发现，这些协商的相关性基本都是由协商中议题取值上的相互影响和制约而产生的，即一个协商中某个议题取值会与其他协商中相应议题的取值存在依赖或影响关系[163-164]，如制造商与原料供应商协商中对供货时间的取值、制造商与销售商协商中对交货时间的取值就是需要相互协调的，如果偏差过大，要么不能如期交货而违约，要么库存积压产生额外成本；又如当制造商负责产品配送环节时，制造商与销售商间协商的批发价格和交货时间、制造商与物流服务商协商的物流服务价格和完成时间等，也存在取值相互影响和制约的相关性问题。

作为实现从原料到产品再到顾客的一个有机链条，数字经济下物流供应链中不可或缺原料供应商、产品制造商、批发(销售)商、物流服务商和分销(零售)商等关键角色企业。而在具体供需交易中，数字经济下物流供应链中的成员企业需要针对不同任务需求和市场环境，通过协商的方式与其他成员确定具体的合作方式和内容，具体如图 5-1 所示。

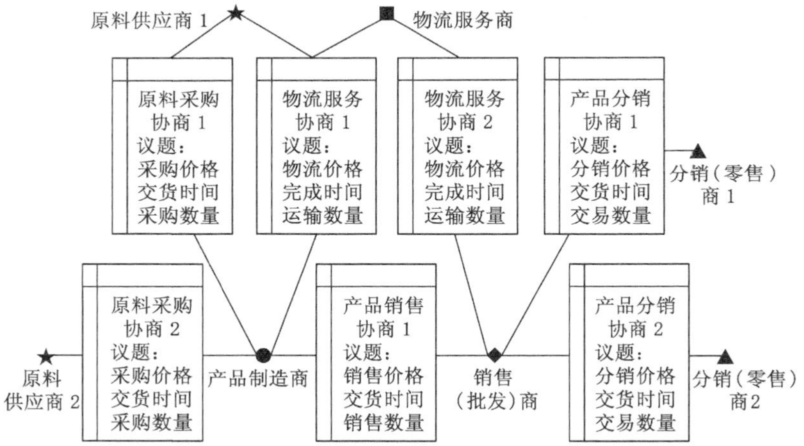

图 5-1　基于协商的数字经济下物流供应链协调问题

如对于产品制造商而言，有两种决策顺序：第一种即推式物流供应链，为合理有效地安排生产，产品制造商需与原料供应商商定原料采购方案，具体确定原料的采购价格、数量和交货时间等，并通过与物流服务商的协商确定对该原料运输的合作方案，如物流价格、完成时间和运输数量等，而后再根据采购的原料安排生产，最后与销售（批发）商商定产品的销售（分销）价格、数量和交货时间等；第二种即拉式物流供应链，产品制造商首先与销售（批发）商确定产品销售（分销）价格、数量和交货时间，然后根据产品生产的需要与原料供应商进行原料采购协商，确定原料采购的价格、数量和交货时间，最后与物流服务商进行协商，确定对该批原料的具体物流事项，如物流价格、完成时间和运输数量等。

在第一种推式物流供应链中，产品制造商在与销售（批发）商进行产品销售价格供需协商时，需要考虑到原料采购价格和物流价格，交货时间需要基于原料的交货时间和物流完成时间，产品销量也要根据原料采购量而定。在第二种拉式物流供应链中，销售（批发）商与原料供应商和物流服务商分别确定的交货时间和物流完成时间之和，不能超出与销售（批发）商确定的产品交货时间的限制，而产品制造商与原料供应商在协商采购价格和数量时，必须综合考虑与销售（批发）商确定的产品销售价格和数量，需要在保证满足销售（批发）需求量的同时，可以赚到足够的差价而产生利润。

5.2.2 多相关自动协商平台设计

在适应动态变化的数字经济下物流供应链内部合作关系和资源配置的同时，成员企业为了有效利用已有资源和最大化本方的总体效用，需要在数字经济平台运作环境中同时与多个潜在合作企业开展供需协商，并对存在相关性的多个协商进行协调与决策优化，在这个过程中要充分考虑到某一个协商的结果会直接或间接影响其他协商报价的情况，如制造商与原料供应商的协商提高了原料的购买价格，则制造商与销售（批发）商的协商中的价格就会相应地有所提高；若一个协商失败，则有可能直接导致另一个协商的失败，如制造商与销售（批发）商的协商破裂，则会导致与原料供应商的协商被迫中止，因为没有销量就无法买入原料安排生产。

根据数字经济下物流供应链中某核心企业（如物流服务商、产品制造商或销售商等）需要开展自动协商的特点和需要，本章将基于数字经济自由开放环境和多 Agent 自动协调的特点，利用目前比较流行的 JADE（Java Agent DEvelopment framework）技术对数字经济下物流供应链多相关自动协商的平台环境进行构建，含三个子系统：注册与登录子系统（RLs）、信息查询子系统（ISs）和自动协商子系统（ANs），如图 5-2 所示。

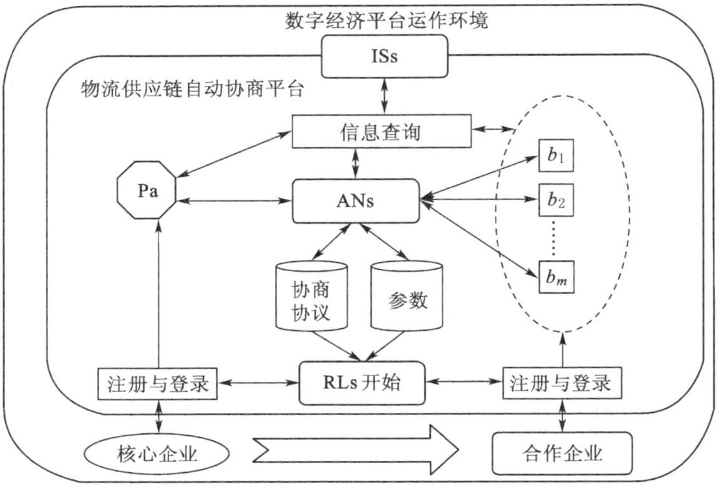

图 5-2　数字经济下物流供应链多相关自动协商平台框架结构

RLs 主要负责成员的注册与登录验证。为了通过自动协商形式与物流供应链中其他企业进行供需协商，企业首先需要在平台上注册，并在有协商需求时登录，在对平台的协商协议和相关参数进行确认后，对本方的 Agent 进行实例化。本节假设核心企业 Agent 为 Pa，需要与核心企业进行供需协商的企业 Agent 集合为 $B=\{b_1,\cdots,b_m\}$。

ISs 主要负责对 Agent 信息的查询。在协商过程中，Agent 可以借助 ISs 实时获取市场环境和平台信息，并作为自动协商中决策的参考依据。

ANs 是系统的核心部分。Agent 登录系统后，在接受平台的自动协商协议和参数设定的条件下，基于本方偏好与其他 Agent 开展协商，并对多个存在相关性的协商进行协调和优化，具体协商流程如图 5-3 所示。

为了保证 Pa 在多相关供需协商中报价的总体协调与优化水平，允许其在协商过程中暂停或终止某一个正在进行的协商，或对其已达成合作协议的协商进行违约(即调整协议的内容或终止协议)，但 Pa 需要支付违约后相应的惩罚成本，Pa 会根据违约后获得效用情况选择相应的决策。协商开始后，$B=\{b_1,\cdots,b_m\}$ 中 Agent 首先向 Pa 发出报价，如果达到协商终止条件，则暂停或终止协商，Pa 向对方 Agent 发出通知信息；否则，对全部报价进行综合评估，并根据评估结果和协商策略，Pa 需要确定是否接受部分或全部对方 Agent 的报价，或对方 Agent 是否接受本方报价。如果接受某

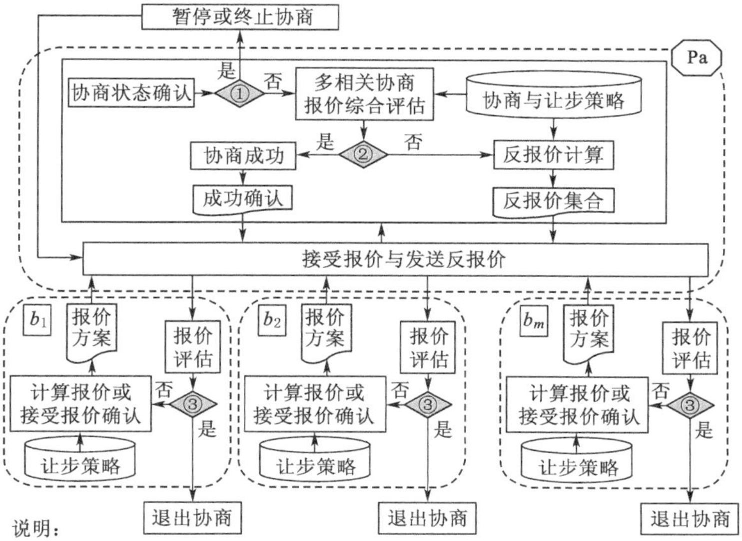

说明：
① 是否达到协商终止条件？
② 是否达到接受对方报价条件？
③ 对方是否接受报价或终止协商或对方报价达到本方接受条件？

图 5-3　多相关自动协商流程

个 Agent 发来的报价，则将协商成功的确认信息发给相应的 Agent；否则，需要根据协商与让步策略产生反报价方案，并发送给该 Agent。该 Agent 根据 Pa 的报价或状态确认信息进行协商决策，如果 Pa 接受本方报价或主动终止协商，则直接退出协商；而如果本方选择接受 Pa 给出的报价方案，则会在报价方案中给出接受报价的确认信息；否则，会基于本方的让步策略给出新的报价方案，并发送给 Pa。如此协商成功或被迫终止。全部协商成功后，Pa 与全部 Agent 达成的合作协议集可以表示为 $X=\{x_i^k \mid i=1,\cdots,m;k=1,\cdots,K\}$，其中 x_i^k 为 Pa 与 b_i 针对第 k 个议题达成的合作协议。如果协商被终止，全部 Agent 会退出协商平台，并可以根据实际需求选择是否参与新的协商。另外，由于多相关协商间存在影响关系，协商过程中某 Agent 退出也会导致 Pa 多相关协商的失败，从而被迫终止全部协商。

5.2.3　不同类别议题定义与报价策略分析

5.2.3.1　议题分类与定义

物流供应链成员企业间为了达成明确的交易或合作协议，协商中各方需要针对至少一个议题取值问题展开协商，通过双方的让步与妥协达成最终的合作[81]，协商中的一个议题即为供需协商中需要考虑的一个关键属性[26,49,53,59]，且每个协商参与方都会基于本方的实际情况，对议题的取值设定相应的可协商范围，即议题可接受的底线(最差)值与希望得到的期望(理想)值之间的取值空间[22]。协商中，各方对某个议题协商范围的交叉部分称为对这个议题的公共协商范围，多议题协商时，当且仅当所有议题的公共协商范围非空时才有协商的可能[25]。根据物流供应链多相关供需协商中议题的特点，可以将其划分为三类：独立性议题、协同性议题和协调性议题，具体定义如下。

定义 5-1 独立性议题是指在多相关协商中，某个协商中的议题取值不会影响其他协商报价或效用，且也不会受其他协商影响的议题。

如制造商在与原料供应商和产品销售商分别开展的协商中，对于协商的议题：供货方式，可视为独立性议题，因为两个协商中仅与产品销售商的协商会涉及制造商供货的问题，因此不会影响与原料供应商的协商；付款时间或方式，在制造商资金充裕的情况下也可视为独立性议题，因为在此情况下与原料供货商协商中的款项支付，不必依赖于产品销售的回笼资金，所以不同协商中的付款时间或方式取值就不会相互影响。

定义 5-2 协同性议题是指在多相关协商中，一个协商中的议题取值情况会成为其他协商议题取值的依据或参考，存在明显的相互制约和影响关系。

一般情况下，这类议题在不同协商中的期望值大小是相反的，如制造商在与原料供应商的协商中对原料采购价格(期望价格越低越好)的协商，和与销售商的协商中对产品销售价格(期望价格越高越好)的协商，这里的原料采购价格和产品销售价格就是协同性议题，因为原料采购价格和产品销售价格之间存在相互影响和制约关系，两个给定协商中的任意一个协商中对议题的取值直接决定了另一个协商对该议题取值的可接受范围；又如批发商在与供应商和零售商进行协商时，产品订货批量和分销数量也是协同性议题，产品批发商希望与供应商达成的订货批量和与零售商商定的分销数量相等或接近，这样产品批发商才有机会尽可能地避免缺货或积压带来的损失。

定义 5-3 协调性议题是指在多相关协商中，不同协商对其议题取值的总量需要小于或等于某一总量值的议题。

这类议题在供需协商中也比较普遍，如在订单数量的分配中，产品供应商在与多个批发商进行协商时，给不同批发商的多个批次产品的数量即为协调性议题，这些议题值之和应小于等于产品供应商所拥有的产品总数量，产品供应商需要将现有全部产品在多个批发商间进行分配，并希望在把所有产品销售完的基础上，实现本方利益的最大化；又如批发商（制造商）与供货商（原料供应商）协商的提货时间和与零售商（批发商）协商的交货时间即为协调性议题，批发商（制造商）与供货商（原料供应商）协商达成的最晚提货时间，不能晚于其与零售商（批发商）协商达成的最早交货时间；另外，在4PL进行物流运营方案集中调度的协商中，若需要涉及两个及以上3PL合作完成某一任务，4PL需要分别与多个相关的3PL进行协商，确定每个3PL对任务的开始和最晚完成时间，此即协调性议题，上一阶段物流任务的最迟完成时间不能晚于下一阶段物流任务的最早开始时间等。

Pa与各方达成协商合作协议的结果，可以是让存在协同性议题的多个协商取到相近而非相等的值（即多个相关协商所达成的合作协议存在一定的误差，如Pa作为产品批发商，向供应商的订货批量略大于与零售商商定的分销批量），或让存在协调性议题的多个协商的分配比例或方案没有达到完全分配或不足（如Pa作为产品供应商，在与多个批发商进行供货量协商时，出现部分产品剩余的情况），这时需要Pa支付由于这些多相关协商间达成协议存在差异而带来的费用，且这些费用是已知或可计算的。因此，Pa可以根据支付这些费用后的效用情况选择相应的决策。另外，为了体现出对不同协商的重视或关切程度，Pa在对多相关协商进行效用评价时，会对不同协商的权重进行差异化设置。协商中，Pa对某个协商议题的协商范围也会根据其他相关协商的进展进行动态调整。

为了达到多相关协商的协同优化，Pa还会依据多相关协商中不同协商的进程和议题的特性采取差异化报价策略。在多个协商权重不等的协同性议题多相关协商中，Pa一般在权重高的协商（或协商报价决策和进程会影响甚至制约其他协商报价决策的协商）中选用Conceder行为[22]，为的是迅速确定能否成功，保证成功率；而在权重低的协商（或受其他协商报价和进程影响的协商）中选用Boulevard行为[22]，为的是拉长协商的时间，等待高权重协商的完成。针对报价中不同议题的特点，各方需采取个性化的协商报价策略。本节还将对协商中存在协同性议题或协调性议题时核心企业的报价策略进行分析。假定Pa需要同时与b_1和b_2进行协商，两个协商中均有n个议题需要协商，Pa与b_1协商中第j个议题和Pa与b_2协商中第j'个议题存在协同性或协调性关系，具体描述如下。

5.2.3.2 对不同类别议题的报价策略分析

(1) 协同性议题

如图 5-4 所示，$\overline{r}^{j}_{\mathrm{Pa},1}$和 $\underline{r}^{j}_{\mathrm{Pa},1}$分别代表 Pa 与 b_1 进行协商时对第 j 个议题的初始期望值和底线值，而 $\overline{r}^{j'}_{\mathrm{Pa},2}$和 $\underline{r}^{j'}_{\mathrm{Pa},2}$则分别代表 Pa 与 b_2 进行协商时对第 j'个议题(与和 b_1 协商中的第 j 个议题是协同性议题关系，$\forall j,j' \in \{1,\cdots,n\}$)的初始期望值和底线值，因为议题间是协同性关系，所以存在 $\overline{r}^{j}_{\mathrm{Pa},1}=\underline{r}^{j'}_{\mathrm{Pa},2}$和 $\underline{r}^{j}_{\mathrm{Pa},1}=\overline{r}^{j'}_{\mathrm{Pa},2}$；$\overline{\overline{r}}^{j}_{\mathrm{Pa},1}$和 $\underline{\underline{r}}^{j}_{\mathrm{Pa},1}$分别代表 Pa 在与 b_1 一轮报价后对第 j 个议题的期望值和底线值，而 $\overline{\overline{r}}^{j'}_{\mathrm{Pa},2}$和 $\underline{\underline{r}}^{j'}_{\mathrm{Pa},2}$则分别代表 Pa 在与 b_2 一轮报价后对第 j'个议题的期望值和底线值，且同样存在 $\overline{\overline{r}}^{j}_{\mathrm{Pa},1}=\underline{\underline{r}}^{j'}_{\mathrm{Pa},2}$和 $\underline{\underline{r}}^{j}_{\mathrm{Pa},1}=\overline{\overline{r}}^{j'}_{\mathrm{Pa},2}$；$x^{j}_{1}$ 和 $x^{j'}_{2}$ 分别代表 Pa 可能与 b_1 和 b_2 针对第 j 和 j'个协同性议题达成的合作协议值。

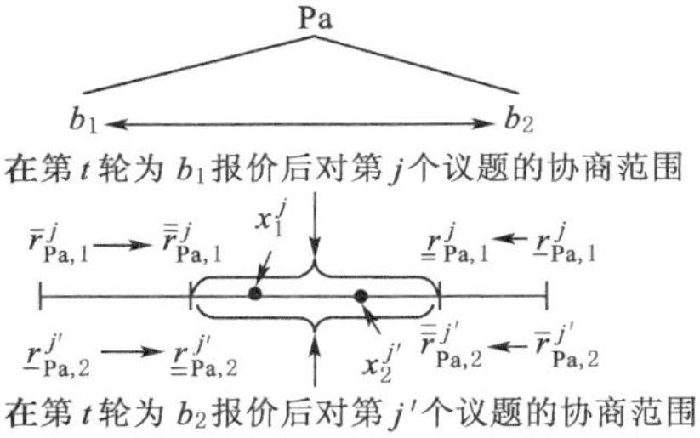

图 5-4 多相关协商中议题间存在的互为约束关系

达成合作协议的形式包括以下几种情况：

① 最理想情况：Pa 与 b_1 和 b_2 同时达成合作协议，且 $x^{j}_{1}=x^{j'}_{2}$($\forall j,j' \in \{1,\cdots,n\}$)。

② 如果 Pa 与 b_1 先针对第 j 个议题达成合作协议(当然也可以是与 b_2 针对第 j'个议题先达成合作协议)，则 Pa 与 b_2 协商中的反报价策略包括：

- 令 $\overline{\overline{r}}^{j'}_{\mathrm{Pa},2}=\underline{\underline{r}}^{j'}_{\mathrm{Pa},2}=x^{j}_{1}$，若对方接受报价，则多相关协商成功；否则，宣告多相关协商失败，且 Pa 需支付对 b_1 的违约成本。
- 令 $\underline{\underline{r}}^{j'}_{\mathrm{Pa},2}=x^{j'}_{2}$，并按原有协商的报价策略继续进行协商。若在 T_{Pa}以前 Pa 与 b_2 已达成 $x^{j}_{1}=x^{j'}_{2}$($\forall j,j' \in \{1,\cdots,n\}$)的合作协议，则多相关协商成功；若在 T_{Pa}以前 Pa 与 b_2 有达成协商合作协议 $x^{j'}_{2}$ 的可能，但会存在 $x^{j}_{1} \neq x^{j'}_{2}$，Pa 需要权衡对 b_1 的违约成本和接受 $x^{j'}_{2}$ 后由议题差值产生的额外成本，然后做出最终的决策。若 Pa 接受 $x^{j'}_{2}$，则多相关协

商成功，否则 Pa 需支付对 b_1 的违约成本；若直到 $\overline{r}^{j'}_{\mathrm{Pa},2}=\underline{r}^{j'}_{\mathrm{Pa},2}=x_1^j$ 或已达到最大协商期限 T_{Pa} 仍未达成合作协议，宣告多相关协商失败，且 Pa 需支付对 b_1 的违约成本。

（2）协调性议题

图 5-5 中全部元素的含义与图 5-4 中相同，Z^j 表示 Pa 与 b_1 协商中的第 j 个协调性议题（对应 Pa 与 b_2 协商中的第 j' 个议题，$\forall j,j'\in\{1,\cdots,n\}$）涉及的资源总量，这里的资源可以是一个无法由某个企业独立完成的大订单，也可以是对组织中已获得利润的分配，还可以是对某些具体生产或计算能力的分享等，这些资源的待分配数量是有限且确定的。

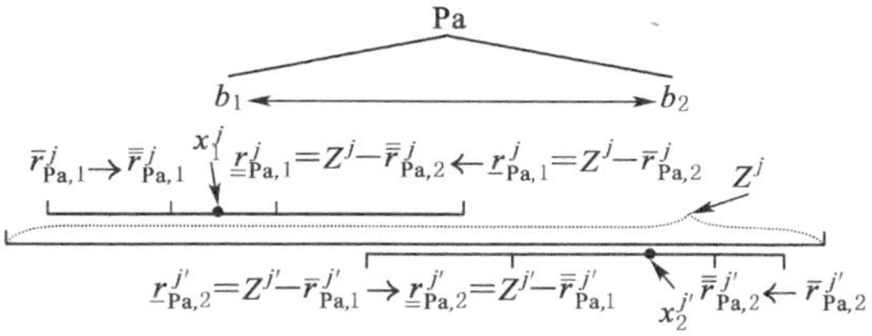

图 5-5　多相关协商中议题间协调分配某些资源

Pa 就是要在有限且确定的资源约束条件下与 b_1 和 b_2 开展协商，以实现对资源的有效分配。若协商实现了对资源的完全分配，即会存在 $x_1^j+x_2^{j'}=Z^j$。当 $x_1^j+x_2^{j'}<Z^j$ 时，资源有剩余，而当 $x_1^j+x_2^{j'}>Z^j$ 时，资源不够分配。在资源实际分配量和可分配总量存在偏差时，Pa 需要结合具体协商问题，权衡多相关协商获得的总效用与处理偏差造成的额外成本间的关系，若在利润分配时出现 $x_1^j+x_2^{j'}<Z^j$，Pa 可以将剩余部分作为本方的意外收益；若在订单分解时出现 $x_1^j+x_2^{j'}<Z^j$，由于面临订单无法完成而造成损失的情况，Pa 需要比较订单无法完成的损失和自行承担差额部分的成本来确定协商决策。

5.2.4　多相关自动协商模型(MRN)构建

结合物流供应链中多相关自动协商的特点和需求，本节将多相关自动协商模型（Multiple Related Negotiation，MRN）定义为一个三元组：

$$\mathrm{MRN}=(\mathrm{Pa},B,I) \tag{5-1}$$

其中，Pa 为需开展多个存在相关性协商的核心企业 Agent；$B=\{b_1,\cdots,b_i,\cdots,b_m\}$ 为与 Pa 开展自动协商的 m 个 Agent 的集合，b_i 为第 i 个 Agent；

$I=\{I_1,\cdots,I_i,\cdots,I_m\}$为 Pa 需要与 m 个 Agent 进行协商的全部议题集合，$I_i=\{I_i^1,\cdots,I_i^j,\cdots,I_i^n\}$代表 Pa 与 b_i 进行协商的 n 个议题集合，I_i^j 为第 j 个议题。

5.2.4.1 核心企业 Agent Pa 的定义

根据自动协商中需要开展多个相关协商的特点，将核心企业 Agent Pa 定义为 10 元组：

$$\mathrm{Pa}=(T_{\mathrm{Pa}},P_{\mathrm{Pa}},W_{\mathrm{Pa}},\overline{R}_{\mathrm{Pa}},\underline{R}_{\mathrm{Pa}},\Psi_{\mathrm{Pa}},\Delta_{\mathrm{Pa}},F_{\mathrm{Pa}},\Omega_{\mathrm{Pa}},\Phi_{\mathrm{Pa}}) \tag{5-2}$$

其中：

T_{Pa}为 Pa 可接受的最大协商轮次。

$P_{\mathrm{Pa}}=\{\rho_{\mathrm{Pa},i}\mid i=1,\cdots,m\}$为 Pa 对 m 个协商的权重集合，且 $\sum_{i=1}^{m}\rho_{\mathrm{Pa},i}=1$。

$W_{\mathrm{Pa}}=\{\omega_{\mathrm{Pa},i}^{j}\mid i=1,\cdots,m;j=1,\cdots,n\}$为 Pa 对与 b_i 协商中 n 个议题的权重集合，且满足 $\sum_{j=1}^{n}\omega_{\mathrm{Pa},i}^{j}=1,\forall i=1,\cdots,m$ 的基本要求。

$\overline{R}_{\mathrm{Pa}}=\{\overline{r}_{\mathrm{Pa},i}^{j}\mid i=1,\cdots,m;j=1,\cdots,n\}$和 $\underline{R}_{\mathrm{Pa}}=\{\underline{r}_{\mathrm{Pa},i}^{j}\mid i=1,\cdots,m;j=1,\cdots,n\}$分别代表 Pa 在协商中对全部议题的期望值和底线值集合，$\overline{r}_{\mathrm{Pa},i}^{j}$和 $\underline{r}_{\mathrm{Pa},i}^{j}$分别表示 Pa 在与 b_i 协商中对第 j 个议题的期望值和底线值，具体刻画了 Pa 对该议题协商的取值范围，并会随着多相关协商的进行而动态更新。

$\Psi_{\mathrm{Pa}}=\{\psi_{\mathrm{Pa},i}\mid i=1,\cdots,m\}$为 Pa 对各协商可接受效用的阈值集合，$\psi_{\mathrm{Pa},i}$为 Pa 对 b_i 报价产生效用的可接受阈值，即当 b_i 报价的效用大于等于 $\psi_{\mathrm{Pa},i}$时，Pa 会接受 b_i 的报价。

$\Delta_{\mathrm{Pa}}=\{\delta_{\mathrm{Pa},i}\mid i=1,\cdots,m\}$代表 Pa 的让步策略系数集合，$\delta_{\mathrm{Pa},i}$为 Pa 对 b_i 的让步策略系数。

F_{Pa}代表 Pa 对多相关自动协商的效用评价函数，具体如下：

$$F_{\mathrm{Pa}}(O_{B\to\mathrm{Pa}}^{t})=\sum_{i=1}^{m}\rho_{\mathrm{Pa},i}\cdot f_{\mathrm{Pa},i}(O_{i\to\mathrm{Pa}}^{t}),\ \forall t=1,\cdots,T_{\mathrm{Pa}} \tag{5-3}$$

其中，$O_{B\to\mathrm{Pa}}^{t}=\{O_{i\to\mathrm{Pa}}^{t}\mid i=1,\cdots,m\}$为第 t 轮协商中 Pa 收到的全部报价集合，$O_{i\to\mathrm{Pa}}^{t}$代表 Pa 收到的 b_i 在第 t 轮协商中给出的报价；m 为与 Pa 进行协商的 Agent 个数，即 Pa 需要同时进行的协商总个数；$\rho_{\mathrm{Pa},i}$为 Pa 对 b_i 报价产生效用的权重；$f_{\mathrm{Pa},i}$为 Pa 可以从 b_i 报价中获得效用的评价函数，具体表示为：

$$f_{\mathrm{Pa},i}(O_{i\to\mathrm{Pa}}^{t})=U_{\mathrm{Pa},i}(O_{i\to\mathrm{Pa}}^{t})-\lambda_{\mathrm{Pa},i}+\varepsilon_{\mathrm{Pa},i},\forall i=1,\cdots,m \tag{5-4}$$

其中，$\lambda_{\mathrm{Pa},i}$为 Pa 对与 b_i 达成的合作协议进行违约需支付的违约成本；$\varepsilon_{\mathrm{Pa},i}$为

Pa 若与 b_i 达成合作可能产生的额外成本或效用，其中可包括分配后剩余的效用、没能完成的订单或多协商间方案差异带来的意外损失等；$U_{\mathrm{Pa},i}$ 为 Pa 与 b_i 协商中报价方案的效用评估函数，具体表示为：

$$U_{\mathrm{Pa},i}(O_{i\to\mathrm{Pa}}^t)=\begin{cases}\sum_{j=1}^{n}\omega_{\mathrm{Pa},j}\cdot u_{\mathrm{Pa},i}(o_{i\to\mathrm{Pa},j}^t), & \text{if } \forall u_{\mathrm{Pa},i}(o_{i\to\mathrm{Pa},j}^t)>0\\ 0, & \text{否则}\end{cases} \tag{5-5}$$
$$\forall i=1,2,\cdots,m$$

其中，$\omega_{\mathrm{Pa},j}$ 为 Pa 在与 b_i 协商中对第 j 个议题的偏好程度；$o_{i\to\mathrm{Pa},j}^t$ 为在 t 时刻的 b_i 报价中对第 j 个议题给出的报价值；$u_{\mathrm{Pa},i}$ 为 Pa 对 $o_{i\to\mathrm{Pa},j}^t$ 的效用评价函数，具体表示为[25]：

$$u_{\mathrm{Pa},i}(o_{i\to\mathrm{Pa},j}^t)=\frac{o_{i\to\mathrm{Pa},j}^t-\underline{r}_{\mathrm{Pa},i}^j}{\overline{r}_{\mathrm{Pa},i}^j-\underline{r}_{\mathrm{Pa},i}^j},\ \forall j=1,\cdots,n;\ t=1,\cdots,T_{\mathrm{Pa}} \tag{5-6}$$

其中，$\overline{r}_{\mathrm{Pa},i}^j$ 和 $\underline{r}_{\mathrm{Pa},i}^j$ 分别为 Pa 与 b_i 协商中对第 j 个议题的期望值和底线值。

Ω_{Pa} 代表 Pa 在多相关自动协商中的报价方案求解函数，Pa 在 t 时刻收到 b_i 发来的报价 $O_{i\to\mathrm{Pa}}^t$ 后，如果不能接受该报价，且未达到终止协商的条件，则需对反报价 $O_{\mathrm{Pa}\to i}^t$ 进行计算。在计算反报价时，Pa 需要综合考虑反报价为本方带来的效用、多个相关协商间的影响、每个协商的重要程度、协商成功率以及协商对方的让步情况等，具体表示如下[61]：

$$\arg\max F(O_{\mathrm{Pa}\to i}^t) \tag{5-7}$$

$$\text{s.t.}\quad rf_{\mathrm{Pa},j}^t(O_{\mathrm{Pa}\to i}^t)-cf_{\mathrm{Pa},j}^t(O_{\mathrm{Pa}\to i}^t)=0 \tag{5-8}$$

$$\beta_{\mathrm{Pa},j}^t\leqslant U_{\mathrm{Pa},j}(O_{\mathrm{Pa}\to i}^t)\leqslant\tau_{\mathrm{Pa},i}^t \tag{5-9}$$

$$\forall i=1,\cdots,m;\ t=1,\cdots,T_{\mathrm{La}} \tag{5-10}$$

其中，T_{La} 为 La 可接受的最大协商轮次；$rf_{\mathrm{Pa},i}^t(O_{\mathrm{Pa}\to i}^t)$ 为 t 时刻 Pa 在对 b_i 报价时的坚持力，即在报价中对减少让步幅度的自信水平，具体可以表示为：

$$rf_{\mathrm{Pa},i}^t(O_{\mathrm{Pa}\to i}^t)=\pi_{\mathrm{Pa},i}^t[\tau_{\mathrm{Pa},i}^t-U_{\mathrm{Pa},i}(O_{\mathrm{Pa}\to i}^t)] \tag{5-11}$$

其中，$\tau_{\mathrm{Pa},i}^t$ 为 t 时刻 Pa 对 b_i 报价的效用期望水平；$\pi_{\mathrm{Pa},i}^t$ 为 t 时刻 Pa 对协商伙伴 b_i 协商状态的评估或感知情况，具体表示为：

$$\pi_{\mathrm{Pa},i}^t=\begin{cases}1, & U_{\mathrm{Pa},i}(\underline{R}_{\mathrm{Pa},i})+p_{\mathrm{Pa},i}^t>1\\ U_{\mathrm{Pa},i}(\underline{R}_{\mathrm{Pa},i})+p_{\mathrm{Pa},i}^t, & \text{否则}\end{cases} \tag{5-12}$$

其中，$U_{\mathrm{Pa},i}(\underline{R}_{\mathrm{Pa},i})$ 为议题底线值给 Pa 带来的总效用，$\underline{R}_{\mathrm{Pa},i}=\{\underline{r}_{\mathrm{Pa},i}^j\mid j=1,\cdots,n\}$ 为 Pa 对全部议题的底线值集合；$p_{\mathrm{Pa},i}^t$ 为 Pa 在 t 时刻可感知到于 T_{Pa} 前与 b_i 成功达成合作协议的最低成功概率，具体可以表示为：

$$p_{\text{Pa},i}^{t}=1-(\theta_{\text{Pa},i}^{t})^{T_{\text{Pa}}-t} \tag{5-13}$$

其中，T_{Pa}为 Pa 能够接受的最大协商轮次；$\theta_{\text{Pa},i}^{t}$为 Pa 在与 b_i 协商中对 $\underline{R}_{\text{Pa},i}$ 的接受概率[80]，且存在：

$$(1-\theta_{\text{Pa},i}^{t})U_{\text{Pa},i}(O_{\text{Pa}\to i}^{t-1})+\theta_{\text{Pa},i}^{t}U_{\text{Pa},i}(\underline{R}_{\text{Pa},i})\geqslant U_{\text{Pa},i}(O_{i\to\text{Pa}}^{t}) \tag{5-14}$$

那么，当 Pa 对 b_i 报价的期望效用$(1-\theta_{\text{Pa},i}^{t})U_{\text{Pa},i}(O_{\text{Pa}\to i}^{t-1})+\theta_{\text{Pa},i}^{t}U_{\text{Pa},i}(\underline{R}_{\text{Pa},i})$大于来自 t 时刻 b_i 报价产生的效用 $U_{\text{Pa},i}(O_{i\to\text{Pa}}^{t})$时，Pa 会坚持本方报价。通过对式(5-14)进行转换可得到：

$$\theta_{\text{Pa},i}^{t}\leqslant\frac{U_{\text{Pa},i}(O_{\text{Pa}\to i}^{t-1})-U_{\text{Pa},i}(O_{i\to\text{Pa}}^{t})}{U_{\text{Pa},i}(O_{\text{Pa}\to i}^{t-1})-U_{\text{Pa},i}(\underline{R}_{\text{Pa},i})} \tag{5-15}$$

由式(5-15)可知，如果 Pa 希望反报价被 b_i 接受，则只能使本方的效用期望小于或等于 b_i 报价产生的效用，即令 $\theta_{\text{Pa},i}^{t}\geqslant\frac{U_{\text{Pa},i}(O_{\text{Pa}\to i}^{t-1})-U_{\text{Fa},i}(O_{i\to\text{Pa}}^{t})}{U_{\text{Pa},i}(O_{\text{Pa}\to i}^{t-1})-U_{\text{Pa},i}(\underline{R}_{\text{Pa},i})}$。因此，为了在保证本方利益最大化的基础上，促成与 b_i 的协商成功，Pa 的理性决策为选定 $\theta_{\text{Pa},i}^{t}=\frac{U_{\text{Pa},i}(O_{\text{Pa}\to i}^{t-1})-U_{\text{Pa},i}(O_{i\to\text{Pa}}^{t})}{U_{\text{Pa},i}(O_{\text{Pa}\to i}^{t-1})-U_{\text{Pa},i}(\underline{R}_{\text{Pa},i})}$作为本方接受 $\underline{R}_{\text{P3},i}$ 的概率。

$cf_{\text{Pa},i}^{t}(O_{\text{Pa}\to i}^{t})$为 t 时刻 Pa 对 b_i 报价时的让步力，即在报价中对加大让步幅度的接受水平，具体可以表示为：

$$cf_{\text{Pa},i}^{t}(O_{\text{Pa}\to i}^{t})=\alpha_{\text{Pa},i}^{t}[U_{\text{Pa},i}(O_{\text{Pa}\to i}^{t})-\beta_{\text{Pa},i}^{t}] \tag{5-16}$$

其中，$\alpha_{\text{Pa},i}^{t}=\frac{t}{T_{\text{Pa}}}$为 t 时刻 Pa 感受到的时间压力；$\beta_{\text{Pa},i}^{t}$为 t 时刻 Pa 对 b_i 报价的让步水平，具体表示为：

$$\beta_{\text{Pa},i}^{t}=[1-(\alpha_{\text{Pa},i}^{t})^{\delta_{\text{Pa},i}}]U_{\text{Pa},i}(\overline{R}_{\text{Pa},i})+(\alpha_{\text{Pa},i}^{t})^{\delta_{\text{Pa},i}}U_{\text{Pa},i}(\underline{R}_{\text{Pa},i}) \tag{5-17}$$

其中，$\overline{R}_{\text{Pa},i}=\{\overline{r}_{\text{Pa},i}^{j}\mid j=1,\cdots,n\}$和 $\underline{R}_{\text{Pa},i}=\{\underline{r}_{\text{Pa},i}^{j}\mid j=1,\cdots,n\}$分别为 Pa 在与 b_i 协商时对协商议题的期望值和底线值的集合；$\delta_{\text{Pa},i}$为 Pa 的让步策略系数[24,53]，且 $\delta_{\text{Pa},i}\geqslant 0$。当 $0\leqslant\delta_{\text{Pa},i}<1$ 时，让步策略属于谨慎型的 Boulware 策略；当 $\delta_{\text{Pa},i}>1$ 时，让步策略属于迫切型的 Conceder 策略；当 $\delta_{\text{Pa},i}=1$ 时，让步策略是线性的。

Φ_{Pa}为 Pa 的协商决策策略(即协商中的决策规则集合)，具体如图 5-6 所示。

5.2.4.2 Pa 协商伙伴 Agent 的定义

根据多相关自动协商需要，将与 Pa 进行协商的第 i 个 Agent b_i 定义为：

$$b_i=(T_i,W_i,\overline{R}_i,\underline{R}_i,U_i,\Psi_i,\delta_i,Ed,\Phi_i),\ \forall i=1,\cdots,m \tag{5-18}$$

$$\Phi_{\mathrm{Pa}}(O_{B\to \mathrm{Pa}}^{t}, O_{\mathrm{Pa}\to B}^{t})=\begin{cases} U_{\mathrm{Pa},i}(O_{i\to \mathrm{Pa}}^{t})\geqslant \Psi_{\mathrm{Pa},i} & \text{接受 } b_i \text{报价} \\ U_{\mathrm{Pa},i}(O_{i\to \mathrm{Pa}}^{t})\geqslant 1-(1-\Psi_{\mathrm{Pa},i})(\alpha_{\mathrm{Pa},i}^{t})^{\frac{1}{\delta_{\mathrm{Pa},i}}} & \text{接受 } b_i \text{报价} \\ U_{\mathrm{Pa},i}(O_{i\to \mathrm{Pa}}^{t}) \geqslant U_{\mathrm{Pa},i}(O_{\mathrm{Pa}\to i}^{t}) & \text{接受 } b_i \text{报价} \\ F_{\mathrm{Pa}}(O_{B\to \mathrm{Pa}}^{t})\geqslant \sum_{i=1}^{m} \Psi_{\mathrm{Pa},i} & \text{接受全部对方报价，协商成功} \\ t>T_{\mathrm{Pa}} & \text{协商失败，终止协商} \\ \text{否则，继续协商，计算反报价进行报价 } O_{\mathrm{Pa}\to i}^{t}\text{，并发送给 } b_i & \end{cases}$$

图 5-6　Pa 在协商中的决策规则

其中：

T_i 为 b_i 可接受的最大协商轮次。

$W_i = \{\omega_i^{j'} \mid j' = 1,\cdots,n\}$ 为 b_i 对协商中 n 个议题的权重集合，且 $\sum_{j'=1}^{n}\omega_i^{j'} = 1$。

$\overline{R}_i=\{\overline{r}_i^{j'} \mid j'=1,\cdots,n\}$ 和 $\underline{R}_i=\{\underline{r}_i^{j'} \mid j'=1,\cdots,n\}$ 分别表示 b_i 对 n 个议题的期望值和底线值集合，$\overline{r}_i^{j'}$ 和 $\underline{r}_i^{j'}$ 分别表示 b_i 对第 j' 个议题的期望值和底线值，具体刻画了 b_i 对该议题协商的取值范围，且不会随着协商的进行而改变。

U_i 为 b_i 对协商中报价的效用评价函数，这里基于多属性效用评价方法(Multiple Attributive Utility Theory，MAUT)[22]对 U_i 进行设计：

$$U_i(O_{i\to \mathrm{Pa}}^{t}) = \sum_{j'=1}^{n}\omega_i^{j'} \cdot o_{i\to \mathrm{Pa},j'}^{t}, \forall t = 1,\cdots,T_i \tag{5-19}$$

其中，$O_{i\to \mathrm{Pa}}^{t}=\{o_{i\to \mathrm{Pa},j'}^{t} \mid j'=1,\cdots,n\}$ 为 b_i 的第 t 轮报价，$o_{i\to \mathrm{Pa},j'}^{t}$ 为 b_i 对第 j' 个议题的报价值。

Ψ_i 为 b_i 一般可接受报价方案的效用水平，是 b_i 进行协商决策的主要依据。

δ_i 为 b_i 在报价时让步速度控制系数($\delta_i>0$)，其取值特点和策略类型同 $\delta_{\mathrm{Pa},i}$。

Ed 为 b_i 在协商中基于欧几里得距离(Euclidean Distance，ED)的报价方案求解函数[20,61]：

$$\min\ Ed(O_{i\to \mathrm{Pa}}^{t}, O_{\mathrm{Pa}\to i}^{t-1}) \tag{5-20}$$

$$\text{s.t. } U_i(O_{i\to \mathrm{Pa}}^{t})=1-(1-\Psi_i)\left(\frac{t}{T_i}\right)^{\frac{1}{\delta_i}} \tag{5-21}$$

$$\underline{r}_i^{j'} \leqslant o_{i\to \mathrm{Pa},j'}^{t} \leqslant \overline{r}_i^{j'}\,,\ \underline{r}_i^{j'} < \overline{r}_i^{j'} \tag{5-22}$$

$$\overline{r}_i^{j'} \leqslant o_{i\to \mathrm{Pa},j'}^{t} \leqslant \underline{r}_i^{j'}\,,\ \overline{r}_i^{j'} < \underline{r}_i^{j'} \tag{5-23}$$

$$\forall j'=1,\cdots,n;\ t=1,\cdots,T_i \tag{5-24}$$

其中，式(5-20)为实现本方报价与 Pa 上一轮给出报价欧几里得距离(ED)最小化的目标函数，$O_{i\to \mathrm{Pa}}^{t}=\{o_{i\to \mathrm{Pa},j'}^{t}\mid j'=1,\cdots,n\}$为第 t 轮协商中 b_i 将为 Pa 产生的报价方案，$O_{\mathrm{Pa}\to i}^{t-1}=\{o_{\mathrm{Pa}\to i,j'}^{t-1}\mid j'=1,\cdots,n\}$为第 $t-1$ 轮协商中 Pa 发给 b_i 的报价方案；式(5-21)为报价计算中 b_i 基于时间让步策略的报价效用约束；式(5-22)和式(5-23)分别为当议题期望值大于底线值和期望值小于底线值两种情况下，报价计算中的议题取值范围约束；式(5-24)为该模型协商轮次约束。需要注意的是，b_i 将以全部议题的期望值作为首轮(即 $t=1$ 时)报价。

Φ_i 为 b_i 的协商决策策略(即协商中的决策规则集合)，如图 5-7 所示。

$$\Phi_i(O_{\mathrm{Pa}\to i}^{t-1}, O_{i\to \mathrm{Pa}}^{t})=\begin{cases} U_i(O_{\mathrm{Pa}\to i}^{t-1})\geqslant \Psi_i & \text{接受Pa报价} \\ U_i(O_{\mathrm{Pa}\to i}^{t-1})\geqslant 1-(1-\Psi_i)\left(\dfrac{t}{T_i}\right)^{\frac{1}{\delta_i}} & \text{接受Pa报价} \\ U_i(O_{\mathrm{Pa}\to i}^{t-1})\geqslant U_i(O_{i\to \mathrm{Pa}}^{t}) & \text{接受Pa报价} \\ t>T_i & \text{退出协商} \\ \text{否则，计算报价 } O_{i\to \mathrm{Pa}}^{t} \text{ 并发送给 Pa} & \end{cases}$$

图 5-7　b_i 在协商中的决策规则

5.3　数值仿真及分析

5.3.1　仿真背景描述

本节数值仿真将以物流供应链中某品牌激光打印机制造企业为安排下一季度的生产和销售，而与原料供应商、物流服务提供商和产品销售商进行合作协商为背景进行研究。为了在实现对生产、销售等环节有效协调的同时提升自身的运作效率，该品牌激光打印机制造企业需要针对具体的合作事宜，同时与物流供应链中原料供应商、产品销售商和物流服务提供商开展供需合作协商。本节重点对产品制造企业在多相关自动协商中的报价决策进行仿真，以验证所提模型的有效性。

自动协商开始前，该品牌激光打印机制造企业、原料供应商、产品销售商和物流服务提供商分别将本方 Agent 初始化为 Pa、Sa、Ra 和 La。假设 Pa 与 Sa 的协商 N_{ps} 中，原料采购的品类已知，由原料供应商负责送货，协商中的主要议题包括 q_{ps}（采购数量，单位：t）、p_{ps}（采购价格，单位：元/t）和 d_{ps}（提货时间，单位：d）；Pa 与 Ra 的协商 N_{pr} 中，主要对 q_{pr}（产品销售量，单位：台）、p_{pr}（销售价格，单位：元/台）和 d_{pr}（交货时间，单位：d）3 个议题进行协商，协商前已约定好了产品的型号和质量要求等，并由产品制造企业负责将产品配送至产品销售商；为了完成该物流配送任务，Pa 与 La 的协商 N_{pl} 中，主要对 q_{pl}（运输量，单位：台）、p_{pl}（服务价格，单位：元/台）和 d_{pl}（运输完成时间，单位：d）3 个议题进行协商。在协商过程中，Pa 为了实现多相关供需协商总体效用最大化，对任意一个协商的报价决策都需要全面考虑其与其他协商的影响或约束关系，并针对不同议题取值的特点对各协商报价决策进行有效的协调。为了进一步明晰 Pa 的多相关协商中议题间的关系，用图 5-8 加以说明。

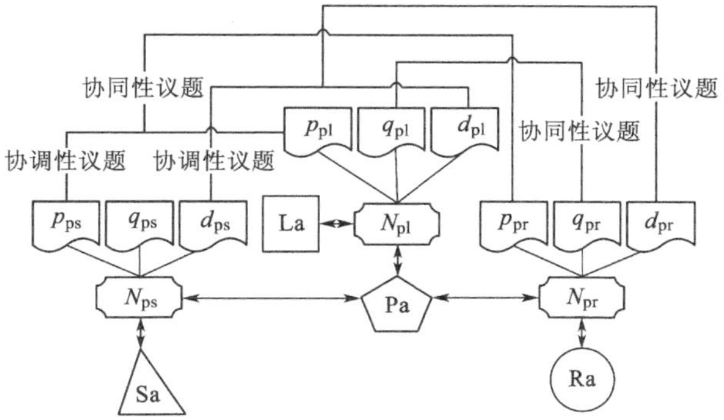

图 5-8　Pa 的多相关自动协商中议题间的关系

图 5-8 中符号含义如下：

① N_{pl} 中的议题 q_{pl} 与 N_{pr} 中的议题 q_{pr} 是协同性议题，因为其取值应该相同或 q_{pl} 略大于 q_{pr}，否则会无法完成运输任务或因为资源浪费而增加成本；

② 基于 Pa 的生产时间，N_{ps} 和 N_{pl} 中的议题 d_{ps} 与 d_{pl} 之和与 N_{pr} 中的议题 d_{pr} 属于协同性议题，d_{ps} 与 d_{pl} 之和会直接影响 d_{pr} 的取值，一般情况下，Pa 的生产时间加上 d_{ps} 与 d_{pl} 之和需要小于等于 d_{pr}，否则 Pa 会出现交货时间违约的情况；

③ 在 N_{pr} 中的议题 d_{pr} 取值约束确定的情况下，N_{ps} 中的议题 d_{ps} 和 N_{pl}

中的议题 d_{pl} 属于协调性议题，即它们取值存在此消彼长的情况，且二者之和须是一个确定值或在一个固定的范围内，否则造成 Pa 无法完成任务或因为拖期而受到惩罚；

④ 基于 Pa 的生产成本，N_{ps} 和 N_{pl} 中的议题 p_{ps} 与 p_{pl} 之和与 N_{pr} 中的议题 p_{pr} 属于协同性议题，p_{ps} 与 p_{pl} 之和是 Pa 决定 p_{pr} 取值的主要依据，且存在 p_{pr} 需要足够大于 Pa 生产成本加上 p_{ps} 与 p_{pl} 之和，否则 Pa 便无法得到应有的收益；

⑤ 在 N_{pr} 中的议题 p_{pr} 取值约束确定的情况下，N_{ps} 中的议题 p_{ps} 和 N_{pl} 中的议题 p_{pl} 属于协调性议题，即它们取值存在相互协调和均衡的关系，且二者之和须是一个确定值或在一个固定的范围内，否则会直接影响 Pa 的协商效用。

5.3.2 数值仿真中相关参数的设定

为了验证本章所提多相关自动协商模型相对于不考虑协商间相关性模型的有效性，将在给定区间内随机产生协商中各 Agent 参数（为了简化协商过程，仿真中假设 $\tau_{Pa,Sa}$、$\tau_{Pa,Ra}$ 和 $\tau_{Pa,La}$ 不随着 t 的变化而变化，Sa、Ra 和 La 对议题的协商范围固定不变）。Pa 对不同协商的权重设定也须通过随机的方式产生，但考虑到仿真结果对比分析的稳定性，选定 $P_{Pa}=\{\rho_{Pa,Sa},\rho_{Pa,Ra},\rho_{Pa,La}\}=\{0.30,0.45,0.25\}$ 为 Pa 对协商 N_{ps}、N_{pr} 和 N_{pl} 产生效用的权重集合，而 Pa 在与 Sa、Ra 和 La 协商中对议题 q、p 和 d 的权重集合分别为：$\omega_{Pa,Sa}=\{0.25,0.50,0.25\}$、$\omega_{Pa,Ra}=\{0.35,0.35,0.30\}$ 和 $\omega_{Pa,La}=\{0.25,0.45,0.30\}$。同时，Sa、Ra 和 La 对议题 q、p 和 d 的权重集合分别为：$\omega_{Sa}=\{0.45,0.40,0.15\}$、$\omega_{Ra}=\{0.35,0.55,0.10\}$ 和 $\omega_{La}=\{0.15,0.35,0.50\}$。另外，Pa、Sa、Ra 和 La 的其他参数产生区间如表 5-1 所列。

表 5-1 数值仿真中 Agent 参数的取值范围

参数	区间	参数	区间	参数	区间	参数	区间
T_{Pa}	[30,35]	T_{Sa}	[40,45]	T_{Ra}	[45,50]	T_{La}	[35,40]
$\overline{p}_{Pa,Sa}$	[500,800]	$\underline{p}_{Pa,Sa}$	$\overline{p}_{Pa,Sa}+400$	$\theta_{Pa,Sa}$	[0.30,0.4]	$\tau_{Pa,Sa}$	[0.75,0.85]
$\overline{p}_{Pa,Ra}$	[1 500,2 000]	$\underline{p}_{Pa,Ra}$	$\overline{p}_{Pa,Ra}-400$	$\theta_{Pa,Ra}$	[0.1,0.15]	$\tau_{Pa,Ra}$	[0.85,0.9]
$\overline{p}_{Pa,La}$	[100,120]	$\underline{p}_{Pa,La}$	$\overline{p}_{Pa,La}+50$	$\theta_{Pa,La}$	[0.60,0.7]	$\tau_{Pa,La}$	[0.65,0.8]

表 5-1（续）

参数	区间	参数	区间	参数	区间	参数	区间
$\bar{q}_{Pa,Sa}$	[500,650]	$\underline{q}_{Pa,Sa}$	$\bar{q}_{Pa,Sa}+400$	$\bar{p}_{Sa}$	$\underline{p}_{Pa,Sa}+50$	$\underline{p}_{Sa}$	$\bar{p}_{Pa,Sa}-50$
$\bar{q}_{Pa,Ra}$	[15 000,18 000]	$\underline{q}_{Pa,Ra}$	$\bar{q}_{Pa,Ra}-2\,000$	$\bar{p}_{Ra}$	$\underline{p}_{Pa,Ra}-150$	$\underline{p}_{Ra}$	$\bar{p}_{Pa,Ra}+150$
$\bar{q}_{Pa,La}$	$\bar{q}_{Pa,Ra}$	$\underline{q}_{Pa,La}$	$\underline{q}_{Pa,Ra}$	$\bar{p}_{La}$	$\underline{p}_{Pa,La}+10$	$\underline{p}_{La}$	$\bar{p}_{Pa,La}-10$
$\bar{d}_{Pa,Sa}$	[15,25]	$\underline{d}_{Pa,Sa}$	$\bar{d}_{Pa,Sa}+20$	$\bar{q}_{Sa}$	$\underline{q}_{Pa,Sa}+50$	$\underline{q}_{Sa}$	$\bar{q}_{Pa,Sa}-50$
$\bar{d}_{Pa,Ra}$	[50,60]	$\underline{d}_{Pa,Ra}$	$\bar{d}_{Pa,Ra}-15$	$\bar{q}_{Ra}$	$\underline{q}_{Pa,Ra}-1\,500$	$\underline{q}_{Ra}$	$\bar{q}_{Pa,Ra}+1\,500$
$\bar{d}_{Pa,La}$	$\underline{d}_{Pa,Ra}-30$	$\underline{d}_{Pa,La}$	$\bar{d}_{Pa,La}+10$	$\bar{q}_{La}$	$\underline{q}_{Pa,La}+1\,500$	$\underline{q}_{La}$	$\bar{q}_{Pa,La}-1\,500$
$\psi_{Pa,Sa}$	[0.5,0.7]	$\delta_{Pa,Sa}$	[3,10]	$\bar{d}_{Sa}$	$\underline{d}_{Pa,Sa}+5$	$\underline{d}_{Sa}$	$\bar{d}_{Pa,Sa}-5$
$\psi_{Pa,Ra}$	[0.5,0.8]	$\delta_{Pa,Ra}$	[0.4,0.8]	$\bar{d}_{Ra}$	$\underline{d}_{Pa,Ra}-5$	$\underline{d}_{Ra}$	$\bar{d}_{Pa,Ra}+5$
$\psi_{Pa,La}$	[0.45,0.75]	$\delta_{Pa,La}$	[0.8,1]	$\bar{d}_{La}$	$\underline{d}_{Pa,La}+5$	$\underline{d}_{La}$	$\bar{d}_{Pa,La}-5$
$\lambda_{Pa,Sa}$	[0.15,0.2]	$\varepsilon_{Pa,Sa}$	[0.05,0.1]	ψ_{Sa}	[0.6,0.9]	δ_{Sa}	[0.7,1]
$\lambda_{Pa,Ra}$	[0.2,0.3]	$\varepsilon_{Pa,Ra}$	[0.1,0.15]	ψ_{Ra}	[0.7,0.9]	δ_{Ra}	[1,3]
$\lambda_{Pa,La}$	[0.05,0.15]	$\varepsilon_{Pa,La}$	[0.05,0.1]	ψ_{La}	[0.65,0.85]	δ_{La}	[3,5]

5.3.3 数值仿真结果分析

根据表 5-1 中设定的 Agent 参数取值范围，分别对不考虑三个协商间相关性和考虑三个协商间相关性的情况进行了数值仿真实验。不考虑三个协商间相关性的报价决策，即分别将每个协商都看作 Pa 进行的独立协商，每个协商中报价决策仅考虑所在协商获得效用的最优性，而不用权衡不同协商间关系，在这种情况下 Pa 可获得协商效用情况如图 5-9 所示。

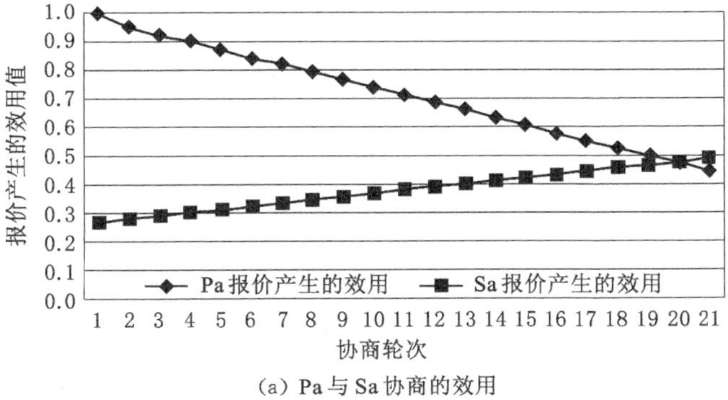

(a) Pa 与 Sa 协商的效用

图 5-9 不考虑协商间相关性情况下 Pa 在三个协商中的效用

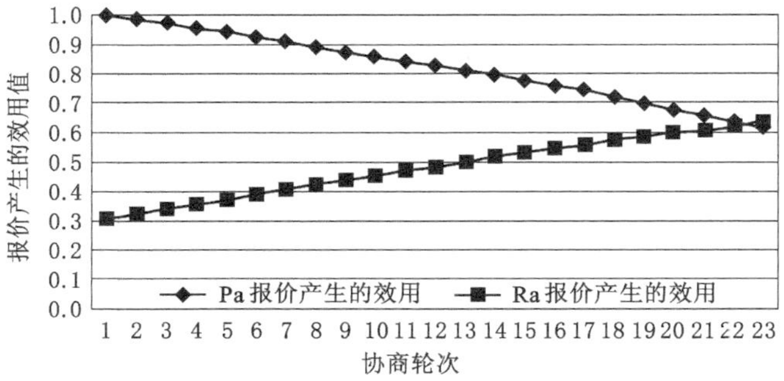

（b）Pa 与 Ra 协商的效用

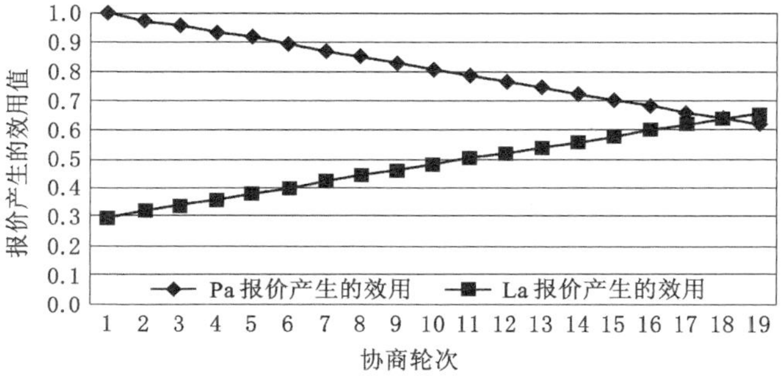

（c）Pa 与 La 协商的效用

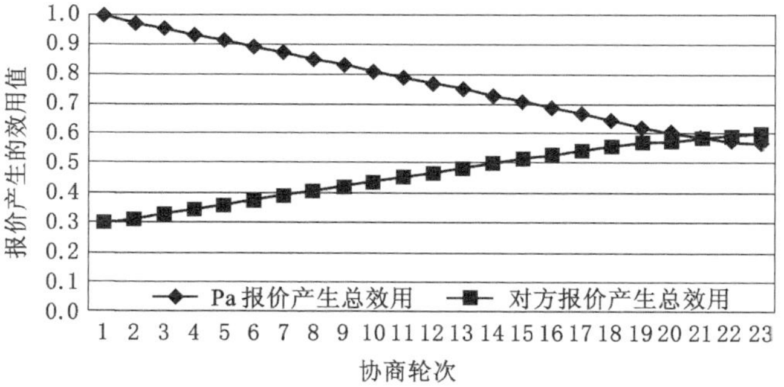

（d）Pa 在三个协商中的总效用

图 5-9（续）

通过图 5-9(a)、(b)和(c)可以看出，Pa 与 Sa、Ra 和 La 的协商 N_{ps}、N_{pr} 和 N_{pl}，分别在第 21、23 和 19 轮以 Pa 接受对方报价方案而达成合作方案。由图 5-9 可以看出，三个协商的总效用会随着三个协商中可获得效用的变化而变化。由于 Pa 对不同协商产生的效用偏好存在差异，因此总效用的变化趋势也受到不同权重设定情况的影响。为简化仿真过程而设定的固定权重分配方案，并不会对协商结果产生实际影响。如图 5-9(d)所示，三个独立协商均完成后，Pa 获得的协商效用之和为 0.599 4。但在实际供需协商中，Pa 为了实现整体的协调与决策优化，N_{ps}、N_{pr} 和 N_{pl} 间的相互影响或制约关系是不能忽视的。

另外，根据图 5-8 所示的协商间关系，在对已达成的合作方案进行处理后，可以得到如图 5-10 所示的结果。从图 5-10(a)、(b)和(c)中可以明显看出，不同供需协商间存在的相互影响或制约关系，导致不考虑协商间相关性的协商报价经常会由于协商间议题取值的不协调而使 Pa 的协商效用出现较大波动，并直接影响了 Pa 在协商中的总效用。如图 5-10(d)所示，若完全不考虑不同协商间存在的相关性，Pa 在多个协商中可获得的实际总效用仅为 0.418 8。

为了在对多个存在相互影响关系的协商进行有效刻画的同时，提高 Pa 在协商中的协调报价能力，本节在相同参数设定下对所提模型进行了数值仿真实验，协商中 Pa 的协商效用变化情况如图 5-11 所示。

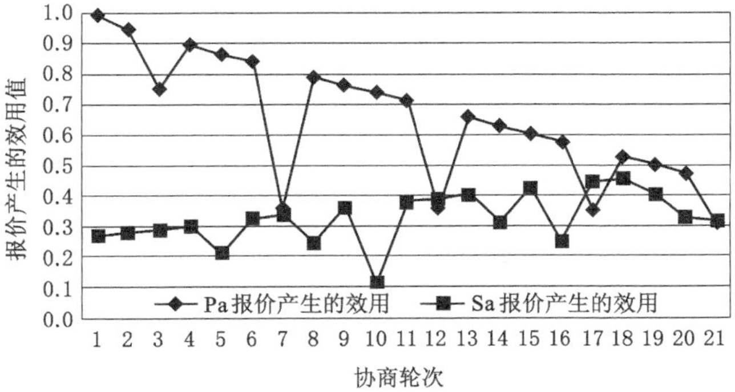

(a) Pa 与 Sa 协商的效用

图 5-10 对三个独立协商进行相关性处理后 Pa 在协商中的效用

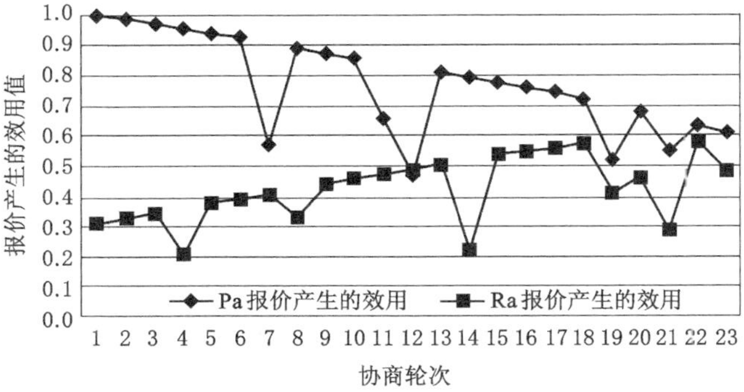

(b) Pa 与 Ra 协商的效用

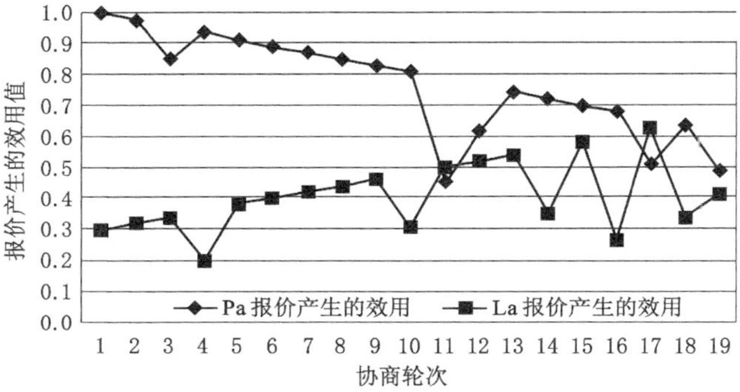

(c) Pa 与 La 协商的效用

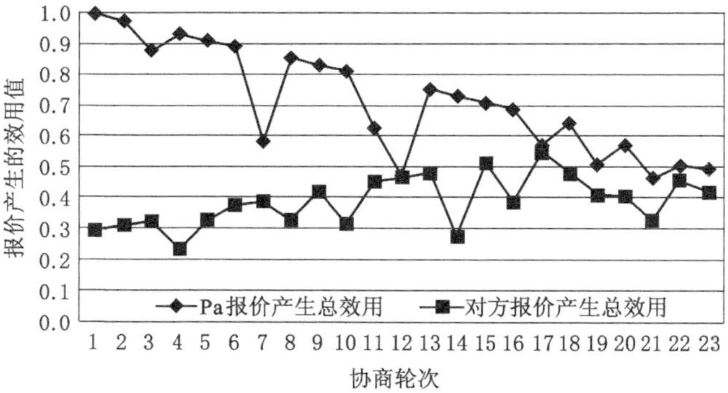

(d) Pa 在三个协商中的总效用

图 5-10（续）

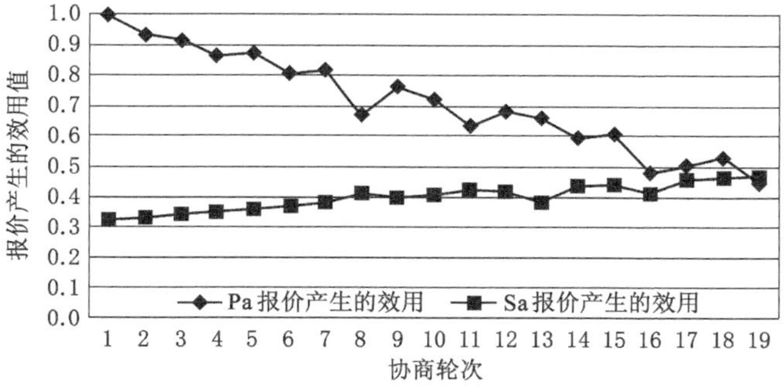

(a) Pa 与 Sa 协商的效用

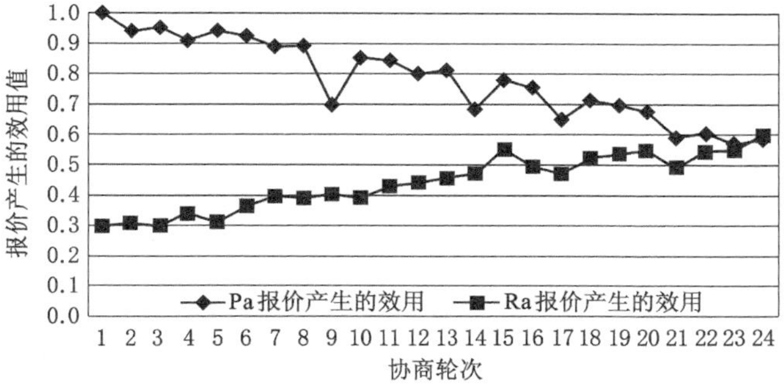

(b) Pa 与 Ra 协商的效用

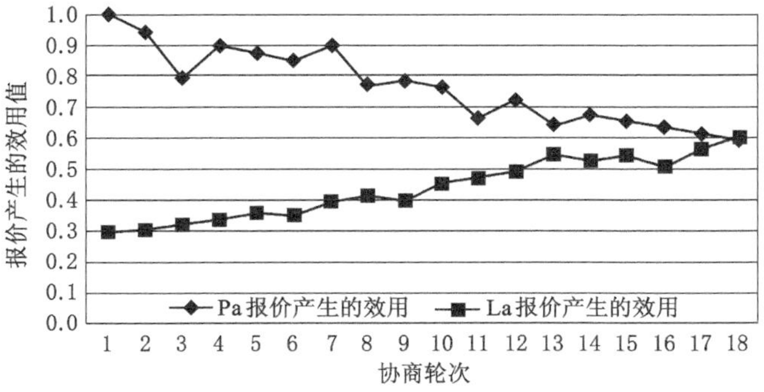

(c) Pa 与 La 协商的效用

图 5-11　多相关自动协商模型下 Pa 在三个协商中的效用

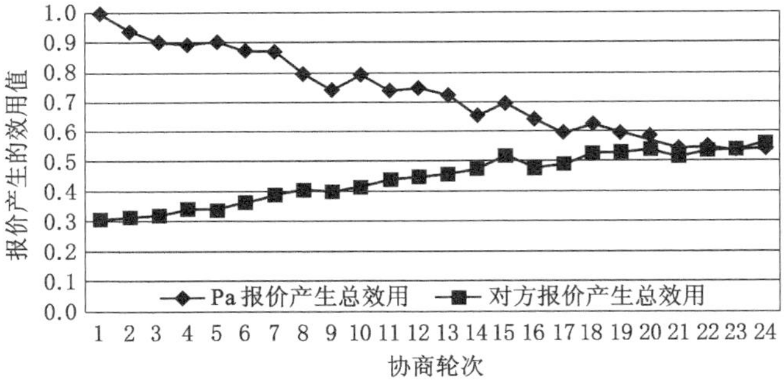

(d) Pa 在三个协商中的总效用

图 5-11（续）

通过与图 5-9 的结果对比后不难发现，考虑了三个协商间报价决策的相互影响关系后，图 5-11 中 Pa 在每个协商中可获得的协商报价效用均有所下降，且协商过程中各方报价为 Pa 带来的效用均不像图 5-9 那样平滑，而是始终存在上下波动。造成这种现象的主要原因在于，Pa 要实现本方总体协商效用最大，就需要全局把握和协调三个协商中的报价决策，因此在协商中经常会出现为了在某个协商中获得更大的协商效用，而对其他协商中的报价进行大幅度的让步或调整。而 Pa 的这种报价行为也自然导致对方报价的波动，进而产生了图 5-11 所示的协商效果。最终 Pa 在协商 N_{ps}、N_{pr} 和 N_{pl} 中，分别在第 19、24 和 18 轮接受对方报价方案，多相关协商也在第 24 轮以成功告终。Pa 获得的协商总效用为 0.562 3，虽然低于图 5-9 所示不考虑协商间相关性而分别独立协商的总效用之和 0.599 4，但却远高于图 5-10 所示进行多相关决策处理后的 0.418 8，进而验证了本章所提模型的有效性。从协商的轮次来看，考虑了协商间相关性后，三个协商所用的协商轮次有增有减，最终协商成功轮次也由不考虑协商间相关性的 23 轮变为 24 轮，虽然增加了 1 轮，但对于计算机平台环境下的自动协商而言，协商效率并不会产生明显影响。

为了进一步对是否考虑协商间相关性的必要性进行论证，本节基于表 5-1 进行了 100 次的数值仿真，仿真结果如图 5-12 所示。

图 5-12 中，MN 是指协商中不考虑多个协商间相关性的情况，MN_R 是指对 MN 进行相关性处理（即对多个协商间决策进行总体协调）后的情况，而 MRN 则为协商中考虑多个协商间决策相关性（即自动协商中应用了

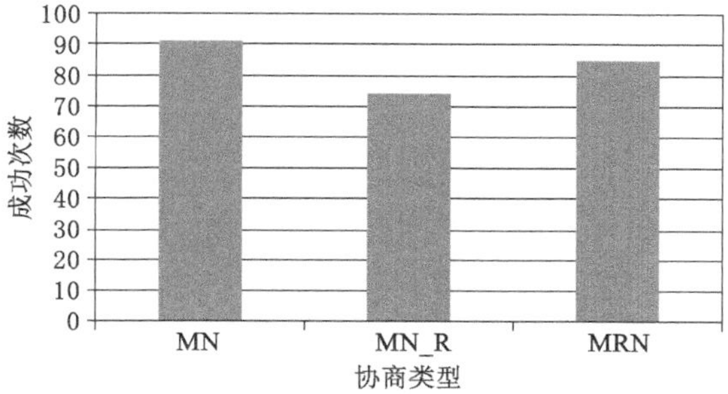

(a) 协商的成功次数

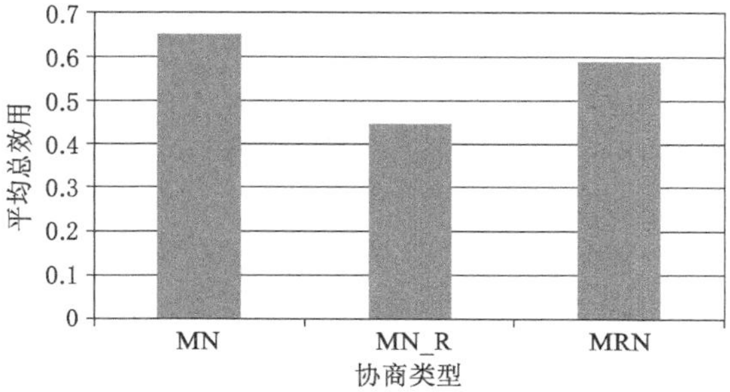

(b) 协商的平均总效用

图 5-12　协商成功次数与平均总效用对比

本章所提模型)的情况。图 5-12(a)中成功次数是指 100 次仿真中 Pa 最终可以实现的协商成功次数,一次成功协商是指一次仿真中 Pa 进行的多个协商都成功的情况,如果某个协商不能成功或因为多个协商间无法协调导致某个协商方案无法实施,即使其他协商成功也不能算是一次成功协商;图 5-12(b)中的平均总效用是指 100次仿真中成功协商可获得总效用的平均值。通过图 5-12(a)可以看出,MN 下 100 次仿真中 Pa 获得了 91 次成功协商,而 MRN 下仅为 85 次,但 MN 下不考虑协商间决策相关性的特点不符合企业实际运营的特点;而在对 MN 进行相关性处理后的 MN_R 获得了 74 次成功协商,远低于 MRN 的 85 次。另外,通过图 5-12(b)可以看出,虽然 MN 产生的平均总效用(0. 652 5)高于 MRN 产生的平均总效用(0. 586 6),但经过相关性处理后的 MN_R 产生的平均总效用(0. 446 3)远低于 MRN,而且这还没有考虑 MN_R 对 MN 处理后,部分成功协商因合作方案无法执行而失败的情况。以上结果均充分论证了本章所提模型的有效性。

5.4 本章小结

本章根据数字经济下物流供应链中企业在与上下游合作伙伴进行供需协商时,往往需要同时对多个存在相关性的协商进行协同报价决策的特点,在对不同交易情境和内容条件下的议题属性和议题间的关系进行分类和定义的基础上,为解决物流供应链多相关协同供需问题提出了多相关自动协商模型。通过对模型的应用,核心企业 Agent 可以全面协调和优化这些相关性协商报价决策,并依靠对不同协商中议题取值的协调提高协商最终获得的总效用。最后,通过数值仿真实验可以看出,所提模型的应用可以明显提高多相关供需自动协商决策中核心企业 Agent 的总效用,而且有利于提高数字经济下物流供应链资源的整体协调和充分利用。但由于本章研究没有根据议题特点具体给出适合处理物流供应链协调的一般化模型,导致模型对实际问题的处理能力受到很大限制。因此,下一步研究的重点在于对多相关协商报价决策中的反应函数进行进一步凝练和刻画,形成更加具有一般性的物流供应链多相关自动协商模型,以提高模型实用性和对现实问题的处理能力。

6 数字经济下物流供应链企业联盟构建

日益激烈的市场竞争和物流供应链内部资源分散、成员企业实力悬殊且相互间协调不充分等，导致物流供应链的运营效率始终不高，综合运营成本也居高不下，这使得物流供应链企业的转型与升级成为其发展的必然趋势和要求[166-167]。面对庞大的建设与管理成本，物流供应链中的很多企业选择将物流外包或与物流企业实现联盟化运营，这推动了 3PL 企业的发展。特别对于那些季节性物流需求波动明显的产业，如煤炭、鲜蔬、海产品和粮食等，每到产品生产和需求旺季的时候，经常会由于物流资源的短缺导致产品堆积或浪费。而与此同时，很多物流企业却因为没有足够信息和机遇，造成大量物流资源闲置。实现物流行业内的重组或兼并，是一种有效的方法，但受到市场环境复杂多变、企业结构性差异大等多方因素影响，实现重组或兼并的难度极大，因此虚拟集团或联盟化运营成为一条简单又高效的途径。数字经济自由开放环境让物流供应链的运营范围得到不断拓展，有利于物流供应链中企业的物流活动由“大而全、小而全”的传统自营物流模式转向外协物流模式，进而推动物流供应链中的资源整合与协同发展[167-168]。

近些年，众多企业为了满足顾客对综合物流服务的要求，实现优势互补、合作共赢和提升自身市场竞争力，迎合动态变化的市场需求，充分利用市场机遇和各种资源，纷纷开始以产运联盟或物流外包的形式对市场物流资源进行整合[169]，使得联盟内部资源得到优化利用，同时也提高了企业对市场机遇的捕捉能力，物流服务水平和服务质量也得到了前所未有的提升，企业整体运营成本得到有效控制[170-172]。但由于物流供应链中企业联盟是由多个独立企业以股权参与或契约的形式，为完成某项任务而组建的临时性组织，该组织存在明显的松散性和阶段性的特点，缺乏全面的制度约束，致使联盟大多中途解散[173]，这不但令最初组建联盟的目的很难达到，一定程度上也影响了盟员企业的正常发展规划，进而产生了额外的成本和损失。因此，合理的物流供应链企业联盟组建与管理机制是保证联盟成功合作及持续发展的关键。

本章将分别从企业联盟和参与者(希望加入企业联盟的企业)的视角，对数字经济下物流供应链中企业联盟的构建问题进行研究，并基于自动协商理论和方法，对相应的数字经济下物流供应链企业联盟模型进行构建，并通过数值仿真方法对模型有效性进行论证。

6.1 基于联盟视角的数字经济下物流供应链企业联盟构建

本节将基于自动协商理论，以生产企业的视角提出了3PL伙伴选择模型，协商各方可根据协商过程和数字经济平台运作环境中市场信息的动态变化调整自己的决策，并通过综合评价潜在合作方的基本属性信息和协商合作方案选择合作伙伴。最后，基于联盟视角，通过一个煤炭企业选择3PL企业加入联盟的数值仿真实例对所提模型的有效性和合理性进行验证。

6.1.1 问题描述

数字经济平台运作环境下基于联盟视角如何有效评价和选择合适的合作伙伴，逐渐成为企业联盟组建的关键问题。传统研究在进行合作伙伴选择时，通常是基于历史合作信息或专家评价等，缺乏选择过程中的必要交流与沟通机制设计，忽视了对潜在合作方案的挖掘，导致很多理想的合作机会被错过或合作后分歧不断。近些年，一些学者针对物流供应链中的联盟伙伴选择问题进行了比较广泛的研究，如Asuquo等[174]以船舶企业为背景，对3PL伙伴选择问题进行了研究，将价格、信誉、地理位置、经验、专业化水平和历史合作关系等作为主要评价指标，并构建了基于层次分析法(Analytic Hierarchy Process，AHP)的3PL伙伴选择模型；Wu和Su[175]认为敏捷性是企业或联盟企业应对全球化生产环境的有效竞争力，对合作伙伴的有效选择是保证生产敏捷型的关键，但由于合作伙伴的选择需要考虑很多因素，其中包括确定的和模糊的因素，该研究仅考虑了成本和时间两个确定的指标，利用整数规划构建了以最小化生产成本为目标、以完成时间为约束的伙伴选择模型；Zeng等[176]认为伙伴选择是企业或虚拟企业获得长远发展的关键问题，该研究证明了带有拖期约束的伙伴选择是一个NP-完全问题，并构建了伙伴选择的非线性整数规划模型，利用实验证明了算法的有效性。

通过以上文献分析不难发现，企业在进行伙伴选择的过程中往往需要考虑多个因素，不确定的和模糊的因素极大地增加了企业决策的难度。针对这个问题，Crispim 和 Sousa[177] 结合 TOPSIS（Technique for Order Preference by Similarity to Ideal Solution）方法分别提出了物流价值链和虚拟企业构建背景下的伙伴选择方法，并通过数值仿真实验验证了方法的有效性，但研究中需要假设对潜在合作伙伴的评价指标为固定指标、评价参数为确定值，而现实中往往很难获得相关合作伙伴的确定信息。企业在进行伙伴选择时，完全基于历史经验或抽样调查的数据，而这些潜在合作伙伴的历史经验信息并不能完全代表该企业的真正实力，一些经过发展或改制而具备相当实力的备选企业往往会被忽略掉，并且大多数备选企业的偏好或所提供服务的承诺往往分布在一个由理想值和底线值组成的区间内，并非一个特定值可以代表。考虑到自身利益，每个企业都不会直接暴露自己的底线值，一般可直接获得的只有相关议题的理想值，由于缺少与潜在合作伙伴的交流，使得传统评价方法所确定的合作伙伴并不一定符合企业的真正意愿。针对这个问题，Wang 等[178] 基于自动协商理论提出了虚拟企业伙伴选择与运营管理的动态协商机制，实现了对合作内容的充分有效沟通，提高了合作效率，同时也减少了合作过程中的冲突，但该研究中没能实现协商环境与动态市场环境的结合，而且忽视了对历史静态数据的考虑。Chen 等[179] 在利用协商机制获得了备选 3PL 伙伴后，为了获得最有效的配送网络，利用 AHP 方法进行了并行供应链最佳伙伴选择和伙伴关系确定，也利用到模糊逻辑的相关理论，有效提高了伙伴选择的水平，但研究中并没有考虑到市场信息对伙伴选择中报价决策的影响，企业的伙伴选择决策仍然是基于固定参数下的函数运算问题，不能保证这些参数已经达到各方的最佳状态。Li 等[61] 给出了一个实现协商环境与动态市场环境相结合的自动协商机制，让协商各方的决策可以随着市场的变化进行动态调整，但研究中忽视了历史数据对合作伙伴选择的影响。随着市场竞争的加剧，企业在对物流合作伙伴进行选择时，不但要考虑物流企业的基本属性信息和历史合作数据，还要根据动态变化的市场环境与物流企业进行有效的信息交流与协商，以实现对合作伙伴的客观评价和合理选择[22]。因此，本节将根据数字经济下物流供应链企业联盟构建中伙伴选择的特点和规律，基于联盟中生产企业（核心企业）的视角，综合考虑潜在合作伙伴基本属性信息和多变市场环境，提出基于自动协商的数字经济下物流供应链 3PL 伙伴动态组织模型（Dynamic Organization Model，DOM），引入 BATNA（Best Alternative to a Negotiated Agreement）理论对协商各方的状态进行了直观、形象的描述,驱动 Agent 选择最优的协商行为[60]。协商中,根据对潜在合作伙伴基本属性信息综合评价,任意联盟中的生产企业会根据协商伙伴的报价和数字经济平台运作环境中的市场信息选择本方的协商决策,并根据本方当前的状态和数字经济平台运作中的最新市场信息调整自己的报价和让步策略,最终确定 3PL 合作伙伴。

6.1.2 数字经济下物流供应链中 3PL 伙伴动态选择自动协商问题建模

6.1.2.1 数字经济下物流供应链 3PL 伙伴选择自动协商过程

在协商前,各方都可以根据从数字经济平台运作环境中获取的历史相关数据和市场调研数据,获得潜在合作伙伴的基本属性信息和初始报价信息等。协商中,虽然无法获知对方的底线报价和议题偏好,但为了在获得合作机会的同时最大化本方的收益,协商各方均可以根据对方报价、平台中的市场信息和本方状态不断调整反报价方案。本节选用简单报价选择协议[61]作为自动协商中各方的报价选择协议,即 3PL 企业根据自身协商策略形成初始报价后,将其发给有物流运输任务的生产企业,然后生产企业根据对方报价、自身策略、协商过程和获取的平台或市场信息进行反报价。协商中,协商各方在每轮协商中都会收到协商伙伴发来的报价信息,直到一方退出或协商成功为止。每轮协商中协商各方都要根据协商伙伴的报价和获取的其他信息进行反报价或作出终止协商的决策。本节基于联盟中生产企业(核心企业)的视角,在综合考虑了潜在合作伙伴的基本属性信息和平台或市场信息的动态变化的基础上,对基于自动协商的 3PL 伙伴选择问题进行建模。为了简化协商流程,协商中各方效用评估函数和反报价形成机制相同,但议题偏好和评价方式存在差异,且假设只有作为市场主导的生产企业具有平台或市场信息的查询能力,并根据查询到的信息调整本方的报价或决定是否终止当前协商,具体如图 6-1 所示。

伙伴选择协商由生产企业 Agent 发起,当有 3PL 企业加入协商平台时,双方首先定义自己的 Agent。若 3PL 企业同意生产企业所列协商议题,则协商开始,双方设置 Agent 的议题偏好、风险水平和协商期限等参数。协商中,Agent_C 和 Agent_L 分别代表生产企业 Agent 和 3PL Agent。协商开始后,Agent_L 首先给出初始报价,并发给代表生产企业的 Agent_C。Agent_C 收到对方报价后,查询协商历史信息库,并判断是否达到协商终止条件,若未达到终止条件,则根据协商历史和平台或市场信息更

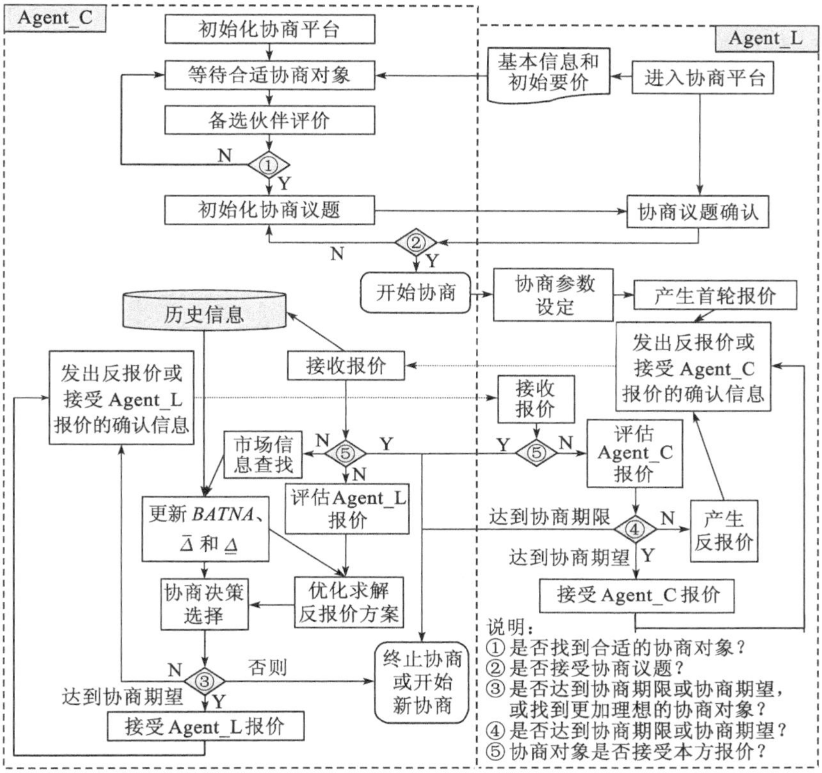

图 6-1　自动协商过程框架

新协商中的 *BATNA* 值、$\overline{\Delta}$(协商报价中的坚持力[180])和 $\underline{\Delta}$(协商报价中的让步力[180])信息，并结合下一轮反报价进行协商决策选择：若达到协商期限或 Agent_C 发现还有更理想的潜在 3PL 合作伙伴，Agent_C 会终止当前协商，并与更理想的 3PL 伙伴开始新的协商；若达到 Agent_C 的协商期望收益，Agent_C 选择接受对方报价，否则，Agent_C 会产生本方反报价，并发送给 Agent_L。协商中，若 Agent_C 选择接受对方报价，则 Agent_C 会向 Agent_L 发出接受报价方案的确认信息，反之亦然，该协商将以达成合作而终止。

6.1.2.2　数字经济下物流供应链 3PL 伙伴动态组织模型(DOM)

通过对现实中生产企业和 3PL 的分析，本节对自动协商中的 Agent 与 3PL 伙伴动态组织模型(DOM)进行了定义，该模型不但可以应用于 1∶1

多议题自动协商，还可以通过适当修正后，应用于 $1:N$ 和 $M:N$ 多议题自动协商问题的处理。

(1) DOM 的模型定义

协商开始前，协商各方需要对协商议题、协商选用的协议、效用函数和相关参数等给出明确定义。假设平台中有 M 个拥有物流任务的生产企业 $C=\{c_1,c_2,\cdots,c_m,\cdots,c_M\}$（其中 c_m 代表第 m 个生产企业 Agent）将与 N 个 3PL 企业 $L=\{l_1,l_2,\cdots,l_n,\cdots,l_N\}$（其中 l_n 代表第 n 个 3PL 企业 Agent），协商中将基于协商协议 κ 进行信息交互（本节选用 Li 等[61]提出的简单选择报价协议），主要针对 Q 个协商议题 $I=\{I_1,I_2,\cdots,I_q,\cdots,I_Q\}$（其中 I_q 代表第 q 个协商议题）。因此，我们可以将 DOM 定义为一个四元组[181]，具体表示如下：

$$\text{DOM}=(I,\kappa,C,L) \tag{6-1}$$

(2) DOM 中 Agent 定义

为了开展协商，全部生产企业和 3PL 企业都需要对自己的 Agent [$c_m(c_m\in C)$ 和 $l_n(l_n\in L)$]进行初始化，同时对协商中的相关参数进行设定，其中包括对每个议题的协商范围、收益期望水平、报价的效用评价中为不同议题分配的权重、报价的初始让步水平和协商期限等。协商过程中，一个 Agent 代表参加协商的一个生产企业或 3PL 企业的实体。根据生产企业或 3PL 企业的设定，每个 Agent 都拥有自己特定的协商策略、战术、行为以及收益评价函数、决策模型等，具体如图 6-2 所示。

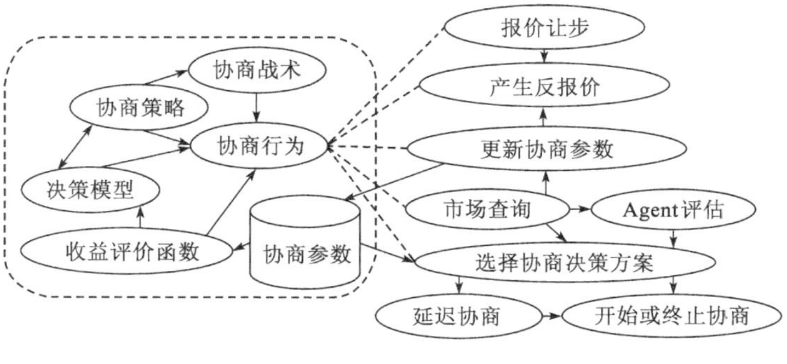

图 6-2　协商中 Agent 的框架结构

每个 Agent 都由很多属性组成，如角色（即生产企业或 3PL 企业）、协商中议题的取值范围集合（即报价中对不同议题取值的期望值和底线值）、对不同议题的权重集合、协商期限、$BATNA$ 值[60-61]（即当前协商失败Agent 可以得到的最佳报价方案）、报价时的坚持力（即报价中不让步的自信水平）和让步力（即报价中急于让步的迫切水平）[60]等。对生产企业 Agent c_m（$\forall m=1,2,\cdots,M, c_m \in C$）进行定义和刻画时设计的主要符号及说明如下：

符号	说明
o_m^t, o_n^t	c_m 和 l_n 在第 t 轮协商中的报价，$o_m^t=\{I_{m,1}^t, I_{m,2}^t,\cdots,I_{m,q}^t,\cdots,I_{m,Q}^t\}$，$o_n^t=\{I_{n,1}^t,I_{n,2}^t,\cdots,I_{n,q}^t,\cdots,I_{n,Q}^t\}$，其中 $I_{m,q}^t$ 和 $I_{n,q}^t$ 分别表示 c_m 和 l_n 在第 t 轮协商中对第 q 个议题的报价值。
T_m, T_n	c_m 和 l_n 设定的协商期限。
Ψ_m, Ψ_n	c_m 和 l_n 的基本属性集合，$\Psi_m=\{\psi_m^1,\psi_m^2,\cdots,\psi_m^v,\cdots,\psi_m^V\}$，$\Psi_n=\{\psi_n^1,\psi_n^2,\cdots,\psi_n^v,\cdots,\psi_n^V\}$，其中 ψ_m^v 和 ψ_n^v 分别表示 c_m 和 l_n 的第 v 个基本属性，且存在 $\psi_m^v\in[0,1]$，$\psi_n^v\in[0,1]$。
S_m	c_m 可接受的议题协商范围集合，$S_m=\{s_m^1,s_m^2,\cdots,s_m^q,\cdots,s_m^Q\}$，其中 $s_m^q=[\underline{s}_m^q,\overline{s}_m^q]$ 是 c_m 对议题 I_q 的可接受协商范围。
$\underline{s}_m^q, \overline{s}_m^q$	c_m 对议题 I_q 的保留报价和期望报价。一般情况下，c_m 会将 $\overline{s}_m^q$ 作为本方对 I_q 的初始报价。
$\underline{S}_m$	c_m 对 Q 个议题的保留值集合，$\underline{S}_m=\{\underline{s}_m^1,\underline{s}_m^2,\cdots,\underline{s}_m^q,\cdots,\underline{s}_m^Q\}$。
W_m	c_m 对 Agent 基本属性集合和议题集合的权重向量，$W_m=(\widetilde{W}_m,\widehat{W}_m)$。
$\widetilde{W}_m, \widehat{W}_m$	c_m 对 V 个基本属性和对 Q 个议题的权重集合，$\widetilde{W}_m=\{\widetilde{\omega}_m^1,\widetilde{\omega}_m^2,\cdots,\widetilde{\omega}_m^v,\cdots,\widetilde{\omega}_m^V\}$，$\widehat{W}_m=\{\widehat{\omega}_m^1,\widehat{\omega}_m^2,\cdots,\widehat{\omega}_m^q,\cdots,\widehat{\omega}_m^Q\}$，其中 $\widetilde{\omega}_m^v$ 和 $\widehat{\omega}_m^q$ 分别为 c_m 对协商对方的第 v 个基本属性和报价中第 q 个议题的权重，$\sum_{v=1}^{V}\widetilde{\omega}_m^v=\sum_{q=1}^{Q}\widehat{\omega}_m^q=1$。
B_m	c_m 在每轮协商中的 $BATNA$ 值集合，$B_m=\{b_m^1,b_m^2,\cdots,b_m^t,\cdots,b_m^{T_m}\}$，其中 b_m^t 为 c_m 在第 t 轮协商中的 $BATNA$ 值。
$\overline{\Delta}_m, \underline{\Delta}_m$	c_m 在各轮协商中的坚持力和让步力集合，$\overline{\Delta}_m=\{\overline{\delta}_m^1,\overline{\delta}_m^2,\cdots,\overline{\delta}_m^t,\cdots,\overline{\delta}_m^{T_m}\}$，$\underline{\Delta}_m=\{\underline{\delta}_m^1,\underline{\delta}_m^2,\cdots,\underline{\delta}_m^t,\cdots,\underline{\delta}_m^{T_m}\}$，其中 $\overline{\delta}_m^t$ 和 $\underline{\delta}_m^t$ 分别为 c_m 在第 t 轮协商中产生反报价 o_m^{t+1} 时的坚持力和让步力。
ρ_m	c_m 针对从协商对方获取收益设定的权重向量，$\rho_m=(\rho_m^\psi,\rho_m^o)$，其中 ρ_m^ψ 和 ρ_m^o 分别代表 c_m 对协商对方的基本属性和报

价为本方带来收益的权重系数，$\rho_m^{\psi}+\rho_m^{o}=1$。

τ_m^t,π_m^t　　c_m 在第 t 轮协商中期望水平和自信水平，$\tau_m^t\in[0,1]$，$\pi_m^t\in[0,1]$。

α_m^t　　c_m 在第 t 轮协商中感受到的时间或精神压力，$\alpha_m^t\in[0,1]$。

β_m^t　　c_m 在第 t 轮协商中基于对方报价确定的让步水平。

C_{srch}　　进行平台或市场信息查询的成本。

本节中，生产企业 Agent $c_m(\forall m=1,2,\cdots,M,c_m\in C)$将通过下式的形式进行定义[注：3PL 企业 Agent $l_n(\forall n=1,2,\cdots,N,l_n\in L)$是以相同的方式进行定义的]：

$$c_m=(\Psi_m,S_m,W_m,T_m,B_m,\rho_m,\Theta_m,\overline{\Delta}_m,\underline{\Delta}_m,),\ \forall m=1,2,\cdots,M,c_m\in C \tag{6-2}$$

其中：

$\Psi_m=\{\psi_m^1,\psi_m^2,\cdots,\psi_m^v,\cdots,\psi_m^V\}$为 c_m 的 V 个基本属性集合，其取值可以根据历史合作情况和平台公开信息查询获得，且 $\psi_m^v\in[0,1](\forall v=1,\cdots,V)$，$\psi_m^v$ 的取值越大，说明 c_m 的该属性在市场上的竞争力越强。

$S_m=\{s_m^1,s_m^2,\cdots,s_m^q,\cdots,s_m^Q\}$为 c_m 对 Q 个议题的协商范围集合，其中 $s_m^q=[\underline{s}_m^q,\overline{s}_m^q]$表示 c_m 对第 q 个议题的可接受协商范围，$\underline{s}_m^q$ 和 $\overline{s}_m^q$ 分别为对该议题的保留报价和期望报价，即 c_m 对该议题协商中取值的底线值和理想值。

$W_m=(\widetilde{W}_m,\hat{W}_m)$为 c_m 在协商中进行效用评价时的权重向量，其中包括基本属性权重集合 $\widetilde{W}_m$ 和协商议题权重集合 $\hat{W}_m$。

T_m 为 c_m 可接受的最大协商轮次，其取值会影响 c_m 协商中反报价时的坚持力和让步力水平。

需要注意的是，Ψ_m、S_m、W_m 和 T_m 在协商开始前设定，直到协商终止，这些值都不会发生变化。

B_m、$\overline{\Delta}_m$ 和 $\underline{\Delta}_m$ 分别为 c_m 在协商中的 $BATNA$ 值、坚持力和让步力集合，存储了 c_m 在协商过程中的不同状态，集合中的值会随着协商的进行而更新。$B_m=\{b_m^1,b_m^2,\cdots,b_m^t,\cdots,b_m^{T_m}\}$为 c_m 在协商中获取到的全部 $BATNA$ 值的集合，$b_m^t(\forall t=1,\cdots,T_m)$为 c_m 在第 t 轮协商中可获取的 $BATNA$ 值，即第 t 轮协商时，c_m 在协商平台从除了当前协商对象以外的其他备选 Agent 处可以获取的最佳报价方案，假定协商刚开始时($t=0$)，c_m 没有获得协商平台上任何备选或潜在 Agent 的报价信息，b_m^0 即为协商中对 Q 个议题报价的保留值。

由于协商中不同 Agent 对备选 Agent 的基本信息和报价情况的评价侧重不同，因此可以通过收益权重向量 $\rho_m=(\rho_m^{\psi},\rho_m^{o})$ 来反映 c_m 对基本信息和报价带来收益的权重差异，其中 ρ_m^{ψ} 和 ρ_m^{o} 分别代表 c_m 对备选 Agent 的基本信息和报价为本方带来收益的权重系数，且存在 $\rho_m^{\psi}+\rho_m^{o}=1$。

Θ_m 为协商中 c_m 的收益评价函数。

尽管多议题协商比单议题（如价格或数量等）协商要复杂得多，但在现实生活中它是一种非常具有使用价值的协商机制[59]。本节基于多属性效用评价理论（MAUT）对生产企业 Agent c_m 的收益评价函数进行设计，针对3PL 伙伴选择的实际需要，综合考虑了备选 Agent 的基本信息和在协商中的报价情况。第 t 轮协商中 c_m 的收益评价函数如下（注：3PL 企业 Agent l_n 采用相同的方式定义）：

$$\Theta_m(\psi_n,o_n^t)=\rho_m^{\psi}\cdot F_m(\Psi_n)+\rho_m^{o}\cdot U_m(o_m^t),\ \forall n=1,2,\cdots,N,\ t\leqslant T_m \tag{6-3}$$

其中：

$F_m(\Psi_n)$ 为 c_m 在自动协商中对 3PL 企业 l_n 基本属性信息的收益评价函数，具体可表示为：

$$F_m(\Psi_n)=\sum_{v=1}^{V}\tilde{\omega}_m^v\cdot\psi_n^v,\ \forall n=1,2,\cdots,N,\ \psi_n^v\in\Psi_n,\ \sum_{v=1}^{V}\tilde{\omega}_m^v=1 \tag{6-4}$$

其中，$\Psi_n=\{\psi_n^1,\cdots,\psi_n^v,\cdots,\psi_n^V\}$ 为 3PL 企业 l_n 的基本属性信息集合。

$U_m(o_m^t)$ 为 c_m 在自动协商中对 3PL 企业 l_n 在第 t 轮协商给出的报价 $o_n^t=\{I_{n,1}^t,I_{n,2}^t,\cdots,I_{n,q}^t,\cdots,I_{n,Q}^t\}$ 的收益评价函数，$I_{n,q}^t$ 表示 l_n 在第 t 轮协商中对第 q 个议题 $I_q(\forall q=1,\cdots,Q)$ 给出的报价值，具体表示为：

$$U_m(o_m^t)=\begin{cases}0, & \forall u_m^q(I_{n,q}^t)<0,\ \exists q=1,\cdots,Q\\ \sum_{q=1}^{Q}\hat{\omega}_m^q\cdot u_m^q(I_{n,q}^t), & \text{否则}\end{cases} \tag{6-5}$$

其中，$\hat{\omega}_m^q\in\hat{W}_m$ 为 c_m 给第 q 个议题 $I_q(q=1,\cdots,Q)$ 设定的权重系数，且存在 $\sum_{q=1}^{Q}\hat{\omega}_m^q=1$；$u_m^q(I_{n,q}^t)$ 为第 t 轮协商中 c_m 对 o_n^t 中议题 $I_{n,q}^t$ 报价值的收益评价函数[25]，具体表示为：

$$u_m^q(I_{n,q}^t)=\frac{I_{n,q}^t-\underline{s}_m^q}{\bar{s}_m^q-\underline{s}_m^q},\ \forall q=1,\cdots,Q \tag{6-6}$$

本节中，利用考虑了时间和资源约束的综合效用函数对 Agent 在反报价中的坚持力和让步力[180]进行刻画，替代传统研究中的单纯时间或资源导向的协商战术[94,182-183]。随着协商中时间的推移，为了尽可能达成合作，Agent 报价中的让步力会增加而坚持力会下降；而平台中潜在的丰富资源会提升 Agent 反报价中的坚持力而削弱让步力。协商中，Agent 通过对反报价中两种力的均衡可以有效地权衡协商过程与协商所处环境的关系，进而提高反报价方案的质量。

在第 t 轮协商中，c_m 在生成反报价方案 o_m^{t+1} 时的坚持力 $\bar{\delta}_m^t$ 可以通过下式计算获得：

$$\bar{\delta}_m^t(o_m^{t+1})=\pi_m^t[\tau_m^t-U_m(o_m^{t+1})],\ \forall t\leqslant T_m \tag{6-7}$$

其中，τ_m^t 为 c_m 在第 t 轮协商中的收益期望水平，且 $\tau_m^t\in[0,1]$；$o_m^{t+1}=\{I_{m,1}^{t+1},I_{m,2}^{t+1},\cdots,I_{m,q}^{t+1},\cdots,I_{m,Q}^{t+1}\}$表示 c_m 在第 t 轮协商中收到对方报价后，为第 $t+1$ 轮协商产生的反报价方案；$U_m(o_m^{t+1})$为 c_m 可从反报价方案 o_m^{t+1} 中获得的收益；π_m^t 表示 c_m 在第 t 轮协商中的自信水平，且 $\pi_m^t\in[0,1]$，其具体计算可表示为：

$$\pi_m^t=\begin{cases}1, & 1.1U_m(b_m^t)>1\\ 1.1U_m(b_m^t), & \text{否则}\end{cases} \tag{6-8}$$

其中，$U_m(b_m^t)$为 c_m 可从第 t 轮协商的 $BATNA$ b_m^t 中获得收益。

在第 t 轮协商中，c_m 在生成反报价方案 o_m^{t+1} 时的让步力 $\underline{\delta}_m^t$ 可以通过下式计算获得：

$$\underline{\delta}_m^t(o_m^{t+1})=\alpha_m^t[U_m(o_m^{t+1})-\beta_m^t],\ \forall t\leqslant T_m \tag{6-9}$$

其中：

α_m^t 为 c_m 在第 t 轮协商中感知到的时间或精神上的压力，越贴近协商期限 T_m，压力会越大，而 c_m 则会越迫切地在反报价中让步，且 $\alpha_m^t\in[0,1]$，其具体计算可表示为：

$$\alpha_m^t=1-\frac{T_m-t}{T_m} \tag{6-10}$$

β_m^t 为 c_m 在第 t 轮协商中收到 3PL 企业 l_n 报价 o_m^t 后确定的报价让步水平，其具体计算如下：

$$\beta_m^t=\max\{\beta_m^{t-2}-[U_m(o_n^t)-U_m(o_n^{t-2})],\ U_m(\underline{S}_m),\ U_m(b_m^t)\} \tag{6-11}$$

其中，$\underline{S}_m=\{\underline{s}_m^1,\underline{s}_m^2,\cdots,\underline{s}_m^q,\cdots,\underline{s}_m^Q\}$为 c_m 对 Q 个议题的报价保留值集合；o_n^{t-2}

为 l_n 在第 $t-2$ 轮协商中的报价。通常会有 $U_m(\underline{S}_m)<U_m(b_m^t)<\beta_m^{t-2}-[U_m(o_n^t)-U_m(o_n^{t-2})]$，而 β_m 会选取它们中的最大者为其取值的含义在于 c_m 不会轻易将其报价让步到保留报价。$\beta_m^{t-2}-[U_m(o_n^t)-U_m(o_n^{t-2})]$ 表示 c_m 反报价的让步水平是基于本方在第 $t-2$ 轮中的让步水平 β_m^{t-2}，并参照 l_n 在第 t 轮和第 $t-2$ 轮报价给本方收益带来变化情况，即 l_n 的让步幅度，当对方相对让步幅度扩大时，本方也会扩大让步幅度。

在自动协商过程中，Agent 如何根据对方报价和动态变化的协商环境进行反报价，是一个直接决定自动协商效率和质量的关键环节。本节中生产企业 Agent $c_m(\forall m=1,2,\cdots,M)$ 根据 3PL 企业 Agent $l_n(\forall n=1,2,\cdots,N)$ 在第 t 轮中的报价 o_n^t，基于自身的参数设定、协商状态和动态变化的平台或市场环境信息，在实现对反报价中的坚持力和让步力均衡的基础上，利用反报价优化求解模型为 l_n 生成反报价方案 o_m^{t+1}。该优化求解模型以本方收益最大化为目标，综合考虑了对反报价坚持力和让步力的均衡、反报价方案获得收益在可接受区间和协商不超过本方协商期限的约束[181]，具体表示如下[注：3PL 企业 Agent $l_n(\forall n=1,2,\cdots,N)$ 的反报价优化求解模型结构与 c_m 的相同]：

$$\arg\max U_m(o_m^{t+1}) \tag{6-12}$$

$$\text{s.t.}\begin{cases}\bar{\delta}_m^t(o_m^{t+1})-\underline{\delta}_m^t(o_m^{t+1})=0\\ \beta_m^t\leqslant U_m^t(o_m^{t+1})\leqslant\tau_m^t\\ t+1\leqslant T_m,\ \forall m=1,\cdots,M\end{cases} \tag{6-13}$$

协商过程中，$c_m(\forall m=1,2,\cdots,M)$ 和 $l_n(\forall n=1,2,\cdots,N)$ 分别会依据协商状态和环境变化情况，基于各自的参数设定反报价方案后，进行报价方案的交互，并根据各自的协商策略配置自动完成协商决策的选择，如协商中 c_m 的协商策略如图 6-3 所示。

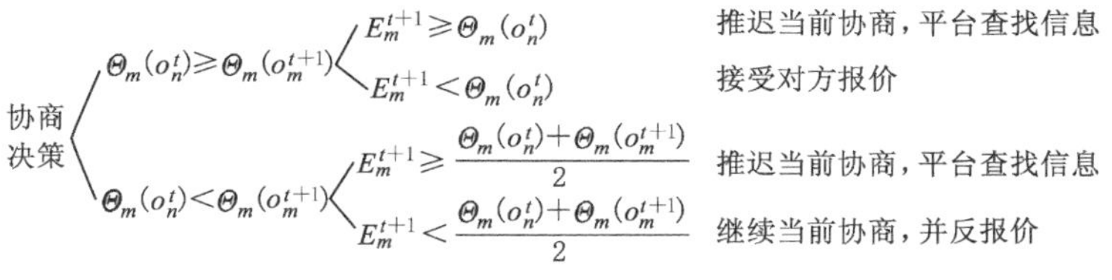

图 6-3 自动协商中 c_m 的协商策略

图 6-3 中的 E_m^{t+1} 代表 c_m 对第 $t+1$ 轮协商的收益期望，其求解方法将

在下一部分具体描述。协商中，c_m 利用反报价优化求解模型求得反报价方案 o_m^{t+1} 后，根据协商策略对 $\Theta_m(o_n^t)$、$\Theta_m(o_m^{t+1})$ 和 E_m^{t+1} 值进行比较和分析，确定具体的协商决策。如图 6-3 所示，一共存在 3 种协商决策：推迟当前协商，在平台中查找相关信息；接受 l_n 的报价方案；继续当前协商，产生反报价方案。

6.1.2.3 数字经济下物流供应链市场信息提取

现实中，市场信息的不完全和不确定性使得协商各方很难在决策中合理把握市场机会[184]，所以本章利用 BATNA 理论对协商各方在协商中的市场信息获取情况进行刻画，并运用动态环境下的市场机会概率模型[61]揭示经济环境的不确定性和随机性特点，使协商中的 Agent 选择趋于理性的协商决策行为。研究中，假设平台中可能出现的市场机会是一个可以用离散概率分布描述的有限空间，即任何生产企业和 3PL 企业都有可能参与到协商中来，但平台中生产企业或 3PL 企业的个数是有限的，任意协商方可获取的市场潜在报价信息也是有限集合，且所有市场机会出现或等待的时间也是有限集合。

(1) 平台中随机出现的潜在合作伙伴基本属性信息和报价方案分别定义为：

$$\widetilde{\Psi}=\{\tilde{\psi}_1,\tilde{\psi}_2,\cdots,\tilde{\psi}_h,\cdots,\tilde{\psi}_H\} \tag{6-14}$$

$$\widetilde{O}=\{\tilde{o}_1,\tilde{o}_2,\cdots,\tilde{o}_g,\cdots,\tilde{o}_G\} \tag{6-15}$$

其中，$\widetilde{\Psi}$ 为平台外市场中存在的 H 个潜在合作伙伴的集合，这些潜在合作伙伴随时会进入协商平台中进行报价，$\tilde{\psi}_h=\{\tilde{\psi}_{1,h},\tilde{\psi}_{2,h},\cdots,\tilde{\psi}_{v,h},\cdots,\tilde{\psi}_{V,h}\}$表示第 h 个潜在合作伙伴的 V 个基本属性信息集合；$\widetilde{O}$ 为任意潜在合作伙伴的 G 个初始报价集合，$\tilde{o}_g=\{I_{g,1},I_{g,2},\cdots,I_{g,q},\cdots,I_{g,Q}\}$表示第 g 个潜在协商 Agent 为 Q 个议题给出的初始报价方案；$\tilde{\psi}_h(\forall h=1,\cdots,H)$和 $\tilde{o}_g(\forall g=1,\cdots,G)$分别表示任意一个潜在合作伙伴的基本属性信息和可能出现的初始报价。

(2) 平台中任意潜在合作伙伴进入协商平台并报价的等待时间为一个有限集合，具体表示为：

$$K=\{k_1,k_2,\cdots,k_j,\cdots,k_J\} \tag{6-16}$$

其中，K 表示潜在市场机会出现的 J 个可能等待时间的集合；$k_j(\forall j=1,\cdots,J)$为任意一个可能的等待时间。

(3) 在下一时刻出现潜在合作伙伴 $\tilde{\psi}_h(\forall h=1,\cdots,H)$ 的概率为 $P(\tilde{\Psi}=\tilde{\psi}_h)$，出现初始报价方案 $\tilde{o}_g(\forall g=1,\cdots,G)$ 的概率为 $P(\tilde{O}=\tilde{o}_g)$，则在下一时刻出现潜在合作伙伴 $\tilde{\psi}_h$ 且其报价方案为 $\tilde{o}_g$ 的概率为 $P(\tilde{O}=\tilde{o}_g \mid \tilde{\Psi}=\tilde{\psi}_h)$，任意时刻的等待时间为 $k_j(\forall j=1,\cdots,J)$ 的概率为 $P(K=k_j)$。以上所有概率都需要满足以下约束条件：

$$\sum_{\tilde{\psi}_h \in \tilde{\Psi}} P(\tilde{\Psi}=\tilde{\psi}_h)=1,\ \forall h=1,\cdots,H \tag{6-17}$$

$$\sum_{\tilde{o}_g \in \tilde{O}} P(\tilde{O}=\tilde{o}_g)=1,\ \forall g=1,\cdots,G \tag{6-18}$$

$$\sum_{k_j \in K} P(K=k_j)=1,\ \forall j=1,\cdots,K \tag{6-19}$$

$$\sum_{\tilde{\psi}_h \in \tilde{\Psi}} \sum_{\tilde{o}_g \in \tilde{O}} P(\tilde{O}=\tilde{o}_g \mid \tilde{\Psi}=\tilde{\psi}_h)=1,\ \forall h=1,\cdots,H,\ \forall g=1,\cdots,G \tag{6-20}$$

(4) c_m 对 $t+1$ 时刻的市场收益期望可表示为：

$$E_m^{t-1}=\sum_{\tilde{\psi}_h \in \tilde{\Psi}} \sum_{\tilde{o}_g \in \tilde{O}} \sum_{k_j \in K} P(\tilde{O}=\tilde{o}_g \mid \tilde{\Psi}=\tilde{\psi}_h) P(K=k_j) \lambda_m^{t+k_j} \Theta_m(\tilde{o}_g)-C_{\mathrm{srch}} \tag{6-21}$$

其中，C_{srch} 为进行市场信息查询的费用。

6.1.3 数值仿真及分析

为了对所提模型的合理性和有效性进行检验，本节数值仿真以煤炭物流供应链中某大型煤炭产运联盟中的某大型煤炭企业根据某一特定煤炭销售任务的需要，希望借助数字经济平台运作环境以自动协商的方式在联盟外选择一个专业 3PL 企业加入联盟，合作完成该煤炭企业的煤炭生产与运输任务为背景，具体描述如下。

6.1.3.1 数值仿真背景描述

受到环境污染和煤炭需求下降等问题的影响，煤炭企业的生存压力不断增加，行业内的竞争也日趋激烈。煤炭生产和供需分布的特点，使得煤炭物流成为煤炭供应链中生产和销售成本的重要组成部分，直接影响着煤炭企业的生存与发展。传统煤炭企业基本都是通过自营的形式完成生产和销售中的物流任务，但受到煤炭生产和消费的季节性影响，加之煤炭需求的不断下降，煤炭物流已经逐渐成为煤炭企业运营中的负担。为了谋求生存和发展，煤炭企业大都开始调整生产和经营策略，期望在降低企业自身运营成本的同时，提高企业运营效率和服务质量，因此煤炭企业通常选择将煤炭物流外包给专业的 3PL 企业完成，这样既可以提高煤炭运输的效率和服务质量，也可以降低煤炭企业自身的运营成本和压力。本节假设某大型煤炭产运联盟在接到一个跨地域用煤需求后，由于联盟内已有 3PL 成员直接完成该任务的投入成本过高，因此联盟中的核心煤炭企业期望在平台上通过自动协商方式选择一个具有煤炭运输资质且可以更高效地完成该物流运输任务的 3PL 企业进行合作。

数值仿真中假设煤炭企业 Agent 为 Agent_C，平台上有 35 家煤炭物流企业 Agent（Agent_L_1，…，Agent_L_{35}）可能与该煤炭企业进行合作，但它们并非同时在平台中发布信息，而是在协商过程中随机出现。假设平台信息查询成本 $C_{\text{srch}}=0$，且只有煤炭企业可以选择进行信息查询，并依据查询信息进行相关决策选择，3PL 企业 Agent 依据 Agent_C 的报价信息进行协商决策选择。

6.1.3.2 基于静态信息的合作伙伴选择方法

为了验证所提基于自动协商的 3PL 伙伴选择模型相对于传统基于静态过程方法的有效性，本节引入 TOPSIS 方法对相同环境和假设条件下的 3PL 伙伴选择问题进行数值仿真实验分析。仿真实验中，煤炭企业 Agent_C会根据不同时刻的期望对打算与本方合作的煤炭物流企业 Agent（即数值仿真实验中进入协商平台内的 3PL 企业的 Agent）进行评价和选择，并将选择结果和获得收益情况与所提模型进行对比分析。

对 TOPSIS 定义的主要符号及说明如下：

符号	说明
Φ	协商平台中备选 Agent 的个数。
S	TOPSIS 中的决策矩阵，$S=[s_{\phi,\overline{v}}]_{\Phi\times(V+Q)}$，其中 $s_{\phi,\overline{v}}$ 为对任意第 ϕ 个潜在合作伙伴的第 v 个评价指标的评价值，$\forall\phi=1,2,\cdots,\Phi$。
$\widetilde{S}$	矩阵 S 的标准化处理矩阵，$\widetilde{S}=[\tilde{s}_{\phi,\overline{v}}]_{\Phi\times(V+Q)}$。
W'	矩阵 $W'=\{\widetilde{W},\widehat{W}\}$ 的标准化处理矩阵，$W'=\{\omega'_1,\omega'_2,\cdots,\omega'_{\overline{v}},\cdots,\omega'_{V+m}\}$。
$\widetilde{\widetilde{S}}$	矩阵 $\widetilde{S}$ 的加权矩阵，$\widetilde{\widetilde{S}}=[\tilde{\tilde{s}}_{\phi,\overline{v}}]_{\Phi\times(V+m)}=[\omega'_{\overline{v}}\cdot\tilde{s}_{\phi,\overline{v}}]_{\Phi\times(V+m)}$。

$\tilde{\tilde{S}}^{+}$　　矩阵 $\tilde{S}$ 的正理想点矩阵，$\tilde{\tilde{S}}=[\tilde{\tilde{s}}^{+}_{\phi,\bar{v}}]_{\Phi\times(V+m)}=\max\limits_{\phi}\{\tilde{\tilde{s}}_{\phi,\bar{v}}\}_{\Phi\times(V+m)}$。

$\tilde{\tilde{S}}^{-}$　　矩阵 $\tilde{S}$ 的负理想点矩阵，$\tilde{\tilde{S}}=[\tilde{\tilde{s}}^{-}_{\phi,\bar{v}}]_{\Phi\times(V+m)}=\min\limits_{\phi}\{\tilde{\tilde{s}}_{\phi,\bar{v}}\}_{\Phi\times(V+m)}$。

D^{+}, D_{-}　矩阵 $\tilde{\tilde{S}}$ 到矩阵 $\tilde{\tilde{S}}^{+}$ 和矩阵 $\tilde{\tilde{S}}^{-}$ 的距离集合。

静态的伙伴选择方法具体可以表示为[185]：

① 整理相关数据，构建决策矩阵。由于伙伴选择前各方就可以获得平台中出现的潜在合作伙伴的基本属性信息和初始报价，潜在合作伙伴的基本属性信息评价指标为社会共识信息，且其取值为[0,1]区间内的值，因此可以直接作为决策矩阵的值；而初始报价信息需要借助式(6-5)处理后放入决策矩阵。如果存在 Φ 个潜在合作伙伴，每个潜在合作伙伴存在 V 个基本属性信息评价指标，则经过整理后的决策矩阵可以表示为：

$$S=[s_{\phi,\bar{v}}]_{\Phi\times(V+Q)} \tag{6-22}$$

其中，$s_{\phi,\bar{v}}$ 为对任意第 ϕ 个潜在合作伙伴的第 $\bar{v}$ 个评价指标的评价值；Q 为协商中议题的个数。

② 对决策矩阵做标准化处理。由于全部评价指标的评价值都是单调递增的，因此可以使用下式进行标准化处理：

$$\tilde{S}=[\tilde{s}_{\phi,\bar{v}}]_{\Phi\times(V+Q)}=\left[\frac{s_{\phi,\bar{v}}-\min\limits_{\phi}s_{\phi,\bar{v}}}{\max\limits_{\phi}s_{\phi,\bar{v}}-\min\limits_{\phi}s_{\phi,\bar{v}}}\right]_{\Phi\times(V+Q)} \tag{6-23}$$

③ 计算加权标准化决策矩阵。对 $W'=\{\widetilde{W},\widehat{W}\}$ 标准化处理后可得 $W'=\{\omega'_1,\cdots,\omega'_{\bar{v}},\cdots,\omega'_{V+Q}\}$，并利用下式对标准化后的决策矩阵进行加权标准化：

$$\tilde{\tilde{S}}=[\tilde{\tilde{s}}_{\phi,\bar{v}}]_{\Phi\times(V+Q)}=[\omega'_{\bar{v}}\cdot\tilde{s}_{\phi,\bar{v}}]_{\Phi\times(V+Q)} \tag{6-24}$$

④ 根据矩阵 $\tilde{\tilde{S}}$ 分别计算出正理想点集合 $\tilde{\tilde{S}}^{+}$ 和负理想点集合 $\tilde{\tilde{S}}^{-}$，具体为：

$$\tilde{\tilde{S}}^{+}=[\tilde{\tilde{s}}^{+}_{\bar{v}}]_{l\times(V+Q)}=\begin{bmatrix}\max\limits_{\phi}\{\tilde{\tilde{s}}_{\phi,\bar{v}}\mid\bar{v}\in \text{fenefit criteria}\},\\ \min\limits_{\phi}\{\tilde{\tilde{s}}_{\phi,\bar{v}}\mid\bar{v}\in \text{cost criteria}\}\end{bmatrix}_{l\times(V+Q)} \tag{6-25}$$

$$\tilde{\tilde{S}}^{-}=[\tilde{\tilde{s}}^{-}_{\bar{v}}]_{l\times(V+Q)}=\begin{bmatrix}\min\limits_{\phi}\{\tilde{\tilde{s}}_{\phi,\bar{v}}\mid\bar{v}\in \text{fenefit criteria}\},\\ \max\limits_{\phi}\{\tilde{\tilde{s}}_{\phi,\bar{v}}\mid\bar{v}\in \text{cost criteria}\}\end{bmatrix}_{l\times(V+Q)} \tag{6-26}$$

⑤ 计算标准化决策矩阵 $\tilde{\tilde{S}}$ 与正理想点矩阵 $\tilde{\tilde{S}}^{+}$ 和负理想点矩阵 $\tilde{\tilde{S}}^{-}$ 的距

离和相对距离，并根据相对距离的大小进行优劣排序，相对距离大的为优。

首先，利用下式分别计算出标准化决策矩阵$\overset{\approx}{S}$到正理想点矩阵$\overset{\approx}{S}^{+}$和负理想点矩阵$\overset{\approx}{S}^{-}$的距离集合 D^{+} 和 D^{-}：

$$D^{+}=\left[d_{\phi}^{+}\right]_{l\times\Phi}=\left[\sqrt{\sum_{\bar{v}=1}^{V+Q}\left(\tilde{\tilde{s}}_{\phi,\bar{v}}-\tilde{\tilde{s}}_{\bar{v}}^{+}\right)^{2}}\right]_{l\times\Phi} \tag{6-27}$$

$$D^{-}=\left[d_{\phi}^{-}\right]_{l\times\Phi}=\left[\sqrt{\sum_{\bar{v}=1}^{V+Q}\left(\tilde{\tilde{s}}_{\phi,\bar{v}}-\tilde{\tilde{s}}_{\bar{v}}^{-}\right)^{2}}\right]_{l\times\Phi} \tag{6-28}$$

然后，利用下式计算出$\overset{\approx}{S}$到$\overset{\approx}{S}^{+}$和$\overset{\approx}{S}^{-}$的相对距离集合：

$$Y=\left[y_{\phi}\right]_{l\times\Phi}=\left[\frac{d_{\phi}^{-}}{d_{\phi}^{-}+d_{\phi}^{+}}\right]_{l\times\Phi} \tag{6-29}$$

其中，Y 为基于多属性求得的所有备选 Agent 与 Agent_C 决策的相对距离集合，根据集合中距离的大小排序，Agent_C 将选择最佳的 Agent 为本方合作伙伴。为了简化数值仿真中的伙伴选择过程，Agent_C 在利用基于理想点法的 TOPSIS 确定某 3PL 企业 Agent 为合作伙伴后，该 3PL 企业初始报价方案作为双方的最终合作方案。

6.1.3.3 数值仿真相关参数设定

根据对现实问题的分析，煤炭企业在选择煤炭 3PL 企业作为合作伙伴时需要考虑：价值目标 Vg、企业规模 Es、资金稳定性 Fs、企业文化 Ec、运输成功率 Tsr、合作关系稳定性 Scr、技术专业化水平 Lts、企业绩效 Ep、市场信息获取能力 $Miaa$、管理专业化水平 Slm 等 10 个基本属性信息评价指标[186-187]；而煤炭物流 3PL 企业在选择煤炭企业时无须考虑 Tsr 和 Lts 两个评价指标。

数值仿真实验中，假设 Agent_C 和全部 Agent_L 的基本属性信息评价指标值是社会共识信息，按照企业运营实际状况用(0,1]区间的数值加以表示，取值越大表明企业的该项指标情况越好，且不同属性间不存在相关性。为了提高仿真实验的效果，Agent_C 和 Agent_L 各项基本属性信息值和协商各方对不同指标的效用评价偏好程度均为[0,1]区间内的随机数。根据对煤炭物流市场的初步调查获知，煤炭运价平均在 5～9 元/(t·km)，煤炭企业一般希望物流公司能够按时运输，准时交货，不能提前也不能拖期，提前会导致收货方产生额外的储存和管理费用，拖期会影响收货方正常的生产和使用。煤炭在运输过程中受到天气等因素的影响，容易发生自燃或流失等现象，一般煤炭企业期望在运输过程中有较低的货损率，即运输中导致煤炭缺失的概率越低越好。综上可以得到如下 3 个协商议题：AUT[平均单位运价，元/(t · km)]，OD(准时交货率，%)，CD(货损率，%)。仿真实验中，考虑煤炭产运联盟的市场垄断地位导致煤炭物流企业的协商压力相对较大的实际情况等，对煤炭物流企业在协商中的收益期望、初始让步水平和最大协商轮次等的设置予以相应反映，协商中各角色 Agent 的协商议题取值和相关协商参数的随机产生区间如表 6-1 所示。

表 6-1　协商中所有 Agent 参数的产生范围

参数	Agent_C	Agent_L
AUT 的理想要价：AUT^r	$3 \leqslant AUT_c^r \leqslant 5$	$4.5 \leqslant AUT_l^r \leqslant 6$
OD 的理想要价：OD^r	$90 \leqslant OD_c^r \leqslant 95$	$85 \leqslant OD_l^r \leqslant 90$
CD 的理想要价：CD^r	$2 \leqslant CD_c^r \leqslant 4$	$4 \leqslant CD_l^r \leqslant 6$
AUT 的底线要价：AUT^a	$AUT_c^r + 2 \leqslant AUT_c^a \leqslant AUT_c^r + 4$	$AUT_l^r - 4 \leqslant AUT_l^a \leqslant AUT_l^r - 2$
OD 的底线要价：OD^a	$OD_c^r - 10 \leqslant OD_c^a \leqslant OD_c^r - 5$	$OD_l^r + 5 \leqslant OD_l^a \leqslant OD_l^r + 10$
CD 的底线要价：CD^a	$CD_c^r + 2 \leqslant CD_c^a \leqslant CD_c^r + 4$	$CD_l^r - 4 \leqslant CD_l^a \leqslant CD_l^r - 2$
协商收益期望水平：τ	$0.85 \leqslant \tau_c \leqslant 0.95$	$0.65 \leqslant \tau_l \leqslant 0.75$
初始让步水平：β	$0.25 \leqslant \beta_c \leqslant 0.4$	$0.35 \leqslant \beta_l \leqslant 0.45$
基本属性效用的权重：ρ^Ψ	$0.35 \leqslant \rho_c^\Psi \leqslant 0.45$	$0.65 \leqslant \rho_l^\Psi \leqslant 0.75$
自动协商期限：T	$30 \leqslant T_c \leqslant 35$	$35 \leqslant T_l \leqslant 40$

协商平台上初始存在 3～5 个 Agent_L 向 Agent_C 发出初始报价，Agent_C 选定报价和基本属性信息带来效用最大的 Agent_L 作为协商对象，市场上存在的其他没有进入协商平台的煤炭物流企业的基本属性信息可查，任意 t 时刻会有 2～5 个 Agent_L 进入协商平台，并向 Agent_C 发出初始报价。协商过程中，Agent_C 根据对方报价和让步等情况更新本方的报价坚持力 $\overline{\Delta}_c$ 和报价让步力 $\underline{\Delta}_c$，根据协商平台上存在的其他 Agent_L 的信息情况更新 $BATNA$ 值，根据未进入协商平台的 Agent 的信息更新协商期望效用。在与某个 Agent_L 协商过程中，收到对方报价后，Agent_C 的具体决策规则如图 6-1 所示。

6.1.3.4　数值仿真过程分析

根据协商平台上最初存在的 3～5 个 Agent_L 的基本属性信息和初始报价情况，Agent_C 选择了 Agent_L_3 作为协商对象，详细协商过程如下。

阶段 1：

***t*=1**：Agent_C 从 Agent_L₃ 收到报价：$o_{l_3}^1=[5.245,83.711,4.612]$，Agent_L₃ 基本信息集合为：

$\Psi_{l_3}=[0.1476,0.0586,0.0027,0.3588,0.0092,0.2498,0.1531,0.0047,0.3413,0.0203]$；

$\Theta_c(o_{l_3}^1)=0.0667, \pi_c^1=0.1795, \tau_c^1=0.912, \alpha_c^1=0.0303, \beta_c^1=0.33, \Theta_c(b_c^1)=0.1632, E_c^2=0.3254$。

Agent_C 的反报价为：$o_c^2=[3.218,88.7961,3.874]$，且 $\Theta_c(o_c^2)=0.6607$。由于 $\Theta_c(o_{l_3}^1)<\Theta_c(o_c^2)$，且 $E_c^2<\dfrac{\Theta_c(o_{l_3}^1)+\Theta_c(o_c^2)}{2}$，因此根据图 6-3 所示的协商策略，Agent_C 将继续与 Agent_L₃ 协商。

***t*=2**：Agent_L₃ 收到 Agent_C 的报价 o_c^2 后，利用式(6-12)和式(6-13)所示的优化模型产生本方的反报价：$o_{l_3}^3=[4.91,87.072,3.833]$，并将其发送给 Agent_C。

阶段 2：

***t*=3**：Agent_C 收到来自 Agent_L₃ 的报价 $o_{l_3}^3$。

$\Theta_c(o_{l_3}^3)=0.3094, \pi_c^3=0.5947, \tau_c^3=0.912, \alpha_c^3=0.091, \beta_c^3=0.5406, \Theta_c(b_c^3)=0.5406, E_c^4=0.5341$。

Agent_C 的反报价为：$o_c^4=[3.218,88.7961,3.874]$，且 $\Theta_c(o_c^4)=0.6607$。由于 $\Theta_c(o_{l_3}^3)<\Theta_c(o_c^4)$，且 $E_c^4>\dfrac{\Theta_c(o_{l_3}^3)+\Theta_c(o_c^4)}{2}$，因此 Agent_C 将暂停当前与 Agent_L₃的协商，并在平台上查找其他备选 Agent。

***t*=4**：Agent_L₃ 收到 Agent_C 暂停当前协商的信息后，进入协商等待状态。结果，经过 7.36 协商轮次的查找后，Agent_C 发现 Agent_L₁₄ 比 Agent_L₃ 可能更加合适作为合作伙伴，于是终止与 Agent_L₃ 的协商，并与 Agent_L₁₄展开新的协商。

阶段 3：

***t*=11**：Agent_C 收到 Agent_L₁₄ 报价：$o_{l_{14}}^{11}=[4.52,88.201,3.644]$，Agent_L₁₄基本信息集合为：

$\Psi_{l_{14}}=[0.7671,0.3829,0.7677,0.8252,0.5262,0.2903,0.4324,0.8214,0.5916,0.5955]$；

$\Theta_c(o_{l_{14}}^{11})=0.5831, \pi_c^{11}=0.6414, \tau_c^{11}=0.912, \alpha_c^{11}=0.333, \beta_c^{11}=0.5831, \Theta_c(b_c^{11})=0.5831, E_c^{12}=0.7052$。

Agent_C 的反报价为：$o_c^{12}=[3.221, 89.5929, 3.699]$，且 $\Theta_c(o_c^{12})=0.8542$。由于 $\Theta_c(o_{l_{14}}^{11})<\Theta_c(o_c^{12})$，且 $E_c^{12}<\frac{\Theta_c(o_{l_{14}}^{11})+\Theta_c(o_c^{12})}{2}$，Agent_C 将继续与 Agent_$L_{14}$ 协商。

t=12：Agent_L_{14} 在收到 Agent_C 的报价 o_c^{12} 后，产生本方的反报价：$o_{l_{14}}^{13}=[4.332, 88.945, 3.755]$，并将其发送给 Agent_C。

阶段 4：

t=13：Agent_C 收到来自 Agent_L_{14} 的报价 $o_{l_{14}}^{13}$。

$\Theta_c(o_{l_{14}}^{13})=0.6359$，$\pi_c^{13}=0.6844$，$\tau_c^{13}=0.912$，$\alpha_c^{13}=0.394$，$\beta_c^{13}=0.6222$，$\Theta_c(b_c^{13})=0.6222$，$E_c^{14}=0.7102$。

Agent_C 的反报价为：$o_c^{14}=[3.252, 87.6219, 3.688]$，且 $\Theta_c(o_c^{14})=0.7868$。由于 $\Theta_c(o_{l_{14}}^{13})<\Theta_c(o_c^{14})$，且 $E_c^{14}<\frac{\Theta_c(o_{l_{14}}^{13})+\Theta_c(o_c^{14})}{2}$，Agent_C 将继续与 Agent_$L_{14}$ 协商。

t=14：Agent_L_{14} 在收到 Agent_C 的报价 o_c^{14} 后，产生本方的反报价：$o_{l_{14}}^{15}=[3.973, 89.001, 3.234]$，并将其发送给 Agent_C。

阶段 5：

t=15：Agent_C 收到来自 Agent_L_{14} 的报价 $o_{l_{14}}^{15}$。

$\Theta_c(o_{l_{14}}^{15})=0.7190$，$\pi_c^{15}=0.6844$，$\tau_c^{15}=0.912$，$\alpha_c^{15}=0.455$，$\beta_c^{15}=0.6222$，$\Theta_c(b_c^{15})=0.6222$，$E_c^{16}=0.8106$。

Agent_C 的反报价为：$o_c^{16}=[3.441, 87.4122, 3.522]$，且 $\Theta_c(o_c^{16})=0.7526$。由于 $\Theta_c(o_{l_{14}}^{15})<\Theta_c(o_c^{16})$，且 $E_c^{16}>\frac{\Theta_c(o_{l_{14}}^{15})+\Theta_c(o_c^{16})}{2}$，Agent_C 将暂停当前与 Agent_$L_{14}$ 的协商，并在平台中查找其他备选 Agent。

t=16：Agent_L_{14} 收到 Agent_C 暂停当前协商的信息后，进入协商等待状态。结果，经过 1.33 协商轮次的查找后，Agent_C 发现 Agent_L_{21} 可能比 Agent_L_{14} 更加合适作为合作伙伴，于是终止了与 Agent_L_{14} 协商，并与 Agent_L_{21} 展开新的协商。

阶段 6：

t=17：Agent_C 收到 Agent_L_{21} 报价：$o_{l_{21}}^{17}=[3.7371, 89.721, 2.206]$，Agent_$L_{21}$ 基本信息集合为：

$\Psi_{l_{21}}=[0.7191, 0.8094, 0.4932, 0.7978, 0.1968, 0.0293, 0.3681, 0.2531, 0.3303, 0.1949]$；

$\Theta_c(o_{l_{21}}^{17})=0.7822$，$\pi_c^{17}=0.8057$，$\tau_c^{17}=0.912$，$\alpha_c^{17}=0.515$，$\beta_c^{17}=0.7325$，$\Theta_c(b_c^{17})=0.7325$，$E_c^{18}=0.8045$。

Agent_C 的反报价为：$o_c^{18}=[3.041,88.535,3.177]$，且 $\Theta_c(o_c^{18})=0.8337$。由于 $\Theta_c(o_{l_{21}}^{17})<\Theta_c(o_c^{18})$，且 $E_c^{18}<\dfrac{\Theta_c(o_{l_{21}}^{17})+\Theta_c(o_c^{18})}{2}$，Agent_C 将继续与 Agent_$L_{21}$ 协商。

t=18：Agent_L_{21} 在收到 Agent_C 的报价 o_c^{18} 后，产生本方的反报价：$o_{l_{21}}^{19}=[2.955,89.033,3.041]$，并将其发送给 Agent_C。

阶段 7：

t=19：Agent_C 收到 Agent_L_{21} 报价 $o_{l_{21}}^{19}$。

$\Theta_c(o_{l_{21}}^{19})=0.8693$，$\pi_c^{19}=0.8523$，$\tau_c^{19}=0.912$，$\alpha_c^{19}=0.576$，$\beta_c^{19}=0.7748$，$\Theta_c(b_c^{19})=0.7748$，$E_c^{20}=0.8263$。

Agent_C 的反报价为：$o_c^{20}=[3.207,88.672,3.415]$，且 $\Theta_c(o_c^{20})=0.8005$。此时，$\Theta_c(o_{l_{21}}^{19})>\Theta_c(o_c^{20})$，且 $E_c^{20}<\Theta_c(o_{l_{21}}^{19})$，根据图 6-3 所示的协商策略，Agent_C 将接受 Agent_L_{21} 的报价，并向 Agent_L_{21} 发出确认信息，因此 Agent_C 与 Agent_L_{21} 间的协商宣告成功。煤炭企业 Agent_C 选择 3PL 企业 Agent_L_{21} 作为最终合作伙伴，获得的协商收益为0.869 3。

相对而言，利用基于理想点法的 TOPSIS 进行 3PL 伙伴选择时，煤炭企业 Agent_C 在 t=1、3、5、7、9、11、13、15、17、19 时，可以从潜在合作伙伴获得的最大收益依次为：0.156 6、0.257 6、0.257 6、0.257 6、0.257 6、0.561、0.561、0.528 1、0.528 1、0.572 2。最终选择了 Agent_L_{28} 代表的煤炭物流企业作为合作伙伴，获得的收益为：0.572 2，这个收益值要远远低于利用自动协商获得的收益 0.869 3。图 6-4 对不同伙伴选择方法下 Agent_C在不同时刻收益变化情况进行了对比。

图 6-4 中，横坐标和纵坐标分别代表协商时刻 t 和 Agent_C 获得收益。通过图 6-4 可以看出，Agent_C 的市场收益期望水平、报价收益（即对方报价带来的收益）、反报价收益（即本方反报价可为本方带来的收益）和基于 TOPSIS 伙伴选择带来的收益会随着时间的推移而不断变化。协商过程中，Agent_C 在反报价方案形成过程中充分反映了本方对当前协商状态和市场环境的掌握程度，Agent_C 结合自身的协商策略，根据对方的报价让步情况进行反报价的让步。而当市场中存在显著更优的潜在合作伙伴时，Agent_C 又会根据图 6-3 所示的协商策略，暂停当前协商并进行市场查找，直到找到一个理想协商伙伴或达到协商期限。如果理想协商伙伴在协商期

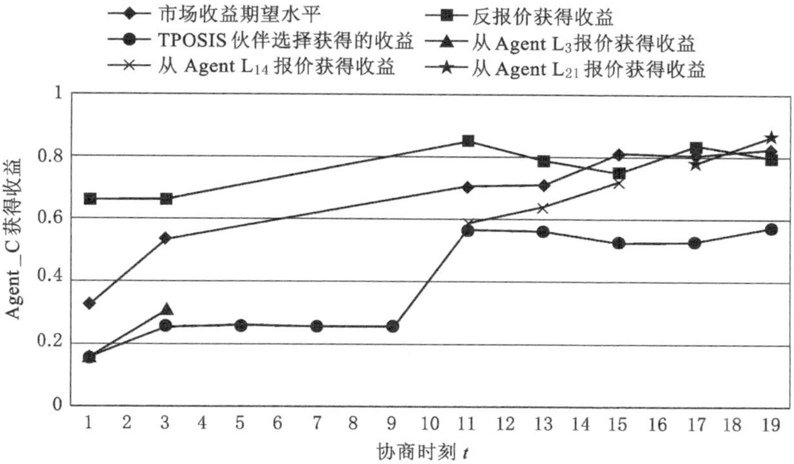

图 6-4　伙伴选择过程中 Agent_C 收益变化情况

限前被找到，则终止当前协商，与新的 Agent 开展协商，如此反复，直到接受对方报价方案或进行市场查找或达到协商终止条件。

在基于 TOPSIS 伙伴选择方法时，Agent_C 获得的收益也随着平台内更理想的 3PL 企业 Agent 的出现而得到改善，但由于不同 3PL 企业的经营策略存在很大差异，基本属性信息表现好的 3PL 企业 Agent 在某些时刻也会给出比较苛刻的合作条件，即比较差的初始报价，因此 Agent_C 可获得的收益不但没有提高，反而出现下降，这符合现实中的实际情况。最终，Agent_C 基于 TOPSIS 选择了 $Agent_L_{28}$代表的 3PL 企业 Agent 作为合作伙伴。

通过 Agent_C 在不同时刻对合作伙伴选择的收益来看，本节所提的动态市场环境下基于自动协商的 3PL 伙伴选择模型要明显优于传统的基于 TOPSIS 伙伴选择方法，获得了更高的合作收益。同时，由于自动协商加强了合作双方基于动态市场环境的信息交互，增强了合作双方对彼此的了解程度，进而提高了合作的稳定性。

6.1.4　本节小结

为了降低运营成本、提升物流能力和保持市场竞争力，将物流业务外包给专业的 3PL 企业成为很多生产企业的首选[187]。伙伴选择是生产企业进行物流外包时需要完成的首要任务。传统研究在进行合作伙伴选择时，通常是基于历史合作信息或专家评价等，缺乏必要的交流与沟通机制的设计，忽视了对潜在合作方案的挖掘，导致很多理想的合作机会被错过或合作后分歧不断。通过分析发现，有效信息沟通与交流是促进合作和减少分歧的有效途径，因此本节基于自动协商理论提出了数字经济下物流供应链3PL伙伴动态组织模型(DOM)，模型中将备选合作伙伴基本属性信息和合作方案进行了综合考量。协商中，各方均通过综合考虑协商状态和市场环境等多个因素进行协商决策选择，有效提高了协商方决策的质量。本节通过煤炭企业与煤炭3PL企业间的协商仿真实例对所提模型的有效性和合理性进行了验证。

研究中，为了突出研究的重点，本节仅针对生产企业与3PL企业1：1的伙伴选择自动协商进行了深入研究，并没有突出分析单任务协商需要分解完成的1：N的自动协商问题，而现实中的确存在这种1：N伙伴动态选择的特殊情况，不过本节研究内容可以通过简单变换，如增加任务分解机制后，可以很容易地将其转换为1：N的自动协商形式。另外，本节在研究中设定各协商方协商收益期望水平为静态给定值，而现实中各协商方的收益期望往往会随着市场环境的变化而进行调整，因此，下一步研究将重点针对协商方动态收益期望下的伙伴动态选择自动协商问题进行研究。

6.2 基于参与者视角的数字经济下物流供应链企业联盟构建

本节以期望加入数字经济下物流供应链中企业联盟企业(即联盟的成员企业)的视角，基于自动协商理论提出数字经济下物流供应链中企业联盟组建的自动协商模型，着重探讨当出现市场机遇或任务需求时，数字经济下物流供应链中企业联盟如何依托数字经济平台运作环境与潜在盟员企业通过协商达成合作方案。根据数字经济下物流供应链运作的具体市场环境和需求，本节对模型进行了相应的描述和假设，并以数字经济下物流供应链中某3PL企业期望加入某企业联盟的视角，在考虑各方风险水平和协商空间的基础上，以联盟内部物流运输单价和运输中风险承担比例为主要议题开展协商，目的在于确定最佳联盟合作方案[188]。为了提高协商的效率和保证协商方案的有效性和合理性，本节引入了可信代理(Confidential Agent，CA)概念和线性效用评价模型对协商过程进行控制[159]。

6.2.1 问题描述

面对日益复杂、多变的市场环境，很多企业为了降低运营成本和提升自身的物流服务水平和市场竞争力，纷纷选择与 3PL 企业进行联盟化运营。而当市场机遇出现时，如何构建物流供应链中企业联盟成为困扰企业和 3PL 提供商的难题。传统研究中基本都是以联盟或平台视角对 3PL 企业进行选择，而 3PL 企业始终处于待选择的被动地位。因此，本节在考虑联盟运营中的环境影响因素及各方的风险偏好和决策活动的基础上，以备选联盟盟员的视角对物流供应链中企业联盟组建的自动协商模型进行构建，并具体设计在该种情境下的自动协商流程与让步策略。最后，仍然以煤炭物流供应链中的煤炭产运联盟组建为例进行数值仿真实验，进而对所提模型和方法的合理性和有效性进行验证。

6.2.2 数字经济下物流供应链中 3PL 企业加盟自动协商问题建模

6.2.2.1 协商框架设计与模型描述

数字经济下物流供应链中企业联盟组建的基础在于可以借助数字经济平台运作环境实现联盟内部资源的优势互补与充分利用，并可以让盟员企业竞争实力得以提升或获得更多的收益。联盟的收益分配情况和风险分担比率要根据盟员的实际业务情况加以确定，并在联盟组建初期确定相应的标准。由于所有潜在盟员企业（包括盟主企业）对于合作中涉及的不同条款都会存在一个接受空间，即存在最佳期望值和底线接受值。数字经济下物流供应链中的企业为了寻求收益最大化的合作机会，会主动发布自己的资源或需求信息，并希望通过加入企业联盟的方式进一步提升自身收益[188]。由于平台中的每个企业都是独立且理性的决策实体，会具有不同的风险偏好水平和协商议价能力，因此，为了找到更好的加盟机会，物流供应链中企业通过协商方式寻求最佳的合作方案。假设平台提供方为可信的权威第三方组织，负责平台的构建、运营管理、自动协商组织与过程控制等。数字经济下物流供应链中企业联盟的盟主企业需要具有一定的企业规模或市场影响力。联盟构建的主要目的在于借助数字经济自由开放平台环境对联盟内部所有企业的生产和物流资源进行优化配置和高效利用，实现联盟总体收益的提升，其中的物流资源包括物流信息、物流设备或物流运输任务等[188]。为加入联盟并找到理想的合作方案，3PL 企业（潜在盟员企业）需借助数字经济平台运作环境与联盟中的盟主企业（核心企业）通过自动协商确定联盟合作的具体细节。

（1）协商框架设计

CA 为可信的权威第三方组织在数字经济平台运作环境中开展自动协商实例化后的 Agent。协商开始前，CA 首先要对与协商环境相关的参数进行设定，其中包括协商最大轮次、各协商方收益差的阈值和协商终止条件等。然后 CA 向每个协商方发出协商开始的确认信息。当收到来自 CA 的协商开始确认信息后，盟主企业和 3PL 企业需要先分别初始化本方 Agent（假设盟主企业和 3PL 企业的 Agent 分别为 L 和 M），并对协商策略和议题协商空间、风险水平等参数进行设定，而后将形成的报价信息由 Agent 提交给 CA。CA 对各协商方提交的信息确认后，对协商建议方案进行计算，并将求得的方案发送给各协商方。L 和 M 会依据本方评估函数对 CA 的建议方案进行评价，并根据参数和协商策略的设定选择相应的决策。若任意一方选择退出协商，协商破裂并终止；若协商各方均接受 CA 所提的建议方案，协商成功并终止；若任意一方选择修改报价并进行下一轮协商，则 CA 重新计算协商建议方案并反馈给 L 和 M，直到达到协商终止条件。具体协商框架如图 6-5 所示。

在数字经济下物流供应链运营过程中，可能会存在多个 3PL 企业希望加入联盟，盟主企业可以采用逐个协商的方式选定最佳的 3PL 企业作为联盟成员，或利用多属性评价函数对多个 3PL 企业的基本信息进行评价打分后，选定打分最高的 3PL 企业作为协商对象进行联盟组建协商。而当数字经济下物流供应链中存在多个联盟时，3PL 企业同样可以采用逐个协商或评价打分的方式选定合适的联盟进行协商。为了研究方便，本节假设数字经济下物流供应链中仅存在一个产运企业联盟，其中包括一个生产企业和多个物流企业，生产企业为联盟的核心企业，负责联盟的组建与管理工作。组建联盟的目的在于高效地协调数字经济下物流供应链中物流资源，进而提高物流运输的效率和质量。数字经济平台运作环境中一般会存在多个 3PL 企业希望加入联盟，联盟中生产企业会根据具体环境和任务要求选择合适的 3PL 企业加入联盟。联盟运作过程中，合作各方均为独立决策，具有足够的市场形势分析和相关信息获取能力，具有稳定的协商能力，可以有不同的风险偏好水平和协商议价能力，可以根据经验数据获得需要承担任务的单位基本运输成本。自然环境会对运输成本造成影响，并且是可以根据历史数据进行预测的。针对不同的运输任务，联盟各方均接受行业内普遍认可的货损率等相关指标。联盟的社会效用与联盟成员间的具体合作方

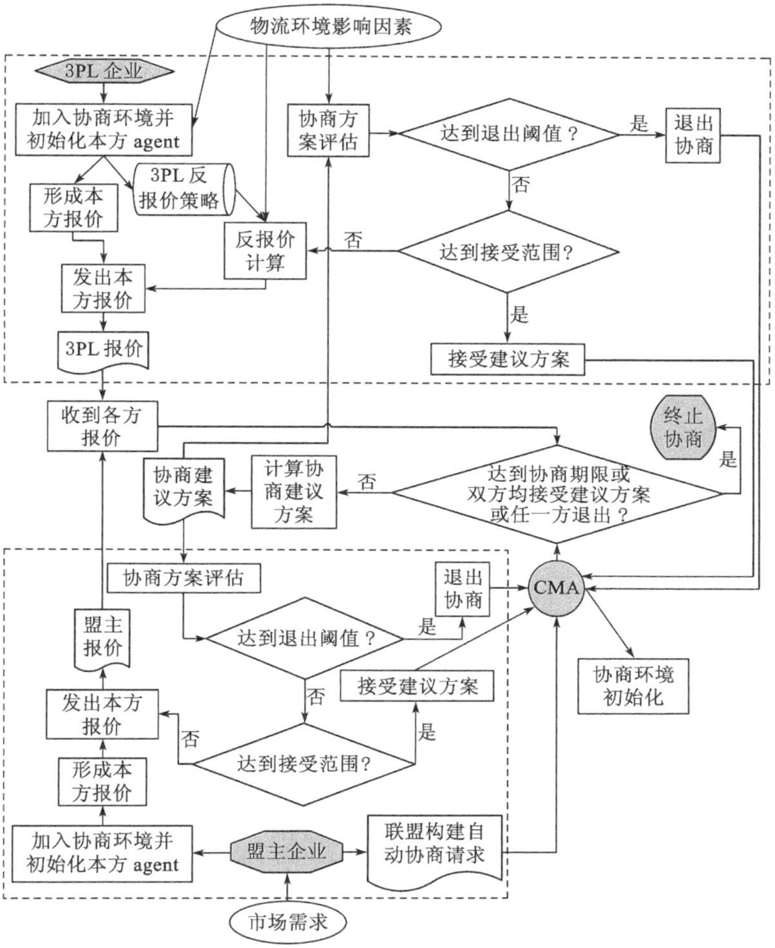

图 6-5　数字经济下物流供应链中企业联盟组建自动协商框架

案直接相关,联盟各方均期望在保证本方收益的情况下,使联盟的社会效用最大化。

(2) 协商模型描述

根据数字经济下物流供应链中企业联盟组建的特征和自动协商的框架结构与基本要素组成,可将自动协商模型定义为:

$$\mathrm{Nego\_M}=(I,\Psi,\mathrm{L},\mathrm{M}) \tag{6-30}$$

其中,$I=\{I_1,I_2,\cdots,I_i,\cdots,I_n\}$为合作方案中 n 个协商议题取值集合。Ψ 为

协商选用的协商协议，本节选用与 Park 和 Yang[25] 相同的协商协议，即协商各方将相关协商信息报给 CA，CA 负责寻找满足约束条件的最佳合作方案，并将建议方案反馈给各方，各方依据自身情况选择接受方案、修改协商报价或退出协商，只有全部协商方均接受了 CA 的建议方案，协商才能宣告成功。$L(S_l,\delta_l,U_l,\omega_l)$ 和 $M(S_m,\delta_m,U_m)$ 分别表示盟主和盟员企业的 Agent，其中，$S_l=(s_l^1,s_l^2,\cdots,s_l^i,\cdots,s_l^n)$ 和 $S_m=(s_m^1,s_m^2,\cdots,s_m^i,\cdots,s_m^n)$ 分别表示 L 和 M 对 n 个议题的协商空间集合，对于任意议题 I_i 均存在协商空间：$s_l^i=(\underline{s}_l^i,\overline{s}_l^i)$ 和 $s_m^i=(\underline{s}_m^i,\overline{s}_m^i)$，其中，$\underline{s}_l^i$ 和 $\underline{s}_m^i$ 分别为 L 和 M 对第 i 个议题可接受的底线值，$\overline{s}_l^i$ 和 $\overline{s}_m^i$ 分别为 L 和 M 对第 i 个议题期望得到的理想值。δ_l 和 δ_m 分别代表 L 和 M 的风险水平系数，且取值满足 $\delta_l>0$ 和 $\delta_m>0$，当其取值小于 1 时，表示该企业为风险追求型，它会通过降低对风险的重视程度来争取获取更好收益；当其取值等于 1 时，表示该企业为风险中立型；当其取值大于 1 时，表示该企业为风险厌恶型，它比较保守地估计收益，特别重视风险波动对收益造成的影响。U_l 和 U_m 分别代表 L 和 M 的效用评价函数。$\omega_l=(\omega_l^1,\omega_l^2,\cdots,\omega_l^i,\cdots,\omega_l^n)$ 为 L 在协商过程中对合作方案中各议题进行满意度评价时的权重向量，且存在 $0\leqslant\omega_l^i\leqslant1$ 和 $\sum_{i=1}^{n}\omega_l^i=1(\forall i=1,2,\cdots,n)$。

假定 L 在协商中对 CA 在各轮协商中给出的建议方案的满意度评价值为 τ_l，其计算方法表示为：

$$\tau_l=\sum_{i=1}^{n}\omega_l^i\cdot\frac{I_i-\underline{s}_l^i}{\overline{s}_l^i-\underline{s}_l^i} \tag{6-31}$$

(3) 协商各方效用评价函数定义

数字经济下物流供应链中的 3PL 企业在加入联盟之前，往往会针对合作过程中的诸多议题与联盟中的核心企业进行协商，目的是为了明确物流任务完成过程中的收益和风险分担关系。为了具体化评价函数的含义，假定盟主企业 L 获得了从甲地到乙地的任务量为 Q（单位：t）的运输任务，但已有联盟中成员直接完成该项任务的成本过高，因此需要选择合适的 3PL 企业加入联盟完成。本节令 T（单位：d）为运输期限；p（单位：元/t）为所运输物品的单位销售价格；ξ（单位：元/t）为 L 实际可支付给 M 的单位运价；γ（单位：%）为 M 在任务完成过程中需要承担的风险比率；c 为正常条件下 M 将货物从甲地运往乙地的基本运输成本（单位：元/t）；$\phi\in(0,1]$ 为每天的运输成本影响因子，即由于天气或特殊自然条件导致的运输成本异动因子，其取值为运输企业根据历史同期数据预测得来，并可以作为决策的依据，Φ 为运输期 T 内的运输成本影响因子集合，$\phi\in\Phi$，$t=1,2,\cdots,T$；$\eta\in(0,1]$ 为全部待运物品可能产生的损失比率，即正常运输成本以外可能发生的意外损失费用占比，其取值一般根据行业历史经验数据获得，并可以在 L 和 M 间达成共识。为了简化协商过程，本节假定 L 和 M 主要对合作中 L 实际可支付给 M 的单位运价 ξ 和 M 在任务完成过程中需要承担的风险比率 γ 进行协商，即协商议题集合为 $I=\{I_\xi,I_\gamma\}$，但不失一般性，所设计的协商模型仍然符合多议题协商的特征，如果有更多议题需要协商，则仅需对评价函数部分进行相应调整即可。协商开始后，L 和 M 会根据自己协商空间和风险水平对 I_ξ 和 I_γ 的取值进行协商，确定最终的合作方案。$\underline{s}_{\mathrm{l}}^{\xi}$ 和 $\overline{s}_{\mathrm{l}}^{\xi}$ 分别为盟主企业 L 对单位运价议题 I_ξ 可接受的底线值和期望得到的理想值，且协商中对议题 I_ξ 的取值需满足 $\overline{s}_{\mathrm{l}}^{\xi}\leqslant I_\xi\leqslant\underline{s}_{\mathrm{l}}^{\xi}$ 的约束，当 L 有物流运输任务需要借助联盟伙伴完成时，$\underline{s}_{\mathrm{l}}^{\xi}$ 是 L 能支付的最大单位运输费用，$\underline{s}_{\mathrm{l}}^{\xi}\cdot Q$ 为 L 用于完成此项运输任务的最大费用。当 $I_\xi=\underline{s}_{\mathrm{l}}^{\xi}$ 时，L 的任务完成收益为零，即 L 没有从运输任务中获取收益，仅达到了完成运输任务的目的；如果 $I_\xi>\underline{s}_{\mathrm{l}}^{\xi}$，L 的收益将为负值，即 L 不但没有从运输任务中获得收益，反而需要在计划外支付费用，这是不能被接受的。$\underline{s}_{\mathrm{m}}^{\xi}$ 和 $\overline{s}_{\mathrm{m}}^{\xi}$ 分别为盟员企业 M 对单位运价议题 I_ξ 可接受的底线值和期望得到的理想值，且存在 $\underline{s}_{\mathrm{m}}^{\xi}\leqslant I_\xi\leqslant\overline{s}_{\mathrm{m}}^{\xi}$ 的约束。$\underline{s}_{\mathrm{l}}^{\gamma}$ 和 $\overline{s}_{\mathrm{l}}^{\gamma}$ 分别为 L 对 M 承担的风险比率议题 I_γ 的底线值和理想值，$\underline{s}_{\mathrm{l}}^{\gamma}$、$\overline{s}_{\mathrm{l}}^{\gamma}\in[0,1]$，且须保证协商中对议题 I_γ 的取值满足约束 $\underline{s}_{\mathrm{l}}^{\gamma}\leqslant I_\gamma\leqslant\overline{s}_{\mathrm{l}}^{\gamma}$；$\underline{s}_{\mathrm{m}}^{\gamma}$ 和 $\overline{s}_{\mathrm{m}}^{\gamma}$ 分别为 M 对本方承担的风险比率议题 I_γ 的底线值和理想值，$\underline{s}_{\mathrm{m}}^{\gamma}$、$\overline{s}_{\mathrm{m}}^{\gamma}\in(0,1]$，且需保证协商中对议题 I_γ 的取值满足约束 $\overline{s}_{\mathrm{m}}^{\gamma}\leqslant I_\gamma\leqslant\underline{s}_{\mathrm{m}}^{\gamma}$。当 $I_\gamma=1$ 时，表示 M 需要承担全部物流风险；当 $I_\gamma=0$ 时，表示 L 需要承担全部物流风险。当且仅当协商双方对全部议题均有公共协商空间时，双方才有进行协商的可能，即同时满足条件 $[\overline{s}_{\mathrm{l}}^{\xi},\underline{s}_{\mathrm{l}}^{\xi}]\cap[\underline{s}_{\mathrm{m}}^{\xi},\overline{s}_{\mathrm{m}}^{\xi}]\neq\varnothing$ 和 $[\underline{s}_{\mathrm{l}}^{\gamma},\overline{s}_{\mathrm{l}}^{\gamma}]\cap[\overline{s}_{\mathrm{m}}^{\gamma},\underline{s}_{\mathrm{m}}^{\gamma}]=\varnothing$。

协商中，M 主要考虑实现联盟后本方可获得的收益和承担的风险情况，在保证实现合作的基础上，M 的报价和协商策略选择的目的在于使本方收益最大化（注：在个别情况下，M 为了加入联盟获得长期合作机会，可能会在零收益的情况下接受任务）。令 $\psi_{\mathrm{m}}=(\eta pQ)^{\delta_{\mathrm{m}}}$ 表示 M 对完成运输任务全部风险的评价值，则 M 的收益效用评价函数 $U_{\mathrm{m}}(I_\xi,I_\gamma)$ 可表示为：

$$\begin{aligned} U_{\mathrm{m}}(I_\xi, I_\gamma) &= \sum_{t=1}^{T} q_t\left(I_\xi - \frac{c}{\phi_t}\right) - \psi_{\mathrm{m}} I_\gamma \\ &= \sum_{t=1}^{T} q_t I_\xi - \psi_{\mathrm{m}} I_\gamma - \sum_{t=1}^{T} q_t \frac{c}{\phi_t} \\ &= Q I_\xi - \left(\psi_{\mathrm{m}} I_\gamma + \sum_{t=1}^{T} q_t \frac{c}{\phi_t}\right) \end{aligned} \tag{6-32}$$

其中，q_t 为根据运输任务的具体完成情况确定的每天需要完成的运输量，$\sum_{t=1}^{T} q_t = Q$；$\sum_{t=1}^{T} q_t I_\xi$ 为基于 $q_t(t=1,\cdots,T)$ 下，M 可获得的总收益；$\sum_{t=1}^{T} q_t \frac{c}{\phi_t}$ 为根据运输期内的不同运输条件，M 完成物流任务需要支付的基本物流成本，$\psi_{\mathrm{m}} I_\gamma + \sum_{t=1}^{T} q_t \frac{c}{\phi_t}$ 为 M 完成物流任务需要承担的全部成本。

为了让 M 能够有效把握协商的状态和评价来自 CA 的协商建议方案的合理性，M 需在协商中对实际运营中收益水平和风险进行度量，进而选择合适的协商决策。受到任务期内运输成本影响因子集合 Φ 的干扰，M 的收益情况可表示为利润与成本比的数学期望，即 M 的运营收益测度模型为：

$$\Omega_{\mathrm{m}}^{U} = E\left(\frac{U_{\mathrm{m}}}{\psi_{\mathrm{m}} I_\gamma + \sum_{t=1}^{T} q_t \frac{c}{\phi_t}}\right) = \frac{1}{T}\sum_{t=1}^{T} \frac{q_t\left(I_\xi - \frac{c}{\phi_t}\right) - \frac{\psi_{\mathrm{m}}}{T} I_\gamma}{\frac{\psi_{\mathrm{m}}}{T} I_\gamma + q_t \frac{c}{\phi_t}} \tag{6-33}$$

其中，Ω_{m}^{U} 为通过收益测度评价函数 $E(\cdot)$[189-190]求解得到的 M 对协商建议方案实际运营中收益的测度评价值。

M 对协商建议方案运营风险测度评价可近似表示为利润标准差与利润均值的比率[189-190]：

$$\Omega_{\mathrm{m}}^{R} = \frac{1}{\overline{U}_{\mathrm{m}}} \sqrt{\frac{1}{T}\sum_{t=1}^{T} (U_{\mathrm{m}}^{t} - \overline{U}_{\mathrm{m}})^2} \tag{6-34}$$

其中，Ω_{m}^{R} 为 M 对协商建议方案实际运营中风险的测度评价值；$\overline{U}_{\mathrm{m}} = \frac{1}{T} U_{\mathrm{m}}$ 为 M 每天可获得收益均值。

协商中，L 在确保找到合适的盟员企业的基础上，追求本方收益的最大化。令 $\psi_{\mathrm{l}} = (\eta p Q)^{\delta_{\mathrm{l}}}$ 表示 L 对完成运输任务全部风险的评价值，则 L 的效用评价函数 $U_{\mathrm{l}}(I_\xi, I_\gamma)$ 可表示为：

$$U_{\mathrm{l}}(I_\xi, I_\gamma) = Q(\underline{s}_{\mathrm{l}}^{\xi} - I_\xi) - (1 - I_\gamma)\psi_{\mathrm{l}} \tag{6-35}$$

由于 L 并非物流任务的实际完成方，所以不需要考虑运输成本的问题，只需考虑本方的收益率即可，而 $\underline{s}_{\mathrm{l}}^{\xi} \cdot Q$ 即为 L 的全部可支付费用。

6.2.2.2 协商中的决策活动分析

对协商中各方行为的正确把握是协商效率和成功率的必要保障，本节根据数字经济下物流供应链中企业联盟组建的特点，基于所提自动协商框架，分析不同情境下的协商各方决策活动。

(1) 协商各方决策活动

在联盟组建的协商过程中，受到数字经济下物流供应链中企业联盟的多阶段性、灵活性、组织开放性和不存在明确的产权关系等特点的影响，协商各方的报价和决策活动会明显受到合作延续性和市场环境因素的干扰。

① 一次性合作协商各方决策活动分析。在一次性合作的联盟组建中，由于协商各方都确定本次合作会随着联盟运输任务的完成而结束，不存在长期或后续合作的可能，所以协商双方的报价和协商策略选择都会更多地关注本方的利益，并且不愿承担任务完成过程中的风险。联盟利益分配和风险承担遵循相对优势原则。

② 多次重复合作协商各方决策活动分析。考虑到加入联盟后的长期合作，协商各方可以是以前曾经有过合作基础，或协商各方都明确知道本次合作的顺利完成会成为未来长期合作的基础，因此，在协商中，协商各方往往选择比较保守的协商策略，更加注重合作关系的确立，愿意让出本方一部分利益，同时为了实现长期合作，会主动承担一定任务完成过程中的风险。但当联盟参与各方相对优势差异过大时，会引发更大的利益冲突，结果导致联盟关系不易建立。

在协商开始前，生产企业和 3PL 企业需要先初始化本方 Agent L 和 Agent M 的协商决策和报价让步策略，决策要结合本方对协商状态的把握和对 CA 协商建议方案的评价。

(2) M 的协商决策和报价让步策略分析

协商过程中，M 收益测度值 Ω_{m}^{U} 的阈值 $\underline{\Omega}_{\mathrm{m}}^{U}$ 和 $\overline{\Omega}_{\mathrm{m}}^{U}$ 分别代表 M 可接受的最差收益测度值和期望获得的理想收益测度值，且存在 $\overline{\Omega}_{\mathrm{m}}^{U} \geqslant \underline{\Omega}_{\mathrm{m}}^{U}$。M 风险测度值 Ω_{m}^{R} 的阈值 $\underline{\Omega}_{\mathrm{m}}^{R}$ 和 $\overline{\Omega}_{\mathrm{m}}^{R}$ 分别代表 M 可接受的最差风险测度值和期望达到的理想风险测度值，且存在 $\underline{\Omega}_{\mathrm{m}}^{R} \geqslant \overline{\Omega}_{\mathrm{m}}^{R}$。根据对 CA 协商建议方案的评价，M 可能面对的决策条件如图 6-6 所示。

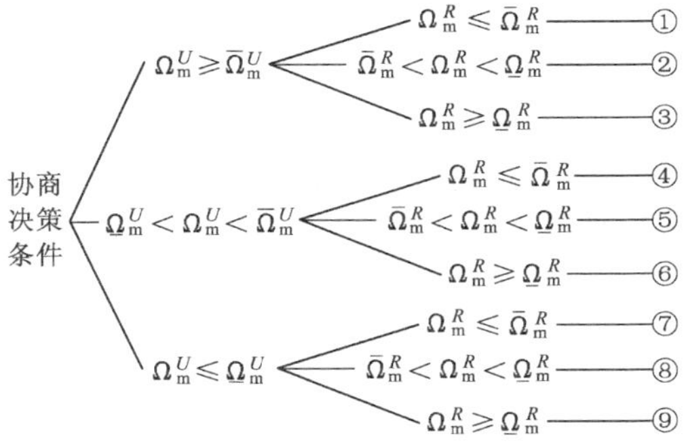

图 6-6 M 可能面对的协商决策条件

根据对协商各方的决策活动分析可知，不同的合作延续性和物流环境因素会导致 M 选择不同的协商策略。当协商目的是一次性合作时，M 只有在满足条件①时会选择接受建议方案或进行让步；当满足条件②和④时，M 会选择调整自己的报价；当满足其余协商决策条件时，M 均会选择退出协商，放弃与 L 的合作可能。

当协商可能会带来多次重复合作，或前期双方已有多次较好的合作，未来还有合作的可能时，在满足协商决策条件①、②或④时，M 都会选择直接接受建议方案（对方接受了建议方案）或根据潜在收益率进行让步（对方选择进入下一轮协商）；当满足条件③或⑦时，M 会根据对方的决策选择相应的决策，若 L 选择了接受建议方案，则 M 会根据自身的风险偏好选择提升相应议题的报价水平，若 L 选择进入下一轮协商，则 M 会根据自身的风险水平和潜在收益率选择对议题进行均衡调节，即在提升建议方案中不理想议题报价水平的同时，适当让步其他议题的报价；当满足条件⑤时，若 L 选择接受，则 M 选择接受，否则 M 选择退出协商；当满足条件⑥、⑧或⑨时，M 会选择退出协商。

本节假设协商各方存在历史合作经历或未来有多次合作的可能，即协商的目的是多次重复合作。$\underline{s}_m^\xi$ 和 $\bar{s}_m^\xi$ 是 M 对议题 I_ξ 的底线值和理想值，$\underline{s}_m^\gamma$ 和 $\bar{s}_m^\gamma$ 是 M 对议题 I_γ 的底线值和理想值。令 $\underline{\underline{s}}_m^\xi$ 和 $\bar{\bar{s}}_m^\xi$ 为调整后 M 对议题 I_ξ 的底线值和理想值，且根据实际情况，需要满足 $\bar{\bar{s}}_m^\xi \geqslant 0$；$\underline{\underline{s}}_m^\gamma$ 和 $\bar{\bar{s}}_m^\gamma$ 为调整后 M 对议题 I_γ 的底线值和理想值，且根据实际情况，需要满足 $\underline{\underline{s}}_m^\gamma \leqslant 1$；$\Delta s_m^\xi = \bar{s}_m^\xi - \underline{s}_m^\xi$ 和 $\Delta s_m^\gamma = \underline{s}_m^\gamma - \bar{s}_m^\gamma$ 分别代表 M 对议题 I_ξ 和 I_γ 的协商空间，则 M 根据不同协商状态选择的报价调整策略可以表示为：

- 当满足条件①、②或④，但对方选择进入下一轮协商时：

满足条件①：$\overline{\overline{s}}_{\mathrm{m}}^{\xi}=\overline{s}_{\mathrm{m}}^{\xi}-\delta\cdot\Delta s_{\mathrm{m}}^{\xi}$，$\underline{\underline{s}}_{\mathrm{m}}^{\xi}=\underline{s}_{\mathrm{m}}^{\xi}-\delta\cdot\Delta s_{\mathrm{m}}^{\xi}$；

$\overline{\overline{s}}_{\mathrm{m}}^{\gamma}=\overline{s}_{\mathrm{m}}^{\gamma}+\delta\cdot\Delta s_{\mathrm{m}}^{\gamma}$，$\underline{\underline{s}}_{\mathrm{m}}^{\gamma}=\underline{s}_{\mathrm{m}}^{\gamma}+\delta\cdot\Delta s_{\mathrm{m}}^{\gamma}$

满足条件②：$\overline{\overline{s}}_{\mathrm{m}}^{\xi}=\overline{s}_{\mathrm{m}}^{\xi}-\delta\cdot\Delta s_{\mathrm{m}}^{\xi}$，$\underline{\underline{s}}_{\mathrm{m}}^{\xi}=\underline{s}_{\mathrm{m}}^{\xi}-\delta\cdot\Delta s_{\mathrm{m}}^{\xi}$；$\overline{\overline{s}}_{\mathrm{m}}^{\gamma}=\overline{s}_{\mathrm{m}}^{\gamma}$，$\underline{\underline{s}}_{\mathrm{m}}^{\gamma}=\underline{s}_{\mathrm{m}}^{\gamma}$

满足条件④：$\overline{\overline{s}}_{\mathrm{m}}^{\xi}=\overline{s}_{\mathrm{m}}^{\xi}$，$\underline{\underline{s}}_{\mathrm{m}}^{\xi}=\underline{s}_{\mathrm{m}}^{\xi}$；$\overline{\overline{s}}_{\mathrm{m}}^{\gamma}=\overline{s}_{\mathrm{m}}^{\gamma}+\delta\cdot\Delta s_{\mathrm{m}}^{\gamma}$，$\underline{\underline{s}}_{\mathrm{m}}^{\gamma}=\underline{s}_{\mathrm{m}}^{\gamma}+\delta\cdot\Delta s_{\mathrm{m}}^{\gamma}$

- 当满足条件③或⑦，而对方选择接受协商建议方案时：

满足条件③：$\overline{\overline{s}}_{\mathrm{m}}^{\xi}=\overline{s}_{\mathrm{m}}^{\xi}$，$\underline{\underline{s}}_{\mathrm{m}}^{\xi}=\underline{s}_{\mathrm{m}}^{\xi}$；$\overline{\overline{s}}_{\mathrm{m}}^{\gamma}=\overline{s}_{\mathrm{m}}^{\gamma}-\delta\cdot\Delta s_{\mathrm{m}}^{\gamma}$，$\underline{\underline{s}}_{\mathrm{m}}^{\gamma}=\underline{s}_{\mathrm{m}}^{\gamma}-\delta\cdot\Delta s_{\mathrm{m}}^{\gamma}$

满足条件⑦：$\overline{\overline{s}}_{\mathrm{m}}^{\xi}=\overline{s}_{\mathrm{m}}^{\xi}+\delta\cdot\Delta s_{\mathrm{m}}^{\xi}$，$\underline{\underline{s}}_{\mathrm{m}}^{\xi}=\underline{s}_{\mathrm{m}}^{\xi}+\delta\cdot\Delta s_{\mathrm{m}}^{\xi}$；$\overline{\overline{s}}_{\mathrm{m}}^{\gamma}=\overline{s}_{\mathrm{m}}^{\gamma}$，$\underline{\underline{s}}_{\mathrm{m}}^{\gamma}=\underline{s}_{\mathrm{m}}^{\gamma}$

- 当满足条件③或⑦，而对方选择进入下一轮协商时：

满足条件③：$\overline{\overline{s}}_{\mathrm{m}}^{\xi}=\overline{s}_{\mathrm{m}}^{\xi}-\delta\cdot\Delta s_{\mathrm{m}}^{\xi}$，$\underline{\underline{s}}_{\mathrm{m}}^{\xi}=\underline{s}_{\mathrm{m}}^{\xi}-\delta\cdot\Delta s_{\mathrm{m}}^{\xi}$；

$\overline{\overline{s}}_{\mathrm{m}}^{\gamma}=\overline{s}_{\mathrm{m}}^{\gamma}-\delta\cdot\Delta s_{\mathrm{m}}^{\gamma}$，$\underline{\underline{s}}_{\mathrm{m}}^{\gamma}=\underline{s}_{\mathrm{m}}^{\gamma}-\delta\cdot\Delta s_{\mathrm{m}}^{\gamma}$

满足条件⑦：$\overline{\overline{s}}_{\mathrm{m}}^{\xi}=\overline{s}_{\mathrm{m}}^{\xi}+\delta\cdot\Delta s_{\mathrm{m}}^{\xi}$，$\underline{\underline{s}}_{\mathrm{m}}^{\xi}=\underline{s}_{\mathrm{m}}^{\xi}+\delta\cdot\Delta s_{\mathrm{m}}^{\xi}$；

$\overline{\overline{s}}_{\mathrm{m}}^{\gamma}=\overline{s}_{\mathrm{m}}^{\gamma}+\delta\cdot\Delta s_{\mathrm{m}}^{\gamma}$，$\underline{\underline{s}}_{\mathrm{m}}^{\gamma}=\underline{s}_{\mathrm{m}}^{\gamma}+\delta\cdot\Delta s_{\mathrm{m}}^{\gamma}$

(3) L 的协商决策和报价让步策略分析

协商过程中，L 会基于本方的协商范围对 CA 给出的协商建议方案的满意度进行评价，并基于评价值和相应的决策阈值选择协商决策。L 对协商建议方案的满意度评价方法可以表示为[25]：

$$\tau_{\mathrm{l}}=\omega_{\mathrm{l}}^{\xi}\cdot\frac{I_{\xi}-\underline{s}_{\mathrm{l}}^{\xi}}{\overline{s}_{\mathrm{l}}^{\xi}-\underline{s}_{\mathrm{l}}^{\xi}}+\omega_{\mathrm{l}}^{\gamma}\cdot\frac{I_{\gamma}-\underline{s}_{\mathrm{l}}^{\gamma}}{\overline{s}_{\mathrm{l}}^{\gamma}-\underline{s}_{\mathrm{l}}^{\gamma}} \tag{6-36}$$

其中，τ_{l} 为 L 对协商中获得的协商建议方案的满意度评价值；I_{ξ} 和 I_{γ} 表示协商建议方案中对 L 付给 M 的运输价格 ξ 和 M 承担的运输风险比率 γ 给出的建议值；$\omega_{\mathrm{l}}^{\xi}$ 和 $\omega_{\mathrm{l}}^{\gamma}$ 表示 L 在进行满意度评价时对议题 I_{ξ} 和 I_{γ} 的权重。本节中 L 的协商决策仅包括接受建议方案、进入下一轮协商和退出协商 3 种，不对其报价调整做进一步分析。L 对协商建议方案的满意度评价值 τ_{l} 的阈值 $\underline{\tau}_{\mathrm{l}}$ 和 $\overline{\tau}_{\mathrm{l}}$ 分别表示 L 可接受的最差满意度和理想满意度，当 $\tau_{\mathrm{l}}\geqslant\overline{\tau}_{\mathrm{l}}$ 时，L 选择接受建议方案；当 $\tau_{\mathrm{l}}\leqslant\underline{\tau}_{\mathrm{l}}$ 时，L 选择退出协商；当 $\underline{\tau}_{\mathrm{l}}<\tau_{\mathrm{l}}<\overline{\tau}_{\mathrm{l}}$ 时，L 选择保持原有报价，进入下一轮协商，并等待 CA 给出新的协商建议方案，直到 $\tau_{\mathrm{l}}\geqslant\overline{\tau}_{\mathrm{l}}$、$\tau_{\mathrm{l}}\leqslant\underline{\tau}_{\mathrm{l}}$ 或达到其他协商终止条件后，退出自动协商。

6.2.2.3 CA 的协商建议方案优化求解模型

为了在促成协商双方成功达成合作的基础上，实现社会收益的最大化，CA 需要在综合考虑协商双方各自实际可获得的协商收益的同时，基于他们在协商过程中的动态信息寻找最佳合作方案。根据前文所述联盟中生产企业 L 和 3PL 企业 M 在协商过程中的效用评价函数，为了实现社会效用最大化，同时保证协商合作方案的公平性，CA 的协商建议方案优化求解模型可表示为：

$$\max U(I_\xi, I_\gamma) = U_l(I_\xi, I_\gamma) + U_m(I_\xi, I_\gamma)$$

$$= Q \cdot \underline{s}_l^{\xi} - (1 - I_\gamma)\psi_l - \sum_{t=1}^{T} q_t \frac{c}{\phi_t} - I_\gamma \cdot \psi_m \quad (6\text{-}37)$$

$$\text{s. t.} \quad \frac{|U_l - U_m|}{U} < \theta \quad (6\text{-}38)$$

$$\underline{v}^\gamma \leqslant I^\gamma \leqslant \overline{v}^\gamma \quad (6\text{-}39)$$

$$\underline{v}^\xi \leqslant I^\xi \leqslant \overline{v}^\xi \quad (6\text{-}40)$$

其中，式(6-37)为目标函数，追求社会效用(即联合收益)U 的最大化；I_ξ 和 I_γ 为需要通过协商的决策变量，分别代表 L 实际可支付给 M 的单位运价和 M 在任务完成过程中需要承担的风险比率，其余均为已知或可预估的量；U_l 和 U_m 分别为 L 和 M 在协商中获得的收益。式(6-38)为协商建议方案的公平性约束，即保证各方获得收益小于一个给定域值 θ，θ 为协商开始前由 CA 确定，且协商双方均接受的一个相对较小的值。式(6-39)和式(6-40)为协商中议题 I_γ 和 I_ξ 的取值范围约束，而且取值范围会随着协商的进行而动态调整，其中，$\overline{v}^\gamma$ 和 $\underline{v}^\gamma$ 分别为议题 I_γ 取值的上限和下限，$\underline{v}^\gamma = \max(\overline{\overline{s}}_m^\gamma, \underline{s}_l^\gamma)$，$\overline{v}^\gamma = \min(\underline{\underline{s}}_m^\gamma, \overline{s}_l^\gamma)$；$\overline{v}^\xi$ 和 $\underline{v}^\xi$ 分别为议题 I_ξ 取值的上限和下限，$\underline{v}^\xi = \max(\underline{\underline{s}}_m^\xi, \overline{s}_l^\gamma)$，$\overline{v}^\xi = \min(\overline{\overline{s}}_m^\xi, \underline{s}_l^\xi)$。

6.2.3 数值仿真及分析

6.2.3.1 数值仿真背景描述与相关参数设定

数值仿真以数字经济下煤炭物流供应链中煤炭产运联盟中的核心企业——某大型煤炭企业甲在某年第一季度与某发电供热公司乙的煤炭销售活动为例，在甲与乙签订的销售合同中，煤炭总量为 5 000 t，销售单价为 280 元/t，需要由甲负责煤炭的运输，在 45 d 内完成全部运输任务，并约定只能采用公路运输。由于煤炭产运联盟中的已有物流企业受到煤炭季节性需求的影响，运输能力明显不足，无法完成该销售合同中的煤炭运输任务，所以煤炭企业甲决定在平台上寻找一家具有该运输能力的煤炭物流企业加入联盟完成煤炭运输任务。由于煤炭产运联盟在市场上具有绝对的垄断优势，因此为了获得长期合作的机会，煤炭物流企业丙非常迫切地期望加入联盟，双方协商的主要议题包括：由煤炭企业甲到发电供热公司乙的煤炭单位

运输价格 ξ(元/t)和煤炭物流企业丙需要承担的物流风险比率 γ(%)。协商中,L 为煤炭企业甲方的 Agent,M 为煤炭物流企业丙方的 Agent。协商开始前,煤炭企业甲和煤炭物流企业丙对各自的 Agent 进行初始化。为了提高数值仿真实验对本节所提模型的合理性验证水平,仿真试验中通过随机的方式在合理区间内产生 L 和 M 对议题协商的理想值和底线值,一般情况下设定 L 对运输价格期望值随机产生空间的最小边界值即为运输任务完成的基本成本值,即协商过程中不能再低于这个值,而对于 M 对运输价格期望值随机产生空间的最大边界值即为物流外包方能够接受的上限值,即协商过程中不能超过这个值;对于承担运输风险比率值的随机产生空间设定,按照风险共担和最小化本方承担比例的原则设定,但为了获得理想运输价格会适当承担运输风险。L 和 M 对各议题的协商空间取值范围如表 6-2 和表 6-3 所示。

表 6-2　L 对协商议题的取值范围

议题	理想值	底线值
I_ξ	$120 \leqslant \bar{s}_l^\xi \leqslant 150$	$[\bar{s}_l^\xi + 60, \bar{s}_l^\xi + 80]$
I_γ	$0.7 \leqslant \bar{s}_l^\gamma \leqslant 0.9$	$[\bar{s}_l^\gamma - 0.5, \bar{s}_l^\gamma - 0.3]$

表 6-3　M 对协商议题的取值范围

议题	理想值	底线值
I_ξ	$200 \leqslant \bar{s}_m^\xi \leqslant 230$	$[\bar{s}_m^\xi - 80, \bar{s}_m^\xi - 60]$
I_γ	$0.2 \leqslant \bar{s}_m^\gamma \leqslant 0.4$	$[\bar{s}_m^\gamma + 0.3, \bar{s}_m^\gamma + 0.5]$

数值仿真中,L 和 M 对协商中其他相关参数的设定也采用随机的方式给出,具体如表 6-4 和表 6-5 所示。

表 6-4　L 对协商中相关参数的取值范围

参数	含义	随机区间
δ_l	风险水平	[0.60,0.80]
$\bar{\tau}_l$	接受方案的收益率值	[0.75,0.85]
$\underline{\tau}_l$	退出协商的收益率值	[0.35,0.45]

表 6-5　M 对协商中相关参数的取值范围

参数	含义	随机区间
δ_{m}	风险水平	[0.15,0.30]
$\overline{\Omega}_{\mathrm{m}}^{U}$	理想收益测度值	[0.40,0.45]
$\underline{\Omega}_{\mathrm{m}}^{U}$	可接受收益测度值下限	[0.15,0.25]
$\overline{\Omega}_{\mathrm{m}}^{R}$	理想风险测度值	[0.10,0.13]
$\underline{\Omega}_{\mathrm{m}}^{R}$	可接受风险测度值上限	[0.15,0.20]

协商中，对 L 的满意度评价权重向量 $\omega_{\mathrm{l}}=(\omega_{\mathrm{l}}^{\xi},\omega_{\mathrm{l}}^{\gamma})$ 采用随机的方式给出，且需要满足 $0\leqslant\omega_{\mathrm{l}}^{\xi}\leqslant1$，$0\leqslant\omega_{\mathrm{l}}^{\gamma}\leqslant1$ 和 $\omega_{\mathrm{l}}^{\xi}+\omega_{\mathrm{l}}^{\gamma}=1$。为了增加仿真实验的现实应用性和环境适应能力，根据历史相关运输数据设定了单位运输成本 c 和货损率 η 的随机取值范围（$c\in[90,105]$，$\eta\in[0.03,0.15]$）。同时，煤炭物流企业丙对近 3 年第一季度由煤炭企业甲至发电供热公司乙的公路运输条件平均状况进行了统计，具体情况如表 6-6 所示。

表 6-6　近 3 年第一季度公路运输条件平均状况

月份	当月各天的运输条件
1	112122322211122334321111121133244
2	1143221122112221122311112241
3	2134422111211311142221121132111

注：数字 1、2、3、4 分别代表公路运输条件为优秀[$\phi_t(1)=1.0$]、良好[$\phi_t(2)=0.8$]、一般[$\phi_t(3)=0.6$]、差[$\phi_t(4)=0.4$]。

通过对表 6-6 中 90 个条件数据的分析，可以近似得到一步马尔科夫链转移矩阵[191]为：

$$P^{1}=\begin{bmatrix} p_{11}^{1} & p_{21}^{1} & p_{31}^{1} & p_{41}^{1} \\ p_{12}^{1} & p_{22}^{1} & p_{32}^{1} & p_{42}^{1} \\ p_{13}^{1} & p_{23}^{1} & p_{33}^{1} & p_{43}^{1} \\ p_{14}^{1} & p_{24}^{1} & p_{34}^{1} & p_{44}^{1} \end{bmatrix}=\begin{bmatrix} 0.59 & 0.43 & 0.18 & 0.25 \\ 0.27 & 0.40 & 0.45 & 0.25 \\ 0.10 & 0.10 & 0.18 & 0.25 \\ 0.04 & 0.07 & 0.19 & 0.25 \end{bmatrix} \tag{6-41}$$

运输期内每天运输影响因子的求解方法为：

$$\phi_t=\sum_{i=1}^{4}\phi(i)\cdot\rho_i^t,\ \rho_i^t=\sum_{k=1}^{4}\rho_k^0\cdot p_{ki}^t,\ t\geqslant1 \tag{6-42}$$

其中，ϕ_t 为第 t 天的运输影响因子；$i=1,2,3,4$ 代表 4 种不同的运输条件，$\phi(i)$ 为不同运输条件下的运输影响因子的值；$\rho_i^t(t>0)$ 表示第 t 天运输条件为 i 的概率，可以通过式(6-42)中的递归等式进行求解；ρ_k^0 表示运输条件为 k(取值为 1、2、3、4)的初始状态概率，可以根据经验或借助媒体预报直接获得；p_{ki}^t 为第 t 天由任意运输条件 k(取值为 1、2、3、4)转变为运输条件 i 的概率，当 $t=1$ 时，可通过式(6-41)获得相应取值，当 $t>1$ 时，可在式(6-41)基础上借助马尔科夫多步转移理论进行求解，$P^t=P^{t-1}\cdot P^1(t>1)$。

6.2.3.2 协商过程及分析

(1) 相关参数设定

令单位运输成本 $c=94.402$ 元/t，货损率 $\eta=0.117$。根据对相关数据的分析，运输条件变化的初始状态概率向量 $\rho^0=(0.43,0.29,0.18,0.10)$，借助式(6-41)和式(6-42)可以得到运输期内的环境影响因子集合。另外，CA 的参数设定包括：最大协商轮次为 10 轮；协商各方间的收益差别阈值 $\theta=0.01$；协商终止条件为任意一方退出协商/双方均接受建议方案/达到最大协商轮次。

(2) 协商过程分析

煤炭产运联盟的盟主企业甲和 3PL 企业丙进入协商平台后，首先要对本方 Agent 进行初始化，即分别设定 Agent L 和 Agent M 的协商参数，具体如表 6-7 所示。各方完成对 Agent 的初始化后，协商开始。

表 6-7 首轮协商中 M 方和 L 方的参数设定

参数	取值	参数	取值
δ_m	0.221	δ_l	0.742
$(\underline{s}_m^\xi, \overline{s}_m^\xi)$	(130,204)	$(\underline{s}_l^\xi, \overline{s}_l^\xi)$	(209,134)
$(\underline{s}_m^\gamma, \overline{s}_m^\gamma)$	(0.546,0.238)	$(\underline{s}_l^\gamma, \overline{s}_l^\gamma)$	(0.532,0.832)
$[\underline{\Omega}_m^U, \overline{\Omega}_m^U]$	[0.237,0.419]	$[\underline{\tau}_l, \overline{\tau}_l]$	[0.365,0.778]
$[\underline{\Omega}_m^R, \overline{\Omega}_m^R]$	[0.174,0.11]	$[\omega_l^\xi, \omega_l^\gamma)$	(0.602,0.398)

第 1 轮协商中：L 方和 M 方将本方报价信息(对每个议题的协商空间和自身的相关参数设定)发送给 CA，CA 根据各方发来的报价信息进行首轮协商合作方案的求解，得到 $I_\xi=161.365$ 和 $I_\gamma=0.546$ 是双方当前条件下的最佳合作方案，并将建议方案发送给 L 方和 M 方。L 方和 M 方收到来

自 CA 的建议方案后，会对建议方案进行评价，并计算出各个指标的值，如 L 方对协商建议方案的满意度 $\tau_1=0.382\ 7$，M 方的运营收益测度和风险测度分别为 $\Omega_m^U=0.422\ 3$ 和 $\Omega_m^R=0.010\ 8$，此时 L 方可获得总收益 234 817.542 元，M 方可获得总收益 239 561.33 元，社会效用（即联合收益）为 474 378.872 元。

根据协商建议方案的满意度阈值和协商策略的设定，由于 $0.365<\tau_1<0.778$，L 方选择进入下一轮协商（保持原来的 Agent 设定）；由于 Ω_m^U 和 Ω_m^R 的评价值满足了图 6-6 中的条件①，且 L 方选择了进入下一轮协商，则 M 方基于自己的风险水平分别对协商空间的底线值进行让步，让步后 M 方对议题的协商空间为：$(\underline{s}_m^{\xi},\overline{s}_m^{\xi})=(120,204)$ 和 $(\underline{s}_m^{\gamma},\overline{s}_m^{\gamma})=(0.614\ 1,0.238)$。

第 2 轮协商中：L 方和 M 方将调整后的报价信息重新提交，CA 收到信息后，首先确定是否达到协商终止条件，如果达到终止条件，则直接终止协商；如果没达到终止条件，CA 进行第 2 轮协商建议方案的求解，并将建议方案发给 L 方和 M 方。CA 通过求解得到协商建议方案为：$I_{\xi}=161.416$ 和 $I_{\gamma}=0.614$。L 方和 M 方根据参数设定计算得到：$\tau_1=0.479\ 5$、$\Omega_m^U=0.422\ 8$、$\Omega_m^R=0.010\ 7$，此时 L 方可获得总收益 235 066.275 元，M 方可获得总收益 239 815.089 元，社会效用为 474 881.364 元。

由于 $0.365<\tau_1<0.778$，L 方选择进入下一轮协商（保持原来的 Agent 设定）；由于 Ω_m^U 和 Ω_m^R 的评价值仍然满足了图 6-6 中的条件①，且 L 方选择了进入下一轮协商，则 M 方根据自己的风险水平继续对协商空间的底线值进行让步。但由于上一轮协商中 M 方对议题 I_{ξ} 的底线值取值已经等于最低可接受的成本值 120 元（即 L 方对运输价格期望值随机产生空间的最小边界值），所以本轮让步只针对议题 I_{γ} 进行调整，让步后 M 方对议题的协商空间为：$(\underline{s}_m^{\xi},\overline{s}_m^{\xi})=(120,204)$ 和 $(\underline{s}_m^{\gamma},\overline{s}_m^{\gamma})=(0.679\ 2,0.238)$。

第 3 轮协商中：L 方和 M 方将调整后的报价信息再次提交，由于没达到协商终止条件，CA 进行第 3 轮协商建议方案的求解，并将建议方案发送给 L 方和 M 方。本轮中 CA 的协商建议方案为：$I_{\xi}=161.478$ 和 $I_{\gamma}=0.697$。L 方和 M 方根据参数设定计算得到：$\tau_1=0.597\ 8$、$\Omega_m^U=0.423\ 3$、$\Omega_m^R=0.010\ 7$，此时 L 方可获得总收益 235 369.979 元，M 方可获得总收益 240 124.928 元，社会效用为 475 494.907 元。

由于 $0.365<\tau_1<0.778$，L 方选择进入下一轮继续协商；由于 Ω_m^U 和 Ω_m^R

的评价值仍符合图 6-6 中的条件①，L 方选择了进入下一轮协商，且议题 I_ξ 已经不能再让步，因此 M 方选择继续协商，并对议题 I_γ 进行让步调整，让步后 M 方对议题的协商空间为：$(\underline{s}_m^\xi, \overline{s}_m^\xi)=(120, 204)$ 和 $(\underline{s}_m^\gamma, \overline{s}_m^\gamma)=(0.798\,7, 0.238)$。

第 4 轮协商中：CA 收到 L 方和 M 方调整后的报价信息后，由于仍未达到协商终止条件，CA 继续进行协商建议方案的求解，并将建议方案发送给 L 方和 M 方。本轮中 CA 的协商建议方案为：$I_\xi=161.554$ 和 $I_\gamma=0.799$。L 方和 M 方通过求解得到：$\tau_1=0.743\,0$、$\Omega_m^U=0.424\,0$、$\Omega_m^R=0.010\,7$，此时 L 方可获得总收益 235 740.801 元，M 方可获得总收益 240 503.242 元，社会效用为 476 244.043 元。

根据设定，$0.365<\tau_1<0.778$ 未达到理想方案，L 方选择进入下一轮继续协商；由于 Ω_m^U 和 Ω_m^R 的评价值仍符合图 6-6 中的条件①，L 方选择了进入下一轮协商，且议题 I_ξ 已经不能再让步，因此 M 方选择继续协商，并对议题 I_γ 进行让步调整，让步后 M 方对议题的协商空间为：$(\underline{s}_m^\xi, \overline{s}_m^\xi)=(120, 204)$ 和 $(\underline{s}_m^\gamma, \overline{s}_m^\gamma)=(0.922\,6, 0.238)$。

第 5 轮协商中：CA 收到 L 方和 M 方调整后的报价信息后，由于仍未达到协商终止条件，CA 继续进行协商建议方案的求解，并将建议方案发送给 L 方和 M 方。本轮中 CA 的协商建议方案为：$I_\xi=161.579$ 和 $I_\gamma=0.832$。L 方和 M 方通过求解得到：$\tau_1=0.790\,0$、$\Omega_m^U=0.424\,2$、$\Omega_m^R=0.010\,7$，此时 L 方可获得总收益 235 862.641 元，M 方可获得总收益 240 627.543 元，社会效用为 476 490.184 元。

由于 $\tau_1=0.790\,0>0.778$ 已经达到了 L 方选择接受协商建议方案的条件，L 方作出接受 CA 的建议方案的决策，并将该决策信息发送给 CA，CA 会将该信息转发给 M 方。而 M 方在收到 L 方选择了接受建议方案的信息后，继续对协商状态进行评价，根据 Ω_m^U 和 Ω_m^R 评价值可以确定符合图 6-6 中的条件①，因此 M 方也选择了接受 CA 的建议方案，协商以成功结束。L 方和 M 方的最终协商合作方案为：$I_\xi=161.579$ 和 $I_\gamma=0.832$，L 方最终协商收益为 235 862.641 元，M 方最终协商收益为 240 627.543 元，最终的社会效用为 476 490.184 元。

为了实现煤炭产运联盟中企业有效且双赢的合作，联盟的盟主企业甲和 3PL 企业丙在协商平台上借助本方 Agent L 和 M 进行了协商。协商过程中，L 方和 M 方根据参数和协商策略的设定，自动完成了合作方案评价、协商决策选择和报价让步等工作。从图 6-7 可以看出，为了促成合作，M 方对协商空间的让步使得本方的风险承担比率 I_{γ} 值不断升高[如图 6-7(a)所示],单位运输价格 I_{ξ} 值略有增加[如图 6-7(b)所示],验证了 M 方让步策略的有效性。

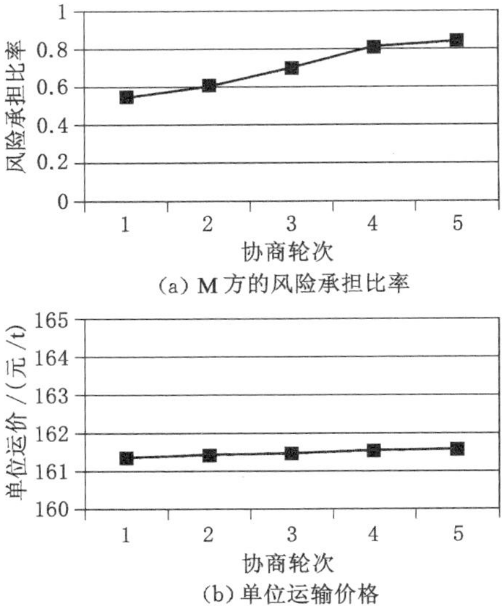

(a) M 方的风险承担比率

(b) 单位运输价格

图 6-7　协商过程中 CA 的协商建议方案中议题取值变化情况

虽然 M 方对议题协商空间的让步使自身的风险承担比率 I_{γ} 不断增加,而单位运输价格 I_{ξ} 增加幅度很小,但从图 6-8 中可以看出,这种让步对 M 方的收益测度和风险测度评价值的影响非常小[如图 6-8(a)和(b)所示],但使 L 方对合作方案的满意度快速提升[如图 6-8(c)所示]。

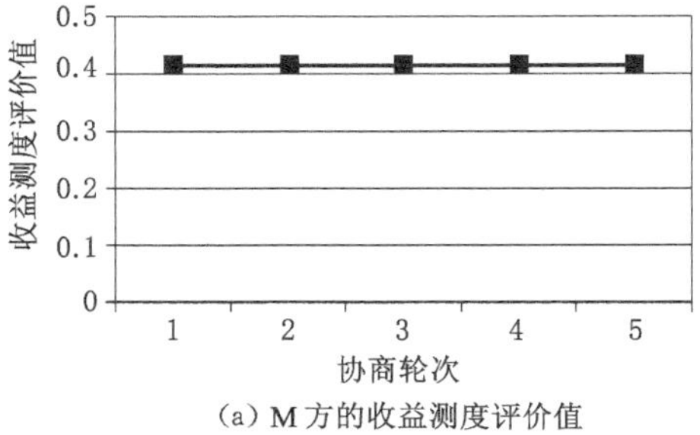

(a) M 方的收益测度评价值

图 6-8　协商过程中 L 方和 M 方对协商状态评价值的变化情况

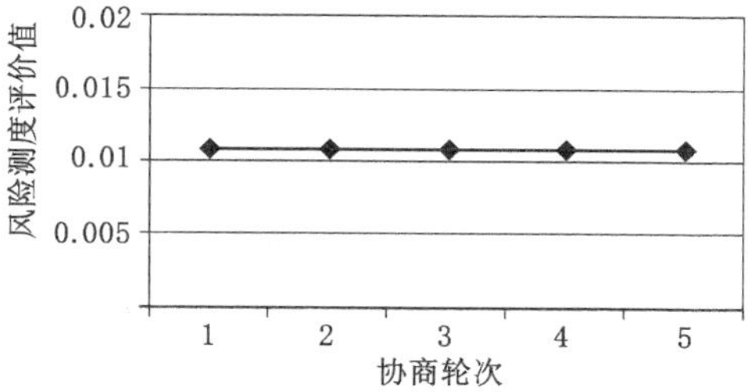

(b) M方的风险测度评价值

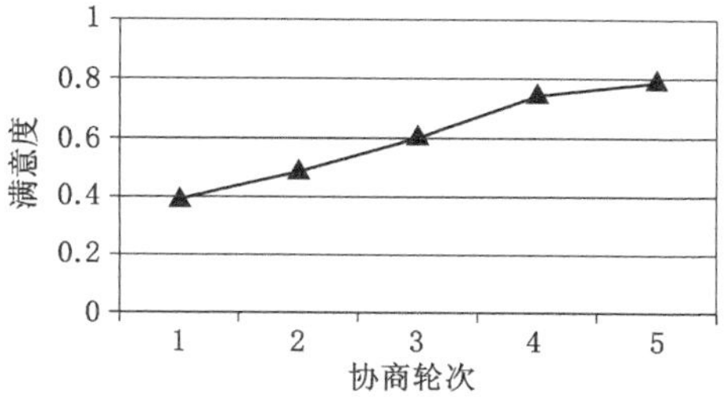

(c) L方的满意度

图 6-8（续）

通过图 6-9 可以看出，M 方的适当让步让 L 方在协商中获得的实际收益不断提高[如图 6-9(a)所示]，促成了其协商决策的变化，最终接受了 CA 的协商建议方案。与此同时，M 方的让步并没有使自身的收益降低，反而也使收益得到明显提高。M 方在协商中的让步有效促进了合作双方的共赢，使得社会效用(即 L 方和 M 方的联合收益)随着协商的进行不断提高[如图 6-9(c)所示]。

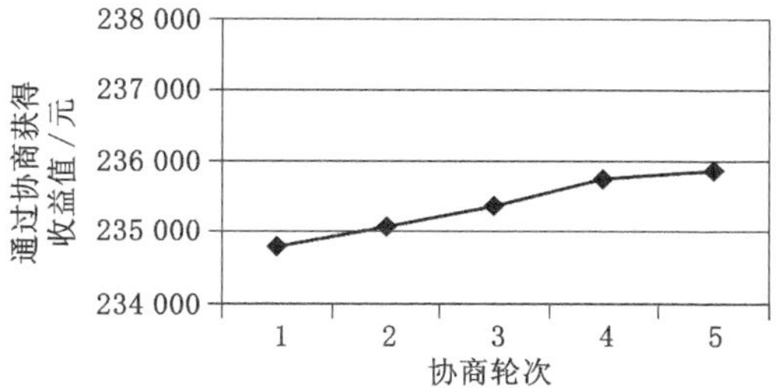

(a) L方的收益

图 6-9　协商过程中 L 方和 M 方收益的变化情况

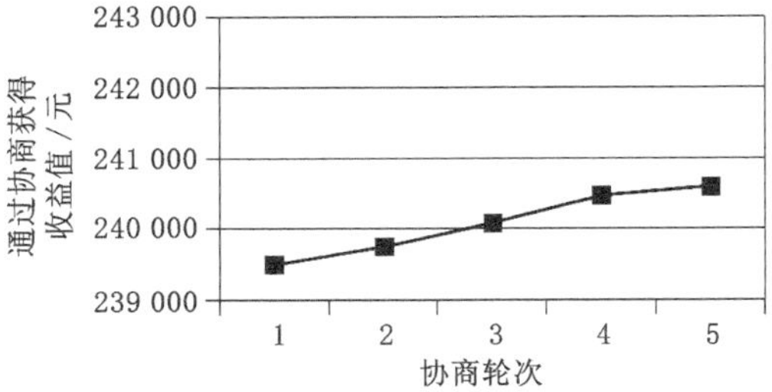

(b) M方的收益

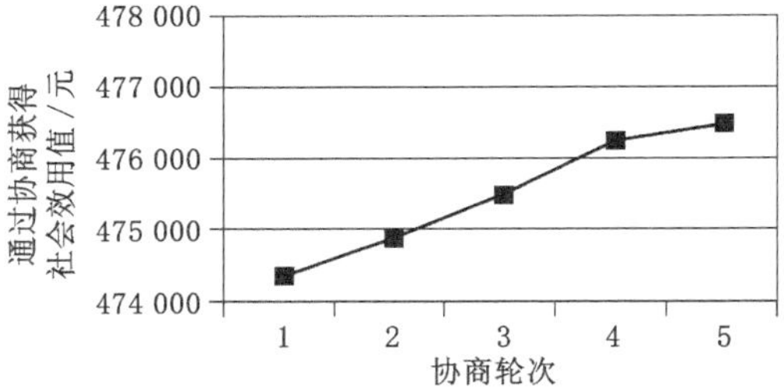

(c) 社会效用

图 6-9（续）

通过对以上数值仿真实验的分析不难发现，协商是一种促成合作和实现双赢的有效手段，借助自动协商理论及其实现技术，不但可以有效提高协商的效率，也能够更高效地找到最佳的协商合作方案。同时，协商中各方的适当让步不但能够有效提高实现合作的可能性，还有利于社会效用的增加，这是符合经济社会实际的。最终协商合作方案的确定，可以有效促成煤炭产运联盟的盟主企业甲和 3PL 企业丙合作的达成，也可以减少双方在合作过程中的分歧，提高煤炭产运联盟合作的稳定性。

6.2.4 本节小结

面对日趋复杂多变的市场环境，实现对数字经济下物流供应链中的生产企业和物流企业间虚拟集团化或联盟运营是降低企业供应链成本、提高物流服务水平和市场竞争力的有效途径，也是应对季节性物流需求波动的必要措施。本节基于自动协商理论对数字经济下物流供应链中企业联盟组建的自动协商模型进行研究，在充分考虑联盟组建中的环境和各方风险偏好与决策活动等因素对协商方案的影响的基础上，以联盟盟员的视角设计和完善了协商的流程与报价让步策略。研究工作的主要创新点可以归结为：基于联盟参与者的视角，依托数字经济自由开放平台环境对物流供应链企业联盟组建自动协商模型进行设计，且在对协商各方的决策活动进行具体分析的同时，将物流任务预期执行情况作为参与联盟的依据（利用随机过程刻画物流环境）。

通过数字经济下煤炭物流供应链中煤炭产运联盟组建的数值仿真实验可以看出，本节所提模型和方法可以有效处理联盟组建中的合作协商问题。为了保证合作方案的公平性，通过限定收益差阈值对 CA 提出的协商建议方案中各方收益差进行了约束，在实际应用中可以根据具体环境需要对收益差进行适当调整。同时，为了反映环境对运输成本的影响，选用离散随机过程对运输期内的成本影响因子进行了刻画，有效提高了研究内容的现实应用价值。但由于离散随机过程自身的缺陷，在某些特殊情况下并不能有效反映客观环境的实际变化，因此，后续研究中将尝试引入更加完善的历史或经验数据分析与预测方法，如引入隐马尔科夫链模型对历史数据进行处理，以期获得更为科学的环境变化预测数据。同时，为了提高协商参与方决策的环境适应水平，未来还将针对市场环境波动信息对协商决策的影响进行系统研究。

6.3 本章小结

激烈的市场竞争环境和多变的客户需求让市场竞争不再局限于单个企业间竞争，数字经济下物流供应链之间的竞争已成为当下经济发展的主流趋势。为了提升数字经济下物流供应链的整体竞争实力和促进对物流供应链中资源的进一步整合与优化利用，供应链上企业虚拟集团化或联盟化运营成为必然趋势。而数字经济自由开放平台环境为物流供应链中企业联盟化运营提供了平台保障。本章依托数字经济平台运作环境，分别从联盟和参与者视角对基于自动协商的物流供应链企业联盟进行了构建，并以数字经济下煤炭物流供应链中煤炭产运联盟构建为背景，对所提模型的合理性进行了验证。

7 数字经济下物流供应链纵向联盟成员协作报价供需协商

数字经济下物流供应链的发展极大地促进了对闲置资源的共享和规模经济的形成，不但可以激活物流供应链对社会闲置资源的利用，也有利于促进联盟企业间协调发展和提高对复杂业务的处理效率，进而巩固和提高企业联盟整体的竞争实力[132]。但传统经济模式和技术环境下企业联盟运营与管理难度很高，主要表现在：联盟内信息沟通渠道单一，闲置资源的发布和获知渠道能力不足，且严重受到地域或空间的限制，协作运营实现难度大等[130]；运营过程中，联盟决策的群体优势在物流供应链的实际运作中得不到凸显，盟员的决策参与意识不强导致联盟的关系比较松散。数字经济平台运作环境为解决以上问题提供了全新的思路，也为提高物流供应链中闲置资源利用率、激活联盟成员对联盟决策的参与意识提供了有效的平台保障。但现有对数字经济平台的研究和应用均是基于运营方主导的供需匹配、任务指派，运营方需要掌握平台中各方的全部信息，参与各方仅是被动响应，合作过程中缺少有效的信息交互与协商技术支持，使得需求变更或合作分歧难以得到及时处理，各方协同运营和决策能力得不到发挥，如果将相关研究成果在企业联盟中进行直接应用，仍然不能激发联盟成员在联盟决策中的积极性，进而导致企业联盟中的上下游供需企业在洽谈合作事宜时，不能充分发挥由联盟内部协作带来的群体优势。为此，本章基于自动协商理论对数字经济下物流供应链纵向联盟成员协作报价供需协商问题进行分析与建模，并分别对团队内部基于报价收益排序的协作、团队竞合博弈和团队完全合作博弈的协作报价三种情况进行研究。

7.1 联盟内部基于报价收益排序的成员协作报价供需协商

7.1.1 问题描述

本节根据数字经济下物流供应链中企业联盟结构组成和运营特点，基于多 Agent 团队相关理论，对企业联盟成员协同下联盟任务选择问题进行了研究，并提出了基于团队协商的联盟成员协同任务选择自动协商模型（Team Negotiation based on Profit Difference，TNPD）。在具体的研究中，首先依据企业联盟运营和开展协商活动的需要，对企业联盟的团队自动协商模型进行构建，并根据角色差异将参与主体划分为企业联盟盟主企业、企业联盟内盟员企业和备选合作企业；然后，分别对协商中不同角色 Agent 的参数组成、收益评价函数、协商战术、决策模型和协商策略进行定义，并根据具体协商需要，对自动协商的框架结构和流程进行设计。最后，以数字经济下煤炭物流供应链中煤炭产运纵向联盟与潜在合作伙伴进行任务选择为背景进行数值仿真实验，具体分析协商团队内不同决策机制产生的差异，进而对所提模型和方法的合理性和有效性进行论证。

7.1.2 基于报价收益排序的自动协商建模

7.1.2.1 协商模型

$$\text{TNPD}=(I,A,l,op,U) \tag{7-1}$$

其中，$I=\{I_i \mid i=1,2,\cdots,m\}$ 为协商中的 m 个议题的集合；$A=\{\alpha_j \mid 1\leqslant j\leqslant n\}$ 为协商团队中 n 个不同联盟成员 Agent 组成的集合，这些盟员与所协商业务存在直接利益关系，受到盟员企业自身经营状况、协商状态和市场环境的影响，协商团队成员可以在联盟内部进行动态调整，α_j 代表第 j 个协商团队成员，$\forall j=1,2,\cdots,n$；l 代表协商团队中的盟主企业 Agent，它承担了团队协商内部协调、报价选取、市场信息查询和与备选合作企业 Agent 进行信息交互的任务；op 代表与协商团队进行协商的备选合作企业 Agent，该 Agent 期望通过协商与企业联盟达成合作；U 代表协商中的收益评价函数，主要对协商中的报价方案为本方带来的收益情况进行评价，假设协商中 Agent 均采用相同收益评价函数，但相关参数根据自身特点进行设定，基于多属性效用评价理论（MAUT），U 可以具体表示为：

$$U(O)=\sum_{i=1}^{m}\omega^i\cdot E(o^i) \tag{7-2}$$

其中，$O=\{o^i \mid i=1,2,\cdots,m\}$ 为协商中待评价的报价方案包含了全部协商议题取值的集合，o^i 表示对议题 I_i 的取值，$\forall i=1,2,\cdots,m$；ω^i 为 Agent 对协商中议题 I_i 取值的权重；E 为 o^i 的收益评价函数。令 $\overline{v}^i$ 和 $\underline{v}^i$ 分别代表 Agent 在协商中对议题 I_i 取值的期望值和底线值（$\forall i=1,2,\cdots,m$），$\overline{v}^i$ 和 $\underline{v}^i$ 关系会受到 Agent 的具体角色影响，如在商品供需协商中价格议题的取

值，卖方 Agent 会存在 $\underline{v}^i \leqslant \overline{v}^i$，而买方 Agent 则会存在 $\underline{v}^i \geqslant \overline{v}^i$。因此，$E$ 可表示为：

$$E(o^i)=\begin{cases}\dfrac{o^i-\underline{v}^i}{\overline{v}^i-\underline{v}^i}, & \underline{v}^i \leqslant o^i \leqslant \overline{v}^i \\ \dfrac{o^i-\overline{v}^i}{\underline{v}^i-\overline{v}^i}, & \overline{v}^i \leqslant o^i \leqslant \underline{v}^i \end{cases}, \quad \forall i=1,2,\cdots,m \tag{7-3}$$

现实中，受任务特点、企业自身条件和实际运营能力等影响，在对议题取值进行评价时，其函数单调性并非始终保持不变的，通常在超过最佳取值点后，单调性会发生变化，如受运营能力闲置影响，某物流企业在某区域内的单日最佳运量为 v(单位：t)，当未达到 v 时，物流企业的收益会随着运量的增加单调递增，而当超过 v 后，物流企业的收益则会随着运量的增加而单调递减。根据这个特点，E 可进一步完善为：

$$E(o^i)=\begin{cases}\begin{cases}\dfrac{o^i-\underline{v}^i}{v^i-\underline{v}^i}, & \underline{v}^i \leqslant o^i \leqslant v^i \\ \dfrac{o^i-\overline{v}^i}{v^i-\overline{v}^i}, & v^i \leqslant o^i \leqslant \overline{v}^i \end{cases}, & \underline{v}^i \leqslant \overline{v}^i \\ \begin{cases}\dfrac{o^i-\overline{v}^i}{v^i-\overline{v}^i}, & \overline{v}^i \leqslant o^i \leqslant v^i \\ \dfrac{o^i-\underline{v}^i}{v^i-\underline{v}^i}, & v^i \leqslant o^i \leqslant \underline{v}^i \end{cases}, & \overline{v}^i \leqslant \underline{v}^i \end{cases}, \quad \forall i=1,2,\cdots,m \tag{7-4}$$

其中，v^i 为 Agent 在协商中对议题 $I_i(\forall i=1,2,\cdots,m)$的最佳取值点。

7.1.2.2 协商中的 Agent

为了进一步刻画协商中不同 Agent 所具有的行为特征和具体的决策方法，本部分将协商中涉及的 Agent 划分为三类不同角色：协商团队中的成员 Agent $\alpha_j(\forall j=1,\cdots,n)$、协商团队中的盟主企业 Agent l 和备选合作企业 Agent op，分别对它们进行定义，共同涉及的主要参数如下。

参数	描述
$O^t_{\alpha_j}, O^t_l, O^t_{op}$	α_j、l 和 op 在第 t 轮协商中的报价方案，$\forall j=1,2,\cdots,n$；
$W_{\alpha_j}, W_l, W_{op}$	α_j、l 和 op 对 m 个议题的权重集合，$\forall j=1,2,\cdots,n$；
$\omega^i_{\alpha_j}, \omega^i_l, \omega^i_{op}$	α_j、l 和 op 对第 i 个议题的权重，$\forall i=1,2,\cdots,m$，$\forall j=1,2,\cdots,n$；
$\overline{V}_{\alpha_j}, \overline{V}_{op}$	α_j 和 op 对 m 个议题的期望值集合，$\forall j=1,2,\cdots,n$；
$\overline{v}^i_{\alpha_j}, \overline{v}^i_{op}$	α_j 和 op 对第 i 个议题的期望值，$\forall i=1,2,\cdots,m$，$\forall j=$

$1,2,\cdots,n$;

$\underline{V}_{\alpha_j}, \underline{V}_{op}$	α_j 和 op 对 m 个议题的底线值集合，$\forall j=1,2,\cdots,n$；
$\underline{v}_{\alpha_j}^i, \underline{v}_{op}^i$	α_j 和 op 对第 i 个议题的底线值，$\forall i=1,2,\cdots,m$，$\forall j=1,2,\cdots,n$；
$T_{\alpha_j}, T_l, T_{op}$	α_j、l 和 op 的最大协商轮次值，$\forall j=1,2,\cdots,n$；
$\delta_{\alpha_j}, \delta_{op}$	α_j 和 op 在反报价中的让步速度控制系数，$\forall j=1,2,\cdots,n$；
$\bar{\theta}_l, \bar{\theta}_{op}$	l 和 op 对报价方案收益的期望值；
$\underline{\theta}_l, \underline{\theta}_{op}$	l 和 op 对报价方案收益的底线值。

(1) 协商团队中盟员企业 Agent 定义

$$\alpha_j=(W_{\alpha_j}, \bar{V}_{\alpha_j}, \underline{V}_{\alpha_j}, T_{\alpha_j}, \delta_{\alpha_j}, b_{\alpha_j}^t, \gamma_{\alpha_j}^t, \beta_{\alpha_j}^t, D_{\alpha_j}),\ \forall j=1,2,\cdots,n \quad (7\text{-}5)$$

其中：

$b_{\alpha_j}^t \in B_{\alpha_j}$（$\forall t=1,2,\cdots,T_{\alpha_j}$）为协商过程中 α_j 在第 t 轮协商中可获得的最佳备选合作方案 *BATNA* 值[60]，即除了 op 以外，α_j 可从市场潜在合作伙伴处获得的最好报价，需要依靠联盟盟主企业 Agent l 通过市场信息查询获得，而 B_{α_j} 为 α_j 在各轮协商中获得的 *BATNA* 值的集合，$b_{\alpha_j}^1$ 为初始值，一般设定 $b_{\alpha_j}^1=\underline{V}_{\alpha_j}$。

$\gamma_{\alpha_j}^t \in [0,1]$（$\forall t=1,2,\cdots,T_{\alpha_j}$）为 α_j 在第 t 轮协商中的收益期望值，其取值会受到协商进度、op 报价让步情况和市场中潜在协商伙伴个数等的影响，具体计算方法可表示为：

$$\gamma_{\alpha_j}^t=\begin{cases}1, & \gamma_{\alpha_j}^{t-1}[1-\eta(t)+\mu(t)]\geqslant 1\\ \gamma_{\alpha_j}^{t-1}[1-\eta(t)+\mu(t)], & \text{否则}\\ 0, & \gamma_{\alpha_j}^{t-1}[1-\eta(t)+\mu(t)]\leqslant 0\end{cases},\ 1<T\leqslant T_{\alpha_j} \quad (7\text{-}6)$$

其中，$\eta(t)$代表协商轮次和市场中潜在协商伙伴个数对收益期望的联合影响因子，且存在：

$$\eta(t)=\left(\frac{t}{T_{\alpha_j}}\right)^{\frac{1}{\rho^t}} \quad (7\text{-}7)$$

协商轮次 t 越接近 T_{α_j}，α_j 的收益期望会越低；ρ^t 代表第 t 轮协商中可发现的潜在协商伙伴个数，ρ^t 越大说明潜在协商伙伴越多，则协商过程中 α_j 的收益期望受到协商轮次的影响越小。$\mu(t)$代表协商中 op 报价对 α_j 收益期望的影响因子，即 op 的本轮报价相对于上一轮报价的让步比率，具体表达式为：

$$\mu(t)=\frac{U_{\alpha_j}(O_{op}^t)-U_{\alpha_j}(O_{op}^{t-1})}{U_{\alpha_j}(O_{op}^{t-1})} \tag{7-8}$$

$\mu(t)$值越大，说明 op 让步幅度越大，可理解为 op 期望合作的愿望越迫切，则 α_j 收益期望值就会越大；$U_{\alpha_j}(O_{op}^t)$和 $U_{\alpha_j}(O_{op}^{t-1})$分别代表 α_j 利用式(7-2)对 op 在第 t 和第 $t-1$ 轮协商中给出报价 O_{op}^t和O_{op}^{t-1}的收益评价值。

$\beta_{\alpha_j}^t\in[0,1](\forall t=2,3,\cdots,T_{\alpha_j})$为 α_j 在第 t 轮协商中的报价让步水平，其取值会根据 α_j 上一轮报价的让步水平 $\beta_{\alpha_j}^{t-1}$、op 的报价让步情况、α_j 对各议题的底线值和 $b_{\alpha_j}^t$ 的收益值进行确定，而 $\beta_{\alpha_j}^1$ 为 α_j 报价的初始让步水平，其取值需根据本方的历史经验或预期确定。$\beta_{\alpha_j}^t$ 的求解可表示为：

$$\beta_{\alpha_j}^t=\max\{\beta_{\alpha_j}^{t-1}-[U_{\alpha_j}(O_{op}^t)-U_{\alpha_j}(O_{op}^{t-1})],\ U_{\alpha_j}(\underline{V}_{\alpha_j}),\ U_{\alpha_j}(b_{\alpha_j}^t)\},\ 1<t<T_{\alpha_j} \tag{7-9}$$

D_{α_j} 为 α_j 在协商中的报价优化决策模型，具体可表示为：

$$\arg\max U_{\alpha_j}(O_{\alpha_j}^t) \tag{7-10}$$

$$\text{s. t. }\ \beta_{\alpha_j}^t\leqslant U_{\alpha_j}(O_{\alpha_j}^t)\leqslant\gamma_{\alpha_j}^t \tag{7-11}$$

$$r_{\alpha_j}^t(O_{\alpha_j}^t)-c_{\alpha_j}^t(O_{\alpha_j}^t)=0 \tag{7-12}$$

$$1\leqslant t\leqslant T_{\alpha_j} \tag{7-13}$$

其中，目标函数(7-10)是 α_j 在反报价中获得的最大化收益 $U_{\alpha_j}(O_{\alpha_j}^t)$；约束(7-11)主要是保证 α_j 在协商报价中获得的收益 $U_{\alpha_j}(O_{\alpha_j}^t)$介于 $\beta_{\alpha_j}^t$ 和 $\gamma_{\alpha_j}^t$ 之间；约束(7-12)主要是保证 α_j 在反报价中的坚持力和让步力[180]达到均衡；约束(7-13)为协商轮次和团队成员个数的限制。

式(7-12)中的 $r_{\alpha_j}^t(O_{\alpha_j}^t)$为 α_j 在生成反报价中的坚持力，其计算方法可表示为：

$$r_{\alpha_j}^t(O_{\alpha_j}^t)=\pi_{\alpha_j}^t[\gamma_{\alpha_j}^t-U_{\alpha_j}(O_{\alpha_j}^t)],\ t\leqslant T_{\alpha_j} \tag{7-14}$$

其中，$\pi_{\alpha_j}^t\in[0,1]$代表 α_j 在第 t 轮协商中所感知到的相对力量，即 α_j 在协商报价过程中的自信程度，$\pi_{\alpha_j}^t$ 的取值越大表示 α_j 在报价中的自信程度越高，让步幅度变小，其可以通过下式计算获得：

$$\pi_{\alpha_j}^t=\begin{cases}1, & \text{if}\quad U_{\alpha_j}(b_{\alpha_j}^t)+\pi_{\alpha_j}^1>1\\ U_{\alpha_j}(b_{\alpha_j}^t)+\pi_{\alpha_j}^1, & \text{otherwise}\end{cases},\ 1<t\leqslant T_{\alpha_j} \tag{7-15}$$

其中，$\pi_{\alpha_j}^1\in[0,1]$为 α_j 在协商中的初始自信程度，该值是协商参与方基于对市场的判断设定的，反映了协商方在坚持本方报价中的底线自信水平。

式(7-12)中的 $c_{\alpha_j}^t(O_{\alpha_j}^t)$为 α_j 在生成反报价中的让步力，其计算方法可

表示为：

$$c^t_{\alpha_j}(O^t_{\alpha_j}) = \tau^t_{\alpha_j}[U_{\alpha_j}(O^t_{\alpha_j}) - \beta^t_{\alpha_j}],\ t \leqslant T_{\alpha_j} \tag{7-16}$$

其中，$\tau^t_{\alpha_j} \in [0,1]$代表 α_j 在第 t 轮协商中所感知到的相对时间压力，即 α_j 在协商中的心理压力，$\tau^t_{\alpha_j}$ 的取值越大表示 α_j 在反报价中越急于让步，其可以通过下式计算获得：

$$\tau^t_{\alpha_j} = 1-[1-U_{\alpha_j}(\underline{V}_{\alpha_j})]\left(\frac{t}{T_{\alpha_j}}\right)^{\frac{1}{\delta_{\alpha_j}}},\ t \leqslant T_{\alpha_j} \tag{7-17}$$

其中，δ_{α_j} 的取值基于时间的自动协商让步策略[182]，且 $\delta_{\alpha_j} > 0$。当 $\delta_{\alpha_j} = 1$ 时，α_j 在反报价中的让步是线性的，且每轮协商中选用相同的让步比率；当 $\delta_{\alpha_j} > 1$ 时，α_j 在反报价中的让步属于迫切性的，会在首轮协商中就朝着本方的底线值靠近；当 $\delta_{\alpha_j} < 1$ 时，α_j 在反报价中的让步属于 Boulware 型的，即在协商开始阶段让步很小，但在协商进程快要达到协商最大期限 T_j 时，让步幅度特别大。

（2）协商团队中盟主企业 Agent 定义

$$l = (W_l, \overline{V}_l, \underline{V}_l, T_l, \overline{\theta}_l, \underline{\theta}_l, \Phi_l) \tag{7-18}$$

其中，Φ_l 为 l 在协商中的协商策略（即一系列决策规则集合），l 会根据协商中各方报价方案所产生的收益情况，选定相应的决策规则，其具体内容如图 7-1 所示。

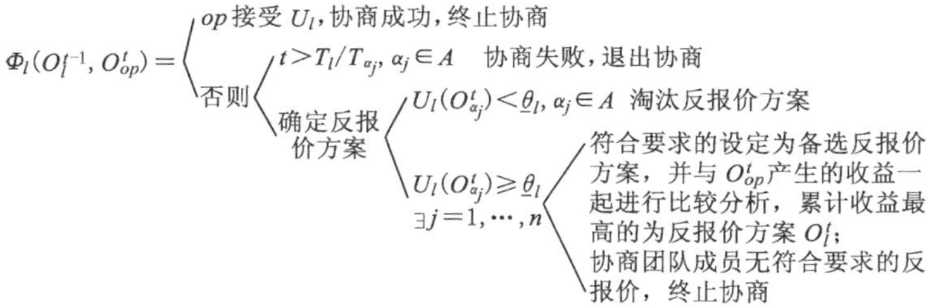

图 7-1　l 在协商中的协商策略

在图 7-1 中，O^t_{op} 为 Agent op 在第 t 轮协商中给出的报价，$O^t_{\alpha_j}$ 为盟员企业 Agent α_j 在第 t 轮协商中的报价，O^{t-1}_l 和 O^t_l 分别代表盟主企业 Agent l 在第 $t-1$ 和第 t 轮协商中最终确定的协商团队反报价。如果在协商团队的报价收益排序中，O^t_{op} 方案的排序第一，则选择接受 op 的报价。

（3）备选合作企业 Agent op 定义

$$op = (W_{op}, \overline{V}_{op}, \underline{V}_{op}, T_{op}, \delta_{op}, \overline{\theta}_{op}, \underline{\theta}_{op}, D_{op}, \Phi_{op}) \tag{7-19}$$

其中：

δ_{op} 的取值策略同 δ_{α_j}。

D_{op} 为 op 在协商中的报价优化决策模型，具体如下：

$$\min Ed(O_{op}^{t}, O_l^{t-1}) \tag{7-20}$$

$$\text{s. t. } U_{op}(O_{op}^{t}) = 1-(1-\underline{\theta}_{op})\left(\frac{t}{T_{op}}\right)^{\frac{1}{\delta_{op}}} \tag{7-21}$$

$$\underline{v}_{op}^{i} \leqslant o_{op,i}^{t} \leqslant \overline{v}_{op}^{i}, \ \underline{v}_{op}^{i} \leqslant \overline{v}_{op}^{i} \tag{7-22}$$

$$\overline{v}_{op}^{i} \leqslant o_{op,i}^{t} \leqslant \underline{v}_{op}^{i}, \ \overline{v}_{op}^{i} \leqslant \underline{v}_{op}^{i} \tag{7-23}$$

$$2 \leqslant t \leqslant T_{op}, \ \forall i = 1, 2, \cdots, m \tag{7-24}$$

其中，目标函数(7-20)确定一个与上一轮协商团队给出的报价 O_l^{t-1} 相似度最高的报价方案作为本轮的报价 O_{op}^{t}，$Ed(O_{op}^{t}, O_l^{t-1})$ 为基于欧几里得距离(ED)求解两个报价方案相似度的函数，具体计算如下：

$$Ed(O_{op}^{t}, O_l^{t-1}) = \sqrt{\sum_{i=1}^{m}(o_{op,i}^{t} - o_{l,i}^{t-1})^2}, \ t \leqslant T_{op} \tag{7-25}$$

约束(7-21)为 op 基于时间策略的报价方案收益约束；约束(7-22)和(7-23)分别表示当议题取值满足 $\underline{v}_{op}^{i} \leqslant \overline{v}_{op}^{i}$ 或 $\overline{v}_{op}^{i} \leqslant \underline{v}_{op}^{i}$ 特点时，反报价中该议题的取值范围约束，$\forall i = 1, \cdots, m$；约束(7-24)为该模型的求解议题范围和协商轮次约束，仅适合于第 2 轮以后协商报价方案的产生，因为首轮报价中，op 会选用 $\overline{V}_{op}$ 作为本方的初始报价方案，即 $O_{op}^{t} = \overline{V}_{op}$。

Φ_{op} 为 op 在协商中的协商策略（即一系列决策规则集合），op 会根据协商中各方报价方案收益选择相应的决策，其具体内容如图 7-2 所示。

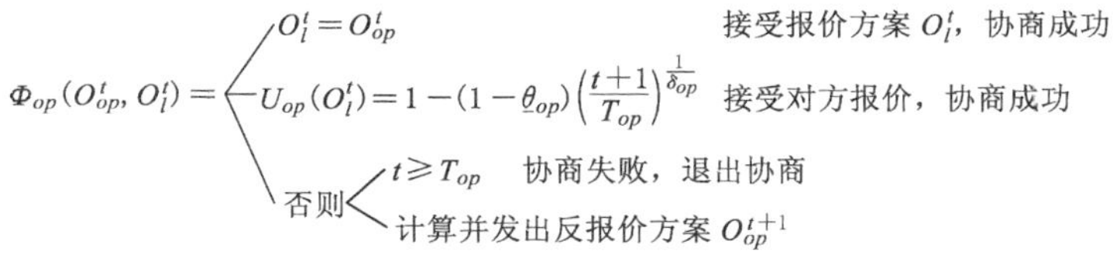

图 7-2　op 在协商中的协商策略

7.1.2.3　自动协商过程设计

数字经济下物流供应链中的企业联盟可以依据与外部合作的需要组建协商团队，盟主和盟员企业需要分别定义自己的 Agent，并与备选合作伙伴的 Agent 进行自动协商。协商过程中盟员企业 Agent α_j（$\forall j = 1, 2, \cdots, n$）作为协商团队的成员，在对备选合作伙伴 Agent op 的报价方案评价后，根据数字经济平台运作环境中的动态市场信息和协商状态情况求解相应的反报价，并将其发送给盟主企业 Agent l；如果未达到协商成功或终止的条件，盟主企业 Agent l 将 op 报价和市场环境信息在协商团队内进行共享，等待协商团队成员计算反报价，当接收到团队成员全部反报价后，盟主企业 Agent l 要组织协商团队内成员基于联合收益差值筛选出最佳的反报价方案。当协商团队内存在至少一个合适的反报价方案时，Agent l 会组织协商团队基于收益差值进行团队反报价，并将反报价信息发布给 op，否则终止当前协商。

自动协商过程和各方活动时序图如图 7-3～图 7-7 所示。

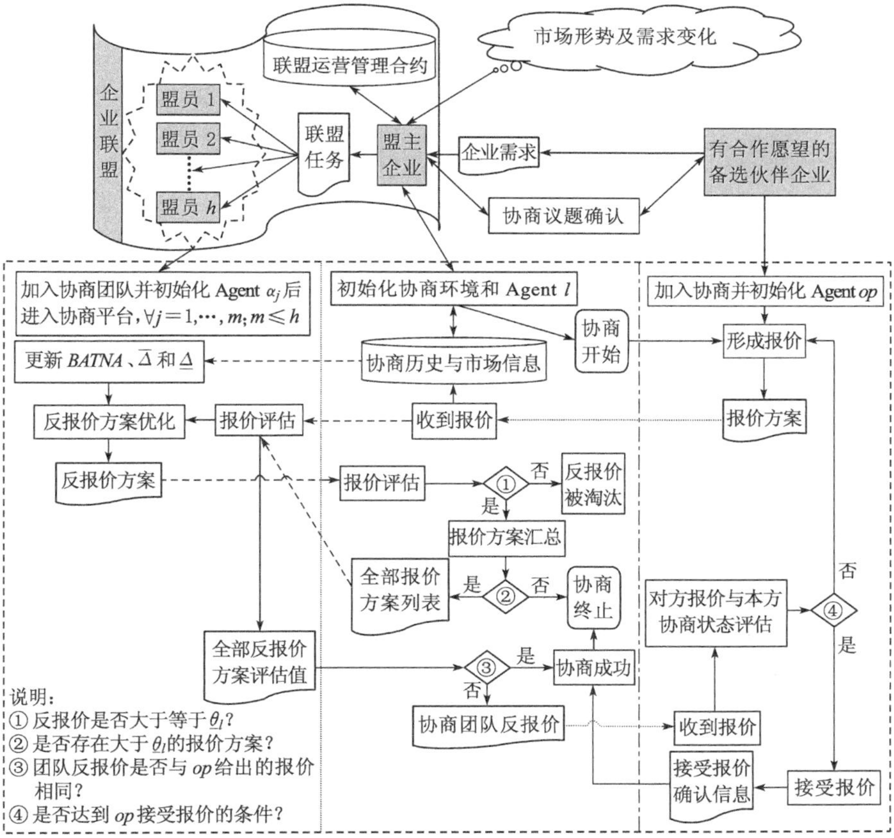

图 7-3　带有协商团队的自动协商过程

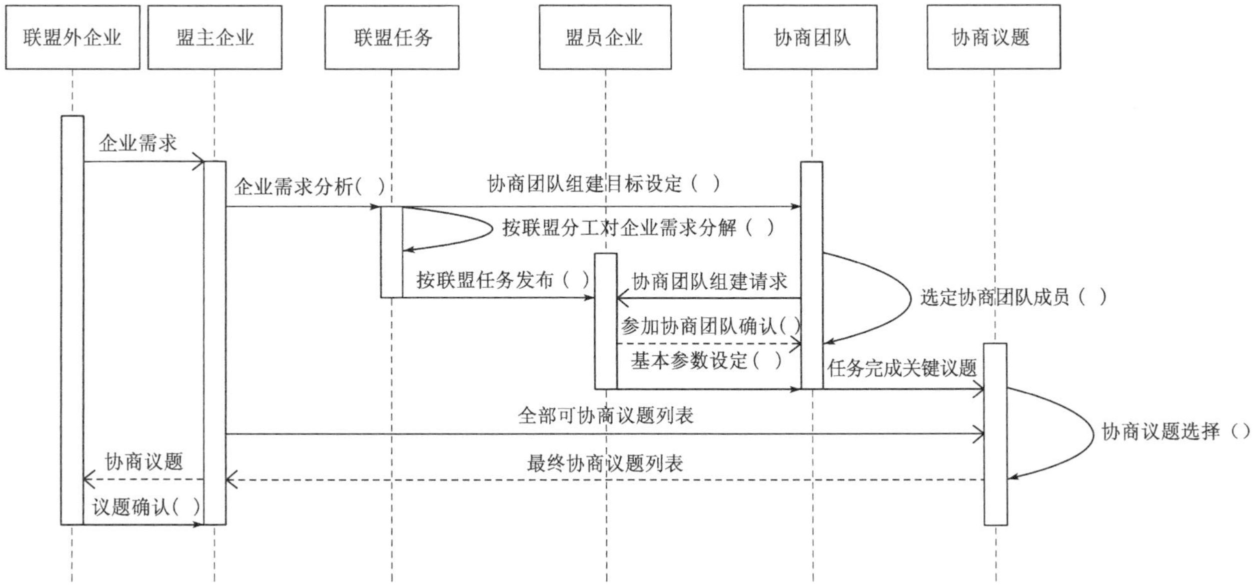

图 7-4 协商团队组建时序图

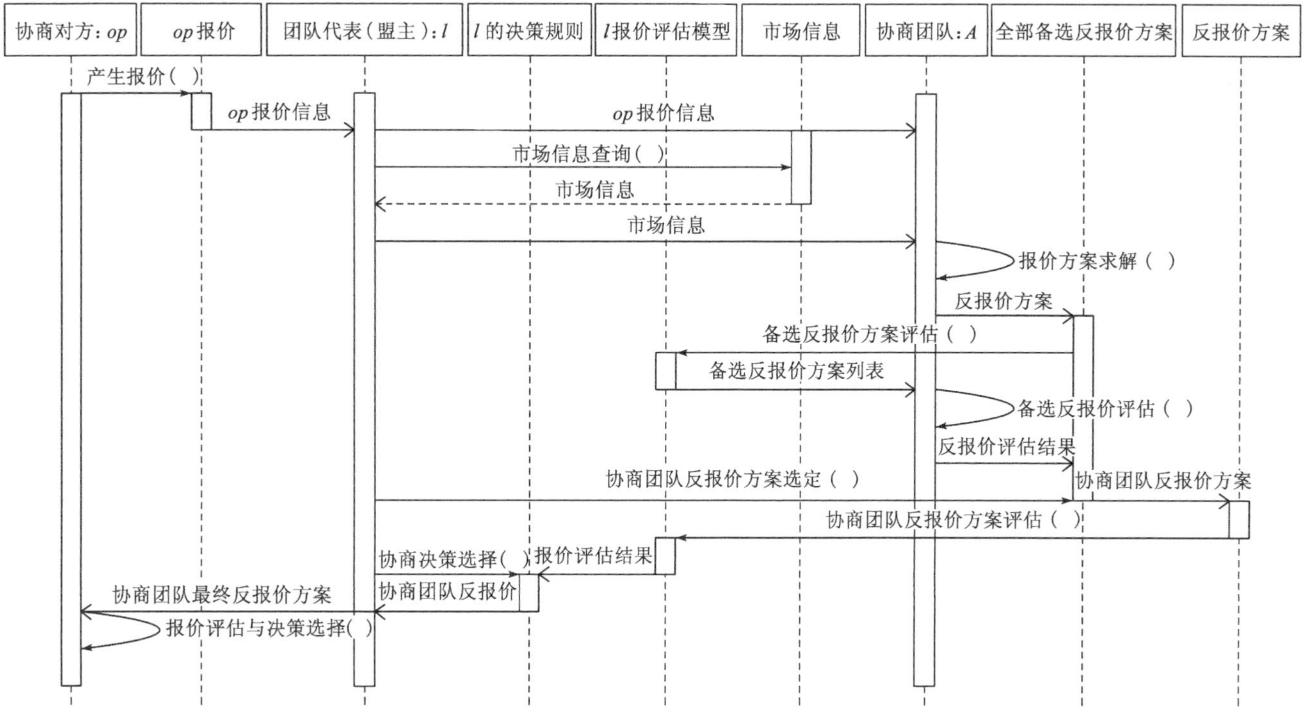

图 7-5　一轮协商中的协商时序图

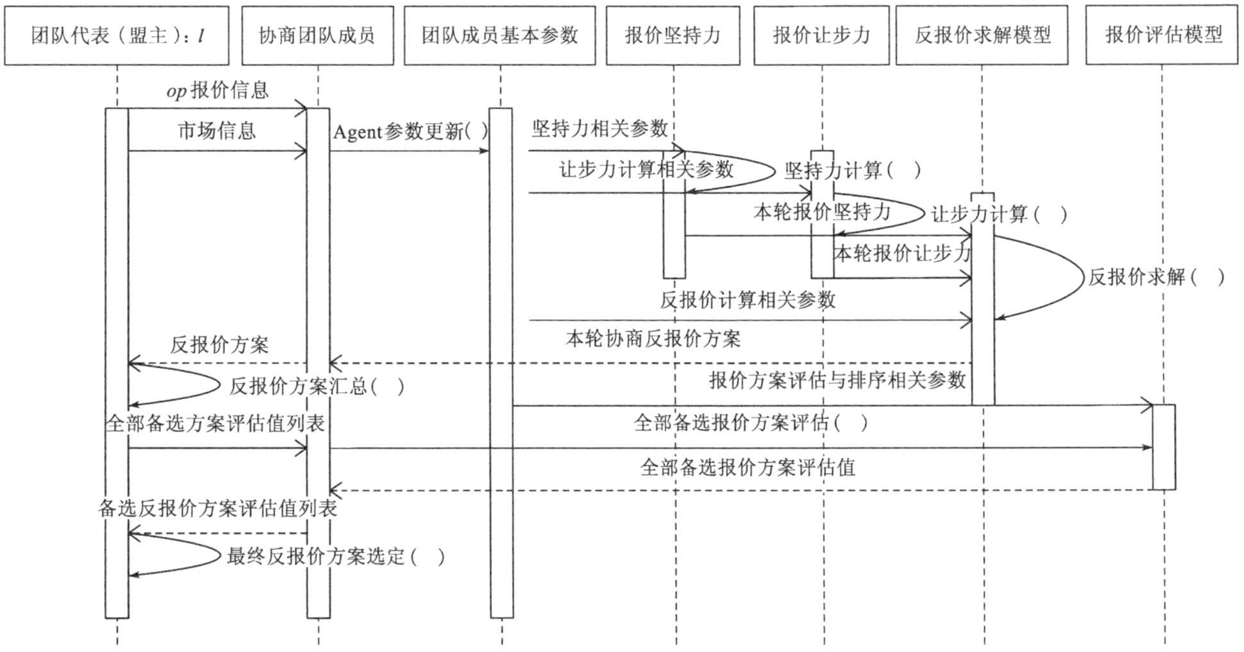

图 7-6　协商团队反报价方案计算时序图

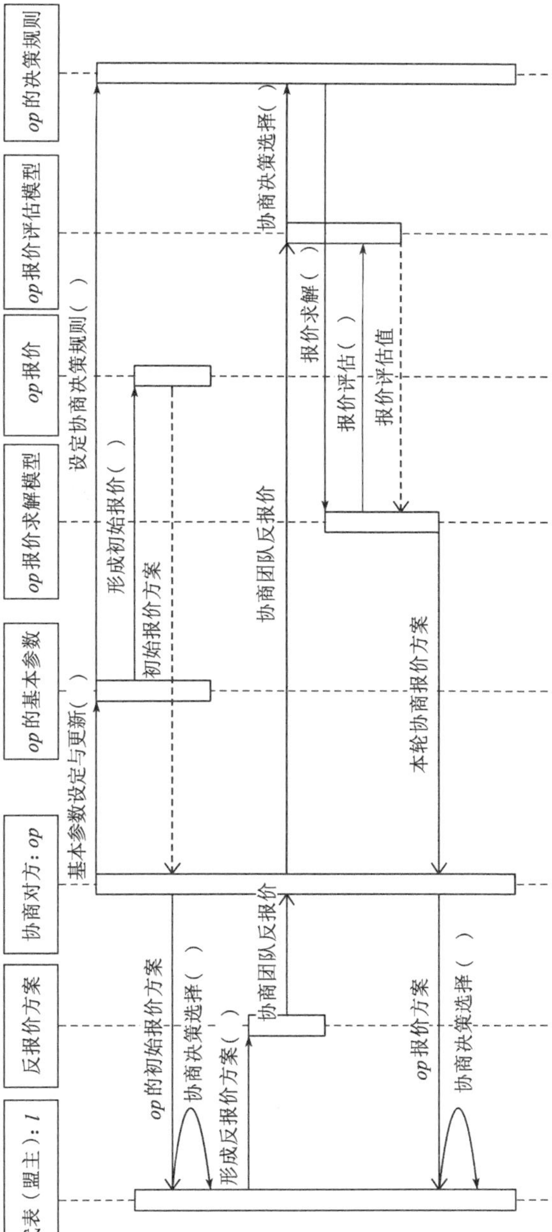

图 7-7　op报价方案与协商决策选择时序图

7.1.3 数值仿真及分析

为了验证所提模型的合理性和有效性，本节将其与其他相关方法进行了数值仿真实验对比分析，具体内容如下。

7.1.3.1 场景描述与参数设定

研究中，假设在数字经济下煤炭物流供应链中，煤炭生产企业与煤炭物流企业联盟（简称煤炭企业联盟）由某大型煤炭生产企业以盟主身份发起并组建，联盟由多个煤炭生产企业、煤炭物流配送企业和煤炭仓储与洗配煤企业组成。联盟组建后，与联盟外的需求企业进行合作和业务协商是联盟运营过程中不可缺少的重要环节。煤炭企业联盟在收到企业需求信息后，为了提高联盟在协商过程中的专业化水平以及合作达成后联盟的运营效率，盟主企业会根据具体需求信息，在联盟内部召集部分适合完成该需求任务的盟员企业组成协商团队，并基于数字经济平台运作环境，以协商团队形式与煤炭需求企业开展供需协商。现实中，煤电企业通常是煤炭企业联盟的最大需求用户，由于很多煤电企业通常需要肩负煤炭发电和冬季特定区域供暖双重任务，因此常年需要消耗大量煤炭，但受季节性需求的影响，煤炭需求量会存在明显的季节性波动，这使得煤电企业需要与煤炭企业联盟针对不同季节或特定阶段的煤炭需求进行协商。为了降低自身的运营成本和风险，煤电企业会让煤炭企业联盟完成全部需求煤炭的生产、加工和物流运输任务。假设煤电企业对煤炭质量要求不受季节和环境变化的影响（即对煤炭质量相关指标的要求不变），煤炭供需协商中的议题包括：煤炭单位价格（P，单位：元/t）、煤炭需求量（Q，单位：万 t）、交货时间（Dt，单位：d）。在煤炭交易协议达成后，煤电企业会先支付全部款项的 30%，全部煤炭送达后支付剩余的 70%。同时，煤炭企业联盟的盟主企业依靠其市场影响力和充分的市场信息查询与获取能力，具有显著的市场主导地位，协商过程中可以实时掌握数字经济平台运作环境中的市场需求动态变化情况，并把这些信息在协商团队内部进行共享，这些市场信息会直接影响协商团队反报价方案形成与协商决策选择。

研究中，为了简化协商过程，突出研究的核心内容，假设协商团队由煤炭企业联盟中的一个煤炭生产企业（a_p）、一个煤炭运输企业（a_s）和一个储配煤企业（a_c）组成，煤炭企业联盟的盟主企业（l）虽然是煤炭生产企业，但受到地域或生产条件等影响，不承担本次煤炭需求任务的具体完成工作，仅负责对联盟组建的协商团队的协调工作。在自动协商的数值仿真实验过程中，盟主企业 Agent l 在每轮协商中都会获得市场上 0～2 个新煤炭需求用户，并将这些信息共享给协商团队成员，若当前协商失败，盟主企业 Agent l 会依据这些信息选定合适的煤炭需求企业开展新的协商。协商团队中，因为每个角色 Agent 仅有一个，煤炭的交易价格 P 和交易数量 Q 对于每个 Agent 都是相同的，而对于交货时间 Dt 和最终获得利润则需要根据任务的具体完成要求和成本支出情况，在联盟内部以联盟组建时的约定按比例分配。为了提高仿真效果，协商中的全部 Agent 信息均采用随机的方式给出，具体如表 7-1 所示。

表 7-1　协商中不同角色 Agent 的参数取值范围

参数	l	a_p	a_s	a_c	op
P 的期望	$450\leqslant P_l^r\leqslant 550$	$450\leqslant P_{a_p}^r\leqslant 550$	$450\leqslant P_{a_s}^r\leqslant 550$	$450\leqslant P_{a_c}^r\leqslant 550$	$250\leqslant P_{op}^r\leqslant 350$
Q 的期望	$12\leqslant Q_l^r\leqslant 17$	$12\leqslant Q_{a_p}^r\leqslant 17$	$12\leqslant Q_{a_s}^r\leqslant 17$	$12\leqslant Q_{a_c}^r\leqslant 17$	$4\leqslant Q_{op}^r\leqslant 9$
Dt 的期望	$50\leqslant Dt_l^r\leqslant 70$	$50\leqslant Dt_{a_p}^r\leqslant 70$	$50\leqslant Dt_{a_s}^r\leqslant 70$	$50\leqslant Dt_{a_c}^r\leqslant 70$	$25\leqslant Dt_{op}^r\leqslant 35$
P 的底线	$250\leqslant P_l^a\leqslant 350$	$250\leqslant P_{a_p}^a\leqslant 350$	$250\leqslant P_{a_s}^a\leqslant 350$	$250\leqslant P_{a_c}^a\leqslant 350$	$450\leqslant P_{op}^a\leqslant 550$
Q 的底线	$4\leqslant Q_l^a\leqslant 9$	$4\leqslant Q_{a_p}^a\leqslant 9$	$4\leqslant Q_{a_s}^a\leqslant 9$	$4\leqslant Q_{a_c}^a\leqslant 9$	$12\leqslant Q_{op}^a\leqslant 17$
Dt 的底线	$25\leqslant Dt_l^a\leqslant 35$	$25\leqslant Dt_{a_p}^a\leqslant 35$	$25\leqslant Dt_{a_s}^a\leqslant 35$	$25\leqslant Dt_{a_c}^a\leqslant 35$	$50\leqslant Dt_{op}^a\leqslant 70$
P 的收益阈值	$v'_{l,P}=P_l^r$	$v'_{a_p,P}=P_{a_p}^r$	$v'_{a_s,P}=P_{a_s}^r$	$v'_{a_c,P}=P_{a_c}^r$	—
Q 的收益阈值	$v'_{l,Q}=Q_l^r$	$v'_{a_p,Q}=Q_{a_p}^r$	$\frac{3}{4}Q_{a_s}^r\leqslant v'_{a_s,Q}\leqslant\frac{4}{5}Q_{a_s}^r$	$\frac{1}{2}Q_{a_c}^r\leqslant v'_{a_c,Q}\leqslant\frac{3}{4}Q_{a_c}^r$	—
Dt 的收益阈值	$v'_{l,Dt}=Dt_l^r$	$v'_{a_p,Dt}=Dt_{a_p}^r$	$v'_{a_s,Dt}=Dt_{a_s}^r$	$v'_{a_c,Dt}=Dt_{a_c}^r$	—
协商收益期望	—	$0.85\leqslant\gamma_{a_p}\leqslant 0.95$	$0.85\leqslant\gamma_{a_s}\leqslant 0.95$	$0.85\leqslant\gamma_{a_c}\leqslant 0.95$	—
初始让步水平	—	$0.25\leqslant\beta_{a_p}\leqslant 0.4$	$0.25\leqslant\beta_{a_s}\leqslant 0.4$	$0.25\leqslant\beta_{a_c}\leqslant 0.4$	—
协商期限	$30\leqslant T_l\leqslant 35$	$30\leqslant T_{a_p}\leqslant 35$	$30\leqslant T_{a_s}\leqslant 35$	$30\leqslant T_{a_c}\leqslant 35$	$30\leqslant T_{op}\leqslant 35$
报价收益期望	$0.85\leqslant\bar{\theta}_l\leqslant 0.95$	—	—	—	$0.85\leqslant\bar{\theta}_{op}\leqslant 0.95$
报价收益底线	$0.55\leqslant\underline{\theta}_l\leqslant 0.65$	—	—	—	$0.55\leqslant\underline{\theta}_{op}\leqslant 0.65$
让步速度参数	—	—	—	—	$0<\delta_{op}\leqslant 10$

7.1.3.2 过程设计

企业联盟通常都是在特定市场环境下，由多个拥有共同利益和目标的企业个体，在考虑策略目标的情况下形成的一种优势互补、分工协作的松散企业组织形式，联盟内部可以在盟主企业协调下自主地进行互补性资源交换或共享，以达成各自维护市场竞争优势和共担风险的目标。在企业联盟的组织关系下，由于不同盟员企业的企业性质和具体运营特点差异导致盟员企业间及盟员企业与所属联盟间的收益评价可能存在差异，这使得企业联盟在与联盟外部合作协商时，必须让相关的盟员企业参与到联盟决策当中，这样既可以调动盟员企业的积极性，又可以提高联盟协商决策能力和专业化水平，减少联盟运营中的利益冲突。

首先，为了验证 TNPD 在现实应用中的必要性和合理性，数值仿真实验将 TNPD 与盟主以联盟收益最大为目标集中决策的协商形式（TNL）进行对比分析。在 TNL 中，协商过程与 TNPD 基本相同，只是协商团队在进行反报价方案求解时，协商团队中的盟主企业需要掌握每个成员（盟员企业）的全部信息，并基于这些信息进行集中决策。

其次，为了验证 TNPD 中基于收益差的协商团队反报价选定方法的有效性，数值仿真将 TNPD 与在团队协商中基于反报价收益排序差的协商团队反报价选定方法 TNPOD 进行对比分析。在 TNPOD 中，协商团队中的反报价方案选取规则与 TNPD 不同，是基于各备选方案的团队成员排序值的差异而选定的[192]，而不是像 TNPD 中基于联合收益值的差异选定的。

同时，TNPD、TNPOD 和 TNL 还将与基于可信第三方 Agent *ca* 的协商形式 TNCA 进行对比分析，旨在进一步分析各种协商方法的相对优越性和性能提升空间。在 TNCA 中，首先需要在协商平台中实例化一个可信第三方的 Agent *ca*，在协商过程中，*ca* 根据预先的设定，主要负责为协商各方寻找最佳合作方案，*ca* 对协商合作方案的求解过程是基于完全信息条件的。协商开始前，参与各方 Agent 都需要将本方的议题协商空间、议题偏好和收益评价方法共享给 *ca*，*ca* 基于这些信息可在可行域找出最佳合作点。为了能够体现可信第三方在优化方案求解中的公平性，*ca* 在求解协商合作方案时，需要满足各方最终获得的收益差应该小于等于一个较小的阈值。由于 *ca* 在协商中对协商合作方案的求解是基于完全信息，且考虑到了方案收益公平性约束，因此假设 TNCA 中的各方均会选择直接接受 *ca* 给出的协商合作方案。TNCA 中对 *ca* 具体定义为：

$$ca=(U_{ca},\kappa,D_{ca}) \tag{7-26}$$

其中，U_{ca} 为 TNCA 中 ca 对具体合作方案的联合收益评价函数，并有 $U_{ca}=U_{op}+U_l+\sum_{j=1}^{n}U_{a_j}$；$\kappa$ 为合作方案为协商各方带来的收益差的阈值，需要设定为一个较小值；D_{ca} 为 ca 对协商合作方案的优化求解模型，可以表示为：

$$\arg\max D_{ca}=U_{ca}(O_{ca}) \tag{7-27}$$

$$\text{s. t.}\quad \left|U_{op}(O_{ca})-\frac{U_l(O_{ca})+\sum_{j=1}^{n}U_{a_j}(O_{ca})}{n+1}\right|\leqslant\kappa \tag{7-28}$$

$$\underline{v}_{\text{com}}^{i}\leqslant o_{ca,i}\leqslant\overline{v}_{\text{com}}^{i},\ \forall i=1,2,\cdots,m \tag{7-29}$$

其中，目标函数(7-27)表示要达到社会效用最大化，$O_{ca}=\{o_{ca,j}\mid i=1,\cdots,m\}$ 为协商团队与对方达成合作时议题取值的集合，且协商会存在 $U_{ca}(O_{ca})=U_{op}(O_{ca})+\sum_{j=1}^{n}U_{a_j}(O_{ca})$；约束(7-28)是收益公平性约束，保证 op 获得的收益与协商团队的平均收益差小于设定阈值 κ；约束(7-29)是保证每个议题的取值必须在协商各方对议题取值的公共协商范围内，否则无法找到满足条件的协商方案，即 $[\underline{v}_{\text{com}}^{i},\overline{v}_{\text{com}}^{i}]=[\underline{v}_{op}^{i},\overline{v}_{op}^{i}]\cap[\underline{v}_{l}^{i},\overline{v}_{l}^{i}]\cap[\underline{v}_{a_1}^{i},\overline{v}_{a_1}^{i}]\cap\cdots\cap[\underline{v}_{a_j}^{i},\overline{v}_{a_j}^{i}]\cap\cdots\cap[\underline{v}_{a_n}^{i},\overline{v}_{a_n}^{i}]$ 为协商各方对第 i 个议题取值的公共协商范围。

7.1.3.3　数值仿真结果分析

为了能够充分检验不同协商方法在对问题处理上的有效性，本节进行了 100 次数值仿真，并将 TNPD、TNPOD、TNL 和 TNCA 的仿真结果进行了对比分析，主要从 100 次仿真结果中对比各次仿真中获得的联合收益、*team* 和 *op* 的累计联合收益、*team* 的累计收益、仿真中各方获得的平均收益(含全部 100 次仿真的平均收益和仅考虑协商成功后的平均收益)、协商的成功率和协商成功的平均轮次。

从图 7-8、图 7-9 和图 7-10 中可以看出，TNCA 均能获得最佳的收益值，这说明合作方案求解的最理想方式是能够在完全信息条件下进行集中决策，可以有效实现各方收益和社会效用的最大化，但这种方式需要依靠各方都能将本方真实信息完全公开给具有相应资质的可信第三方完成。而在实际中，迫于市场竞争和商业机密的压力，各方都不可能进行信息的完全共享。所以，TNCA 仅是一种期望达到的理想状态，而很难在实际中得以实现。

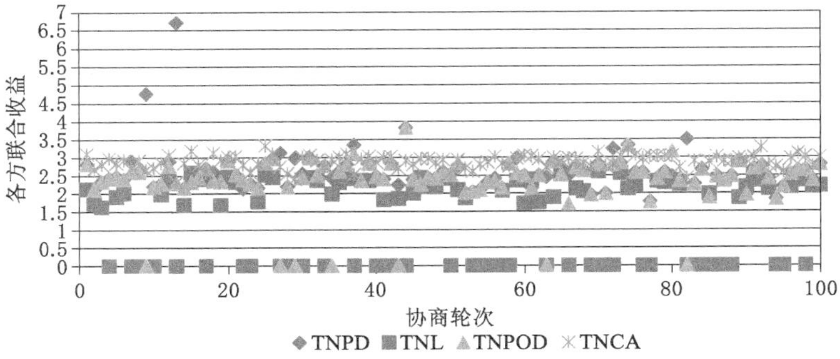

图 7-8　仿真中各方获得联合收益对比

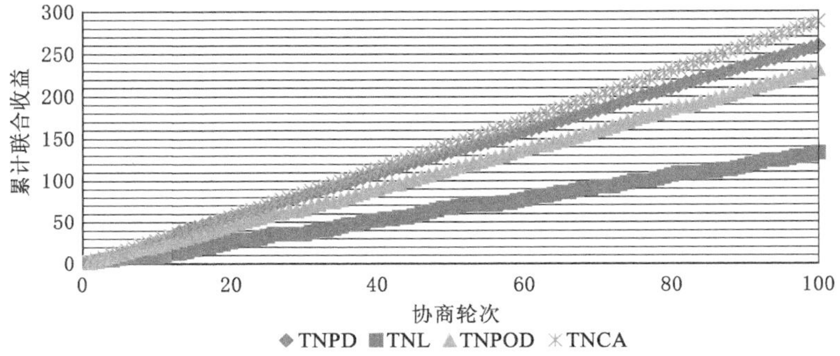

图 7-9　仿真中 *team* 和 *op* 累计联合收益对比

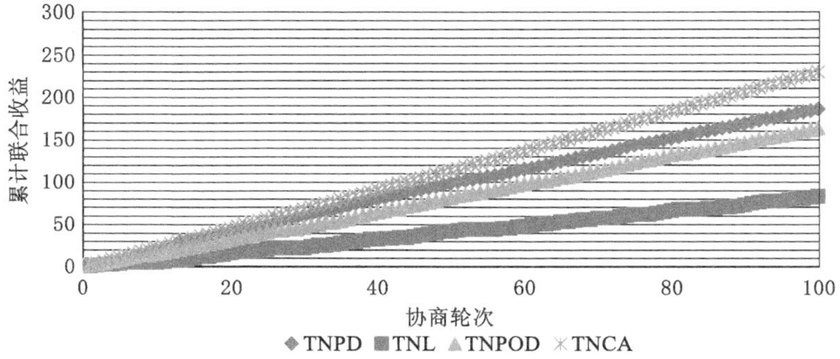

图 7-10　仿真中 *team* 累计联合收益对比

TNPD、TNPOD、TNL 在仿真过程中，无论是从图 7-8 中对每次协商获得联合收益的对比，还是从图 7-9 和图 7-10 中分别对 *team* 和 *op* 协商联合

收益及 *team* 收益的对比来看，本节所提模型 TNPD 都能与 TNCA 最为接近，充分验证了 TNPD 的有效性。由于基于收益排序的协商团队反报价选择方法会使盟员对不同报价方案收益评价差的大小被掩盖，进而造成反报价方案在协商团队中的联合收益差并不能有效反映协商团队对反报价方案的综合收益评价情况，因此导致 TNPOD 的性能明显差于 TNPD，这也充分验证了协商团队中基于收益差的反报价方案选择方法的优越性。TNL 在各次仿真中的表现都是最差的，而且在很多仿真中的协商都以破裂告终，没能达成合作方案，造成这种现象的主要原因在于盟主企业需要同时基于全部协商团队成员的约束进行最佳反报价方案的求解，结果导致经常由于约束太多，不能找到符合全部条件的反报价方案而迫使协商终止，进而使得部分仿真获得收益为零，协商的累计收益增加缓慢，仿真实验中的协商成功率也最低，如图 7-11 所示。

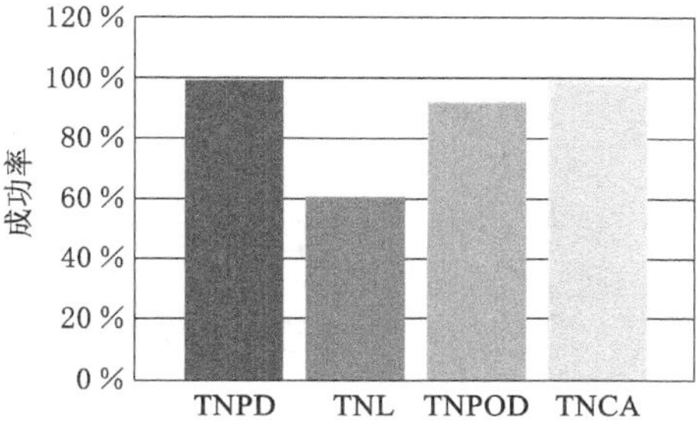

图 7-11　100 次仿真中的自动协商成功率对比

另外，由于企业联盟本身就是为了保持市场竞争力、分担经营风险而组织形成的一个松散的企业组织形式，每个盟员企业在尽力维系联盟内部协作关系的同时，都会尽力追求本方利益的最大化，加之对商业机密和自身长期利益的考虑，联盟内部的盟员企业不可能将全部信息共享给其他盟员或盟主企业。因此，TNL 中关于盟主企业能够获得协商团队全部成员的偏好信息的假设，在实际应用中只是盟主企业期望达到的一种理想状态。

通过图 7-12 可以看出，基于不同方法的成功协商获得的协商各方的平均收益存在着明显差异，TNPD 使协商的联合收益和协商团队收益都明显优于 TNPOD 和 TNL，仅次于 TNCA。通过 100 次数值仿真实验可以发现，从不同方法协商成功后获得平均收益来看，TNPD 使协商中协商团队成员获得的平均收益高于 TNPOD 和 TNL，造成这种现象的主要原因在于

TNPOD 和 TNL 中企业联盟没能很好地利用协商团队的优势，降低了协商中反报价效率和质量，进而让 *op* 获得的收益微弱上升，但让 *team* 获得的收益大幅下降，所以导致联合收益也大幅下降。这验证了本节所提方法 TNPD 在对问题处理方面的有效性。

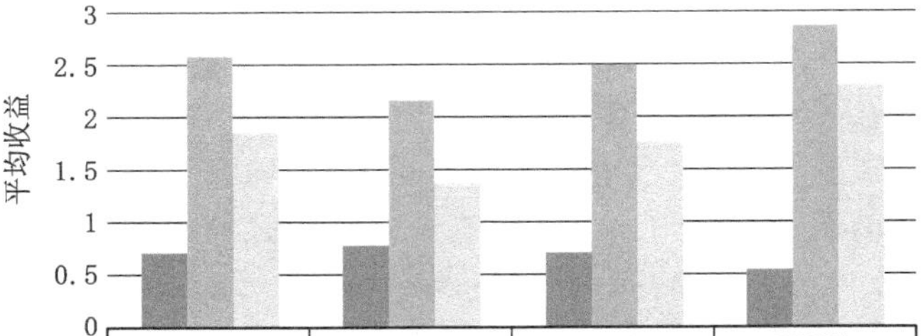

	TNPD	TNL	TNPOD	TNCA
成功协商后 *op* 平均收益	0.719 504	0.802 814 754	0.719 173 118	0.568 592 741
成功协商后平均联合收益	2.598 062	2.181 438 509	2.495 713 978	2.882 963 703
成功协商后 *team* 平均收益	1.878 558	1.378 623 755	1.776 540 86	2.314 370 962

图 7-12　100 次仿真中成功协商获得的平均收益对比

通过图 7-13 可以看出，当考虑到全部仿真实验的平均收益后，由于 TNPOD 和 TNL 方法下部分协商的破裂，使得 TNPD 方法下产生的平均联合收益、协商团队和协商伙伴获得的平均收益都明显优于 TNPOD 和 TNL。

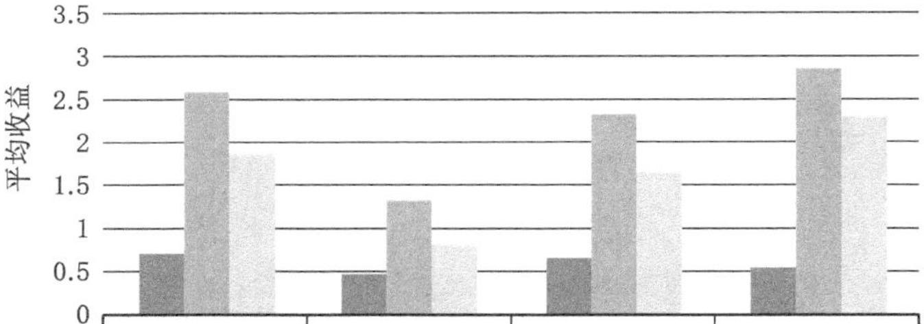

	TNPD	TNL	TNPOD	TNCA
op 平均收益	0.719 5	0.489 7	0.668 8	0.568 6
平均联合收益	2.598 1	1.330 7	2.321 0	2.883 0
team 平均收益	1.878 6	0.841 0	1.652 2	2.314 4

图 7-13　全部仿真平均收益对比

由图 7-14 可以看出，从获得协商成功需要的平均轮次来看，TNCA 的表现最佳，这主要由于 TNCA 是由可信第三方集中决策找出最佳合作方案，且各方会直接接受可信第三方给出的合作建议，因此每次仿真都能在第一轮达到协商成功。TNPD、TNPOD 和 TNL 获得协商成功的平均轮次分别为 9.27、8.72 和 3.07 轮，相对而言，本节所提的 TNPD 从获得协商成功的平均轮次来看，表现最差，说明每次仿真中 TNPD 都需要经过协商各方的多轮交互才能达成协商合作方案，但由于仿真过程中 TNPD 平均每轮协商的耗时仅为 0.019 282 s（计算机配置为：英特尔 I7-7500U 的 CPU，基本频率 2.4 GHz，最大频率 3.5 GHz；4 GB DDR4 内存；128 G SSD 固态硬盘），因此即使需要 30 轮协商达成协商成功，也仅需 0.578 447 s，对于协商参与各方而言，这个时间是完全可以接受的。这也可以进一步验证 TNPD 在问题处理效率上的可行性。

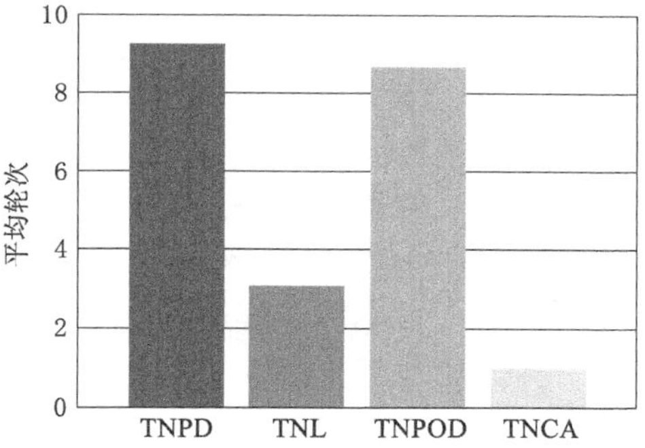

图 7-14　仿真中协商成功的平均轮次

7.1.4　本节小结

为了让相关的盟员企业能充分参与到企业联盟的运营决策之中，提高联盟的协同运营和决策水平，本节研究根据企业联盟的特点，基于多 Agent 团队协商相关理论，构建了数字经济下物流供应链基于团队协商的联盟成员协同任务选择自动协商模型，对不同角色 Agent 和协商的具体流程进行了定义。在协商过程中，协商团队成员的决策可以根据对获取的市场信息的评价情况进行反报价方案的计算，协商团队最终反报价方案的选取基于对团队成员反报价方案的收益差。同时，从应用角度来讲，将团队自动协商方法应用于企业联盟的运营管理中，并引入协商报价坚持力和让步力均衡的理论，让协商团队成员能够根据动态变化的市场环境进行反报价方案求解和决策，提高了协商团队反报价的质量；从对协商团队的特点分析和研究方法角度来讲，本节对协商团队内部成员间也可能存在利益冲突的问题进行了刻画，有效提高了所提模型的现实应用能力。另外，考虑到基于收益排序差的方法选择协商团队内的反报价方案，可能会因为排序的原因掩盖不同报价方案产生的实际收益差的大小，使得最佳的反报价方案有可能被舍弃的情况，本节选取了直接基于联合收益差的方法进行协商团队内反报价方案的选取。最后，通过一系列的数值仿真实验，对所提模型的有效性等进行了验证。

7.2 联盟内部基于竞合博弈的成员协作报价供需协商

近些年，对物流供应链运营与管理过程中各方决策的博弈问题分析始终是相关研究的焦点，也被看作是实现数字经济下物流供应链协同的关键所在，相关研究成果可以作为对数字经济下物流供应链企业联盟成员协作报价供需协商问题研究的理论参考。但现有研究对竞合博弈关系下联盟中各方决策中的特殊博弈问题没有给予充分重视[193]。而在现实中，虽然数字经济下物流供应链中各方均期望通过联盟或合作方式提升获得的收益，但联盟建立之初，考虑到企业信誉、市场竞争环境和自身发展问题，作为自负盈亏的独立经济实体的成员企业，很难将本方的相关资源和信息进行完全分享[194-196]，这使得单纯基于合作博弈或非合作博弈理论对联盟内部报价决策进行研究，都不能有效刻画联盟建立初期成员间关系的特点[194]。因此，本节将针对联盟内部成员间竞争与合作关系并存，且以团队形式参与供需协商，纵向联盟成员协作报价供需协商问题进行分析，提出相应自动协商模型。

7.2.1 问题描述

本节根据数字经济下物流供应链中带有竞合博弈关系的纵向联盟决策的特点，通过将非合作博弈过程与 Shapley 值方法进行融合，设计了团队报价决策的博弈过程，提出团队竞合博弈关系下的纵向联盟成员协作报价供需自动协商模型。模型主要以非合作博弈决策过程的视角，对自动协商中协商团队产生的反报价进行处理，报价过程中成员在追求自身利益最大化的同时，也会考虑到自身报价对团队的贡献情况。而后，模型基于 Shapley 值方法按照各方报价对协商团队收益的贡献情况动态分配联盟协作收益。这里的联盟协作收益是指纵向联盟中成员的有效协作与沟通所带来的成本结余部分(本节研究中假设联盟协作收益仅与交易量有关,且在给定交易量下一定会产生相应的联盟协作收益)。最后,通过由一个煤炭生产企业和一个煤炭物流企业组成的协商团队,与一个煤炭需求方进行供需协商的数值仿真实例,对所提协商模型的有效性进行了论证[194]。

7.2.2 基于团队竞合博弈报价的自动协商模型构建

7.2.2.1 场景分析

现实中,有些产品的成本对生产和物流环节的协作效果依赖较高,物流成本占总成本比例较大,且不同的任务量和完成时间会对总成本产生显著的影响,如对生鲜和易腐产品、能源产品(包括煤炭和石油等)的生产与销售等。因此,为了提升数字经济下物流供应链运营效率和降低协作不利而产生的额外费用与损失,该类产品的生产和物流企业会选择组建纵向联盟的方式进行协作运营。虽然联盟各方均期望通过这种供应链上下游的协同来巩固自己市场竞争优势地位,但由于每个成员企业均属于独立经营和自负盈亏的实体,联盟组建初期不可能将自己的资源和信息进行完全共享,因此单纯利用非合作博弈或合作博弈方法分析各方在决策中的博弈过程,并不能全面反映这种竞合关系下纵向联盟决策的特点。因此,为了有效反映竞合关系场景中数字经济下物流供应链纵向联盟进行供需协商决策的特点,保证联盟内部成员协作运营与群体协调决策的优势可以在协商中得以有效发挥,本节提出了团队竞合博弈关系场景中数字经济下物流供应链纵向联盟成员协作报价供需自动协商模型。研究中假设协商团队成员对彼此的生产能力或实力都有一定了解,团队定价函数、联盟协作收益计算函数及历史协商信息在协商团队中均为共识性的信息,但每个成员的成本函数和具体偏好参数设定未知。协商团队与需求方主要针对产品的交易量、交易价格和交货完成时间三个关键议题进行协商,且协商团队成员均希望交易量、价格和完成时间三个议题的取值在可接受区间内均是越大越好,而需求方正好相反。

7.2.2.2 协商流程设计

根据对现实场景的分析,下面对自动协商流程进行了设计。

如图 7-15 所示,当数字经济下物流供应链纵向联盟收到需求企业的协商请求后,联盟运营协调部门会针对该协商的具体情况选定合适盟员组成协商团队,并以团队的形式与该需求企业围绕具体合作议题开展协商。本节假设协商团队由一个联盟协调部门、一个生产企业和一个物流企业组成。具体协商流程可以描述为：首先，为了自动协商的开展，纵向联盟和需求企业都需要在自动协商开始前分别实例化本方 Agent，其中，联盟运营协调部门、生产企业和物流企业实例化后的 Agent 分别为：Ta、Pa 和 La，而需求企业实例化的 Agent 为 Da。每轮协商中（这里的一轮自动协商是指在自动协商中，Ta 和 Da 的一次报价交互过程），Da 先对各议题进行报价，当 Ta 收到该报价后，若没有达到协商终止条件，则 Ta 会组织协商团队成员分别给出自己的交货时间，Ta 给出相应的交易价格，并将与 Da 报价中需求量对应的交货时间和价格发送给 Da（注：协商团队不对 Da 报价中需求量进行修正），若达到 Da 接受条件，协商成功；否则，Da 会继续产生新的需求量并发给 Ta，如此循环，直到协商成功或达到协商终止条件。

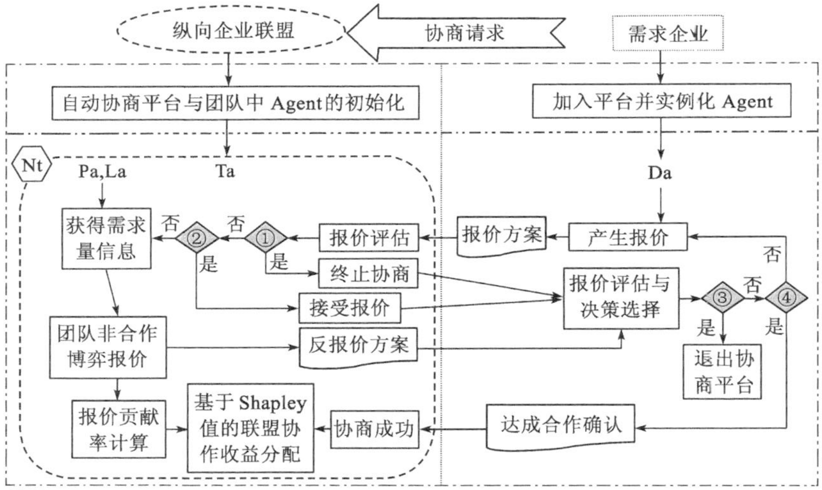

说明：

① 是否达到终止条件？　② 是否达到接受对方报价条件？

③ 协商团队是否终止协商？　④ 对方是否接受本方报价或本方是否接受对方反报价？

图 7-15　基于团队竞合博弈报价的自动协商流程

7.2.2.3　基于团队竞合博弈报价的自动协商模型（CTSM）定义

关键符号说明如下：

符号	说明
Ta,Pa,La	产运纵向联盟中协调部门、生产企业和物流企业的 Agent；

Da　需求企业 Agent；

T_{Ta}　协商团队能够接受的最大协商轮次；

t　当前协商轮次，$1\leqslant t\leqslant T_{\mathrm{Ta}}$；

$\overline{q}_{\mathrm{Ta}},\overline{q}_i$　Ta 和 i 对交易量的期望值，$\forall\, i\in\{\mathrm{Pa},\mathrm{La}\}$，且 $\overline{q}_{\mathrm{Ta}}=\min\{\overline{q}_i \mid i=\mathrm{Pa},\mathrm{La}\}$；

$\underline{q}_{\mathrm{Ta}},\underline{q}_i$　Ta 和 i 对交易量的底线值，$\forall\, i\in\{\mathrm{Pa},\mathrm{La}\}$，且 $\underline{q}_{\mathrm{Ta}}=\max\{\underline{q}_i \mid i=\mathrm{Pa},\mathrm{La}\}$，$\overline{q}_{\mathrm{Ta}}>\underline{q}_{\mathrm{Ta}}$ 和 $\overline{q}_i>\underline{q}_i$；

$\overline{d}_{\mathrm{Ta}},\overline{d}_i$　Ta 和 i 对交货时间的期望值，$\forall\, i\in\{\mathrm{Pa},\mathrm{La}\}$，且 $\overline{d}_{\mathrm{Ta}}=\sum\limits_{i\in\{\mathrm{Pa},\mathrm{La}\}}\overline{d}_i$；

$\underline{d}_{\mathrm{Ta}},\underline{d}_i$　Ta 和 i 对交货时间的底线值，$\forall\, i\in\{\mathrm{Pa},\mathrm{La}\}$，且 $\underline{d}_{\mathrm{Ta}}=\sum\limits_{i\in\{\mathrm{Pa},\mathrm{La}\}}\underline{d}_i$，$\overline{d}_{\mathrm{Ta}}>\underline{d}_{\mathrm{Ta}}$ 和 $\overline{d}_i>\underline{d}_i$；

d_i^t　i 在第 t 轮报价中对交货时间的报价，$\forall\, i\in\{\mathrm{Pa},\mathrm{La}\}$；

$q_{\mathrm{Ta}}^t,d_{\mathrm{Ta}}^t,p_{\mathrm{Ta}}^t$　Ta 在第 t 轮报价中对交易量、交货时间和交易价格的报价，且 $q_{\mathrm{Ta}}^t=q_{\mathrm{Da}}^t$，$d_{\mathrm{Ta}}^t=\sum\limits_{i\in\{\mathrm{Pa},\mathrm{La}\}}d_i^t$；

$q_{\mathrm{Da}}^t,d_{\mathrm{Da}}^t,p_{\mathrm{Da}}^t$　Da 在第 t 轮报价中对交易量、交货时间和交易价格的报价；

o_{Ta}^t　Ta 的第 t 轮报价，$o_{\mathrm{Ta}}^t=\{q_{\mathrm{Ta}}^t,d_{\mathrm{Ta}}^t,p_{\mathrm{Ta}}^t\}$；

o_{Da}^t　Da 的第 t 轮报价，$o_{\mathrm{Da}}^t=\{q_{\mathrm{Da}}^t,d_{\mathrm{Da}}^t,p_{\mathrm{Da}}^t\}$；

$c_{\mathrm{Pa}},c_{\mathrm{La}}$　对该类任务的一般单位生产和物流成本；

γ　行业内认可的在确定交易价格时，相对于成本的加价率；

ρ^t　第 t 轮报价中在 q_{Da}^t 给定的情况下，团队的单位联盟协作收益；

α_i　i 在协商中能够分得任务完成单价 p_{Ta}^t 的比例，$\forall\, i\in\{\mathrm{Pa},\mathrm{La}\}$，且 $\sum\limits_{i\in\{\mathrm{Pa},\mathrm{La}\}}\alpha_i=1$；

β_i^t　i 在第 t 轮协商中能够分得联盟收益的比例，$\forall\, i\in\{\mathrm{Pa},\mathrm{La}\}$，且 $\sum\limits_{i\in\{\mathrm{Pa},\mathrm{La}\}}\beta_i^t=1$；

U^t,u_i^t　第 t 轮报价给协商团队和成员 i 带来的收益，$\forall\, i\in\{\mathrm{Pa},\mathrm{La}\}$，且 $U^t=\sum\limits_{i\in\{\mathrm{Pa},\mathrm{La}\}}u_i^t+q_{\mathrm{Da}}^i\cdot\rho^t$；

C_{Ta}^t,c_i^t　协商团队和成员 i 需要为第 t 轮报价方案支付的成本，

$\forall i \in \{\mathrm{Pa},\mathrm{La}\}$，且 $C_{\mathrm{Ta}}^t = \sum_{i\in\{\mathrm{Pa},\mathrm{La}\}} c_i^t$ 。

根据以团队形式开展自动协商的特点和要求，本节将基于团队竞合博弈报价的自动协商模型(CTSM)定义为一个三元组：

$$\mathrm{CTSM}=(I,\mathrm{Nt},\mathrm{Da}) \tag{7-30}$$

其中，$I=\{q,p,d\}$ 为自动协商的议题集合，q、p 和 d 分别为产品交易中的数量、价格和交货时间；$\mathrm{Nt}=\{\mathrm{Ta},\mathrm{Pa},\mathrm{La}\}$ 表示由供应链产运纵向联盟组建的协商团队 Agent 集合；Da 表示需求企业的 Agent。

(1) 团队中联盟协调部门 Agent Ta 的定义

$$\mathrm{Ta}=(\widetilde{Q}_{\mathrm{Ta}},\widetilde{D}_{\mathrm{Ta}},b,T_{\mathrm{Ta}},p_{\mathrm{Ta}},C_{\mathrm{Ta}},U,\Phi_{\mathrm{Ta}}) \tag{7-31}$$

其中：

$\widetilde{Q}_{\mathrm{Ta}}=[\underline{q}_{\mathrm{Ta}},\overline{q}_{\mathrm{Ta}}]$ 和 $\widetilde{D}_{\mathrm{Ta}}=[\underline{d}_{\mathrm{Ta}},\overline{d}_{\mathrm{Ta}}]$ 分别表示 Ta 对交易量和交货时间的协商范围。

b 为 Ta 获知的市场中平均交易价格，且存在 $b=(1+\gamma)\sum_{i\in\{\mathrm{Pa},\mathrm{La}\}} c_i$ 。

p_{Ta} 为 Ta 的定价函数[195]，用于求解每轮报价中 Nt 的最佳单位价格，第 $t(t\in\{1,\cdots,T_{\mathrm{Ta}}\})$ 轮报价中的价格可以通过下式计算：

$$p_{\mathrm{Ta}}^t(q_{\mathrm{Da}}^t,d_{\mathrm{Pa}}^t,d_{\mathrm{La}}^t)=b\left(1-\frac{1}{2}\Psi^t\eta^t\right),\ 0<q_{\mathrm{Da}}^t\leqslant\overline{q}_{\mathrm{Ta}},d_{\mathrm{Pa}}^t\leqslant\overline{d}_{\mathrm{Ta}},d_{\mathrm{La}}^t\leqslant\overline{d}_{\mathrm{Ta}} \tag{7-32}$$

其中，d_i^t 为成员 $i(i\in\{\mathrm{Pa},\mathrm{La}\})$ 的交货时间；$\Psi^t(0\leqslant\Psi^t\leqslant 1)$ 为交易量对交易价格的影响因子，当 $0<q_{\mathrm{Da}}^t\leqslant\underline{q}_{\mathrm{Ta}}$ 时，$\Psi^t=0$，而当 $\underline{q}_{\mathrm{Ta}}<q_{\mathrm{Da}}^t\leqslant\overline{q}_{\mathrm{Ta}}$ 时，$\Psi^t=\dfrac{q_{\mathrm{Da}}^t-\underline{q}_{\mathrm{Ta}}}{\overline{q}_{\mathrm{Ta}}-\underline{q}_{\mathrm{Ta}}}$；$\eta^t=\dfrac{\sum_{i\in\{\mathrm{Pa},\mathrm{La}\}} d_i^t-\underline{d}_{\mathrm{Ta}}}{(\overline{d}_{\mathrm{Ta}}-\underline{d}_{\mathrm{Ta}})^2}$ 为成员交货时间对交易价格的影响因子。

C_{Ta} 为 Ta 的成本函数，第 t 轮报价的成本 C_{Ta}^t 可以通过下式计算：

$$C_{\mathrm{Ta}}^t=\sum_{i\in\{\mathrm{Pa},\mathrm{La}\}} c_i^t,\ i\leqslant t\leqslant T_{\mathrm{Ta}} \tag{7-33}$$

其中，c_i^t 为第 t 轮报价中成员 $i\in\{\mathrm{Pa},\mathrm{La}\}$ 的完成成本，具体计算见后文内容。

U 为 Ta 的报价收益函数，主要对每轮协商中的报价方案可以为 Nt 带来的收益进行评估，第 t 轮报价的总收益 U^t 可以表示为：

$$U^t=q_{\mathrm{Da}}^t(p_{\mathrm{Ta}}^t-C_{\mathrm{Ta}}^t+\rho^t),\ 1\leqslant t\leqslant T_{\mathrm{Ta}} \tag{7-34}$$

其中，ρ^t 为协商团队 Nt 第 t 轮报价的单位联盟协作收益，即在 q_{Da}^t 已知的条件下，Pa 和 La 的合作可产生的收益（假设在交易量一定的情况下，联盟协作收益可直接通过计算得到），具体计算方法为：

$$\rho^t(q_{\mathrm{Da}}^t)=\frac{1}{2}(\Psi^t)^2\sum_{i\in\{\mathrm{Pa},\mathrm{La}\}}c_i^t,\ 1\leqslant t\leqslant T_{\mathrm{Ta}} \tag{7-35}$$

另外，令 $\alpha_{\mathrm{Nt}}=(\alpha_{\mathrm{Pa}},\alpha_{\mathrm{La}})$ 和 $\beta_{\mathrm{Nt}}=(\beta_{\mathrm{Pa}},\beta_{\mathrm{La}})$ 分别代表 Pa 和 La 在 Nt 中对交易价格和联盟协作收益的分配比例，且存在 $\alpha_{\mathrm{Pa}}+\alpha_{\mathrm{La}}=1$ 和 $\beta_{\mathrm{Pa}}+\beta_{\mathrm{La}}=1$。

Φ_{Ta} 为 Ta 的协商策略，具体描述为：在收到 Da 在第 t 轮协商中的报价 $o_{\mathrm{Da}}^t=(q_{\mathrm{Da}}^t,p_{\mathrm{Da}}^t,d_{\mathrm{Da}}^t\}$ 后，Ta 将通过团队非合作博弈过程产生反报价 $o_{\mathrm{Ta}}^t=\{q_{\mathrm{Ta}}^t,p_{\mathrm{Ta}}^t,d_{\mathrm{Ta}}^t\}$，其中 $q_{\mathrm{Ta}}^t=q_{\mathrm{Da}}^t$（即协商团队的报价不对 Da 报价中的需求量值进行修正），p_{Ta}^t 可通过式(7-32)求得，$d_{\mathrm{Ta}}^t=\sum_{i\in\{\mathrm{Pa},\mathrm{La}\}}d_i^t$。为了提高协商过程中决策的效率和质量，协商开始前联盟需要设定好一套完备的协商策略（即协商中的决策规则集合），以保证 Ta 可以借助平台针对不同的协商情况自动选择一个适当的决策，本节假定 Ta 的协商策略如图 7-16 所示。

$\Phi_{\mathrm{Ta}}(o_{\mathrm{Ta}}^{t-1},o_{\mathrm{Da}}^t,o_{\mathrm{Ta}}^t)=$

- 协商成功，终止协商
  - Da 接受 o_{Ta}，以 o_{Ta} 为合作方案
  - $u_{\mathrm{Ta}}^t(o_{\mathrm{Da}}^t)\geqslant u_{\mathrm{Ta}}^t(o_{\mathrm{Ta}}^{t-1})$　接受 o_{Da}，并以 o_{Da} 为合作方案
  - $u_{\mathrm{Ta}}^t(o_{\mathrm{Ta}}^t)\leqslant u_{\mathrm{Ta}}^t(o_{\mathrm{Da}}^t)$　接受 o_{Da}，并以 o_{Da} 为合作方案
- 继续协商，进行反报价 —— $u_{\mathrm{Ta}}^t(o_{\mathrm{Ta}}^t)>u_{\mathrm{Ta}}^t(o_{\mathrm{Da}}^t)$　将 o_{Ta} 作为反报价，发给 Da
- 协商失败，终止协商 —— $t>T_{\mathrm{Ta}}$

图 7-16　协商团队在协商中的决策规则

在图 7-16 中，$o_{\mathrm{Ta}}^{t-1}=\{q_{\mathrm{Ta}}^{t-1},p_{\mathrm{Ta}}^{t-1},d_{\mathrm{Ta}}^{t-1}\}$ 为协商团队上一轮（第 $t-1$ 轮）协商中的反报价。

(2) 团队中成员 Agent 的定义

协商过程中，Pa 和 La 实现利益均衡的策略是交货时间，每个成员 Agent 需根据 Da 在第 t 轮协商中给出的 q_{Da}^t，从可行集中选择各自的交货时间，并确定任务执行的成本。Nt 中的成员 Agent i 可具体定义为：

$$i=(\widetilde{Q}_i,\widetilde{D}_i,C_i,U_i),\ \forall i\in(\mathrm{Pa},\mathrm{La}\} \tag{7-36}$$

其中：

$\widetilde{Q}_i=[\underline{q}_i,\overline{q}_i]$ 和 $\widetilde{D}_i=[\underline{d}_i,\overline{d}_i]$ 分别表示 i 对交易量和交货时间的协商范围。

C_i 为成员 i 的完成成本函数[34,123]，第 t 轮报价成本的计算可表示为：

$$c_i^t = (1-\psi_i^t)(1+\varepsilon_i^t)c_i', \quad \forall i \in \{\mathrm{Pa},\mathrm{La}\}, 1 \leqslant t \leqslant T_{\mathrm{Ta}} \tag{7-37}$$

其中，c_i'为成员 i 的单位最低完成成本，且需满足 $c_i' < \alpha_i p_{\mathrm{Ta}}^t$；$\psi_i^t(0 \leqslant \psi_i^t < 1)$为任务量对 i 的单位生产成本的影响因子，当 $0 < q_{\mathrm{Da}}^t \leqslant \underline{q}_i$ 时，$\psi_i^t = 0$，而当 $\underline{q}_i < q_{\mathrm{Da}}^t \leqslant \overline{q}_i$ 时，$\psi_i^t = \dfrac{q_{\mathrm{Da}}^t - \underline{q}_i}{\overline{q}_i - \underline{q}_i}$；$\varepsilon_i^t$ 为各成员交货时间对 i 生产成本的影响因子，且存在：

$$\varepsilon_i^t = \left(\frac{\overline{d}_i - d_i^t - e_k d_k^t - \sigma_i^t}{\overline{d}_i - \underline{d}_i}\right)^2, \quad \forall i,k \in \{\mathrm{Pa},\mathrm{La}\},\ i \neq k,\ \underline{d}_i \leqslant d_i^t \leqslant \overline{d}_i \tag{7-38}$$

其中，$e_k = \dfrac{1}{\overline{d}_i - \underline{d}_i}$为成员 k 的交货时间对成员 i 交货时间的影响系数；σ_i^t 为成员 i 在第 t 轮报价中根据历史报价对交货时间的改进系数，当 $t \leqslant 2$ 时，$\sigma_i^t = 0$，当 $2 < t \leqslant T_{\mathrm{Ta}}$时，$\sigma_i^t = d_i^{t-1}(\beta_i^{t-1} - \beta_i^{t-2})$，其中 β_i^{t-1} 和 β_i^{t-2} 分别为在第 $t-1$ 轮和第 $t-2$ 轮报价中基于 Shapley 值方法求解的 i 对联盟协作收益的分配比例，由于分配中充分考虑了团队成员报价对联盟总体收益的贡献情况，因此更加有利于维持团队稳定协作关系，具体计算方法见后文内容。

U_i 为成员 i 的收益评价函数，第 t 轮反报价收益的具体计算可表示为：

$$u_i^t = q_{\mathrm{Da}}^t(\alpha_i p_{\mathrm{Ta}}^t - c_i^t + \beta_i^t \rho_{\mathrm{Nt}}^t), \quad \forall i \in \{\mathrm{Pa},\mathrm{La}\},\ 1 \leqslant t \leqslant T_{\mathrm{Ta}} \tag{7-39}$$

其中，α_i 为成员i 在第t 轮报价中可获得单价 p_{Ta}^t 的比例$\left(\sum_{i \in \{\mathrm{Pa},\mathrm{La}\}} \alpha_i = 1\right)$。假设协商开始前，Nt 内部已明确 α_i 的求解方式，即依照i 的单位最低完成成本而定，具体表示为：

$$\alpha_i = \frac{c_i'}{c_{\mathrm{Pa}} + c_{\mathrm{La}}} \tag{7-40}$$

7.2.2.4 团队竞合博弈报价计算过程设计

本节根据供应链纵向联盟中竞争与合作关系并存的特点，将非合作博弈和 Shapley 值方法进行融合，对协商团队中存在的团队竞合博弈过程进行设计。

(1) 团队中 Agent 基于非合作博弈过程的反报价计算

如果 Nt 中成员在报价时不考虑团队协作，并采取策略性行为保证本方利益最大化，则 Nt 中成员报价的求解过程可以通过 Nash 博弈过程进行刻画。可行集 D_i 和收益评价函数 U_i 可以限定团队成员 i 求解最佳交货时间 $d_i^{t^*}$ $(i \in \{\mathrm{Pa},\mathrm{La}\})$策略形式，反应函数 $r_i:(D_k) \rightarrow D_i(i,k \in \{\mathrm{Pa},\mathrm{La}\}, i \neq$

k)是 i 和 k 求解最优交货时间的依据。假设 U_i 是可微和严格凹的,而且满足合适的边界条件,即 i 的最优反应包含在可行集 D_i 中,通过对第 t 轮收益函数 u^t_{Pa} 和 u^t_{La} 分别求 d^t_{Pa} 和 d^t_{La} 的一阶偏导,并令等式为 0,即 $\frac{\partial u^t_i}{\partial d^t_i}=0$,$i\in\{\mathrm{Pa},\mathrm{La}\}$,$1\leqslant t\leqslant T_{\mathrm{Ta}}$,可以求解得到 d^t_{Pa} 和 d^t_{La} 反应函数的交点,即 Pa 和 La 在不合作状态下求解反报价博弈的 Nash 均衡解,在交易量 q^t_{Da} 一定的情况下,任何一个成员 Agent 都不能通过改变自己的交货时间而获益。对求导后等式整理可得:

$$d^t_i=\mu^t_i-\alpha_i\frac{\lambda^t}{\xi^t_i}-e_k d^t_k,\ \forall i,k\in\{\mathrm{Pa},\mathrm{La}\},\ i\neq k,\ 1\leqslant t\leqslant T_{\mathrm{Ta}} \tag{7-41}$$

其中,$\xi^t_i=\frac{(1-\psi^t_i)c'_i}{(\overline{d}_i-\underline{d}_i)^2}$;$\mu^t_i=\overline{d}_i-\sigma^t_i$。

通过对非合作条件下 $d^t_i(i\in\{\mathrm{Pa},\mathrm{La}\})$ 表达式联合求解,得到 i 在第 t 轮报价中最佳交货时间 $d^{t^*}_i$ 为:

$$d^{t^*}_i=\frac{\mu^t_i-\alpha_i\frac{\lambda^t}{\xi^t_i}-\mu^t_k e_k+\alpha_k e_k\frac{\lambda^t}{\xi^t_k}}{1-e_i e_k},\ \forall i,k\in\{\mathrm{Pa},\mathrm{La}\},\ i\neq k,\ 1\leqslant t\leqslant T_{\mathrm{Ta}} \tag{7-42}$$

其中,$\xi^t_k=\frac{(1-\psi^t_k)c'_k}{(\overline{d}_k-\underline{d}_k)^2}$;$\mu^t_k=\overline{d}_k-\sigma^t_k$。将 $d^{t^*}_i$ 代入式(7-39),可得到 q^t_{Da} 一定的条件下,i 在第 t 轮报价中可产生的最大收益为 $u^{t^*}_i$ $(i\in\{\mathrm{Pa},\mathrm{La}\})$。

(2) 基于 Shapley 值方法的联盟协作收益动态分配比率

协商中,Nt 中的联盟协作收益会按照 Pa 和 La 报价对 Nt 总收益的贡献情况进行分配。本节基于合作博弈的思想,利用 Shapley 值方法[197-198]对该分配比率计算方法进行设计。根据 Shapley 值方法的基本理论,Pa 和 La 报价对 Nt 收益的 Shapley 值可通过下式计算:

$$\begin{aligned}\pi^t_{\mathrm{Pa}}(v)=&\frac{(1-1)!\ (2-1)!}{2!}[v\{1\}-v(\{1\}-\{1\})]+\\&\frac{(2-1)!\ (2-2)!}{2!}[v\{1,2\}-v(\{1,2\}-\{1\})]\end{aligned} \tag{7-43}$$

$$\begin{aligned}\pi^t_{\mathrm{La}}(v)=&\frac{(1-1)!\ (2-1)!}{2!}[v\{2\}-v(\{2\}-\{2\})]+\\&\frac{(2-1)!\ (2-2)!}{2!}[v\{1,2\}-v(\{1,2\}-\{2\})]\end{aligned} \tag{7-44}$$

其中,$v\{1\}=u^{t^*}_{\mathrm{Pa}}$,$v\{2\}=u^{t^*}_{\mathrm{La}}$,$v\{1,2\}=U^{t^{**}}$,$v(0)=0$,而 $u^{t^*}_{\mathrm{Pa}}$ 和 $u^{t^*}_{\mathrm{La}}$ 为非合作

情况下 Pa 和 La 第 t 轮报价可获得的最大收益；$U^{t^{**}}$ 为 Pa 和 La 合作报价下的总收益，存在 $U^{t^{**}}=u_{\mathrm{Pa}}^{t^{*}}+u_{\mathrm{La}}^{t^{*}}+\rho_m^t$，$1\leqslant t\leqslant T_{\mathrm{Ta}}$。通过整理得：

$$\pi_{\mathrm{Pa}}^t(v)=\frac{1}{2}(v\{1\}+v\{1,2\}-v\{2\})=\frac{1}{2}(u_{\mathrm{Pa}}^{t^{*}}+U^{t^{**}}-u_{\mathrm{La}}^{t^{*}}) \tag{7-45}$$

$$\pi_{\mathrm{La}}^t(v)=\frac{1}{2}(v\{2\}+v\{1,2\}-v\{1\})=\frac{1}{2}(u_{\mathrm{La}}^{t^{*}}+U^{t^{**}}-u_{\mathrm{Pa}}^{t^{*}}) \tag{7-46}$$

根据以上表达，基于 Shapley 值 Pa 和 La 在第 t 轮报价中的联盟协作收益分配率分别为：

$$\beta_{\mathrm{Pa}}^t=\frac{\pi_{\mathrm{Pa}}^t(v)}{\pi_{\mathrm{Pa}}^t(v)+\pi_{\mathrm{La}}^t(v)}=\frac{1}{2}\frac{u_{\mathrm{Pa}}^{t^{*}}+U^{t^{**}}-u_{\mathrm{La}}^{t^{*}}}{U^{t^{**}}},\ 1\leqslant t\leqslant T_{\mathrm{Ta}} \tag{7-47}$$

$$\beta_{\mathrm{La}}^t=\frac{\pi_{\mathrm{La}}^t(v)}{\pi_{\mathrm{Pa}}^t(v)+\pi_{\mathrm{La}}^t(v)}=\frac{1}{2}\frac{u_{\mathrm{La}}^{t^{*}}+U^{t^{**}}-u_{\mathrm{Pa}}^{t^{*}}}{U^{t^{**}}},\ 1\leqslant t\leqslant T_{\mathrm{Ta}} \tag{7-48}$$

综上，Nt 中 Pa 和 La 为计算反报价而进行的团队博弈过程如图 7-17 所示。

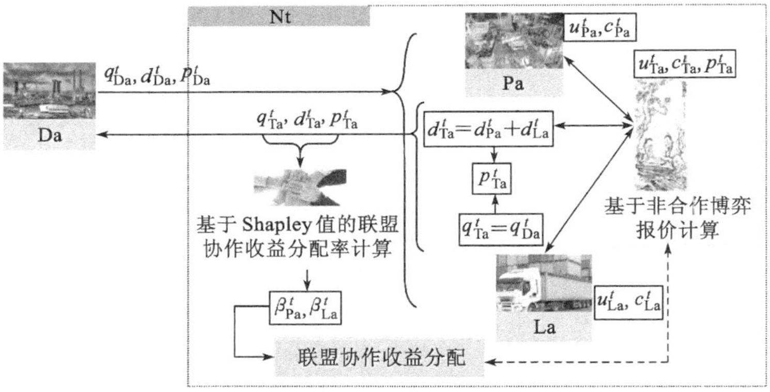

图 7-17　基于团队竞合博弈的报价产生过程

每轮报价中，Pa 和 La 通过非合作博弈产生各自的反报价方案，并基于 Shapley 值方法，根据报价对团队总收益的贡献率分配联盟协作收益，直到协商终止。

7.2.2.5　需求企业 Agent Da 的定义

为了满足本节进行数值仿真的需要，Agent Da 的定义如下：

$$\mathrm{Da}=(W_{\mathrm{Da}},\bar{o}_{\mathrm{Da}},\underline{o}_{\mathrm{Da}},T_{\mathrm{Da}},\theta_{\mathrm{Da}},\delta_{\mathrm{Da}},v_{\mathrm{Da}},\Phi_{\mathrm{Da}},Ed_{\mathrm{Da}}) \tag{7-49}$$

其中：

$W_{\mathrm{Da}}=\{\omega_{\mathrm{Da}}^{p},\omega_{\mathrm{Da}}^{q},\omega_{\mathrm{Da}}^{d}\}$表示 op 对全部协商议题的权重集合，且存在 $\omega_{\mathrm{Da}}^{p}+\omega_{\mathrm{Da}}^{q}+\omega_{\mathrm{Da}}^{d}=1$。

$\overline{o}_{\mathrm{Da}}=\{\overline{p}_{\mathrm{Da}},\overline{q}_{\mathrm{Da}},\overline{d}_{\mathrm{Da}}\}$和 $\underline{o}_{\mathrm{Da}}=\{\underline{p}_{\mathrm{Da}},\underline{q}_{\mathrm{Da}},\underline{d}_{\mathrm{Da}}\}$分别为 Da 对全部协商议题的期望值和底线值集合。

T_{Da}、θ_{Da}和 δ_{Da}分别为 Da 能接受的最大协商轮次、最小满意度和对需求量的让步速度控制系数[182]，且存在：

$$q_{\mathrm{Da}}^{t}=\overline{q}_{\mathrm{Da}}+(\underline{q}_{\mathrm{Da}}-\overline{q}_{\mathrm{Da}})\left(\frac{t-1}{T_{\mathrm{Da}}}\right)^{\frac{1}{\delta_{\mathrm{Da}}}} \tag{7-50}$$

v_{Da}为 Da 在协商中的报价方案效用评价函数。基于 MAUT 理论，第 t 轮协商中 Nt 反报价给 Da 带来的满意度可以表示为：

$$v_{\mathrm{Da}}(o_{\mathrm{Ta}}^{t})=\omega_{\mathrm{Da}}^{q}\cdot\frac{q_{\mathrm{Ta}}^{t}-\overline{q}_{\mathrm{Da}}}{\underline{q}_{\mathrm{Da}}-\overline{q}_{\mathrm{Da}}}+\omega_{\mathrm{Da}}^{d}\cdot\frac{d_{\mathrm{Ta}}^{t}-\overline{d}_{\mathrm{Da}}}{\underline{d}_{\mathrm{Da}}-\overline{d}_{\mathrm{Da}}}+\omega_{\mathrm{Da}}^{p}\cdot\frac{p_{\mathrm{Ta}}^{t}-\overline{p}_{\mathrm{Da}}}{\underline{p}_{\mathrm{Da}}-\overline{p}_{\mathrm{Da}}},\ 1\leqslant t\leqslant T_{\mathrm{op}} \tag{7-51}$$

Φ_{Da}为 Da 在协商中的决策规则，具体如图 7-18 所示。

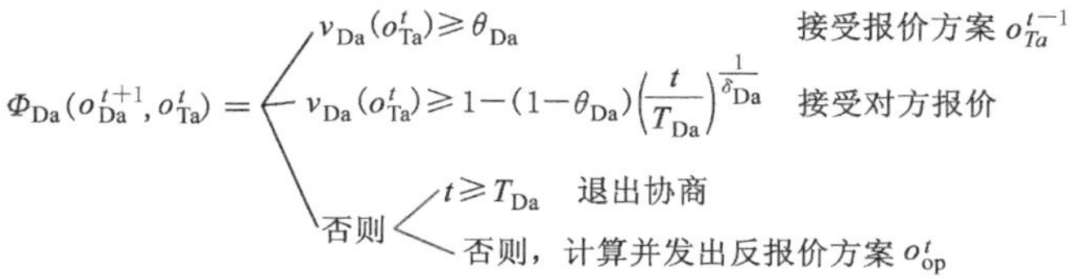

图 7-18 Da 在协商中的决策规则

Ed_{Da}为 Da 的报价优化求解模型：

$$\min\ Ed_{\mathrm{Da}}[(d_{\mathrm{Da}}^{t},p_{\mathrm{Da}}^{t}),(d_{\mathrm{Ta}}^{t-1},p_{\mathrm{Ta}}^{t-1})] \tag{7-52}$$

$$\text{s. t. }\ v_{\mathrm{Da}}(o_{\mathrm{Da}}^{t})=1-(1-\theta_{\mathrm{Da}})\left(\frac{t}{T_{\mathrm{Da}}}\right)^{\frac{1}{\delta_{\mathrm{Da}}}} \tag{7-53}$$

$$\overline{d}_{\mathrm{Da}}\leqslant d_{\mathrm{Da}}^{t}\leqslant\underline{d}_{\mathrm{Da}} \tag{7-54}$$

$$\overline{p}_{\mathrm{Da}}\leqslant p_{\mathrm{Da}}^{t}\leqslant\underline{p}_{\mathrm{Da}} \tag{7-55}$$

$$2\leqslant t\leqslant T_{\mathrm{Da}} \tag{7-56}$$

目标函数(7-52)基于欧几里得距离(ED)最小化 Da 在点$\{d_{\mathrm{Da}}^{t},p_{\mathrm{Da}}^{t}\}$和$\{d_{\mathrm{Ta}}^{t-1},p_{\mathrm{Ta}}^{t-1}\}$的差别：

$$Ed[(d_{\mathrm{Da}}^{t},p_{\mathrm{Da}}^{t}),(d_{\mathrm{Ta}}^{t-1},p_{\mathrm{Ta}}^{t-1})]=\sqrt{(d_{\mathrm{Da}}^{t}-d_{\mathrm{Ta}}^{t-1})^{2}+(p_{\mathrm{Da}}^{t}-p_{\mathrm{Ta}}^{t-1})},\ 1\leqslant t\leqslant T_{\mathrm{Ta}} \tag{7-57}$$

约束(7-53)确保 Da 对$\{d^t_{Da}, p^t_{Da}\}$的满意度等于基于时间策略计算得出的满意度值;约束(7-54)和(7-55)限定 d^t_{Da} 和 p^t_{Da} 的取值要分别在$[\bar{d}_{Da}, \underline{d}_{Da}]$和$[\bar{p}_{Da}, \underline{p}_{Da}]$之中;约束(7-56)为该模型的求解协商轮次约束,仅适合于第 2 轮以后协商报价方案的产生,因为首轮报价中 Da 会选用 $\bar{o}_{Da} = \{\bar{q}_{Da}, \bar{d}_{Da}, \bar{p}_{Da}\}$作为给 Nt 的初始报价方案。

7.2.3 数值仿真及分析

7.2.3.1 数值仿真背景描述

近些年,煤炭企业承受着去产能化和行业内剧烈竞争的双重压力,本节数值仿真以内蒙古某大型煤炭企业为了实现对核心生产能力的升级改造,提升业务运营效率和质量,将煤炭的物流业务分离,并与某专业物流公司结成煤炭纵向联盟为背景。联盟中的煤炭企业和物流企业将通过协作运营的方式完成需求企业对煤炭生产与运输的任务。某年第一季度,广州某大型电热公司希望与该联盟达成煤炭交易合作,并向联盟发出协商请求*。为了达成合理而且稳定的供需交易合作协议,联盟将以团队的形式与该电热公司借助数字经济平台运作环境开展自动协商,对煤炭供需交易合作中的交易总量 q(单位:t)、交易单价 p(单位:元/t)和交货时间 d(单位:d)等三个议题进行协商。协商开始前,纵向联盟被定义为协商团队 Nt,联盟内部协调部门、煤炭企业和物流企业分别被初始化为 Agent Ta、Pa、La,电热公司被初始化为 Agent Da,具体参数如表 7-2 所列。

表 7-2 数值仿真中相关参数的随机取值范围

参数	取值区间	参数	取值区间	参数	取值区间	参数	取值区间	参数	取值区间
$\bar{q}_{Ta}$	[30 000,50 000]	γ	[0.2,0.35]	c_{Pa}	[450,550]	c_{La}	[55,650]	T_{Da}	$T_{Ta}+5$
$\underline{q}_{Ta}$	$\bar{q}_{Ta}-15\ 000$	$\bar{q}_{Pa}$	$\bar{q}_{Ta}+5\ 000$	$\bar{q}_{La}$	$\bar{q}_{Ta}$	$\bar{p}_{Da}$	[350,450]	$\underline{p}_{Da}$	$\bar{p}_{Da}+500$
$\bar{d}_{Ta}$	[110,140]	$\underline{q}_{Pa}$	$\underline{q}_{Ta}$	$\underline{q}_{La}$	$\underline{q}_{Ta}-3\ 000$	$\bar{q}_{Da}$	$\underline{q}_{Ta}$	$\underline{q}_{Da}$	$\bar{q}_{Ta}$
$\underline{d}_{Ta}$	$\bar{d}_{Ta}-40$	$\bar{d}_{Pa}$	[60,75]	$\bar{d}_{La}$	[50,65]	$\bar{d}_{Da}$	[60,90]	$\underline{d}_{Da}$	$\bar{d}_{Da}+50$
T_{Ta}	[20,50]	$\underline{d}_{Pa}$	$\bar{d}_{Pa}-15$	$\underline{d}_{La}$	$\bar{d}_{La}-20$	θ_{Da}	[0.45,0.65]	δ_{Da}	[2,15]

* 为了满足发电需求,Da 需要大量单位发热量为 6 300~6 400 千卡(1 千卡=4.186 kJ)、挥发分低于 14%、全硫分低于 0.9%、全水分低于 8%的煤炭,且需要由 Nt 完成全部的煤炭生产和物流运输任务。已知由于 Pa 生产矿井距离 Da 2 500 多千米,物流成本在销售成本中占有较大比重(根据客观统计数据,该比重约占煤炭销售成本的 60%[34,199])。

7.2.3.2　数值仿真结果分析

由图 7-19 可以看出，Pa、La 和 Nt 的协商收益都随着协商的进行而得到不断提升。同时，由图 7-20 可以看出，Nt 收益的提升并非以伤害 Da 的满意度为代价，而是让 Da 的满意度也得到不断改进。最终协商在第 38 轮时，根据如图 7-18 所示的协商决策规则，Da 对该报价方案的满意度为 0.594 3，大于 Da 可接受的满意度阈值 θ_{op}(0.59)，Da 选择接受了 Nt 的报价方案：o_{Ta}^{38}＝{45 160.56，55，601.51}（即交易量为 45 160.56 t、55 d 完成、交易单价为 601.51 元/t）。协商团队 Nt 获得总收益为 38 467 922.45 元，其中 Pa 和 La 的收益分别为 12 168 691.6 元和 26 299 230.85 元。因此，可以发现 CTSM 适合处理联盟与需求企业间的交易协商问题，并能提供一个双赢且有效的合作协议。

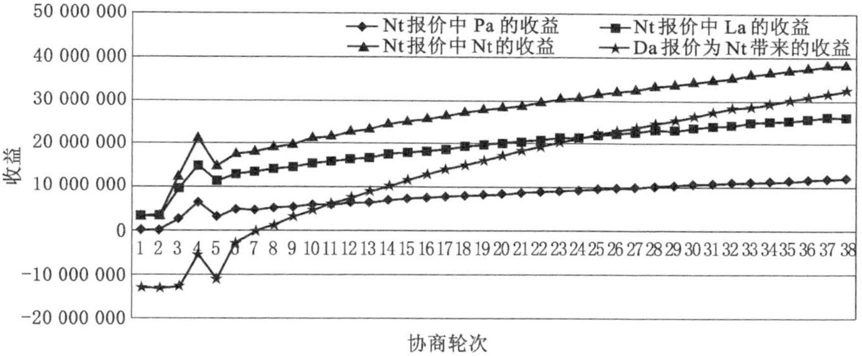

图 7-19　协商中 Nt 及其成员 Agent 收益变化情况

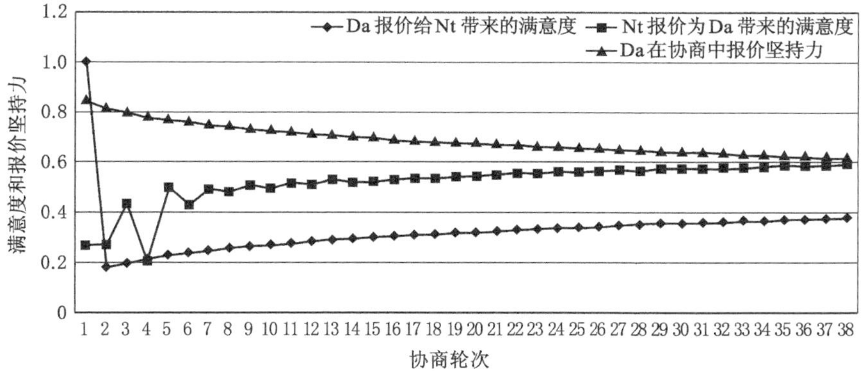

图 7-20　Da 满意度和报价坚持力的变化情况

为了验证本节所提模型相对于其他方法的有效性，对联盟协作收益固定分配比率模型 CTSM-S（其中的联盟协作收益分配仅基于协商开始设定的固定比例，不考虑成员报价的贡献情况）和 Sánchez-Anguix 等[20]提出的协商团队内部投票模式 TNPOD 也进行了数值仿真和对比，仿真结果如图 7-21 所示。

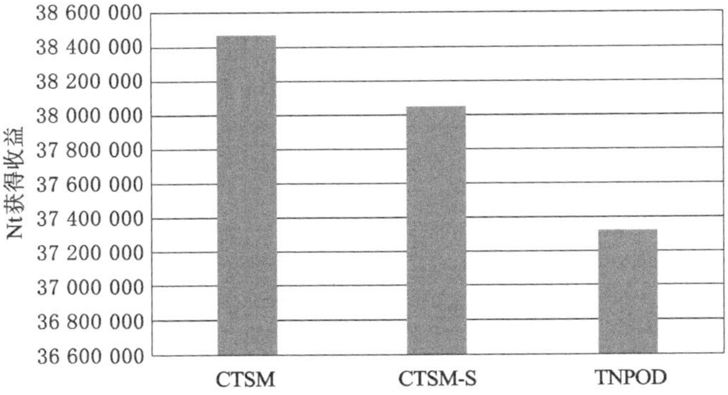

图 7-21　不同模型下 Nt 获得收益对比

通过仿真可知，3 种基于不同模型的自动协商均能在 38 轮内达成协商成功，但如图 7-21 所示，Nt 从协商中获得的收益存在明显差异。通过 CTSM-S，在设定不同联盟协作收益固定分配比率条件下，Nt 最终获得最大收益为 38 049 564.59 元，比 CTSM 的 38 467 922.45 元少了 418 357.86 元，这说明成员 Agent 在报价中兼顾自身和团队利益，进而提升了 Nt 的收益。而通过 TNPOD，Nt 最终获得收益为 37 317 253.12 元，比 CTSM 和 CTSM-S 分别少 1 150 669.33 元和 732 311.47 元，这说明相对于团队投票的报价方式而言，基于团队竞合博弈的报价可以通过成员 Agent 间报价方案计算时的博弈过程为 Nt 带来更高的收益。另外，为了进一步对本节所提模型的有效性进行验证，又基于相同随机区间进行 50 次数值仿真实验，并对仿真结果进行了对比分析，结果如图 7-22 所示。

通过图 7-22(a)可以看出，在 50 次仿真中，CTSM 可以产生比 CTSM-S 和 TNPOD 更多的成功次数，说明 CTSM 对协商环境和参数变化具有更好的适应能力。图 7-22 (b)反映出 CTSM 虽在平均协商轮次上比 CTSM-S 略差，但明显好于 TNPOD，出现这种情况的原因是 CTSM 让协商团队成员报价更趋于谨慎，迫使 Nt 需要经过更多次的报价调整才能找到协商双

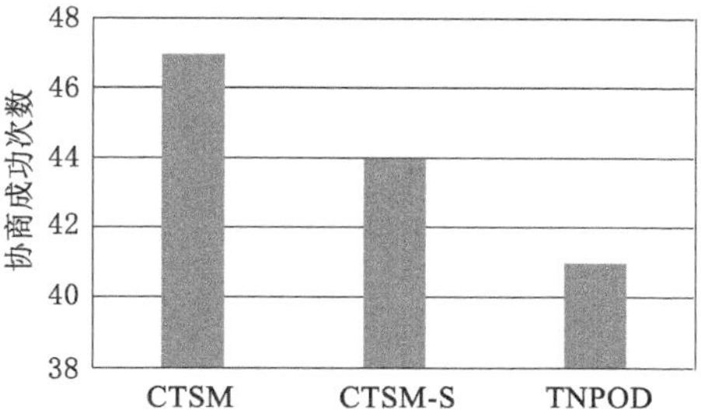

(a) 协商成功次数对比

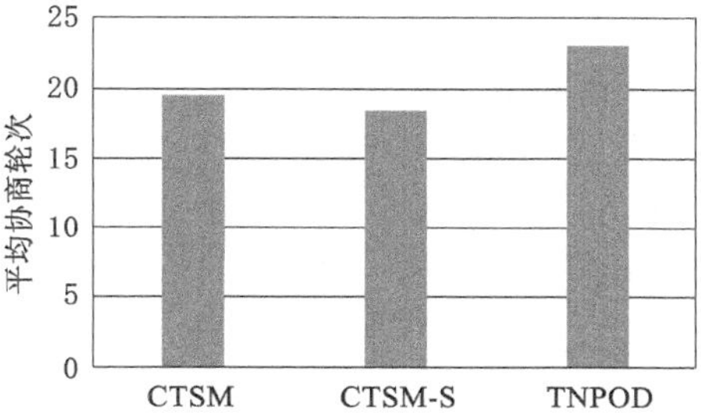

(b) 平均协商轮次对比

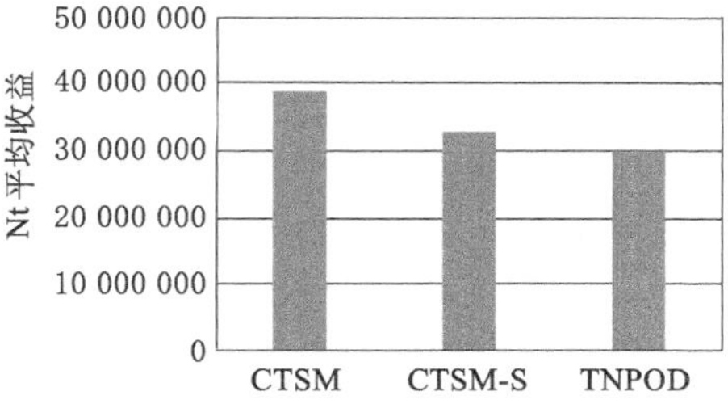

(c) Nt平均收益对比

图 7-22　不同模型下的 50 次仿真平均结果对比

方共同接受的合作协议,但这种差距并不显著(数秒内)。而通过图 7-22(c)可以看出,在 50 次仿真中,CTSM 中 Nt 获得的平均收益明显好于 CTSM-S 和 TNPOD,这个结果与图 7-21 类似。需要说明的是,图 7-22 中平均协商轮次和 Nt 的平均收益均是针对成功的协商而言的。

综上,本节所提 CTSM 可以有效达到竞合关系纵向联盟成员协作报价供需交易目的,并能达到比 CTSM-S 和 TNPOD 更理想的协商效果,因此 CTSM 的有效性得到了验证。

7.2.4 本节小结

为了有效反映数字经济下物流供应链纵向联盟构建初期的内部竞合关系特点，本节将非合作博弈过程与 Shapley 值方法进行融合，设计了团队成员协作报价的博弈过程，并提出了团队竞合博弈下的纵向联盟成员协作报价供需自动协商模型 CTSM。模型以非合作博弈视角，对自动协商中协商团队反报价方案的形成过程进行刻画与分析，然后基于 Shapley 值方法，按照各方报价对协商团队的贡献率分配联盟协作收益，最后通过数值仿真对所提协商模型的有效性进行了论证。

通过本节研究可以得到结论：① 数字经济下物流供应链纵向企业联盟以协商团队的方式进行供需协商可以提升其协商中报价优势，但团队的报价决策机制会影响团队的最终协商收益；② 在协商团队构建和决策机制设计时，对于联盟构建初期的竞合关系需要特殊考虑，单纯利用合作或非合作博弈进行研究均不能真实反映这个阶段联盟运营实际；③ 通过博弈分析手段对协商团队内部协作决策机制进行设计，可以有效提高协商团队报价计算的效率和质量。

现有研究中也存在一些不足和需要进一步完善的地方，如只考虑联盟协作收益仅受到交易量的影响，没有考虑到其他议题的影响情况，且没有考虑数字经济自由开放的平台环境对协商团队决策的影响。因此，下一步为了对所提模型进行进一步的完善，将对交货时间影响联盟协作收益和平台环境影响协商团队决策的情况进行研究。同时，也需要基于合作博弈理论对联盟运作后期，当成员间已建立起比较可靠和稳定的合作关系后的联盟成员协作报价供需协商问题进行更深入研究，并可以将研究拓展到对其他联盟结构下报价决策博弈过程。另外，将协商团队内部报价决策博弈协商进行拓展，加入团队与对方在协商中的博弈过程分析，也将是非常有趣的研究内容。

7.3 联盟内部基于完全合作博弈的成员协作报价供需协商

基于上一节研究，考虑到数字经济下物流供应链企业联盟在长期合作后，成员间会逐渐建立比较深入的合作与信任关系，在协商报价中的决策过程也会逐渐由非合作或竞合博弈转化为合作博弈[194,200]。因此，本节将主要对团队合作博弈下联盟成员协作报价供需协商问题进行研究。

7.3.1 问题描述

本节将在联盟内成员彼此间充分了解的假设下(即在上一节假设的基础上,成员企业间的成本和偏好信息等也为共识性信息),通过融合协商团队、合作博弈和自动协商等理论,提出团队内部合作博弈下的纵向联盟成员协作报价供需自动协商模型。在自动协商过程中,团队成员 Agent 将通过合作博弈的方式产生报价方案,并基于 Shapley 值方法按照成员报价的贡献分配联盟收益(本节研究中的联盟协作收益不仅与交易量有关,还与成员报价中的具体完成时间有关)。本节研究与上一节研究的主要区别包括:

(1) 上一节中,联盟协作收益是通过需求量的简单映射函数,即给定需求量后,产生一个固定的联盟协作收益值,与其他议题取值的大小没有任何关系。同时,还假设团队成员间成本函数不为共识性信息,成员基于非合作博弈在考虑可分得合作收益的情况下产生报价,而后基于 Shapley 值对合作收益进行分配(即刻画的竞合关系)。而本节中,联盟协作收益是需求量和完成时间联合映射函数产生的,团队内部的定价函数和成本函数等均为共识性信息。团队在得到需求量报价后,会基于合作博弈计算出最佳完成时间,同时得出具体的交易价格。最后,通过与团队内部基于非合作博弈报价和竞合博弈报价方法的对比,进一步验证本节所提模型和方法的有效性。

(2) 上一节中,供需双方均需要对 3 个议题进行报价,但在报价方案计算中,团队是基于需求方的需求量和对应的固定协作收益,利用非合作博弈计算出价格和完成时间,而需求方则是根据团队报价,基于欧几里得距离(ED)最小和时间让步策略求解报价方案,且双方均可以对来自对方的报价方案评估后决定是否接受对方报价。在本节中,需求方仅给出需求量,团队给出价格和完成时间,只有需求方有是否接受对方报价的能力。

7.3.2 基于团队合作博弈报价的自动协商模型构建

7.3.2.1 场景描述

本节研究涉及的供需交易场景与上一节基本相同,但突出考虑到数字经济下物流供应链企业联盟中企业长期以合作形式运营,会增加成员间的了解和默契程度,进而建立比较稳定的合作与互信关系,联盟内部成员间的报价决策会逐渐由非合作或竞合博弈转化为合作博弈[200-201]。因此,本节假设由纵向联盟成员组成的协商团队内部彼此充分了解,团队定价函数、历史协商信息以及成员的成本、收益函数和偏好参数设定等均为团队成员间的共识性信息。

7.3.2.2　自动协商流程设计

本节参照 7.2.2.2 节中的基于团队竞合博弈的联盟协作报价自动协商流程，对基于团队合作博弈的纵向联盟成员协作报价的自动协商过程进行再设计，主要区别在于新的流程中对报价的内容、计算方法和协商决策过程进行了调整，具体如图 7-23 所示。

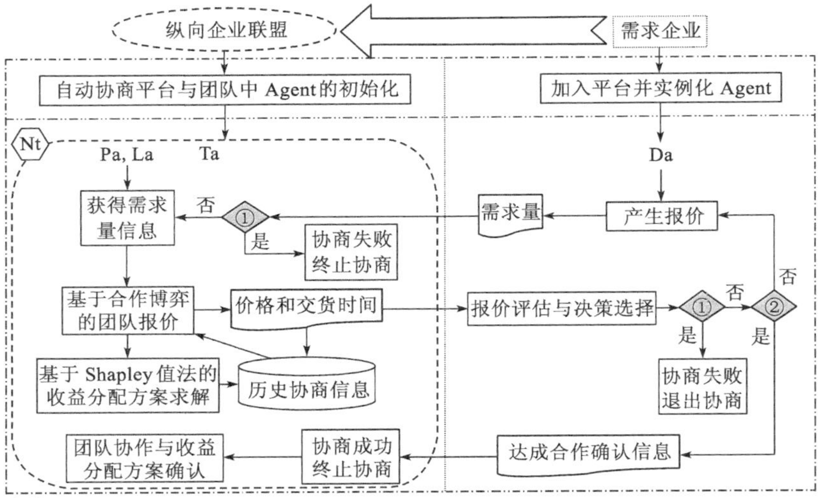

说明：
① 是否超出本方最大可接受协商轮次?(最大协商轮次为协商开始前协商方设定的参数之一)；
② 是否接受对方报价条件？(具体条件见后文说明)。

图 7-23　基于团队合作博弈报价的自动协商流程

本节研究中的协商团队同上一节一样，仍然由数字经济下物流供应链纵向联盟中的一个联盟协调部门、一个生产企业和一个物流企业组成，当数字经济下物流供应链纵向联盟选定了合适的盟员参与自动协商后，根据开展自动协商的需要，纵向联盟和需求企业都需要在自动协商开始前分别实例化本方 Agent，其中，联盟协调部门、生产企业和物流企业实例化的 Agent 分别为 Ta、Pa 和 La，而需求企业实例化的 Agent 为 Da。每轮协商中，Da 先对需求量进行报价，若未达到协商终止条件，Ta 会组织协商团队成员分别给出自己的交货时间(需要参照历史协商信息中前 2 轮协商报价的收益分配系数)，而后产生相应的交易价格，进而形成在 Da 给定该需求量条件下团队对交货时间和交易价格的报价，与此同时要更新历史协商信息。然后，Ta 给出对交货时间和交易价格的报价[201]，若该报价达到 Da 的接受条件，则协商成功；若未达到 Da 的接受条件，Da 继续对需求量进行报价，直到终止。

7.3.2.3 基于团队合作博弈报价的自动协商模型(TAN)定义

根据数字经济下物流供应链以纵向联盟团队形式开展自动协商的特点和要求，本节将基于团队合作博弈报价的自动协商模型(TAN)也定义为一个三元组：

$$\mathrm{TAN}=(I,\mathrm{Nt},\mathrm{Da}) \tag{7-58}$$

其中，I、Nt 和 Da 的含义同式(7-30)。

(1) 团队中联盟协调部门 Agent Ta 的定义

$$\mathrm{Ta}=(\widetilde{Q}_{\mathrm{Ta}},\widetilde{D}_{\mathrm{Ta}},b,T_{\mathrm{Ta}},p_{\mathrm{Ta}},C_{\mathrm{Ta}},F,E_{\mathrm{Ta}}) \tag{7-59}$$

其中：

$\widetilde{Q}_{\mathrm{Ta}}$、$\widetilde{D}_{\mathrm{Ta}}$、$b$、$T_{\mathrm{Ta}}$、$p_{\mathrm{Ta}}$和 C_{Ta}的含义同式(7-31)。

F 为 Ta 的报价收益函数，主要对每轮协商中的报价方案可以为 Nt 带来的收益进行评估，第 t 轮报价的总收益 F^t 可以表示为：

$$F^t=q_{\mathrm{Da}}^t(p_{\mathrm{Ta}}^t-C_{\mathrm{Ta}}^t),\ 1\leqslant t\leqslant T_{\mathrm{Ta}} \tag{7-60}$$

E_{Ta}为 Ta 基于团队合作博弈报价的自动协商策略，在协商开始前，纵向联盟需要为 Ta 设定一套完备的协商策略(即协商中的决策规则集合)，以保证 Ta 可以针对不同的协商情况自动选择一个适当的决策。在收到 Da 在第 t 轮协商中的需求量报价 q_{Da}^t后，Ta 会辅助 Nt 中 Pa 和 La 基于合作博弈产生团队反报价 $o_{\mathrm{Ta}}^t=\{p_{\mathrm{Ta}}^t,d_{\mathrm{Ta}}^t\}$。Ta 的协商策略如图 7-24 所示，图中的 $o_{\mathrm{Ta}}^{t-1}=\{p_{\mathrm{Ta}}^{t-1},d_{\mathrm{Ta}}^{t-1}\}$为 Ta 上一轮(第 $t-1$ 轮)协商中的反报价。

$$E_{\mathrm{Ta}}(o_{\mathrm{Ta}}^{t-1},q_{\mathrm{Da}}^t,o_{\mathrm{Ta}}^t)=\begin{cases}\text{Da 接受 } o_{\mathrm{Ta}}^{t-1} & \text{协商成功，终止协商}\\ t>T_{\mathrm{Ta}} & \text{协商失败，终止协商}\\ \text{否则，计算报价 } o_{\mathrm{Ta}}^t & \end{cases}$$

图 7-24　Ta 在协商中的决策规则

(2) 团队中成员 Agent 的定义

根据基于团队合作博弈自动协商的需要，Nt 中的成员 Agent i 可具体定义为：

$$i=(\widetilde{Q}_i,\widetilde{D}_i,c_i,f_i),\ \forall\, i\in\{\mathrm{Pa},\mathrm{La}\} \tag{7-61}$$

其中，$\widetilde{Q}_i$、$\widetilde{D}_i$ 和 c_i 的含义同式(7-36)；f_i 为成员 i 的收益评价函数：

$$f_i^t=q_{\mathrm{Da}}^t(\alpha_i p_{\mathrm{Ta}}^t-c_i^t),\ \forall\, i\in\{\mathrm{Pa},\mathrm{La}\},\ 1\leqslant t\leqslant T_{\mathrm{Ta}} \tag{7-62}$$

7.3.2.4 基于团队合作博弈的报价计算过程设计

本节分别对团队内合作与非合作条件下报价方案求解过程进行分析。

(1) 团队成员完全合作条件下的反报价

若 Nt 成员在报价计算中积极沟通和交流，采取合作策略，即从 Nt 整体利益最大化的角度出发求解交货时间，则对 F^t 分别求导并令等式为 0 后可得：

$$d_i^t=\frac{\lambda^t \underline{d}_{\mathrm{Nt}}+\xi_i^t\mu_i^t+\xi_k^t e_i\mu_k^t-(\lambda_{\mathrm{Nt}}^t+\xi_i^t e_k+\xi_k^t e_i)d_k^t}{\xi_i^t+\xi_k^t(e_i)^2}$$

$$\forall\, i,k\in\{\mathrm{Pa},\mathrm{La}\},i\neq k,1\leqslant t\leqslant T_{\mathrm{Ta}} \tag{7-63}$$

其中，λ^t、ξ_i^t、ξ_k^t、μ_i^t、μ_k^t 的表达式与式(7-41)和式(7-42)相同。

通过对完全合作条件下 d_{Pa}^t 和 d_{La}^t 的联合求解，得到最佳交货时间 $d_i^{t^{**}}$ 为：

$$d_i^{t^{**}}=\frac{\lambda^t \underline{d}_{\mathrm{Nt}}[\lambda^t+\xi_i^t e_k(1-e_k)-\xi_k^t(1-e_i)]+\xi_k^t\mu_k^t\lambda^t+\xi_i^t e_k\mu_i^t\lambda^t-\xi_i^t\xi_k^t(\mu_i^t-\mu_k^t e_k)(1-e_i e_k)}{(\lambda^t)^2+2\lambda^t(\xi_k^t e_i+\xi_i^t e_k)-\xi_i^t\xi_k^t(1-e_i e_k)^2}$$

$$\forall\, i,k\in\{\mathrm{Pa},\mathrm{La}\},i\neq k,1\leqslant t\leqslant T_{\mathrm{Ta}} \tag{7-64}$$

然后，将 $d_{\mathrm{Pa}}^{t^{**}}$ 和 $d_{\mathrm{La}}^{t^{**}}$ 同时代入式(7-60)，即可得到 Nt 在第 t 轮报价中可得到的最大收益 $F^{t^{**}}$。

(2) 基于 Shapley 值方法的联盟协作收益分配

协商中，为了按照报价中的贡献情况对 Nt 总收益进行分配，本节仍然基于 Shapley 值方法对联盟协作收益进行分配，但本节中的联盟协作收益需要根据对方需求量和成员的具体报价计算而来。根据 Shapley 值方法，Pa 和 La 报价的 Shapley 值求解同式(7-43)和式(7-44)。其中，$v\{1\}=f_{\mathrm{Pa}}^{t^*}$，$v\{2\}=f_{\mathrm{La}}^{t^*}$，$v\{1,2\}=F^{t^{**}}$，$v(0)=0$，而 $f_{\mathrm{Pa}}^{t^*}$ 和 $f_{\mathrm{La}}^{t^*}$ 分别为在非合作条件下，Pa 和 La 第 t 轮报价可获得的最大收益，具体求解方法同 7.2.2.4 节中团队成员基于非合作博弈过程的反报价计算。$F^{t^{**}}$ $(1\leqslant t\leqslant T_{\mathrm{Ta}})$ 为 Pa 和 La 在第 t 轮报价中基于合作博弈求解报价后，协商团队 Nt 可获得的总收益，通过整理后得：

$$\pi_{\mathrm{Pa}}^t(v)=\frac{1}{2}(v\{1\}+v\{1,2\}-v\{2\})=\frac{1}{2}(f_{\mathrm{Pa}}^{t^*}+F^{t^{**}}-f_{\mathrm{La}}^{t^*}) \tag{7-65}$$

$$\pi_{\mathrm{La}}^{t}(v)=\frac{1}{2}(v\{2\}+v\{1,2\}-v\{1\})=\frac{1}{2}(f_{\mathrm{La}}^{t^{*}}+F^{t^{**}}-f_{\mathrm{Pa}}^{t^{*}}) \quad (7\text{-}66)$$

式(7-65)和式(7-66)也可以理解为 Pa 和 La 在报价计算中采用完全合作策略时,可分别获得的收益为 $\pi_{\mathrm{Pa}}^{t}(v)$和 $\pi_{\mathrm{La}}^{t}(v)$,因此 Pa 和 La 第 t 轮报价中联盟协作收益分配率为:

$$\beta_{\mathrm{Pa}}^{t}=\frac{\pi_{\mathrm{Pa}}^{t}(v)}{\pi_{\mathrm{Pa}}^{t}(v)+\pi_{\mathrm{La}}^{t}(v)}=\frac{1}{2}\frac{f_{\mathrm{Pa}}^{t^{*}}+F^{t^{**}}-f_{\mathrm{La}}^{t^{*}}}{F^{t^{**}}},\ 1\leqslant t\leqslant T_{\mathrm{Ta}} \quad (7\text{-}67)$$

$$\beta_{\mathrm{La}}^{t}=\frac{\pi_{\mathrm{La}}^{t}(v)}{\pi_{\mathrm{Pa}}^{t}(v)+\pi_{\mathrm{La}}^{t}(v)}=\frac{1}{2}\frac{f_{\mathrm{La}}^{t^{*}}+F^{t^{**}}-f_{\mathrm{Pa}}^{t^{*}}}{F^{t^{**}}},\ 1\leqslant t\leqslant T_{\mathrm{Ta}} \quad (7\text{-}68)$$

命题 7-1 一个生产商和一个物流服务商组成的协商团队与需求方进行协商时,若团队内部信息共识且联盟集中定价,则基于团队合作博弈的纵向联盟成员协同报价产生的收益是超可加的,且该合作博弈的核心非空。

证明:通过对式(7-60)的收益函数进行分析可知,Ta 第 t 轮协商中的收益函数 F^{t} 是决策变量 d_{Pa}^{t}和 d_{La}^{t}的二次凹函数。因此,该收益函数的最大极值点如式(7-64)所示,代入式(7-60)即可得到团队报价的最大收益值 $F^{t^{**}}$。当团队成员采取非合作方式报价时,利用非合作博弈计算的 $d_{\mathrm{Pa}}^{t^{*}}$ 和 $d_{\mathrm{La}}^{t^{*}}$ 即为 Pa 和 La 非合作条件下求得的最佳交货时间,将其分别代入式(7-62)即可得到 Pa 和 La 非合作报价下各自的最佳收益 $f_{\mathrm{Pa}}^{t^{*}}$ 和 $f_{\mathrm{La}}^{t^{*}}$ 。根据非合作博弈的特点和式(7-60)与式(7-62)的关系可以得出:$f_{\mathrm{Pa}}^{t^{*}}+f_{\mathrm{La}}^{t^{*}}=F^{t^{*}}$,由于 $F^{t^{**}}$ 已为团队报价可获得的最大收益值,因此必然存在 $F^{t^{*}}\leqslant F^{t^{**}}$,即基于团队合作博弈的纵向联盟成员协同报价产生的收益是超可加的。此外,协商团队仅由 Pa 和 La 两个成员组成,因此只包含两个非空子集{1}和{2},若 $\sum\limits_{i\in\{\mathrm{Pa},\mathrm{La}\}}h_{i}=1,0\leqslant h_{i}\leqslant 1$,则根据式(7-60)与式(7-62)的关系可以保证总有 $F^{t}\geqslant\sum\limits_{i\in\{\mathrm{Pa},\mathrm{La}\}}h_{i}f_{i}^{t}$ 。因此,该博弈是一个平衡的博弈,博弈的核心为非空。证毕。

定义 7-1 若团队内部通过博弈(Nt,v)产生的团队报价和收益分配方案是稳定的,则任何成员 Agent 针对该方案所提出的任何异议均存在一个反异议,而所有稳定报价和收益分配方案的集合称为团队无约束协商集合 $PM(v)$。

定义 7-2 博弈(Nt,v)的协商集合 $M(v)$可表示为:$M(v)=O(v)\cap PM(v)$,其中 $O(v)$为团队报价和收益分配方案集合。

推论 7-1-1 若以 Core(v)为核的博弈(Nt,v)是超可加性博弈,则当且

仅当 $\forall o\in O(v), o\in M(v), \mathrm{Core}(v_o)\neq\varnothing$ 时，$PM(v)=\mathrm{Core}(v)$。

推论 7-1-2 若以 $\mathrm{Core}(v_o)\neq\varnothing$ 为核的博弈 (Nt, v) 是超可加性博弈，则当且仅当 $\forall o\in O(v), o\in M(v), \mathrm{Core}(v_o)\neq\varnothing$ 时，$M(v)=\mathrm{Core}(v)$。

根据推论 7-1-1 和 7-1-2 可以得出，当团队内部基于合作博弈进行报价时，报价与收益分配方案的合理设计有利于提高团队的整体认可水平，进而可以提高团队的协作效果。

命题 7-2 在激烈的市场竞争环境下，考虑到联盟合作的长期性和持续性，团队成员基于合作博弈产生的报价方案是稳定的。

证明：通过命题 7-1 的证明可知，纵向联盟通过团队合作博弈报价所产生报价方案的总收益总是大于或等于成员非合作博弈报价所产生收益之和。再由式(7-65)和式(7-66)给出的基于 Shapley 值的团队收益分配，可以保证每个成员都可以按照本方报价方案的贡献分得到相应的联盟收益，且最终获得的总收益不会低于本方非合作报价博弈产生的收益。因此，基于合作博弈的团队报价方案具有内部稳定性。另外，由于激烈市场竞争环境使得纵向联盟中的任意企业很难独立应对[202]，因此，为了维系与联盟其他成员长期和稳定的合作关系，即使团队协作没有产生足够多的联盟协作收益，但只要团队报价中本方可得收益不低于本方独立报价获得的收益，团队成员还是会坚持接受基于合作博弈的团队报价方案的。因此，基于合作博弈产生的报价方案具有外部稳定性。证毕。

命题 7-3 基于团队合作博弈报价求解得到纵向联盟协作收益分配 Shapley 值是满足匿名性、有效性、可加性和虚拟性的唯一解。

证明：首先，可以很容易地验证每轮报价中求解的 Shapley 值均满足四个性质[197-198]，因此要证明该命题正确性，只需要证明这四个性质的解一定是每轮报价的 Shapley 值。

令 η 表示一个满足四个性质的值，对于任意子团队 $\widetilde{\mathrm{Nt}}\in\mathrm{Nt}$，用 $\kappa_{\widetilde{\mathrm{Nt}}}\in R^{2^{\mathrm{Nt}}}$ 表示下述 $\widetilde{\mathrm{Nt}}$ 一致性($\widetilde{\mathrm{Nt}}$-unanimity)博弈：

$$\kappa_{\widetilde{\mathrm{Nt}}}(\widetilde{\mathrm{Nt}}')=\begin{cases}1, & \widetilde{\mathrm{Nt}}\subseteq\widetilde{\mathrm{Nt}}', \widetilde{\mathrm{Nt}}'\in\mathrm{Nt}\\ 0, & \text{其他}\end{cases} \tag{7-69}$$

假定存在一个分配系数 $\beta(0\leqslant\beta\leqslant1)$，因为在团队报价博弈 $\beta\kappa_{\widetilde{\mathrm{Nt}}}$ 中，Nt、$\widetilde{\mathrm{Nt}}$ 中所有团队成员均为虚拟参与方 Agent，所以他们都分配到 0。根据四个性质中匿名性的特点，$\widetilde{\mathrm{Nt}}$ 中 Agent 获得分配相同。再结合有效性的要

求，向量 $\eta(\beta\kappa_{\widetilde{\mathrm{Nt}}})$ 恰好能将整个报价产生的收益值分配完毕。这样，$\widetilde{\mathrm{Nt}}$中的每一个 Agent 都能得到 $\beta/|\widetilde{\mathrm{Nt}}|$，Nt、$\widetilde{\mathrm{Nt}}$中的每个 Agent 得到 0。考虑到每轮报价中可能存在博弈线性组合，则

$$\sum_{\widetilde{\mathrm{Nt}}\in 2^{\mathrm{Nt}}} \beta_{\widetilde{\mathrm{Nt}}}\kappa_{\widetilde{\mathrm{Nt}}} = 0 \tag{7-70}$$

若不是所有系数 $\beta_{\widetilde{\mathrm{Nt}}}$ 都是 0，则一定会有一个子团队$\widetilde{\mathrm{Nt}}_0$，使得对于任意$\widetilde{\mathrm{Nt}}\subset(\neq)\widetilde{\mathrm{Nt}}_0$，满足 $\beta_{\widetilde{\mathrm{Nt}}_0}\neq 0$ 且 $\beta_{\widetilde{\mathrm{Nt}}}=0$。因此，根据式(7-70)可以得出：

$$\beta_{\widetilde{\mathrm{Nt}}_0} = \sum_{\widetilde{\mathrm{Nt}}} -\frac{\beta_{\widetilde{\mathrm{Nt}}}}{\beta_{\widetilde{\mathrm{Nt}}_0}}\kappa_{\widetilde{\mathrm{Nt}}} \tag{7-71}$$

其中，在$\widetilde{\mathrm{Nt}}_0$ 处，等式右侧的值为 0，而等式左侧的值为 $\kappa_{\widetilde{\mathrm{Nt}}}(\widetilde{\mathrm{Nt}}_0)=1$，因此产生矛盾。博弈$\{\kappa_{\widetilde{\mathrm{Nt}}}\}_{\widetilde{\mathrm{Nt}}\in 2^{\mathrm{Nt}}}$是 $R^{2^{\mathrm{Nt}}}$ 的一个基得到证明，而且 η 是每轮报价的博弈 $\beta\kappa_{\widetilde{\mathrm{Nt}}}$ 所决定的。根据可加性可知，至多存在一个向量值满足这四个性质。因此，四个性质的解一定是每轮报价的 Shapley 值得证。证毕。

7.3.2.5 需求企业 Agent Da 的定义

根据需求企业的特征，本节将自动协商中需求企业 Agent Da 定义为：

$$\mathrm{Da}=(W_{\mathrm{Da}},\overline{o}_{\mathrm{Da}},\underline{o}_{\mathrm{Da}},T_{\mathrm{Da}},\theta_{\mathrm{Da}},\delta_{\mathrm{Da}},v_{\mathrm{Da}},\Phi_{\mathrm{Da}}) \tag{7-72}$$

其中：

$W_{\mathrm{Da}}=\{\omega_{\mathrm{Da}}^{p},\omega_{\mathrm{Da}}^{q},\omega_{\mathrm{Da}}^{d})$为 Da 对协商议题的权重集合，且存在 $\omega_{\mathrm{Da}}^{p}+\omega_{\mathrm{Da}}^{q}+\omega_{\mathrm{Da}}^{d}=1$。

$\overline{o}_{\mathrm{Da}}=\{\overline{p}_{\mathrm{Da}},\overline{q}_{\mathrm{Da}},\overline{d}_{\mathrm{Da}}\}$和 $\underline{o}_{\mathrm{Da}}=\{\underline{p}_{\mathrm{Da}},\underline{q}_{\mathrm{Da}},\underline{d}_{\mathrm{Da}}\}$分别表示 Da 对全部协商议题的期望值和底线值集合。

T_{Da}表示 Da 能接受的最大协商轮次。

θ_{Da}表示 Da 一般可接受报价方案的满意度水平，且是 Da 进行协商决策的主要依据。

δ_{Da}表示 Da 在报价时让步速度控制系数，假设 Da 基于时间的让步策略[182]产生需求量报价，具体表示为：

$$q_{\mathrm{Da}}^{t}=\overline{q}_{\mathrm{Da}}+(\underline{q}_{\mathrm{Da}}-\overline{q}_{\mathrm{Da}})\left(\frac{t-1}{T_{\mathrm{Da}}}\right)^{\frac{1}{\delta_{\mathrm{Da}}}} \tag{7-73}$$

其中，当 $\delta_{\mathrm{Da}}=1$ 时，Da 让步是线性的；当 $\delta_{\mathrm{Da}}>1$ 时，Da 的让步属于 Conceder 型策略；当 $\delta_{\mathrm{Da}}<1$ 时，Da 的让步属于 Boulware 型策略。

v_{Da}为 Da 在协商中的报价方案满意度评价函数，基于 MAUT 理论，第

t 轮协商中 Ta 发来的反报价给 Da 带来的满意度可以表示为：

$$v_{\mathrm{Da}}(o_{\mathrm{Ta}}^{t}, q_{\mathrm{Da}}^{t}) = \omega_{\mathrm{Da}}^{q} \cdot \frac{q_{\mathrm{Da}}^{t} - \overline{q}_{\mathrm{Da}}}{\underline{q}_{\mathrm{Da}} - \overline{q}_{\mathrm{Da}}} + \omega_{\mathrm{Da}}^{p} \cdot \frac{p_{\mathrm{Da}}^{t} - \overline{p}_{\mathrm{Da}}}{\underline{p}_{\mathrm{Da}} - \overline{p}_{\mathrm{Da}}} + \omega_{\mathrm{Da}}^{d} \times \frac{d_{\mathrm{Da}}^{t} - \overline{d}_{\mathrm{Da}}}{\underline{d}_{\mathrm{Da}} - \overline{d}_{\mathrm{Da}}},\ t \leqslant T_{\mathrm{Da}} \tag{7-74}$$

Φ_{Da}表示 Da 的协商决策规则，如图 7-25 所示。

$$\Phi_{\mathrm{Da}}(q_{\mathrm{Da}}^{t+1}, o_{\mathrm{Ta}}^{t}) = \begin{cases} v_{\mathrm{Da}}(o_{\mathrm{Ta}}^{t}) \geqslant \theta_{\mathrm{Da}} & \text{接受对方报价} \\ v_{\mathrm{Da}}(o_{\mathrm{Ta}}^{t}) \geqslant \tilde{\theta}_{\mathrm{Da}} & \text{接受对方报价} \\ t > T_{\mathrm{Da}} & \text{退出协商} \\ \text{否则，计算并发出需求量反报价} & \end{cases}$$

图 7-25　Da 在协商中的决策规则

若为达到协商终止条件，Da 会对需求量进行反报价；当满意度水平不低于可接受水平 θ_{Da} 或报价坚持力 $\tilde{\theta}_{\mathrm{Da}}$ 时，Da 会接受对方报价。$\tilde{\theta}_{\mathrm{Da}}$ 可表示为[20,22]：

$$\tilde{\theta}_{\mathrm{Da}} = 1 - (1 - \theta_{\mathrm{Da}}) \left(\frac{1}{T_{\mathrm{Da}}} \right)^{\frac{1}{\delta_{\mathrm{Da}}}} \tag{7-75}$$

7.3.3　数值仿真及分析

本节中数值仿真的物流供应链供需协商背景和参数设定参照 7.2.3 节，只是团队的报价方式改为基于团队合作博弈的报价方式，且需求方 Da 仅对需求量进行报价[具体报价方案求解见式(7-73)]。为了验证本节所提模型在多轮自动协商过程中的有效性，本节将对团队内部合作博弈下的物流供应链纵向联盟成员协作报价供需自动协商模型(NAT)进行数值仿真分析，并与物流供应链纵向联盟成员基于竞合博弈报价(CSTM)和非合作博弈报价(NONC)下，协商团队 Nt 获得的收益、议题取值和 Da 满意度与报价坚持力的变化情况进行对比分析。

通过图 7-26 可以看出，NAT 中协商团队 Nt 的总收益会随着协商的进行和需求方 Da 在需求量上的让步而得到持续改善；而 NONC 中 Nt 获得的收益不稳定，CSTM 中 Nt 获得的收益虽然比 NONC 更好且比较稳定，但由于报价中成员间合作不充分，CSTM 中报价让 Nt 获得的收益要明显低于 NAT。另外，与很多传统自动协商研究中随着协商的进行各方期望收益会持续下降不同，本节中 Da 不断对需求量进行让步(逐渐增加)，且协商团队在每轮报价中为了对多个议题取值进行整体协调与优化，会整体权衡全部团队成员的收益，并不是简单的议题值让步，因此，Nt 获得的总收益不断得到改善。

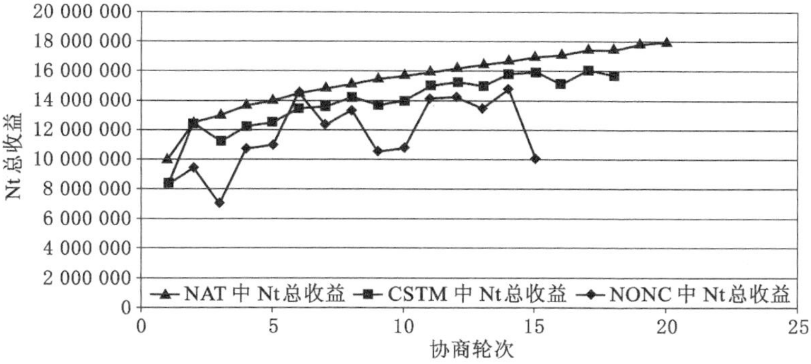

图 7-26　自动协商中 Nt 的总收益变化情况

从图 7-27(a)可以看出，Da 对需求量的报价会依照初始报价和式(7-73)逐渐增加。从图 7-27(b)和(c)中可以看出，NAT 中的交货时间会有所增加，而价格也会作出相应的让步，议题值的变化过程相对比较平缓；而 NONC 中的交货时间和相应的价格变化波动较大且总交货时间和交易价格相对较高，CSTM 虽然比 NONC 中的报价有所改善，但仍然明显不如 NAT。造成这种现象的主要原因在于：NONC 中成员均仅以本方收益最大为目标，造成交货时间上的不协调，进而需要花费更多的时间和完成成本，因此需要更高的交易价格来保证团队收益；而 CSTM 中成员间也并非完全的信息共享，仍然存在着成员间信息沟通不畅、协作不全面的问题，因此带来交货时间更长和价格不稳定的问题，直接影响了 Nt 的协商收益。

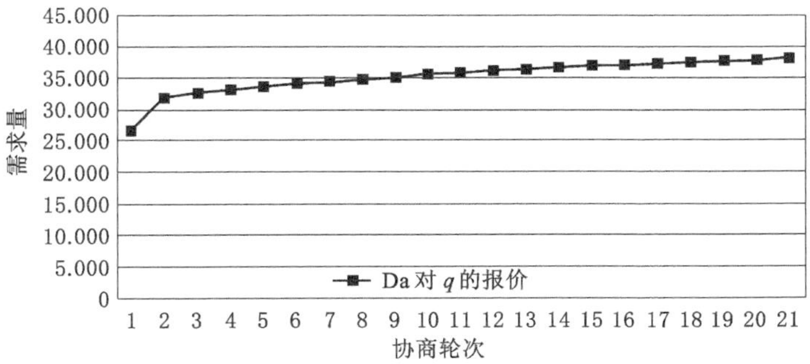

(a) Da 对 q 的报价

图 7-27　协商中议题取值的变化

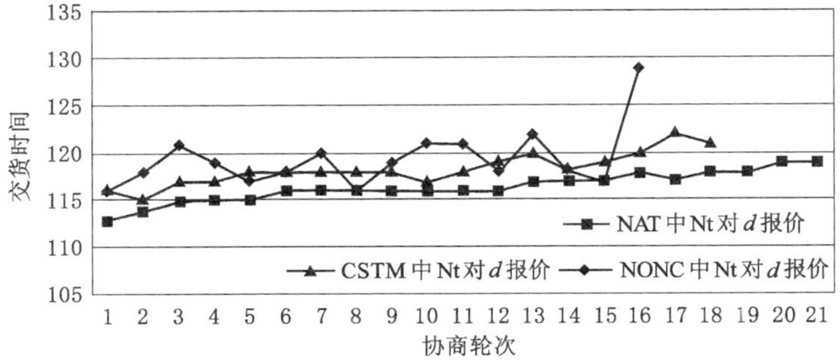

(b) Nt对 d 的报价

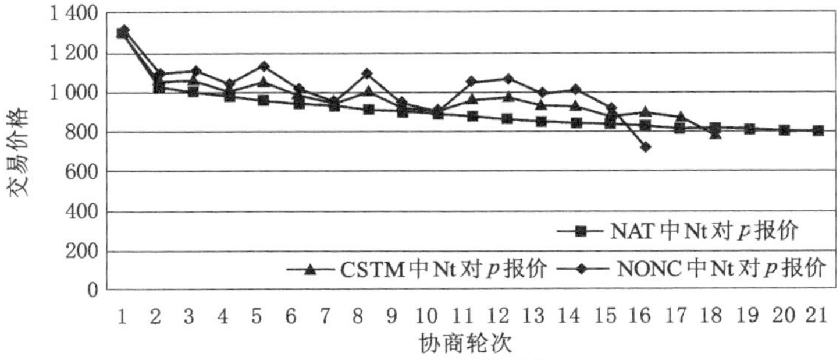

(c) Nt对 p 的报价

图 7-27（续）

由图 7-27(a)可见，Da 的需求量报价会持续让步（增加），根据前文假设，这对于协商团队收益而言是起到正向推动作用的。而由图 7-27(b)和(c)可以看出，虽然协商团队会随着需求方给出需求量的增加而持续降低交易价格，但也会相应地增加交货时间，以降低完成成本。因此，通过不同成员对多议题取值的协调，协商团队的收益得到持续改善。而由于不完全合作团队报价过程中成员间的协调性不佳，团队报价中对议题取值不稳定，造成交货时间和完成成本的浪费，进而导致协商中团队收益波动较大，没有固定的变化趋势。

在图 7-28 中，团队报价在提升团队收益的同时，并不是建立在降低 Da 收益基础上的，反而也让 Da 的满意度得到不断改进，最终在第 21 轮协商中，由于 Ta 给出的报价方案的满意度(0.283 2)已经超过 Da 的报价坚持力(0.267 9)，根据图 7-25 所示的协商决策规则，Da 选择接受了 Ta 给出的报价方案：交易量为 38 155.4 t、119.0 d 完成、交易单价为 803.06 元/t，协商宣告成功。NAT 中协商团队 Nt 获得总收益为 18 274 131.34 元，其中 Pa 和 La 的收益分别为 5 746 037.59 元和 12 528 093.75 元。另外，通过图 7-28 也可以看出，NONC 中 Nt 的报价给 Da 带来的满意度波动很大，虽然在第 17 轮中 Da 也接受了 Nt 的报价（交易量为 37 161.66 t、129.0 d 完成、交易单价为 720.11 元/t），但协商团队 Nt 获得的总收益仅为 10 067 357.83 元；CSTM 中 Nt 的报价给 Da 带来的满意度波动相对小于 NONC，但仍然明显不如 NAT，也于第 19 轮中 Da 接受了 Nt 的报价（交易量为 37 581.11 t、121.0 d 完成、交易单价为 785 元/t），但协商团队 Nt 获得的总收益仅为 15 733 696.22 元。虽然 Nt 在 NONC 和 CSTM 中均比在 NAT 中更快地与需求方 Da 达成合作协议，但协商团队 Nt 获得的总收益却分别比 NAT 减少了 8 206 773.51 元和 2 540 435.12 元，这验证了 NAT 中团队通过合作博弈报价相对于 NONC 和 CSTM 中非合作博弈与竞合博弈报价在收益获得方面的优越性。

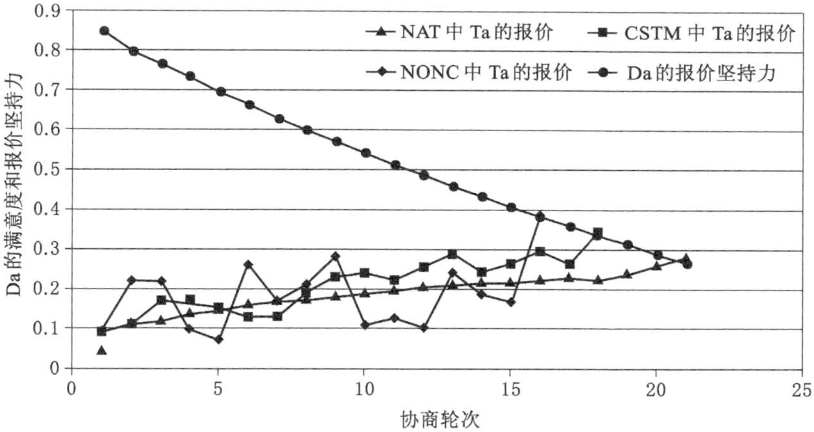

图 7-28　自动协商中 Da 满意度和报价坚持力的变化情况

为了进一步比较 NAT、NONC 和 CSTM 在自动协商中的差异，基于表 7-2 的参数设定，重复进行了 100 次数值仿真实验，其结果具体如图 7-29 所示。

由图 7-29(a)可以看出，在 100 次仿真中，NAT 可以产生比 NONC 和 CSTM 更多的成功协商次数。虽然图 7-29(b)说明 NAT 需要更多的协商轮次，协商效率有所降低，但从图 7-29(c)来看，这种效率上的略微降低是值

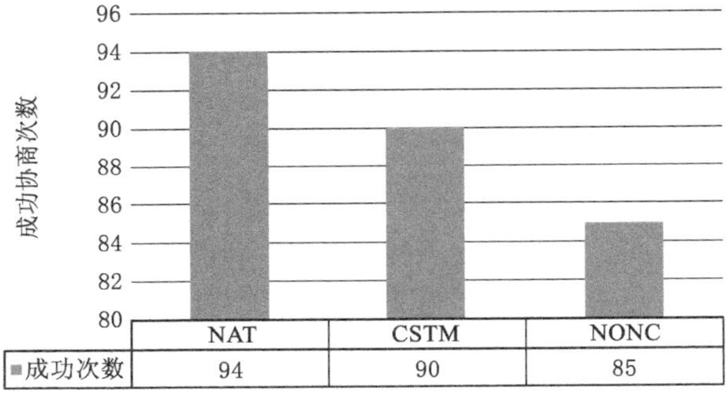

(a) 成功协商次数对比

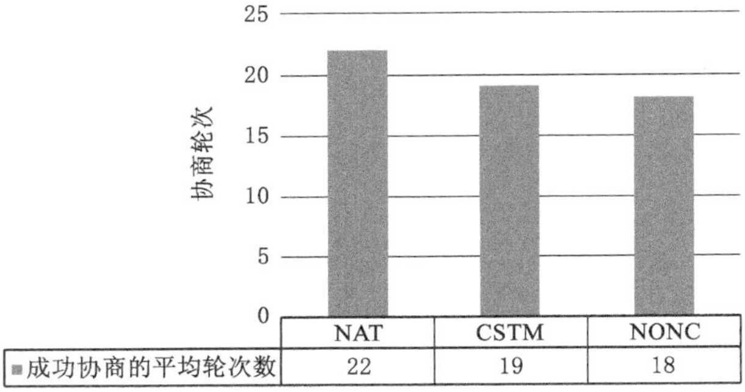

(b) 平均协商轮次对比

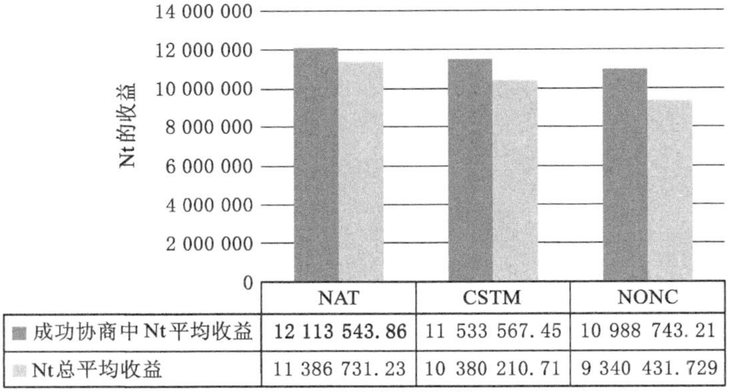

(c) Nt的平均收益对比

图 7-29　不同团队报价产生机制下 100 次仿真平均结果对比

得的，因为 NAT 中团队 Nt 基于合作博弈的报价可以产生比 NONC 和 CSTM 更大的收益。同时，从图 7-29(b)中也可以看到三者在成功协商轮次上的差距并不显著，这对于基于计算机平台的自动协商而言，在协商效率方面并不会产生明显的影响。NAT造成协商团队Nt需要更多协商轮次才能成功的主要原因在于，NAT中Nt基于合作博弈的报价方式更趋于谨慎，让步幅度相对较小，因此造成达到对方理想点的速度较慢。

综上，由数值仿真结果和分析可以得出，本节所提模型NAT对于处理团队内基于合作博弈的纵向联盟成员协同报价供需协商是有效的，可以产生比团队内非合作博弈报价（NONC）和竞合博弈报价（CSTM）更加理想的协商效果，同时有利于激励团队内成员为了获得更多收益而更加愿意选择积极合作，这不但有助于团队总收益的提高，还有利于改善协商达成的合作方案在后期具体执行的效果。

7.3.4 本节小结

激烈的竞争环境和苛刻的客户需求让供应链中的生产企业和物流企业均面临着巨大的市场压力。为了维护市场竞争地位，组建纵向联盟逐渐成为他们分散经营风险、提高运营效率和质量、优化资源配置和减少重复投资的必然选择。联盟组建后的规模效应和通过协调决策带来的交易成本的减低，不但可以提高联盟内部总收益，而且有利于提升其在与客户协商中的议价能力，进而形成更为理想的合作方案。为了有效发挥联盟在协商中的协作优势，本节研究工作在对物流供应链纵向企业联盟运作特点进行分析的基础上，基于合作博弈理论提出了纵向联盟以团队形式进行供需自动协商模型（NAT），并借助Shapley值方法设计了按照团队成员报价贡献分配联盟收益的方法，最后通过理论证明和数值仿真实验的方式，对所提模型的有效性进行了验证，同时揭示了基于团队的合作博弈报价相对于非合作博弈和竞合博弈报价的优越性。由于研究中仅将交货时间作为报价决策的关键要素，未能全面考虑到其他议题对报价决策的影响等，因此，下一步研究将重点围绕着这些问题展开。

7.4 本章小结

本章根据数字经济下物流供应链中纵向联盟成员协作报价供需协商的特点，分别基于团队竞合博弈和合作博弈报价，对纵向联盟成员协作报价供需自动协商模型进行了构建。通过研究发现，联盟以团队的形式与待合作企业进行协商可以明显提升企业联盟在协商中的优势地位，并可以获得更高的收益。同时，在团队报价中，不同博弈过程会直接影响协商结果，团队基于合作博弈报价可以产生更佳的协商效果，但无论是团队竞合博弈报价还是团队合作博弈报价都能够明显提升团队报价决策水平，同时改善团队协商收益。

参 考 文 献

[1] HOU J C,ZHAI X L,LIU P K. A review on China's wind power accommodation in the background of "Internet +" strategy[J]. International Journal of Energy Research,2018,42(4):1469-1486.

[2] WANG H D,HAN H G,LIU T T,et,al. "Internet+" recyclable resources:a new recycling mode in China[J]. Resources, Conservation and Recycling, 2018, 134: 44-47.

[3] 马士远."互联网+"时代文化产业发展新向度[J].管理世界,2018,34(2):180-181.

[4] CROXTON K L,GARCíA-DASTUGUE S J,LAMBERT D M,et al. The supply chain management processes [J]. The International Journal of Logistics Management,2001,12(2):13-36.

[5] 任娟.信息化时代的现代物流发展[J].管理世界,2005(12):152-153.

[6] LIU L Q. Research on the management system of enterprises using modern logistics supply chain theory[J]. Procedia Engineering,2011,24:721-725.

[7] LIU X T. Analysis of logistics service supply chain for the One Belt and One Road initiative of China[J]. Transportation Research Part E:Logistics and Transportation Review,2018,117:23-39.

[8] STOCK G N,GREIS N P. Enterprise logistics and supply chain structure:the role of fit[J]. Journal of Operations Management,2000,18(5):531-547.

[9] WANG G,GUNASEKARAN A,NGAI ERIC W T,et al. Big data analytics in logistics and supply chain management: certain investigations for research and applications[J]. International Journal of Production Economics,2016,176:98-110.

[10] GOVINDAN K,SOLEIMANI H,KANNAN D. Reverse logistics and closed-loop supply chain:a comprehensive review to explore the future[J]. European Journal of Operational Research,2015,240(3):603-626.

[11] GOVINDAN K, CHENG T C E, MISHRA N, et al. Big data analytics and application for logistics and supply chain management[J]. Transportation Research Part E:Logistics and Transportation Review,2018,114:343-349.

[12] KAIN R, VERMA A. Logistics management in supply chain-an overview[J]. Materials Today:Proceedings,2018,5(2):3811-3816.

[13] GU F, ZHANG W J, GUO J F, et al. Exploring "Internet + Recycling": mass balance and life cycle assessment of a waste management system associated with a mobile application[J]. Science of the Total Environment,2019,649:172-185.

[14] FREUND C L, WEINHOLD D. The effect of the Internet on international trade [J]. Journal of International Economics,2004,62(1):171-189.

[15] ROH T H. The sharing economy: business cases of social enterprises using collaborative networks[J]. Procedia Computer Science,2016,91:502-511.

[16] GRIEGER M. Electronic marketplaces: a literature review and a call for supply chain management research[J]. European Journal of Operational Research, 2003, 144(2):280-294.

[17] ECONOMIDES N, KATSAMAKAS E. Two-sided competition of proprietary vs. open source technology platforms and the implications for the software industry [J]. Management Science,2006,52(7):1057-1071.

[18] KAMIYAMA N. A new approach to the Pareto stable matching problem[J]. Mathematics of Operations Research,2014,39(3):851-862.

[19] GUNASEKARAN A, SUBRAMANIAN N, PAPADOPOULOS T. Information technology for competitive advantage within logistics and supply chains: a review [J]. Transportation Research Part E: Logistics and Transportation Review, 2017, 99:14-33.

[20] SÁNCHEZ-ANGUIX V, JULIAN V, BOTTI V, et al. Tasks for agent-based negotiation teams: analysis, review, and challenges[J]. Engineering Applications of Artificial Intelligence,2013,26(10):2480-2494.

[21] NAGARAJAN M, BASSOK Y. A bargaining framework in supply chains: the assembly problem[J]. Management Science,2008,54(8):1482-1496.

[22] FATIMA S, KRAUS S, WOOLDRIDGE M. Principles of automated negotiation [M]. New York, NY: Cambridge University Press,2014.

[23] CHENG C B, HENRY CHAN C C, LIN K C. Intelligent agents for e-marketplace: negotiation with issue trade-offs by fuzzy inference systems[J]. Decision Support Systems,2006,42(2):626-638.

[24] LOUTA M, ROUSSAKI I, PECHLIVANOS L. An intelligent agent negotiation strategy in the electronic marketplace environment [J]. European Journal of

Operational Research,2008,187(3):1327-1345.
[25] PARK S, YANG S B. An efficient multilateral negotiation system for pervasive computing environments[J]. Engineering Applications of Artificial Intelligence, 2008,21(4):633-643.
[26] WONG T N, FANG F. A multi-agent protocol for multilateral negotiations in supply chain management[J]. International Journal of Production Research,2010, 48(1):271-299.
[27] LIN R, GEV Y, KRAUS S. Bridging the gap: face-to-face negotiations with an automated mediator[J]. IEEE Intelligent Systems,2011,26(6):40-47.
[28] SAWIK T. Integrated supply, production and distribution scheduling under disruption risks[J]. Omega,2016,62:131-144.
[29] ZHAO S T, WU K, YUAN X M. Optimal production-inventory policy for an integrated multi-stage supply chain with time-varying demand[J]. European Journal of Operational Research,2016,255(2):364-379.
[30] JAYARAM J, TAN K C. Supply chain integration with third-party logistics providers[J]. International Journal of Production Economics, 2010, 125(2): 262-271.
[31] HA A Y, TONG S L, ZHANG H T. Sharing demand information in competing supply chains with production diseconomies[J]. Management Science,2011,57(3): 566-581.
[32] SHANG W X, HA A Y, TONG S L. Information sharing in a supply chain with a common retailer[J]. Management Science,2016,62(1):245-263.
[33] ANSARI Z N, KANT R. A state-of-art literature review reflecting 15 years of focus on sustainable supply chain management[J]. Journal of Cleaner Production,2017, 142:2524-2543.
[34] CHENG Q F, NING S W, XIA X H, et al. Modelling of coal trade process for the logistics enterprise and its optimisation with stochastic predictive control[J]. International Journal of Production Research,2016,54(8):2241-2259.
[35] PRAJOGO D, OLHAGER J. Supply chain integration and performance: the effects of long-term relationships, information technology and sharing, and logistics integration[J]. International Journal of Production Economics, 2012, 135(1): 514-522.
[36] PROCH M, WORTHMANN K, SCHLÜCHTERMANN J. A negotiation-based

algorithm to coordinate supplier development in decentralized supply chains[J]. European Journal of Operational Research,2017,256(2):412-429.

[37] DEVARAJ S, KRAJEWSKI L, WEI J C. Impact of eBusiness technologies on operational performance: the role of production information integration in the supply chain[J]. Journal of Operations Management,2007,25(6):1199-1216.

[38] SALEMA M I G,BARBOSA-POVOA A P,NOVAIS A Q. An optimization model for the design of a capacitated multi-product reverse logistics network with uncertainty[J]. European Journal of Operational Research, 2007, 179 (3): 1063-1077.

[39] LUMMUS R R, KRUMWIEDE D W, VOKURKA R J. The relationship of logistics to supply chain management:developing a common industry definition[J]. Industrial Management & Data Systems,2001,101(8):426-432.

[40] YANG Q,ZHAO X D,JEFF YEUNG H Y,et al. Improving logistics outsourcing performance through transactional and relational mechanisms under transaction uncertainties: evidence from China [J]. International Journal of Production Economics,2016,175:12-23.

[41] HUANG M, REN L, LEE L H, et al. Model and algorithm for 4PLRP with uncertain delivery time[J]. Information Sciences,2016,330:211-225.

[42] ROTH A E. Who gets what—and why: the new economics of matchmaking and market design[M]. Cambridge University Press,2017.

[43] CHOI C, HOON Y M. The effect of the Internet on economic growth: evidence from cross-country panel data[J]. Economics Letters,2009,105(1):39-41.

[44] NASH J F. The bargaining problem[J]. Econometrica,1950,18(2):155.

[45] BEAM C,SEGEV A. Automated negotiations:a survey of the state of the art[J]. Wirtschaftsinformatik,1997,39(3):263-268.

[46] SANDHOLM T. eMediator: a next generation electronic commerce server[J]. Computational Intelligence,2002,18(4):656-676.

[47] ĎURIŠ P, HROMKOVIČ J, JUKNA S, et al. On multi-partition communication complexity[J]. Information and Computation,2004,194(1):49-75.

[48] FATIMA S S,WOOLDRIDGE M J,JENNINGS N R. Multi-issue negotiation with deadlines[J]. Journal of Artificial Intelligence Research,2006,27:381-417.

[49] BAEK J-G,KIM C O. Learning single-issue negotiation strategies using hierarchical clustering method[J]. Expert Systems with Applications,2007,32(2):606-615.

[50] HALLDÓRSSON M M, IWAMA K, MIYAZAKI S, et al. Improved approximation results for the stable marriage problem[J]. ACM Transactions on Algorithms, 2007, 3(3): 30-es.
[51] AYDOĞAN R, HINDRIKS K V, JONKER C M. Multilateral mediated negotiation protocols with feedback[M]//Novel Insights in Agent-based Complex Automated Negotiation. Tokyo: Springer Japan, 2014: 43-59.
[52] REN F, ZHANG M. Bilateral single-issue negotiation model considering nonlinear utility and time constraint[J]. Decision Support Systems, 2014, 60: 29-38.
[53] FATIMA S S, WOOLDRIDGE M, JENNINGS N R. An agenda-based framework for multi-issue negotiation[J]. Artificial Intelligence, 2004, 152(1): 1-45.
[54] PARKER G G, VAN ALSTYNE M W. Two-sided network effects: a theory of information product design[J]. Management Science, 2005, 51(10): 1494-1504.
[55] RAHWAN I, KOWALCZYK R, PHAM H H. Intelligent agents for automated one-to-many e-commerce negotiation [J]. Australian Computer Science Communications, 2002, 24(1): 197-204.
[56] YOO D J, SIM K M. A multilateral negotiation model for cloud service market [M]//Communications in Computer and Information Science. Berlin, Heidelberg: Springer Berlin Heidelberg, 2010: 54-63.
[57] WANG G, WONG T N, YU C X. A computational model for multi-agent e-commerce negotiations with adaptive negotiation behaviors [J]. Journal of Computational Science, 2013, 4(3): 135-143.
[58] KURBEL K, LOUTCHKO I. A model for multi-lateral negotiations on an agent-based job marketplace[J]. Electronic Commerce Research and Applications, 2005, 4(3): 187-203.
[59] LAI G M, LI C H, SYCARA K. Efficient multi-attribute negotiation with incomplete information[J]. Group Decision and Negotiation, 2006, 15(5): 511-528.
[60] RAIFFA H. The art and science of negotiation[M]. Cambridge, Mass.: Belknap Press of Harvard University Press, 1982.
[61] LI M Y, VO Q B, KOWALCZYK R, et al. Automated negotiation in open and distributed environments[J]. Expert Systems with Applications, 2013, 40(15): 6195-6212.
[62] BAC M, RAFF H. Issue-by-issue negotiations: the role of information and time preference[J]. Games and Economic Behavior, 1996, 13(1): 125-134.

[63] FLAMINI F. First things first? The agenda formation problem for multi-issue committees[J]. Journal of Economic Behavior & Organization, 2007, 63(1): 138-157.

[64] ALTUN K, DERELI T, BAYKASOĞLU A. Development of a framework for customer co-creation in NPD through multi-issue negotiation with issue trade-offs [J]. Expert Systems with Applications, 2013, 40(3): 873-880.

[65] FARATIN P, SIERRA C, JENNINGS N R. Using similarity criteria to make issue trade-offs in automated negotiations[J]. Artificial Intelligence, 2002, 142(2): 205-237.

[66] CHALAMISH M, KRAUS S. AutoMed: an automated mediator for multi-issue bilateral negotiations[J]. Autonomous Agents and Multi-Agent Systems, 2012, 24 (3): 536-564.

[67] LUO X D, JENNINGS N R, SHADBOLT N, et al. A fuzzy constraint based model for bilateral, multi-issue negotiations in semi-competitive environments [J]. Artificial Intelligence, 2003, 148(1/2): 53-102.

[68] LI C H, GIAMPAPA J, SYCARA K. Bilateral negotiation decisions with uncertain dynamic outside options[J]. IEEE Transactions on Systems, Man, and Cybernetics, Part C(Applications and Reviews), 2006, 36(1): 31-44.

[69] KHATIB S E, GALIANA F D. Negotiating bilateral contracts in electricity markets [J]. IEEE Transactions on Power Systems, 2007, 22(2): 553-562.

[70] KRAUS S, HOZ-WEISS P, WILKENFELD J, et al. Resolving crises through automated bilateral negotiations[J]. Artificial Intelligence, 2008, 172(1): 1-18.

[71] SCHRAMM F, MORAIS D C. A bilateral and multi-issue negotiation framework to support a supply chain of construction industry[J]. Pesquisa Operacional, 2013, 33 (3): 491-512.

[72] ENDRISS U, MAUDET N. On the communication complexity of multilateral trading: extended report[J]. Autonomous Agents and Multi-Agent Systems, 2005, 11(1): 91-107.

[73] REN F H, ZHANG M J. A single issue negotiation model for agents bargaining in dynamic electronic markets[J]. Decision Support Systems, 2014, 60: 55-67.

[74] DASGUPTA P, NARASIMHAN N, MOSER L E, et al. MAgNET: mobile agents for networked electronic trading[J]. IEEE Transactions on Knowledge and Data Engineering, 1999, 11(4): 509-525.

[75] NGUYEN T D, JENNINGS N R. Managing commitments in multiple concurrent negotiations[J]. Electronic Commerce Research and Applications, 2005, 4(4): 362-376.

[76] SHEU J B. Bargaining framework for competitive green supply chains under governmental financial intervention[J]. Transportation Research Part E: Logistics and Transportation Review, 2011, 47(5): 573-592.

[77] GALE D, SHAPLEY L S. College admissions and the stability of marriage[J]. The American Mathematical Monthly, 1962, 69(1): 9-15.

[78] TEO C P, SETHURAMAN J. The geometry of fractional stable matchings and its applications[J]. Mathematics of Operations Research, 1998, 23(4): 874-891.

[79] TEO C P, SETHURAMAN J, TAN W P. Gale-shapley stable marriage problem revisited: strategic issues and applications[J]. Management Science, 2001, 47(9): 1252-1267.

[80] REN F H. Autonomous agent negotiation strategies in complex environments[D]. School of Computer Science and Software Engineering, Faculty of Engineering, University of Wollongong, 2010.

[81] JENNINGS N R, FARATIN P, LOMUSCIO A R, et al. Automated negotiation: prospects, methods and challenges[J]. Group Decision and Negotiation, 2001, 10(2): 199-215.

[82] LOPES F, WOOLDRIDGE M, NOVAIS A Q. Negotiation among autonomous computational agents: principles, analysis and challenges[J]. Artificial Intelligence Review, 2008, 29(1): 1-44.

[83] MONEER G A D. Collaboration and information sharing in multi-agent systems an artificial economy approach[D]. Faculty of Economics and Political Science, Cairo University, 2012.

[84] WOOLDRIDGE M, JENNINGS N R. Intelligent agents: theory and practice[J]. The Knowledge Engineering Review, 1995, 10(2): 115-152.

[85] MATURANA F, SHEN W, NORRIE D H. MetaMorph: an adaptive agent-based architecture for intelligent manufacturing[J]. International Journal of Production Research, 1999, 37(10): 2159-2173.

[86] VAN DER HOEK W, WOOLDRIDGE M. Chapter 24 multi-agent systems[M]// Handbook of Knowledge Representation. Amsterdam: Elsevier, 2008: 887-928.

[87] PARKER D C, MANSON S M, JANSSEN M A, et al. Multi-agent systems for the

simulation of land-use and land-cover change: a review[J]. Annals of the Association of American Geographers,2003,93(2):314-337.

[88] PINYOL I,SABATER-MIR J. Computational trust and reputation models for open multi-agent systems:a review[J]. Artificial Intelligence Review,2013,40(1):1-25.

[89] MOVRIC K H,LEWIS F L. Cooperative optimal control for multi-agent systems on directed graph topologies[J]. IEEE Transactions on Automatic Control,2014,59(3):769-774.

[90] ZHANG H,FENG G,YAN H C,et al. Observer-based output feedback event-triggered control for consensus of multi-agent systems[J]. IEEE Transactions on Industrial Electronics,2014,61(9):4885-4894.

[91] WOOLDRIDGE M. An introduction to multiagent systems[M]. 2nd Edition. John Wiley & Sons,Hoboken,2009.

[92] LABROU Y,FININ T,PENG Y. Agent communication languages: the current landscape[J]. IEEE Intelligent Systems and Their Applications, 1999, 14(2): 45-52.

[93] SMITH R G. The contract net protocol:high-level communication and control in a distributed problem solver[J]. IEEE Transactions on Computers,1980,29(12): 1104-1113.

[94] KRAUS S,WILKENFELD J,ZLOTKIN G. Multiagent negotiation under time constraints[J]. Artificial Intelligence,1995,75(2):297-345.

[95] LOMUSCIO A R,WOOLDRIDGE M,JENNINGS N R. A classification scheme for negotiation in electronic commerce[J]. Group Decision and Negotiation,2003,12(1):31-56.

[96] SHEHORY O,KRAUS S. Coalition formation among autonomous agents: strategies and complexity (preliminary report)[M]//From Reaction to Cognition. Berlin,Heidelberg:Springer Berlin Heidelberg,1993:55-72.

[97] ZLOTKIN G,ROSENSCHEIN J S. One,two,many: coalitions in multi-agent systems[C]//The Fifth European Workshop on Modelling Autonomous Agents in a Multi-Agent World,Springer Berlin Heidelberg,1993:112-122.

[98] KETCHPEL S P. Coalition formation among autonomous agents[M]//From Reaction to Cognition. Berlin,Heidelberg:Springer Berlin Heidelberg,1993:73-88.

[99] SANCHEZ-ANGUIX V,JULIAN V,BOTTI V,et al. Reaching unanimous agreements within agent-based negotiation teams with linear and monotonic utility

functions[J]. IEEE Transactions on Systems, Man, and Cybernetics Part B, Cybernetics,2012,42(3):778-792.

[100] PETERSON E,THOMPSON L. Negotiation teamwork:the impact of information distribution and accountability on performance depends on the relationship among team members[J]. Organizational Behavior and Human Decision Processes,1997, 72(3):364-383.

[101] BROWDER. An analysis of the negotiations for the 1995 Mekong agreement[J]. International Negotiation,2000,5(2):237-261.

[102] PELECKIS K. International business negotiations: innovation, negotiation team, preparation[J]. Procedia-Social and Behavioral Sciences,2014,110:64-73.

[103] PATTON C, BALAKRISHNAN P V. Negotiating when outnumbered: agenda strategies for bargaining with buying teams[J]. International Journal of Research in Marketing,2012,29(3):280-291.

[104] O'CONNOR K M. Groups and solos in context: the effects of accountability on team negotiation[J]. Organizational Behavior and Human Decision Processes, 1997,72(3):384-407.

[105] ROTH A E. Deferred acceptance algorithms: history, theory, practice, and open questions[J]. International Journal of Game Theory,2008,36(3):537-569.

[106] BHALGAT A, CHAKRABARTY D, KHANNA S. Social welfare in one-sided matching markets without money [M]//Approximation, Randomization, and Combinatorial Optimization. Algorithms and Techniques. Berlin, Heidelberg: Springer Berlin Heidelberg,2011:87-98.

[107] WANG Y, HARUVY E. Tiers in one-sided matching markets: theory and experimental investigation[J]. Management Science,2013,59(6):1458-1477.

[108] KRISHNA A, ÜNVER M U. Research note—improving the efficiency of course bidding at business schools: field and laboratory studies[J]. Marketing Science, 2008,27(2):262-282.

[109] ALCALDE J. Exchange-proofness or divorce-proofness? Stability in one-sided matching markets[J]. Economic Design,1994,1(1):275-287.

[110] JOHN H, VATE V. Linear programming brings marital bliss[J]. Operations Research Letters,1989,8(3):147-153.

[111] ROTH A E. Common and conflicting interests in two-sided matching markets[J]. European Economic Review,1985,27(1):75-96.

[112] ROTH A E. The evolution of the labor market for medical interns and residents: a case study in game theory[J]. Journal of Political Economy, 1984, 92(6): 991-1016.

[113] ROTH A E. New physicians: a natural experiment in market organization[J]. Science, 1990, 250(4987): 1524-1528.

[114] MCVITIE D G, WILSON L B. The application of the stable marriage assignment to university admissions[J]. Journal of the Operational Research Society, 1970, 21(4): 425-433.

[115] GUSFIELD D. The structure of the stable roommate problem: efficient representation and enumeration of all stable assignments[J]. SIAM Journal on Computing, 1988, 17(4): 742-769.

[116] SWAMINATHAN J M, TAYUR S R. Models for supply chains in e-business[J]. Management Science, 2003, 49(10): 1387-1406.

[117] CLARK A J, SCARF H. Optimal policies for a multi-echelon inventory problem[J]. Management Science, 1960, 6(4): 475-490.

[118] WENG Z K. Channel coordination and quantity discounts[J]. Management Science, 1995, 41(9): 1509-1522.

[119] CORBETT C J, DE GROOTE X. A supplier's optimal quantity discount policy under asymmetric information[J]. Management Science, 2000, 46(3): 444-450.

[120] KARABATI S, KOUVELIS P. Optimal quantity discount design with limited information sharing[J]. Decision Sciences, 2008, 39(4): 791-819.

[121] SAHA S, GOYAL S K. Supply chain coordination contracts with inventory level and retail price dependent demand[J]. International Journal of Production Economics, 2015, 161: 140-152.

[122] WANG Y Z, GERCHAK Y. Supply chain coordination when demand is shelf-space dependent[J]. Manufacturing & Service Operations Management, 2000, 3(1): 82-87.

[123] XIA Y, CHEN B T, KOUVELIS P. Market-based supply chain coordination by matching suppliers' cost structures with buyers' order profiles[J]. Management Science, 2008, 54(11): 1861-1875.

[124] GUIDE V, TEUNTER R H, VAN WASSENHOVE L N. Matching demand and supply to maximize profits from remanufacturing[J]. Manufacturing & Service Operations Management, 2003, 5(4): 303-316.

[125] MASON-JONES R,NAYLOR B,TOWILL D R. Lean,agile or leagile? Matching your supply chain to the marketplace[J]. International Journal of Production Research,2000,38(17):4061-4070.

[126] YANG J,ZHANG G S,MA K. Matching supply with demand:a power control and real time pricing approach[J]. International Journal of Electrical Power & Energy Systems,2014,61:111-117.

[127] CHEN X, LI Z W, FAN Z P, et al. Matching demanders and suppliers in knowledge service: a method based on fuzzy axiomatic design[J]. Information Sciences,2016,346/347:130-145.

[128] ROTH A E. The economics of matching:stability and incentives[J]. Mathematics of Operations Research,1982,7(4):617-628.

[129] 吴金明,吴双.产品价值构成、工业化演进与供给侧结构性改革的本质[J].南华大学学报(社会科学版),2017,18(1):22-34.

[130] ESPOSITO E, EVANGELISTA P. Investigating virtual enterprise models: literature review and empirical findings[J]. International Journal of Production Economics,2014,148:145-157.

[131] KENYON G N,MEIXELL M J,WESTFALL P H. Production outsourcing and operational performance:an empirical study using secondary data[J]. International Journal of Production Economics,2016,171:336-349.

[132] HUANG M,CUI Y,YANG S X,et al. Fourth party logistics routing problem with fuzzy duration time[J]. International Journal of Production Economics,2013,145(1):107-116.

[133] SHEU J-B,GAO X-Q. Alliance or no alliance—bargaining power in competing reverse supply chains[J]. European Journal of Operational Research,2014,233(2):313-325.

[134] MITSUHASHI H. Uncertainty in selecting alliance partners:the three reduction mechanisms and alliance formation processes[J]. The International Journal of Organizational Analysis,2002,10(2):109-133.

[135] VAN DER LANS R,VAN DEN BERGH B,DIELEMAN E. Partner selection in brand alliances:an empirical investigation of the drivers of brand fit[J]. Marketing Science,2014,33(4):551-566.

[136] WASSMER U. Alliance portfolios:a review and research agenda[J]. Journal of Management,2010,36(1):141-171.

[137] KOKA B R, PRESCOTT J E. Designing alliance networks: the influence of network position, environmental change, and strategy on firm performance[J]. Strategic Management Journal, 2008, 29(6): 639-661.

[138] ROELS G, TANG C S. Win-win capacity allocation contracts in coproduction and codistribution alliances[J]. Management Science, 2017, 63(3): 861-881.

[139] ANDERSON P, TUSHMAN M L. Organizational environments and industry exit: the effects of uncertainty, munificence and complexity[J]. Industrial and Corporate Change, 2001, 10(3): 675-711.

[140] LAVIE D. Capturing value from alliance portfolios[J]. Organizational Dynamics, 2009, 38(1): 26-36.

[141] LAVIE D, MILLER S R. Alliance portfolio internationalization and firm performance[J]. Organization Science, 2008, 19(4): 623-646.

[142] LEE G K. The significance of network resources in the race to enter emerging product markets: the convergence of telephony communications and computer networking, 1989—2001[J]. Strategic Management Journal, 2007, 28(1): 17-37.

[143] CHUN S Y, KLEYWEGT A J, SHAPIRO A. When friends become competitors: the design of resource exchange alliances[J]. Management Science, 2017, 63(7): 2127-2145.

[144] KRAUS S. Strategic negotiation in multiagent environments[M]. Cambridge, Mass: MIT Press, 2001.

[145] GAO T G, HUANG M, WANG Q, et al. A multi-issue auto-negotiation system based on HMM[C]//2018 Chinese Control and Decision Conference (CCDC), Shenyang, China, 2018: 3659-3664.

[146] ZOU Y X, SHI G Y, SHI H, et al. Traffic incident classification at intersections based on image sequences by HMM/SVM classifiers[J]. Multimedia Tools and Applications, 2011, 52(1): 133-145.

[147] RABINER L R. A tutorial on hidden Markov models and selected applications in speech recognition[J]. Proceedings of the IEEE, 1989, 77(2): 257-286.

[148] BAUM L E, SELL G. Growth transformations for functions on manifolds[J]. Pacific Journal of Mathematics, 1968, 27(2): 211-227.

[149] VITERBI A. Error bounds for convolutional codes and an asymptotically optimum decoding algorithm[J]. IEEE Transactions on Information Theory, 1967, 13(2): 260-269.

[150] DEMPSTER A P, LAIRD N M, RUBIN D B. Maximum likelihood from incomplete data via the EM algorithm[J]. Journal of the Royal Statistical Society Series B:Statistical Methodology,1977,39(1):1-22.

[151] FATIMA S S, WOOLDRIDGE M, JENNINGS N R. Optimal negotiation strategies for agents with incomplete information [M]//Lecture Notes in Computer Science. Berlin,Heidelberg:Springer Berlin Heidelberg,2002:377-392.

[152] 姜子英,程建平,刘森林,等.我国煤电的外部成本初步研究[J].煤炭学报,2008,33(11):1325-1328.

[153] 李潭,李伯虎,柴旭东,等.面向复杂定性系统的知识建模及联合仿真方法研究[J].系统仿真学报,2011,23(6):1256-1260.

[154] GAO T G, HUANG M, QIAN X H. Research on auto-negotiation model for multi-issues coal negotiation based on FQSIM[C]//2013 25th Chinese Control and Decision Conference (CCDC),Guiyang,China,2013:1698-1702.

[155] 高太光,陈培友,黄敏.煤电企业间模糊定性仿真自动谈判模型研究[J].系统仿真学报,2013,25(5):861-867.

[156] 曲创,秦阳洋.价格底线、谈判势力与中国煤电关系[J].山东大学学报(哲学社会科学版),2010(6):107-112.

[157] KUIPERS B J. Qualitative simulation: then and now[J]. Artificial Intelligence, 1993,59(1/2):133-140.

[158] SHEN Q, LEITCH R. Fuzzy qualitative simulation[J]. IEEE Transactions on Systems,Man,and Cybernetics,1993,23(4):1038-1061.

[159] GAO T G, MIN H, WANG Q, et al. A systematic model of stable multilateral automated negotiation in e-market environment[J]. Engineering Applications of Artificial Intelligence,2018,74:134-145.

[160] 高金余,陈翔.互联网环境下的企业商业模式概念和定位研究[J].管理工程学报,2008,22(2):152-154.

[161] GAO T G, YE Q, HUANG M, et al. A systematic model of stable seller-buyer matching with true preference induction in e-commerce platform[J]. Kybernetes, 2022.9(Online).

[162] YENIPAZARLI ARDA. To collaborate or not to collaborate:prompting upstream eco-efficient innovation in a supply chain[J]. European Journal of Operational Research,2017,260(2):571-587.

[163] ZHANG X Q, LESSER V, ABDALLAH S. Efficient management of multi-linked

negotiation based on a formalized model[J]. Autonomous Agents and Multi-Agent Systems,2005,10(2):165-205.

[164] DUDEK G, STADTLER H. Negotiation-based collaborative planning between supply chains partners[J]. European Journal of Operational Research,2005,163(3):668-687.

[165] 高太光,黄敏,陈培友.物联网环境下煤矿救援资源调度多Agent自动协商模型[J].管理工程学报,2016,30(3):134-140.

[166] MARASCO A. Third-party logistics:a literature review[J]. International Journal of Production Economics,2008,113(1):127-147.

[167] GAO T G,WANG K,MEI Y L,et al. Supply chain pricing models considering risk attitudes under free-riding behavior[J]. Mathematics,2022,10(10):1723.

[168] 徒君,黄敏,薄桂华.第四方物流研究综述[J].系统工程,2013,31(12):53-59.

[169] 徒君,黄敏.基于契约设计的第四方物流质量风险管理[J].信息与控制,2014,43(3):276-281.

[170] CHEN F Y, WANG H W, QI C, et al. An ant colony optimization routing algorithm for two order pickers with congestion consideration[J]. Computers & Industrial Engineering,2013,66(1):77-85.

[171] CHEN F Y,WANG H W,XIE Y,et al. An ACO-based online routing method for multiple order pickers with congestion consideration in warehouse[J]. Journal of Intelligent Manufacturing,2016,27(2):389-408.

[172] 高太光,陈培友,钱小虎,等.基于Choquet积分的煤炭物流联盟运营评价[J].黑龙江科技大学学报,2016,26(3):340-344.

[173] 丁绒,孙延明.基于触发策略的企业动态联盟利益分配博弈[J].系统工程,2013,31(10):55-61.

[174] ASUQUO M,COWARD L,YANG Z L. Modeling selection of third party ship management services[J]. Case Studies on Transport Policy,2014,2(1):28-35.

[175] WU N Q,SU P. Selection of partners in virtual enterprise paradigm[J]. Robotics and Computer-Integrated Manufacturing,2005,21(2):119-131.

[176] ZENG Z B,LI Y,ZHU W X. Partner selection with a due date constraint in virtual enterprises[J]. Applied Mathematics and Computation,2006,175(2):1353-1365.

[177] CRISPIM J A, DE SOUSA J P. Partner selection in virtual enterprises[J]. International Journal of Production Research,2010,48(3):683-707.

[178] WANG G,WONG T N,WANG X H. A hybrid multi-agent negotiation protocol

supporting agent mobility in virtual enterprises[J]. Information Sciences, 2014, 282:1-14.
[179] CHEN Y M, GOAN M J, HUANG P N. Selection process in logistics outsourcing—a view from third party logistics provider[J]. Production Planning & Control, 2011, 22(3):308-324.
[180] PRUITT D G. Negotiation behavior[M]. Academic Press, 1981.
[181] GAO T G, HUANG M, WANG Q, et al. Dynamic organization model of automated negotiation for 3PL providers selection[J]. Information Sciences, 2020, 531:139-158.
[182] FARATIN P, SIERRA C, JENNINGS N R. Negotiation decision functions for autonomous agents[J]. Robotics and Autonomous Systems, 1998, 24(3/4): 159-182.
[183] CHEN Y M, WANG S C. An agent-based evolutionary strategic negotiation for project dynamic scheduling [J]. The International Journal of Advanced Manufacturing Technology, 2007, 35(3):333-348.
[184] TOCK L, MARÉCHAL F. Decision support for ranking Pareto optimal process designs under uncertain market conditions [J]. Computers & Chemical Engineering, 2015, 83:165-175.
[185] SUN C C. A performance evaluation model by integrating fuzzy AHP and fuzzy TOPSIS methods [J]. Expert Systems with Applications, 2010, 37 (12): 7745-7754.
[186] BÜYÜKÖZKAN G, FEYZIOĞLU O, NEBOL E. Selection of the strategic alliance partner in logistics value chain[J]. International Journal of Production Economics, 2008, 113(1):148-158.
[187] 高太光，丛配玉，刘丹，等. 共享经济视阈下煤炭物流供应链供需匹配机制分析[J]. 煤炭经济研究，2020，40(7):49-55.
[188] 高太光，黄敏，王庆，等. 面向3PL动态物流联盟组建自动协商模型[J]. 信息与控制，2018，47(5):589-598.
[189] 杨道箭，齐二石，魏峰. 顾客策略行为与风险偏好下供应链利润分享[J]. 管理科学学报，2011，14(12):50-59.
[190] 谭忠富，于超，姜海洋，等. 煤炭供应商与发电商之间合约谈判风险收益平衡优化模型[J]. 系统工程理论与实践，2011，31(11):2108-2114.
[191] HAGEN B, SIMONSEN I, HOFMANN M, et al. A multivariate Markov weather

model for O&M simulation of offshore wind parks[J]. Energy Procedia,2013,35:137-147.

[192] SÁNCHEZ-ANGUIX V, JULIÁN V, BOTTI V, et al. Studying the impact of negotiation environments on negotiation teams' performance [J]. Information Sciences: an International Journal,2013,219:17-40.

[193] AI X Z, CHEN J, ZHAO H X, et al. Competition among supply chains: implications of full returns policy [J]. International Journal of Production Economics,2012,139(1):257-265.

[194] GAO T G, WANG Q, HUANG M, et al. A co-opetitive automated negotiation model for vertical allied enterprises teams and stakeholders[J]. Entropy (Basel, Switzerland),2018,20(4):286.

[195] NIU B Z, WANG Y L, GUO P F. Equilibrium pricing sequence in a co-opetitive supply chain with the ODM as a downstream rival of its OEM[J]. Omega,2015,57(Part B):249-270.

[196] LUO Z, CHEN X, WANG X J. The role of co-opetition in low carbon manufacturing[J]. European Journal of Operational Research, 2016, 253 (2): 392-403.

[197] ROTH A E, SHAPLEY L. The Shapley value: essays in honor of Lloyd S Shapley [M]. New York: Cambridge University Press,1988.

[198] SHAPLEY L. 7. A value for n-person games. Contributions to the theory of games Ⅱ (1953) 307-317[M]//Classics in Game Theory. Princeton University Press, 1997:69-79.

[199] WANG C J, DUCRUET C. Transport corridors and regional balance in China: the case of coal trade and logistics[J]. Journal of Transport Geography, 2014, 40: 3-16.

[200] ZHAO Y X, WANG S Y, CHENG T C E, et al. Coordination of supply chains by option contracts: a cooperative game theory approach[J]. European Journal of Operational Research,2010,207(2):668-675.

[201] 高太光,王庆,黄敏,等. 基于团队合作博弈的自动协商模型[J]. 控制与决策,2020,35(2):285-296.

[202] 蔡建湖,邓丽丽,黄卫来,等. 产出不确定环境下供应链竞争与协调研究综述[J]. 系统工程学报,2017,32(4):547-556.